觀其會通

吕思勉先生逝世六十周年纪念文集

华东师范大学思勉人文高等研究院吕思勉研究中心 编

图书在版编目(CIP)数据

观其会通:吕思勉先生逝世六十周年纪念文集/华东师范大学思勉人文高等研究院吕思勉研究中心编. — 上海:上海古籍出版社,2017.10
 ISBN 978-7-5325-8611-0

Ⅰ.①观… Ⅱ.①华… Ⅲ.①吕思勉(1884-1957)—纪念文集 Ⅳ.①K825.81-53

中国版本图书馆 CIP 数据核字(2017)第 228359 号

观其会通
——吕思勉先生逝世六十周年纪念文集

华东师范大学思勉人文高等研究院吕思勉研究中心　编
上海古籍出版社　出版、发行
(上海瑞金二路 272 号　邮政编码 200020)
　(1) 网址:www.guji.com.cn
　(2) E-mail:guji1@guji.com.cn
　(3) 易文网网址:www.ewen.co
上海商务联西印刷有限公司印刷
开本 635×965　1/16　印张 26.25　插页 2　字数 378,000
2017 年 10 月第 1 版　2017 年 10 月第 1 次印刷
ISBN 978-7-5325-8611-0
K·2380　定价:98.00 元
如有质量问题,请与承印公司联系

目　录

吕思勉与"新史学"　王家范 / 1

用新方法整理旧国故
　　——吕思勉与新史学　虞云国 / 36

宗族与宗法的历史特征
　　——读吕思勉《中国制度史》第八章《宗族》　钱　杭 / 59

吕思勉和吕著《秦汉史》　王子今 / 71

吕思勉《三国史话》的意义　章义和 / 82

吕思勉与隋唐史研究　施淳益 / 91

论吕思勉的宋史观　虞云国 / 112

吕思勉的中国近代史书写　赵庆云 / 127

吕思勉的社会史研究　黄　伟 / 135

吕思勉与唯物史观　张耕华 / 148

吕思勉的历史编撰学
　　——以《秦汉史》为线索　张耕华 / 159

时势与理路："整理国故"运动与吕思勉的史学道路　王　刚 / 181

吕思勉与《古史辨》　李　波 / 202

吕思勉和杨宽的师生交谊与学术认同　贾鹏涛 / 217

吕思勉小说理论探微　李磊明 / 233

吕思勉《小说丛话》对太田善男《文学概论》的吸入
　　——兼论西方小说艺术论在晚清的移植　关诗珮 / 241

青年吕思勉与《中国女侦探》的创作　邬国义 / 267

民初小说理论：管达如《说小说》与吕思勉《小说丛话》
　　新探　邬国义 / 285
晚清民初"小说界革命"与吕思勉文学活动考论　王　刚 / 316
《高等小学新修身教授书》导读　陈卫平 / 338
《新式高等小学国文教科书》导读　程　怡 / 348
《新式高等小学历史教授书》导读　程念祺 / 356
吕思勉与《白话本国史》　李　波 / 363
吕思勉《白话本国史》查禁风波探析　王　萌 / 381
百余年来吕思勉著述的出版、整理重印情况的综述
　　——写于《吕思勉全集》出版之际　张耕华 / 395

后记 / 415

吕思勉与"新史学"

王家范*

从"新史学"之名由梁启超于1902年正式揭出算起,至今已有105年。吕思勉自述6岁至8岁即和史学发生关系,13岁起读梁先生的文章,治学的道路实受康、梁的影响,虽父师不逮。16岁起读"正史",至23岁已将正续《通鉴》、"二十四史"与"三通"[①]读过一遍,从此专意治史。在往后50年的生命历程里,吕先生笔耕不辍,把毕生的精力都贡献给了"新史学"事业,给我们留下1000余万字的遗著、遗文。笔者不揣浅陋,兹就吕先生的学术创造与"新史学"的关系,以及"思勉人文学术"的特点,略抒已见,以纪念先生逝世50周年。

引子:"燕石"之为宝在识与不识

吕思勉先生在世时,不喜张扬,远离名利之场,但其孜孜以求的业绩早为学界通人看重。1945年,顾颉刚盘点已编著出版的新式通史,不下四五十部,看得上眼的有七部,吕先生一人占据两席。这就是1923年出版的中国第一部《白话本国史》,以及1940年、1944年先后出版的《中国通史》上、下册(今命名为《吕著中国通史》)。顾先生对前者已赞扬其为通史写作的"新纪元",而对后一部再加71字点评,可见欣

---

* 作者简介:王家范,华东师范大学历史学系教授,思勉人文高等研究院研究员。
① 吕生平纪事请详参李永圻《吕思勉先生编年事辑》,上海书店,1992年。"三通"之中,吕先生最推崇马端临348卷《文献通考》。中国通史合"理乱兴亡"(政治史)与"典章经制"(文化史)两大板块的想法,就是受马氏的启发。

赏备至。① 追溯至4年前，吕先生把全部"二十四史"从头至尾至少阅读过两遍以上，系统读完正续《通鉴》、"三通"的时间要更早些，由此而被前辈誉为史界传奇。②

吕先生离世50年后，超过1000万字的遗著、遗文大部分都获得了重印出版，另有一些未刊的文字亦在整理之中。其中除大家熟悉的两部通史、四部断代史、一部近代史外，两套完整的初高中教材在长期隐没后，也将陆续重新面世。③ 正值新时期中学历史课程改革颇多争议之际，建议教学界给予应有的关注，相信细读之下必会产生不少启发。④

先生从六岁起就开始读经史古籍，每读不仅句读批点始末，且认真写作札记，68年风雨不辍，积箧累筐。⑤ 1937年3月，先生把从少年起就开始写作的读史札记汇辑成《燕石札记》，第一次交商务印书馆出版。上年10月，先生写成《自序》，称这些札记为"半生精力所在，不忍弃掷"，自谦地说："千虑一得，冀或为并世学人效土壤细流之助已。倘

---

① 顾颉刚：《当代中国史学》下编第二节。对《吕著中国通史》的评点如下："其体裁很是别致，上册分类专述文化现象，下册则按时代略述政治大事，叙述中兼有议论，纯从社会科学的立场上，批评中国的文化和制度，极多石破天惊之新理论。"上海世纪集团"世纪文库"本，2006年，第85页。

② 先生自谓通读《史记》、《汉书》、《三国志》四遍，《后汉书》、《新唐书》、《辽史》、《金史》、《元史》三遍，其余都只是两遍而已。但这是1941年时说的话。见《吕思勉遗文集》第33页，《我学习历史的经过》。黄永年教授的回忆："吕先生究竟对《二十四史》通读过几遍，有人说三遍，我又听人说是七遍，当年不便当面问吕先生，不知翼仁同志是否清楚。但我曾试过一笔账：写断代史时看一遍，之前朱笔校读算一遍，而能如此作校读，事先只看一遍恐怕还不可能，则至少应有四遍或四遍。这种硬功夫即使毕生致力读古籍的乾嘉学者中恐怕也是少见的。"回忆录收入《学林漫录》第4集，中华书局，1981年，第69—70页。

③ 据目前不完全统计，吕先生编著的大学与中小学中国通史教材，按时间顺序先后有：《新式高等小学历史教授书》（6册，与庄启传合著，1916—1917年中华书局）、《国立高等师范学校中国历史讲义》（1920年，未刊）、《自修适用白话本国史》（1923年上海商务印书馆）、《更新初中本国史》（4册，1924年上海商务印书馆）、《新学制高中教科书本国史》（1924年上海商务印书馆）、《复兴高级中学教科书本国史》（2册，1934年上海商务印书馆）、《高中复习丛书本国史》（1935年上海商务印书馆）、《初中标准教本本国史》（四册，1935年上海中学生书店）、《吕著中国通史（上册）》（1940年上海开明书店）、《吕著中国通史（下册）》（1944年上海开明书店）、《初中本国史补充读本》（1946年上海中学生书店）等，另有许多提纲、教学参考与演讲、问答通史教学样示。4部断代史实是先生另创的"史钞"样式大通史的一大半。此处6部计其代表作。

④ 对吕先生在中学历史教材方面的成就，笔者另有《吕著中国历史教材研究刍议》，刊于《历史教学问题》2008年第1期。

⑤ 钱穆先生回忆："（1945年后）诚之师案上空无一物，四壁亦不见书本，书本尽藏于其室内上层四周所架之长板上，因室小无可容也。及师偶翻书桌之抽屉，乃知一书桌两边八个抽屉尽藏卡片。遇师动笔，其材料皆取之卡片，其精勤如此。"《吕思勉先生编年事辑》，第292页。

蒙进而教之,俾愚夫不至终宝其燕石,则所深幸也。"①

这里说的"愚夫宝其燕石",先生在后来的著述和演讲中多次使用,源自《后汉书·应劭传》。《太平御览》把这则故事演绎得更细一些。说是宋国有一个"愚夫",从齐国宫室"梧台"以东觅得一块燕石,以为是无价珍宝,西归收藏于室,迤逦闻名。有一位周人慕名前去观宝,主人郑重其事,"端冕玄服"接待客人,打开里三层外三层的丝绸包裹,宝藏终于露画。不想这位客人见后,掩口卢胡而笑曰:"此燕石也,与瓦甓不异。"主人大怒,自此藏之愈固。② 用"燕石"典故或可视为一般的自谦,若联系先生学术的百年遭际,则觉得内中大有意思。

先生不喜走访知名人士,自述见名人辄自远,不涉无谓的社会交际。没有学历学位,无党无派,遵从父训,一生唯好教书授业,小学、中学、大专、大学都教过。1926年进入光华大学,不久即受聘为新办的史学系主任,遂自托为终身归宿,重要的学术创作都是在这里完成的,前后凡30余年。他多次提到,与康、梁、章、严、蔡这几位当世名人皆不曾谋面,虽无雅故,但读其书想见其为人。尤其是康、梁,治学宗旨和路径受他们的影响,远远超过亲炙的父亲和老师。③ 先生读了不少国外社会科学的书,多靠"和文汉读",以及当时为数不多的中译本。日看报章杂志,自少年时就养成习惯,时事动态了然于胸。可以说,先生的拜师问道是不论古今、不拘门户,众采博取的,但也绝不依傍借重,随风披靡,始终一依自己的秉性,治学讲求沉稳平实。惟其沉稳内敛,不好张扬,议论的深刻往往也只有在反复品味后,读者才会突然其来获得顿悟,眼前为之一亮。

仅举非史学、实史学一例,以为"引子"。1952年,先生写有一篇《三反及思想改造学习总结》,《遗文集》收录这篇未刊手稿时改题为《自述》,全文约12000字。先生殚心积虑,精细写作,把一生治学观世的经

---

① 现由华东师大出版社汇编前后两辑总成《吕思勉读史札记》,恢复了过去许多删文,华东师范大学出版社,2005年。
② 见于《后汉书·应劭传》,又载于《太平御览》卷五一引《阙子》。
③ 先生自谓:"予年十三,始读梁先生所编之《时务报》(创刊于1896年——笔者按)。嗣后除《清议报》以当时禁递甚严,未得全览外,梁先生之著述殆无不寓目者。粗知问学,实由梁先生牖之,虽亲炙之师友不逮也。"《吕思勉先生编年事辑》,第10页。对康、梁、严、章、蔡,先生均撰有纪念文章,参《吕思勉遗文集》(上),华东师范大学出版社,1997年,第385—406页。

历,以及学术事业、个人思想方面的变迁过程,作了要言不烦的综述,没有一句空话假话,却不少委婉曲折的笔法。对研究晚清民国以来知识阶层的复杂心态,这是一份难得的"原生态史料"①。

此文内容涉及太广,这里不可能作专门的讨论。有一情节,颇见先生历史通论的特色。当1952年高校"思想改造"之时,每个教授都必须检讨自己是属于哪个阶级的。先生的检讨,说自己的思想来源"属于资产阶级",不同意一些人把他定性为"有封建时代余习"。理由申述,着实叫人惊叹,由近及远,由此及彼,恣肆发挥开去,简直成了一篇有关"时代与个人"主题的史学宏论。

先生说:因为我的立身行事常常以古贤士大夫为楷模,喜好引用他们的话,所以往往把我看作有封建时代余习的人。这样的看人,这样的人物鉴识,太粗糙,太浅了。因为人的性质,在深处自有其根底。所处的环境与这种根底没有伤害的时候,可以接受环境的熏染。到了两不相容的时候,这种德性的根底就可以把过去的习性弃如敝屣。

接下来一段时代总括,就显示出先生历史通贯的水平。他说:人类的德性,随社会的发展而发展。"封建主义时代曰勇,资本主义时代曰智,社会主义时代曰仁。"这不能不使我联想到司马迁论三代风气周转如环的那段著名史评,那种史学名家独有的大气。②

先生兹后的解释,列举了好些古代人物的典型习性,用以论证封建时代之德性为"勇",亦即是"忠"。又回到了正题,反问:后世还有这样的人物吗?难道就不再有像他们那样看重志节、视死如归的人了吗?不是。只是因为社会的变化,他们的心理安顿也发生了变化,知道不应该再是效忠于一个人。资本主义兴起,人日益向"智"的方向发展,知道个人是不足为之效忠的。因此也可以说,封建主义久绝于中国,死灰是不可复燃的。"在今天,有进于社会主义而涤除其资产阶级之积习者,守封建主义之余习而未达资产阶级之思想者,则无有也。"

最后一句话,是夫子自道,但意义不止于此。发挥开来,是说知识

---

① 《吕思勉遗文集》(上),第434—452页。
② 《史记》卷八《高祖本纪》"太史公曰":"夏之政忠,忠之弊,小人以野,故殷人承之以敬。敬之弊,小人以鬼,故周人承之以文。文之弊,小人以僿,故救僿莫若以忠。三王之道若循环,终而复始。"

阶层随时代行进，思想层层相因，相叠相变，十分复杂，内含有关于人类之德性乃至社会的变迁均连续累进而非绝对断层决裂的历史睿智。一个人的思想，特别是处在社会动荡转折时期，哪有像划阶级成分这么地铁定单一？其实，社会的变迁也何尝不是如此？新旧并陈，因缘交叠，抽刀断水水自流。这一意思乃是先生毕生史学通贯功力的透出，决非信手写来。

读这篇《自述》也有许多难点。例如前头曾交代过自己的思想有过三期变迁，大意是第一期信康梁之说，笃信大同之境及张三世之说；第二期，信仰开明专制主义之说，但以改善政治为大同之第一步，认为法家督责之术可以治政治上的弊病；第三期，深为服膺社会主义，认为这是大同之境的可致之道，人类之行动可致转变一新方向。① 到思想改造交代个人阶级属性时，可以理解当时不便以"社会主义思想"自居，然而却给自己套上"资产阶级"的帽子，初读莫名所以，殊不可解。

再读下面一段话，就觉得先生竟有几分难得的幽默，幽默中不乏犀利。先生紧接转向又一话题，但在当时也是人人必须交代过关的一个问题。先生说：现在有人认为亲美、崇美、恐美，大学教授比比然如此，这都是资产阶级思想在作怪。那么你有没有？没有（大概当时认为先生乃属于旧式民族主义者，故并不怀疑他会亲美——笔者按），怎么说你也属于资产阶级思想呢？先生回答说，亲美、崇美、恐美，不能说是资产阶级思想。资产阶级无亲，惟利是图。资产阶级，特色在智。智则知人之所至，我亦能之，何足崇焉？惟利是图，知己知彼，力足敌之，则抗之矣，又何恐焉？故真资产阶级，当赞成抗美。其不然者，其利依附美帝，所谓买办阶级也，直奴才耳。②

上述那种设问与论证，层层剥笋，环环力逼，很像孟夫子的善辩文风。先生虽然套了当时习用的"封建"和"资产阶级"等词，但显然是在"现代性"胜过"封建性"的意义上使用的，是在讨论"数千年未遇"的社会变迁，以及时代精神的演进。先生用这一方法为"资产阶级"说话，在那时真是足够大胆，不知道挨批了没有？而在今日，较有些谈论"现代

---

① 《吕思勉遗文集》(上)，第439—440页。
② 《吕思勉遗文集》(上)，第448—449页。上述原文，有些地方因多带文言语气，笔者不揣陋拙，试译作语体文，但关键处，不敢径改。

性"的,特别像回答"全球化"与本土意识这类两难诘问上,还是棋高一着,说得深透。"资本主义精神"帮助人类发现了自我,这种"智"的精神,即民智的开发,传播到哪里,自我中心的意识便高涨到哪里。由此,我们到20世纪末、21世纪初便看得更清楚了,"全球化"的风潮刮得越厉害,个人主义、民族主义也随之喧嚣奔腾。看似矛盾冲突,实为世界变迁的一体两面,不能舍割。什么叫做识大而会通? 这就是。

这虽然是比较特殊的一例,但像这样有深意的历史通识或时事见解,先生在学术论著中随处可见。除初高中本国史教材和一些演讲稿比较好读外,四部断代史、一部《中国制度史》,包括最负盛名的《吕著中国通史》,不说大学生,就像我这样教了多年的通史,也是慢慢细读,读了好几遍,才逐渐品出一点醇香来。

历史待我们总究还是宽厚的。先生的学术成就终于得到了如实的肯定,值得欣慰。经得起时间考验而传世的,一定有长久的价值在。如何准确估计和透彻认识"思勉人文学术"的独特价值,真正把先生毕生凝聚的学术精神和治学路径学到手,正是作为学术后辈的我们需要做的事情,是对先生最有意义的纪念。

梁启超构建新式中国通史理想的实现

我最初读的是吕先生的四部断代史,作为教学依托,觉得资料非常丰富,省了许多检阅古书之劳。20 世纪 90 年代后,终于能读到《吕著中国通史》和《吕思勉遗文集》。读得多了,有点觉悟,才进而想到我们应如何定位吕先生的学术成就比较准确? 前几年做百年史学历程与通史编纂的回顾,在几篇文章里约略说过一些不成熟的看法。① 现在我试作这样的定位:吕先生既是梁启超"新史学"旨趣的实践会通第一人,又是把新史学向中国社会史方向开拓的先驱者。是否准确妥帖,不敢自信,诚恳期待学界批评指教。

在中国,近代意义上的"新史学",特别是编纂新式通史,是由梁启超先生倡导、鼓动起来的。对梁任公,吕先生是崇敬有加。13 岁起就

---

① 参拙著《史家与史学》,广西师范大学出版社,2007 年。

从《时务报》上读梁文，除被禁的《清议报》不得阅览，那时"梁先生的著述殆无不寓目耳"①。照吕先生的说法，梁任公是狂与狷兼而有之。惟其狂，故敢开风气之先，登高一呼，树立起"新史学"的大纛。作为新史学的开创者，当时代的潮音初到，他比较别的人更早敏感，而且有那种本领，能够用振聋发聩的方式，唤醒旧环境中人起而变革。从后来史学的进展来看，梁先生的许多看法确实极具前瞻性，但也不免有些偏激和粗糙。吕先生在1941年说："梁先生的史学，用严格的科学眼光看起来，或者未能丝丝入扣。从考据上讲起来，既不能如现代专家的精微，又不能如从前专讲考据的人的谨严。他所发表的作品，在一时虽受人欢迎，到将来算起总账来，其说法能否被人接受还是有问题。但他那种大刀阔斧，替史学界开辟新路径的精神，总是不容抹煞。现在行辈较前的史学家，在其入手之初，大多数是受他的影响的。"②吕先生始终忠实于"新史学"的旨趣，通过自己的努力，在后来的实践中丰富也修正完善了梁先生的新式通史计划。吕先生虽不曾亲炙，却从不忘梁任公引领启牖他走上新史学道路的"师恩"。

梁启超的大志在政治上，奔走呼号，日不暇席。尽管后期多次动摇，屡屡反悔，直至临终之前，外界环境和他本人的心志，仍不容许他专心史学。那为什么还要选择史学变革展开大动作呢？在以前的中国，什么学问最发达？为帝王"资治通鉴"的历史学。与世界其他国家相比，最丰富的学问是什么？还是"资治通鉴"的历史学。③试想经史子集四部，其他三部也都是史材。再进一步说，中国历史学的核心内容是什么？政治。从上古三代起，历代当政者无不推崇史学。几千年来，一般人受的教育，环境里受熏染的，也都是这些东西。所以说，中国人的政治意识特强，运用政治斗争的手段和经验往往也滚瓜烂熟，人人有一手。这里头祸福相倚，但从长时段的社会变迁来看，梁启超认为，史学专注于王朝政治，专注于少数帝王将相、大人物，"群体"的历史、"普通人"的历史被冷落掩盖，旧法子、陈药方不断被沿用而乏自省，民主意识不容易成立，毕竟祸大于福。"今史家多于鲫鱼，而未闻有一人之眼光

---

① 《吕思勉先生编年事辑》，第10页。
② 吕思勉：《史学上的两条道路》(1941年)，《吕思勉遗文集》(上)，第469页。
③ 梁启超：《中国历史研究法》，上海世纪出版集团"世纪文库"本，第13页。

能见及此者。此我国民之群力群智群德所以永不发生,而群体终不成立也",梁先生说这话时是痛心疾首的。①

梁启超在政治上多半是失意的,但他对这方面的思考应该说相当有深度。他比较早就意识到,愈后愈强烈,旧邦维新,要使帝制中国变为现代民族国家,"新国"必先"新民"。他从正反两方面都强烈地感受到了,要想成功地改造中国社会,不改善国人的知识素养,势将缘木求鱼。这就想到了要改造原为统治者"资治通鉴"用的旧国史,用新文化、新方法编写国史,让新一代人用现代的眼光检讨中国的过去,以利于走向未来。② 因此,梁启超提出"史界革命"的同时,就立志要编写一部全新的《中国史》,把"新史学"的主张转化为可以广泛传播的通史教材。可梁先生又实在是太忙了,心志虽高,终无真正静心下来做学问的充裕时间。算到1921年在南开作"历史研究法"的演讲,"蓄志此业逾二十年",先生自己说已经积累了不少初稿。从现在掌握的材料来看,直至临终前,除了两份草拟目录外,只有《战国载记》、《社会组织篇》属通史计划之内,其余学术史、思想史的论著都是为之作准备的。最后一次与清华同学聚会在1927年夏,先生已经转为寄希望于同志和清华同学用二三十年工夫集体编著《中国通史》,力不从心的怅惘,溢于言表。③

梁氏"新史学"后继有人是不成问题的。因为这不纯是个人的意向,而是时代潮流使然,是社会变革在召唤。从成果方面评估梁启超"新史学"的传播及其影响,可以从两方面来展开:一是"专门史"的成绩,即"史"的分支领域的开拓,不少新分支确是直接受"新史学"主旨的启发,由成立而壮大,从事的学者也最多,不在本文论列范围。二是"普通史"(通史)的成绩,这方面从事的人相对前者要少得多。其中梁氏及门弟子张荫麟、萧一山均得"新史学"通史旨趣之真传,成绩卓然,但都没有能够一通到底。一个开头至东汉,不幸英年早逝,戛然而止;一个

---

① 梁启超:《新史学》,《饮冰室合集》文集之九。
② 日本明治维新的一个经验,就是借编写历史教科书刷清一代人的思想,故明治时期编教书风味极盛。后来,内藤湖南倡"唐宋变革论"和新东洋史,也是通过其与弟子合编中等教科书《新制东洋史》,广为传布。梁启超受到日本这方面的影响,也不可忽视。
③ 有关情况我在《萧一山与清代通史》、《中国通史编著百年回顾》两文里有过简略的介绍。不赘。《战国载记》收入《饮冰室合集》专集之46,专集之47收有《地理与年代》,专集之48收有《志语言文字》,专集之49收有《志三代宗教礼学》,后附两份通史目录,详拙文后议。《中国文化史·社会组织篇》则被收入《饮冰室合集》专集之86,全文八章,最见先生通史编撰新意。

以清代收尾，未能如老师所许，回头收拾，中间空缺大半截，梁氏通史的壮志终未能在自己的弟子手里实现，殊为遗憾。① 可梁先生怎么也没有想到，真正实践其旨趣，并完成他构建中的新通史理想的，竟是一位从未谋面、从旧学走来的东南"私淑弟子"吕思勉。凭两部出色的中国通史、四部中学教材，以及四部功力非凡的断代史（实际是先生精心设计的"史钞"样式"大通史"②），说吕先生是梁启超"新史学"旨趣实践会通第一人，我想梁先生在泉下也会首肯的。需要特别补充说一句的，吕先生的六部大、中学通史教材不仅学术含金量高，而且都是从远古一直写到编著时的当下，个人独著，一通到底，往时罕见，今也无有。

历史就是那么有趣，虽不能说是梁先生"桃李不言"，但还是应了梁先生开出的新路径"下自成蹊"的佳话。偶然中还有必然，这是学术史上的一种因缘，因缘中的一种互缘，特别值得说一说。

这种因缘首先来自于学术的内在理路。关于梁启超的"新史学"，学者多侧重从"变革"张扬其作用，却多少轻忽了其承继前学而来的脉络。1923年北大历史系创始人朱希祖为萧一山作《〈清代通史〉叙》，先生曰："清代学术，以考据之学为最长，直超出乎汉唐以上；而斯学发达之原因，有正因，有旁因。每观世人泛举旁因，而不能抉发正因，诚为治史者一大憾事！"③朱先生竟从明中期文章复古之风追溯起，谓欲复秦汉之文，必读古书，必先能识古字，于是《说文》之学兴焉，由此而音韵之学兴，继而实学训诂之风起，再至欧洲算数舆地之学输入中夏，乃由综贯中西的考据之学起而易为今之新学。这一梳理学术脉络的长篇大论，无疑是借萧一山的创作，提示"新史学"不是凭空而起，无源不能成活水。

---

① "专门史"与"普通史"相对待的说法，自西方史学引进，为20世纪20—30年代中国学者所习用，我们在梁启超与吕思勉著作里经常可以见到这样的区别法。普通史，一译"普遍史"，就是今天所说的通史。断代史，严格意义上是不能称"普通史"的。梁启超原希望萧一山在完成清代史后，续写全部通史，却未能遂愿，参抽著《史家与史学》有关章节。

② 已出版的有《先秦史》（1941年）、《秦汉史》（1947年）、《两晋南北朝史》（2册，1948年）、《隋唐五代史》（2册，1959年）。先生晚年体衰多病，余下两部断代史《宋辽金元史》、《明清史》已做了史料摘录，惜未能完稿，是为史学界一大遗憾。此一样式，在《中国史籍读法》中先生有说明："现在史学界最需要的，实为用一种新眼光所作的史钞。"搜选材料，仍依原文，已见则别著之。《吕著史学与史籍》，华东师范大学出版社，2002年，第89—90页。

③ 朱希祖：《〈清代通史〉叙》，见华东师范大学出版社2006年新版萧一山《清代通史》前列原序。

20世纪以来,像梁启超、朱希祖那样,殷切期待有一部足以担当得起开发新民智的"中国全部通史",几乎是所有新知识阶层的共识。然而对承担这一任务的史家说,目标是那么地高大,条件又是十分地苛刻,能之者百无一二,以致傅斯年当年认为编写新通史的时机远不成熟,而张荫麟在1940年,一方面强烈感觉到"一个民族在空前大转变时期"非有一部新的中国通史作"自知之助",一方面却感叹"编写中国通史永远是一种冒险"。吕先生1952年议论到华东教育部组织专家研讨中国通史教学大纲的编写,尽管他也拟出了一份大纲,但劈头即说:"中国通史是一个极重要而亦极难讲授的科目。"①

基本的一条,要编写"中国全部通史",必先通读完中国历史最基本的史料,对史料搜辑、考据、述论、编纂诸事要有一定的阅历和造诣。梁启超在正、补两编《中国历史研究法》里开出了一长串书单,分门别类,可谓精要周到,以为是治史者所不可不读的,但在《自序》里还是如实地承认:即使是从幼童时读起,"白首而不能殚,在昔犹苦之,况以百学待治之今日,学子精力能有几者?"梁先生感叹这样的标准,"在昔"苦读诗书的时代还少有人做得到,而今新式学校是觅不得这样的宝了。像梁启超这样天赋聪明的人,无暇坐冷板凳,看书稍粗糙些,不免也被非议。所以,吕先生反复强调"苟讲学问,原书必不可不读","不论在什么时代,学问之家,总有其所当循的门径,当守的途辙,此即所谓治学方法"②。以此衡量,治通史的"入门线"是很高的。此非笔者妄自造作吓人,特引章太炎1933年在上海大学教职员联合会上的讲话,就可以见得当时几有共识的"入门"标准,恐怕今天的博士生也难能做到:

> 太炎之言曰:史书文义平易,每日以三点钟之功,足阅两卷有余。二十四史三千二百三十九卷,日读两卷,四年可了。即不全阅,先读四史,继以正续《通鉴》、《明通鉴》,三书合计,不过千卷,一日两卷,五百日可了。不到十七个月,纪事之书毕矣。欲知典章制度,有《通考》在。三《通考》除去冗散,不过四五百卷,一日两卷,二百余日可了,为时仅须八月。地理书本不多,《元和郡县志》、《元丰

---

① 吕思勉:《拟中国通史教学大纲》(1952年),《吕思勉遗文集》(上),第537页。
② 吕思勉:《史学上的两条大路》(1941年),《吕思勉遗文集》(上),第469—474页。

九域志》、明清《一统志》大致已具,顾氏《读史方舆纪要》最为精审,不可不读,合计不过五百卷,半年内外可毕。《历代名臣奏议》,都六百卷,文字流畅,易于阅读。一日两卷,不过十月。他如《郡国利病书》、《清史稿》等,需时要亦无多。总计纪事之书,需时年半;典章之书,需时八月;地理之书,需时半年;奏议之书,需时十月。以三年半程功,即可通贯。诸君何惮而不为此乎?①

所幸天不绝人,"在昔苦读"的人那时还有少数保存。梁氏通史的计划要由这些稀有的、梁先生素不相识的"读书种子"来完成,很像是传奇故事。以笔者有限的阅读,除吕先生而外,当时还有像范文澜等少数老先生,兼通新旧两学,在通史的大天地里皆能出入自如,不失通史原旨。②

吕先生的读书不仅完全符合上述"入门线",而且加数倍之力超额完成。1941 年先生在《从我学习历史的经过说到现在的学习方法》里说苏常一带读书人家,本有一教子弟读书之法,使其先读《四库全书总目提要》,不啻在读书之前让他先了解目录学和学术史。此项功夫,先生在 16 岁已经做过,经史子三部都读完,惟集部仅读一半。故先生不无骄傲地说:"我的学问,所以不至于十分固陋,于此亦颇有关系。"17 岁,先生受同乡"小学"名家丁先生的指示,把《段注说文》阅读一过,又把《十三经注疏》阅读一过,后来经史出入自在、相互打通,植基于此。至于遍读正史、三通,前节已详,更是奇迹。此外,先生早年读《日知录》、《廿二史札记》十分用心,特别服膺亭林先生经世之学。③ 对章太炎的文字学,先生也用过功,对训诂考据之法相当重视。但先生认为:

---

① 吕先生在 1939 年写有《史学杂论》一文,内云:"苟讲学问,原书必不可不读。"文内记述自身体验,称:小时读康南海《桂学答问》,尝见其劝人读正史,谓既不难读卷帙实亦无多,不过数年,可以竣事,倘能毕此,则所见者广,海涵地负,何所不能乎? 当时读之精神,为之一壮。及近年,复见章太炎在上海各大学教职员联合会之讲演稿(二十二年五月)。谓正史大概每小时可读一卷。史乘之精要者,不过三四千卷,三年之间,可以竣事。其言与南海如出一辙。上述章氏引文,见录于《吕思勉先生编年事辑》,第 202 页。
② 参拙著《史家与史学》"范文澜:追求神似的马克思主义史学家",第 22—25 页。
③ 先生自谓 6 岁从塾师读《四书》,仍属于一般常规。其后这位薛先生竟让还是幼童的学生开始读《通鉴辑览》、《水道提纲》和《读史方舆纪要》,着实令人惊讶。9 岁时,夫人为其爱子讲解《纲鉴正史约编》,10 岁后又从魏先生读《纲鉴易知录》,将《易知录》从头至尾点读一遍。其后,父亲让先生通读《四库全书总目提要》,更令先生泛读《日知录》、《廿二史札记》和《清经世文编》。从此顾炎武、赵翼,后来加龚自珍,成为先生最早私淑的史学三先生。16 岁后立志治史,开始独立并系统阅读正续《通鉴》、二十四史与"三通"。详《吕思勉先生编年事辑》。

考据是由读书时发现问题才去应用,而发现问题,一半系天资,一半由学力,不能刻意追逐。大抵涉猎的书多了,自然读一种书时,容易觉得有问题,就需要考据。所以讲学问,归根到底,根基相当的宽阔最为重要。[①]

在立志治史之前,就已经读了那么多的书,称绝于常州。这是因为吕先生是在数百年读书仕宦世家长大的,父母两人合力悉心培养,完全按照严格的经史子集四部之学来训练;常州又为"今文经学"学派的文渊之乡,硕儒众多,习经成风。先生从幼童起就熟读古代经书、史书,浸染于"经世济民"的精神领域里,又受到父亲"隐而不仕"人生观的影响。他的读书没有个人功利的目的追求,崇尚的是知性和德性的奠基。但必须看到,如果不是遭遇"数千年未有之大变局",不是内乱外患的激烈震荡,吕先生要想成为他心目中所崇拜的顾炎武,恐怕也难。没有切肤的亡国之忧,没有新思想的浇灌,深入骨髓的历史反思,既无动力也无营养滋补。最好也只是赵翼、王鸣盛、钱大昕再世,常州学派中多了一位更以史学见长的传统学者。受康梁问道之学的启牖,在"新史学"的召唤之下,方有先生一生通史事业的创造。现在有学者研究指出,由今文经学的"经世"转轨为"新史学",是学理内在的自然脉络,[②]吕先生恰恰正是连接两者"转轨"成功的典范。在梁先生是平生不识吕常州,[③]可算是意外收获;而在吕先生,读书无意"急用",乃最后显为大用。

梁启超壮志未酬,留下两份草拟的通史目录,前已说过。我发现《吕著中国通史》的构架非常符合梁先生殚心积虑设想的原旨;不同处,吕先生的通史目录较为简练合理,更切大学通史教材的实际。兹将梁先生草拟的通史目录与《吕著中国通史》目录列表于下,读者可以对照:[④]

[①] 文见《吕思勉遗文集》(上),第407—411页。
[②] 请参阅路新生《经学的蜕变与史学的转轨》,上海古籍出版社,2006年。
[③] 1923年,吕先生《白话本国史》出版,同年写有长文与梁任公《阴阳五行说之来历》商榷,刊于《东方杂志》(今收入《论学集林》,第19—33页,上海教育出版社,1987年)。此为先生早年第二篇正式发表的史学论文。文末云"倘梁先生不弃而辱教之,则幸甚矣"。未见梁先生有回应,故有"不识"之语。
[④] 梁先生的两份目录,到林志钧编辑出版《饮冰室合集》后,方始为外界读到。是书由林氏于1932年编就,中华书局1936年排印出版。吕先生对社会史的考虑,始于1920年,目录成于1929年。先生是否看过这两份目录,从现有见到的文字里找不到确证,有理由认为,属于心通暗合。

原拟中国通史目录	原拟中国文化史目录	吕著中国通史
一、政治之部	（不分部）	（分上下编）
朝代篇	朝代篇	下编政治史（目录略）
民族篇	种族篇上下	婚姻
地理篇	地理篇	族制
阶级篇	＊＊＊	政体
政制组织篇上中央	政制篇上	阶级
政制组织篇下地方	政制篇下	财产
政权运用篇	政治运用篇	官制
法律篇	法律篇	选举
财政篇	财政篇	赋税
军政篇	军政篇	兵制
藩属篇	教育篇	刑法
国际篇	交通篇	实业
清议及政党篇	国际关系篇	货币
二、文化之部	饮食篇	衣食
语言文字篇	服饰篇	住行
宗教篇	宅居篇	教育
学术思想篇上中下	考工篇	语文
文学篇上中下	通商篇	学术
美术篇上中下	货币篇	宗教
音乐戏曲篇	农事及田制篇	
图籍篇	语言文字篇	
教育篇	宗教礼俗篇	
三、社会生计之部	学术思想篇上	
家族篇	学术思想篇下	
阶级篇	文学篇	

续 表

原拟中国通史目录	原拟中国文化史目录	吕著中国通史
乡村都会篇	音乐篇	
礼俗篇	载籍篇	
城郭宫室篇		
田制篇		
农事篇		
物产篇		
虞衡篇		
工业篇		
商业篇		
货币篇		
通运篇		

*** 读者当会注意到,梁先生前一目录有两处列有"阶级篇",可见太忙,不暇校订。后一目录未见有"阶级篇",则非漏列,而是与梁先生对这一问题的观点变化有关。

《吕著中国通史》上篇目录,最初酝酿于 1929 年,是时先生在常州中学讲授《中国文化史六讲》,大体内容已经具备。① 关于目录透出的结构体系,体现了"新史学"什么样的目标意义,将在下节再论。从上面的目录对照可以看出,梁启超"新史学"的通史计划,由吕先生实践而落到实处,不仅符合梁先生理想中的知识储备要求,而且目标和构想也灵犀相通。由"坐而言"地倡导,至"起而行"地实现,这是一个需要极大毅力和久长耐性的创作过程。吕先生积极地担当起了这个责任,加以修正、完善,成就了自己在"新史学"中的独立地位。

"新史学"旨趣的丰富和会通

梁启超先生呼唤"新史学"之起,实因晚清内外时事形势的逼迫,偏

---

① 参《吕思勉遗文集》(上),第 95—146 页《中国文化史六讲》,及第 273—314 页《中国阶级制度小史》。前者当时未刊,后者 1929 年由上海中山书局初版。

重于"功利"方面的考虑,合乎当时的实情。"宣言"一段结论性的话,给人的印象至为深刻:"今日欲提倡民族主义,使我四万万同胞强立于此优胜劣败之世界乎?则本国史学一科,实为无老、无幼、无男、无女、无智、无愚、无贤、无不肖所皆当从事,视之如渴饮饥食,一刻不容缓者也。然遍览乙库中数十万卷之著录,其资格可以养吾所欲,给吾所求者,殆无一焉。呜呼!史界革命不起,则吾国遂不可救。悠悠万事,惟此为大。"①再看"宣言"给出的史学定义:"史学者,学问之最博大而最切要者也,国民之明镜也,爱国心之源泉也。今日欧洲民族主义所以发达,列国所以日进文明,史学之功居其半焉。"仍着眼于"爱国"、"民族"的意义。因此,当梁启超1902年发表"宣言"之时,论其思想,民族主义意味的浓烈不容掩饰;论其宗旨,则显为救亡图存、革故鼎新、创立现代民族国家的目标服务。

这种"功利"的考虑,最能说明梁启超是站在时代潮流前头的先进代表。梁启超关于"新史学"主旨的基本看法,直到今天也还没有过时。但发表"宣言"的当时,目标固然高远,用什么手段、怎样去完成,尚不及细细琢磨。还有一点容易被人忽略,或许也是新旧转换不可免的"过程"。凡带有革命性质的运动,它初起时的一个策略,往往喜欢把新与旧转换成黑与白的对立。既要说明"新"的东西应该产生,就千方百计、甚至不惜危言耸听地开出"旧"的必须死亡的理由,许多人相信极端才会产生魅力。这样的策略用之于政治斗争可能成功,毕竟政权是可以取而代之的。但用之于学术变革,何况是历史悠久的历史学,这就比较繁难。知识是连续累进的,新的树木还须从旧的土壤里慢慢生长起来,其中也离不开旧的养分滋润。吕先生在1937—1938年撰有《论基本国文》一文,估计是在光华大学的演讲,内中特别指出:国文与其他学科一样,异常复杂,均由"堆积"而成,这是常识,不待费词。所以新的既兴,旧者不会废、也不能废,因为社会的文化非常复杂,旧者仍有其效用之故。②

较早敏感到梁启超"新史学宣言"提法过于偏激,有可能诱导走古

---

① 梁启超:《新史学》,见前注。
② 吕思勉:《论基本国文》,《吕思勉遗文集》(上),第679页。

今割裂极端之途的是东南大学的柳诒徵先生。他曾直言不讳地说:"此等风气,虽为梁氏所未料,未始非梁氏有以开之。"①我觉得吕先生对梁启超的人品和学术的鉴识,比起柳诒徵要平恕得多。先生在1930年著文说道:"他是个冰雪聪明的人,对于人情世故见得极其通透。早年的议论,还未能绝去作用;到晚年,新更趋于平实了,然亦只是坐而言不是起而行的人。"②

综合梁启超当年批判旧史学"四弊二病三恶果"的内容,他理想中的"新通史"实际包含有两大改革目标:一是通史内容的改革,二是通史体例的改革。③ 前者是带有根本性的改造,"史界革命"的意义集中就体现在这里;后者则要起枝叶扶疏的匹配作用,也需要别出心裁,才能相得益彰。对这两大改革目标的定位准确与否,以及改革的广度和深度如何,不仅会影响到"新史学"事业的发展前程,也将规定"新史学"在什么意义上说它是真正成功了。因此,百年回头看,新史学目标的提出,固然需要有石破天惊的勇气,惟有改革先知者能为之。但相比较提出高远的目标,既能传达新的意义,又能在学术上充分站住脚跟,切实地编写出为世人钦服的"新通史",就不是那么容易。在变革的过程中,有太多的荆棘,太多的险关,需要许多人切切实实地开拓耕耘,需要许多人艰难地用力于攻关拔寨。这里,不仅不会有凭"精神胜利法"美梦成真的神话出现,也不可能提起头发完全离开原土壤。它必将是一次学术上具有"推陈出新"意义的创造。

吕先生与梁启超不同,一直生活在社会的基层,对国事和民生都非常关心,但从不愿涉入政界,故旁观者清,有浓厚的平民意识。④ 他的

---

① 柳诒徵对梁氏的批评见《国史要义·史德第五》。柳先生对梁氏视二十四史为帝王家谱、为断烂朝报、相斫书等议论耿耿于怀,非关个人恩怨,有关情况参拙著《史家与史学》,第91—108页。
② 吕思勉:"从章太炎说到康长素梁任公"(1930年),《吕思勉遗文集》(上),第392页。
③ 梁启超在《新史学》一文内称旧史学有"四弊二病",并由此产生"三恶果"。四弊为:"一曰知有朝廷而不知有国家。""二曰知有个人而不知有群体。""三曰知有陈迹而不知有今务。""四曰知有事实而不知有理想。"二病为:"其一,能铺叙而不能别裁。""其二,能因袭而不能创作。""合此六弊,其所贻读者之恶果,厥有三端:一曰难读……二曰难别择……三曰无感触。"见前注。
④ 吕思勉先生自述:早年无意于科场功名。稍后目睹戊戌变法以来,苞苴盛而政事益坏,朋党成而是非益淆。辛亥革命起,予往来苏常宁沪者半年,此时为予入政界与否之关键。如欲入政界,觅一官职之机会甚多,亦可以学者之资格,加入政党为政客。予本不能作官;当时政党之作风,予甚不以为然,遂于政治卒无所与。详《吕思勉先生编年事辑》与《吕思勉遗文集·自述》。

看法较少掺杂近视的政治功利考虑,心中有大理想,但平实而沉稳。这不仅体现在当时写的一些时事评论里(可惜大多尚未系统整理出版),对"新史学"发展进程中出现的一些现象,敏感并作出批评的时间也较早。

早在 1920 年撰写《白话本国史》的序例。先生已经不指名地批评近来所出的教科书,随意摘取材料,随意下笔,凭虚臆度,把自己主观羼入,失掉古代事实的真相,甚至错误到全不可据。① 同年,在《新学制高级中学教科书本国史》的序例里又说:"本书力矫旧时历史偏重政治方面之弊,然仍力求(一)正确及(二)有系统。须知道偏重政治方面固然有弊,然而矫枉过正,拉着什么书就抄……不管他正确不正确,而且都是些断片的事实……其流弊亦很大。"②到 1934 年写《复兴高级中学教科书本国史》的序例,则在"绪论"里明白道出他盘旋已久的忧虑,说"凡讲学问必须知道学和术的区别",批评前人常说的读历史乃在知道"前车之鉴",失诸肤浅实用,须知"世界是进化的,后来的事情决不能和以前的事情一样。病情已变而仍服陈方,岂惟无效,恐更不免加重"③。在经历了许多时事的变迁和内心的思考,他的看法趋向深沉,对史学急于眼前的功用觉得不妥,觉得需要把史学变革引向"根本"之途。他在《蔡孑民论》开首发表了一通议论,言辞委婉,却饱含深意。先生讥刺关于"有用之学"的说法,认为总不免有轻学术而重事功的味道,"其实学问只分真伪,真正的学术,那有无用的呢?"接着,正面的见解就上来了:"当国家社会遭遇大变局之时,即系人们当潜心于学术之际。因为变局的来临,非由向来应付的错误,即因环境急变,旧法在昔日虽足资应付,在目前则不复足用。此际若再粗心浮气,冥行擿涂,往往可以招致大祸……所以时局愈艰难,人们所研究的问题,反愈接近于根本。"④

诚如吕先生所忧虑的,检阅百年来"新史学"的发展历程,梁启超当

---

① 参上海古籍出版社 2005 年版《白话本国史》"序例"。
② 《新学制高级中学教科书本国史》,商务印书馆 1924 年初版,1927 年第四版。此书今尚未重印。
③ 此教材系前教材由文言改白话,篇幅亦由 12 万字扩充到 40 万字,商务印书馆 1934 年分上下册出版。今重印本见上海古籍出版社 2006 年推出,改名为吕著《中国史》。其实仍称"高中本国史",有什么不好?
④ 吕思勉:《蔡孑民论》(1930 年),《吕思勉遗文集》(上),第 402—403 页。其实早在 1920 年撰写的《白话本国史》"序例"里,已有委婉的批评:随意摘取几条事实,甚且是在不可据的书上摘的,毫无条理系统,现加上凭虚臆度之词,硬说是社会进化现象,却实在不敢赞成。

初对"新史学"旨趣的论述,那种不注重"根本"、急于"作用"的隐患,引发某种负面影响,并非完全是意外事故。两千多年来,在中国人的观念里,"朝廷"与"国家"、政权与社会原就是混通不分的,用"国家"取代"朝廷",也就极容易滑向新的"资治通鉴",政权意识盖过社会意识,重视意见发表,将当下政见、方略的不同硬与历史认识纠缠一起,不重疏通知远,不从整体上通盘检讨历史,厘清中国历史自在的轨范和发展理路无从谈起,那么所治者多在标不在本,徒费口舌,难有真正的收获。

吕先生对中国历史所持见解,有异于此。在吕著的论述里,频率出现最多的用语,就是"观其会通"、"摄其全体"和"深求其故",而这一切又最后归之于史学的根本在"认识社会发展过程及其变迁因果"。这些道理在梁氏《历史研究法》里,前两者未得到应有的强调,第三条似与梁氏反复申述的"因果律"说相通,然意境亦很不一样。至于用"社会"取代"国家"作为主题词,则是通史主旨的一大深化。因此说吕先生丰富和修正完善了"新史学"的旨趣,在这些方面体现得比较明显。

吕先生论著反复申述"观其会通"、"摄其全体"的重要,有很强的针对性。先生于1945年有与梁氏《历史研究法》的同名之作,①其中特别讲了读史固然有益,但读史不得法也会造成大害,再次告诫诸生:"须知道,应付事情,最紧要是要注意学与术之别。学是所以求知道事物真相的,术则是应付事物的方法……由于一切事物,有其然,必有其所以然,不知其所以然,是不会了解其然的性质的",所以浅薄的应付方法(术士)终必穷于应付而后已,而深求其故,寻根究底,会通全体,则是治史者的任务(学者)。先生说明,纯为"应付"而把历史知识当作实用的,足以误大事,这也是为治人者贡献"策论"常有的通病和大弊。举的例子是筹安会诸人策划袁世凯做皇帝。他说:当时大家看到这个通电,就说袁世凯想做皇帝了。我却不以为然。我以为生于现今世界,而还想做皇帝;还想推戴人家做皇帝,除非目不识丁,全不知天南地北的人,不至于此。后来事情果然是如此。你说他们没有历史知识?袁世凯和筹安会中人,何尝没有他们的历史知识?在中国历史上,皇帝是如此做成

---

① 本书作于抗战后,1945年由上海永祥印书馆出版,故流传不广,至1981年始为上海人民出版社收入《史学四种》。抗战前,先生在光华大学有《史籍与史学》讲义,观其文意,前后相通。该讲义虽两次被收入,均不全,且有删节。至华东师大2002年版《吕著史学与史籍》始完璧归赵。

的,推戴人家做皇帝是如此成功的,例子多得很。反对的人从来就有,岂不可期其软化收买?即有少数人不肯软化收买,又岂不可望其动用武力削平?(这使我马上想到了赵匡胤"陈桥兵变"的故事——笔者按)但说到底,造成策士误事的,不是历史知识,还是历史知识的不足,是执一端而不顾全体,不能会通古今中外历史。这一事例说的策士就是杨度,梁任公则草文坚决反对,说明有无历史通识,对一个人的进身处事关系也至深。

返观梁启超对通史新体制的考虑,打破以政治史为核心的旧樊篱是必须的,借助各种学科的帮助,欲将考察的范围扩充至更多领域的意图也很明显(参见前目录,其中也包含有社会史的内容)。但仅有"多",仅有领域的扩大,没有一以贯之的东西去总笼,体系骨架也就显得散乱。看来他当时来不及从容考虑,只是采纳了西方文化形态史观,想用"大文化"的观念来组织新通史,因此在晚年把新通史径直改名为《中国文化史》。吕先生则思虑比较深入周详,认为要改造旧史学,仅有泛泛的构想,火花四溅,仅是壮观而已;要摇动一棵树,枝枝而摇之则劳而不遍,只有抓住"根本",才能摇动整体,枝枝俱动。①

吕先生为什么特别提出通史必须抓"根本",方能"多"而不散,才有一贯的精神、一贯的体系呢?还得回到中国通史难写的话题上,才能细细体味。

"新史学"再怎么"新",假若不姓"史"了,也就不会有人承认他是"史学"。史学的共性就是必须基于史料,由史料入手获取事实,一切都得靠史实说话。梁启超的《历史研究法补编》,明说是为补充前书不足的,因此在"总论"开头对历史的定义就变化了,说"历史的目的在将过去的真事实予以新意义或新价值",把"真事实"作为"第一性"加以强调,且专列小节特讲如何"求得真事实"。这个例子,再好不过地说明吕先生对梁氏的观察和评论非常到位,有鉴于早年的偏激,"到晚年,新更趋于平实"。

前辈史家均有共识,史学之难,难在真事实的获取,大海捞针,反复

---

① 吕思勉:《论基本国文》(1937—1938):"古人有言:要摇动一棵树,枝枝而摇之则劳而不遍,抱其干而摇之,则各枝一时俱动了。一种学问,必有其基本部分,从此入手,则用力少而成功多。"见《吕思勉遗文集》(上),第678页。

比勘,苦不堪言。说史学本是一种工夫,怕苦偷懒的人绝对不要去干这个行当,就是从这个道理上说的。进而言之,史学著作之难,还难在事实的"别择"(鉴别选择)。而编写通史尤难,诚如张荫麟所体验的,难在"剪裁"。显然谁也没有本事把全部中国历史的事实,细大不捐,应有尽有地写进去。通史水平的高下,取决用什么方法"剪裁"才堪得当。在这一意义上,张荫麟甚至发挥说:史学不仅是一门科学,也是一种人文艺术。

吕先生对这种通史创作的艰难,不惟体验深切,而且一生都在反复琢磨和提炼。他对清代章学诚的见解非常推崇。章氏把史材和史学著作(史籍)分为两物,提倡储蓄史材,务求其详备;作史则要提要钩玄,使学者可读。"提要钩玄"实际上是张荫麟说的"剪裁"所必须达到的境界,非此不是胡剪乱裁,便是史材堆砌成团,不成章法。吕先生评价章氏的这种见地实可谓史学上一大发明,说章学诚"和现代的新史学只差了一步,而这一步却不是他所能达到的。这不是他思力的不足,而是他所处的时代如此。如以思力而论,章氏在古今中外的史学界中,也可算得第一流了"①。

"只差一步",这是什么样的一步呢?就是史学必须得西方近代社会科学之助,特别是有关社会整体状况及其变迁的学说,为观察历史增添显微镜和望远镜,才可能"钩玄提要",透识其整体。所以先生多次强调,古今中外,国家政权多变,各类人物如走马灯,其底下都是社会的变化在使然,绝非像过去人误解的那样,以为舞台不会变,演员在屡变而已。在这一点上,吕思勉先生的认识,不仅没有一丝"遗老"的气息,而且称得上得风气之先,是一位名实相符的思想先进者。

西方到了近代,学科的分化成为一种普遍的趋势。这种风气传到中国(这方面,梁启超借助于日文介绍,敏感得很早,可惜无暇细读钻研),史学在各门现代学科的推动下,专业内分化的趋势也发动起来了,于是而有政治史、经济史、文化史、民族史、外交史、科技史等等,它们之中还分出更多、更细的专题。论"新史学",专门史的成绩最显著,令人称羡。专门史的范围毕竟要小一些,而且那时多半都是

---

① 吕思勉:《历史研究法》,《吕著史学与史籍》,第 12—13 页。

做专题,还谈不上做专中之通,能够把"竭泽而渔"作为高目标。史学作为一门学科,做得越是仄深越见工夫,这是最符合职业特点的做法,容易为业内所承认,故有惟专为"家"、通不成"家"的习惯偏见。但基于社会变迁的要求,新式学校的广泛兴起,培养一代新人对中国的过去与未来有一种正确的态度,通史再难也不可或缺。傅斯年"暂不宜编通史",是从专家的角度高调要求,生怕粗糙的制品泛滥出来误人子弟。但首先鼓动张荫麟接受编写中国历史高中教材任务的,不就是傅孟真先生吗?

专门史走的是由"合"而"分"的道路,而普通史(通史)则是要将"分"重新返回"合"。这不是简单的拼凑合拢,新的回归应该有所综合、有所升华。吕先生认为通史可以走出困境,开辟新境界,但应该学习专门史创新的榜样,需要在众多与"社会科学"各分支相关的内容间架构一座桥梁,才能通向新的综合。桥梁的架构方法,吕先生认定了,它就是"社会学"。

查阅先生各时期的论著,正面的回答应是连贯的,即向社会史方向开拓。新通史必要以研究社会为枢纽,以考察社会变迁为主线,方能转动全局,开出新境界。据现在查考得到的资料可知,吕先生这一史学新主旨的表述最早见之于《白话本国史》,时间在1920—1923年间,也正是梁启超宣告从政界隐退,酝酿制订新通史体制(草拟目录),并且写出了"社会组织篇",真有点灵犀相通的味道。吕先生在"绪论"第一章开宗明义地说:"历史究竟是怎样一种学问?我可以简单回答说:历史者,研究人类社会之沿革,而认识其变迁进化之因果关系者也。"在全书的纲目中,我们看到按历史顺序穿插了一些名目全新的章节,如上古史第一章中的"三皇五帝时代社会进化的状况",第八章"古代社会的政治组织"(共有六节),第九章"古代社会的经济组织"(共有三节),中古史(上)第六章"社会革命",中古史(下)第三章"从魏晋到唐的政治制度和社会情形"(共有七节),近古史(下)第五章"宋辽金元四朝的政治和社会"(共有八节),近世史(下)第五章"明清两代的政治和社会"(共有八节)等。至于不标出"社会"两字的内容在许多章节里也有渗透。对社会情形和社会生活的叙述,在当时是非常新鲜的事。这全仗先生对史料的通贯圆熟,比较梁氏的《社会组织篇》文稿要详实深入得多了。① 这本在19世纪20年代初就出版的《白话本国史》,已经被学界公认为我国第一部用白话文写的系统新通史,却至今还很少有人注意到,它也是一部把通史引向社会史方向的开拓性著作,不能不说有点遗憾。②

从1922年《白话本国史》开始试验和探索,到1941年应《中美日报》副刊之约,专题写作《从我学习历史的经过说到现在的学习方法》,先生已经完成了《吕著中国通史》的写作,思虑和考虑非常成熟,语气也显得特别的坚定。他说:"史学是说明社会之所以然的,即说明现在的社会,为什么成为这个样子。对于现在社会的成因,既然明白,据以猜测未来,自然可有几分用处了。社会的方面很多,从事于观察的,便是各种社会科学。前人的记载,只是一大堆材料。我们必先知观察之法,然后对于其事,乃觉有意义,所以各种社会科学,实在是史学的根基,尤其是社会学。因为社会是整个的,所以分为各种社会科学,不过因一人的能力有限,分从各方面观察,并非其事各不相干,所以不可不有一个综合的观察。综合的观察,就是社会学了。"③

今天谈多学科交叉渗透无甚稀奇了。只要看从本科生的毕业论文到博士生的学位论文,就知道已经成了时尚流行,无不声称自己是采用这种"骄傲"的方法研究课题的,后面跟着就是一个不短的多学科清单。

---

① 《白话本国史》,原名《自修适用白话本国史》,从1920年底确定序列,至1922年完成。1923年由上海商务印书馆初版发行。这是中国第一部完整的白话中国通史,初版后一再重印,影响广泛。初版后作过几次局部修订。现在由上海古籍出版社于2005年再版,以初版本为底版,参照了作者生前的修改和其女吕翼仁的校计,为最完善的本子。1949年后,历50余年始能重新排版面世,感慨系之。

② 据笔者阅读所得,较早使用"社会史"名词的是1902年8月邓实在《政艺通报》上发表的《史学通论》,邓氏称旧史"则酋史耳,而非国史;君史耳,而非民史;贵族史耳,而非社会史。统而言之,则一历朝之专制政治史耳"。这里的"社会史"是与"贵族史"相对,亦即有"民众史"的意思。通史著作采用社会进化阶段说的,早者推1904年6月出版的夏曾佑《最新中学中国历史教科书》上册,夏氏云:"凡今日文明之国,其初必由渔猎社会以进入游牧社会。自渔猎社会改为游牧社会,而社会一大进","又由游牧社会以进入耕稼社会。自游牧社会改为耕稼社会,而社会又一大进","天下万国,其进化之级,莫不由此"。这实际上也只是文明史——即文化形态观的一种表达,尚未自觉地借助社会学方法把通史引向社会史的开拓。同年12月出版的刘师培《中国历史教科书》(国学保存会版)也似关于此。这些资料都说明吕先生采纳社会学运用于通史编写,有时代的背景,有前辈的影响,非纯粹代表个人,而是晚清以来新旧史学蜕变过程中早晚要走出的一大步。

③ 文载《吕思勉遗文集》(上),第411—413页。梁氏《社会组织篇》,共八章,与《中国文化史》原拟目录不尽相同,亦见梁先生对通史的结构安排一直移移不定。出处参前注。

在吕先生那个时候,西方社会科学理论还只是初潮骤至,找书不易。梁启超很早就注意到"群学"(即社会学),吕先生也受到影响。斯宾塞的《群学肄言》、甄克思的《社会通诠》、马林诺夫斯基《两性社会学》等,可能是先生最早直接读到的西方社会学译著。① 先生在1920年已经关注到马克思主义的引入,到47岁(1930年),因友人的介绍,开始阅读马克思主义的书籍,对唯物史观看重经济基础的作用,非常之欣赏。②

同乡挚友陈协恭1933年为《先秦学术概论》作序,谓先生天资极高,兼弘通与精核二者而有之,且深研近世社会学家之说,非徒专事古书疏通证明可与之同年而语者。③ 相比于褊狭考据风气,先生的通达尤其显得突出。从今日情景而言,又与颇多新派生搬硬套、作势唬人者不同。先生借"社会学"之助,全在细心领会其观察视角与思想方法的优点,返观中国历史事实,融通不离治史精核的要求,反对凿空泛言,生硬灌注。因此先生的运用"社会学",见不到新名词、新概念满天飞,什么模型、模式的莫名堆叠,一如陈寅恪借西方"人类学"的启示,发明隋唐政治制度渊源奥妙,运用存乎一心,了无痕迹。这就是学界老前辈新旧之学兼通的高明。

吕先生接触到的西方社会学理论还处在孔德、斯宾塞初创原理的阶段,什么功能、冲突、交换、结构等等分派分系的理论与方法尚未进入。看先生强调"社会学"是对社会的"综合观察",与孔德当时的意思最切近。后来那种以西方现代社会为模型,通过愈益繁琐化、形式化得出的所谓理论"概念"和"范式",还不致像现在这样"污染"到古代社会的观察,折腾得不伦不类。吕先生对"社会学"原理的领会,最能证明前面老友所说"天资极高",对孔德"吾道一贯"的独到领悟,恐怕连这位西方"孔"夫子也会叹息"后生可畏"。孔德把"社会"比喻似人体那样的生命有机体,是更为复杂的"超级有机体";又模仿物理学原理,说社会运

---

① 先生的著作文章不喜借别人自重,征引他人书籍或言论者较少,文内偶有"斯宾塞有言"之类,言简意赅。具体看过哪些西人的书,不易寻得证据。此处据张耕华为上海古籍版《中国史》(即后一种高中教本)写的"导读"。耕华教授从李永圻整理先生论著多年,熟悉先生家中藏书情况,当有所据。其他书名省略,可参阅张文。
② 吕先生对唯物史观的接触较早,也很敏感。见到的文字为1920年在沈阳时所写的《沈游通信》,源自先生读《太平洋杂志》的介绍文章,载《吕思勉先生编年事辑》,第87—88页。后者参先生《自述》,载《吕思勉遗文集》(上),第440页。
③ 陈协恭:《先秦学术概论序》(1933年),载《吕思勉先生编年事辑》,第163页。

行有"静力学"和"动力学"两种定律。我们看吕先生一开口,立足点很高,意境很远。他用本土化语言描述的"社会学",注重揭示的是社会整体运动,富有强烈的历史感:人类已往的社会,似乎是一动一静的,这节奏像是人生的定律。昔时的人,以为限于一动一静的定律,这是世界一治一乱的真原因,无可如何。这种说法是由于把机体所生的现象与超机现象并为一谈,致有此误。人个体活动之后,必继之以休息,社会则可以这一部分动,那一部分静。人因限于机体之故,不能自强不息地为不断的应付,正可借社会的协力,以弥补其缺憾。社会固然也会有病态,如因教育制度的不善,致社会中人,不知远虑,不能豫烛祸患;又因阶级对立尖锐,致寄生阶级不顾大局的利害,不愿改革等等。我们借社会的协力,就能矫正其病态,一治一乱的现象,自然可以不复存在,而世界遂致于郅治了。这是研究历史的人最大的希望。① 这段议论,与孔德、斯宾塞之说有所超越,对早期西方社会学曾有过的庸俗生物学偏向有"先天"的免疫力,把它转化成了一种看重社会制度变迁、积极进取的社会变革学说。这不是创造性地借用西学而别出境界的一个很好事例?

如何用这种新的社会学眼光观察历史,逮住"社会"这一历来为治史者陌生的"动物"(西人有言社会为不易捕捉的狡猾动物,即指其似有形似无形,变动而不居),是个难点。首先就是史材方面的困难。我们看历史学与社会学的结合,即便到了改革开放后,也仍然有不少人以为只有社会生活方面的史料可以利用开发,而原来正史大部分都不得不因"无用"而被废,"社会史"便无奈地变向朝史学一个分支"社会生活史"的窄路上走去。不能否认,这方面的史料开发和研究有许多突破,但这只是一支专门史的成立,而非当年"新史学"期待中的"普通史"的成功,甚至弄不好,还可能偏离"新史学"的旨趣,与认识中国社会特点、推动社会变革的目标显得隔膜不合。

借"社会学"之助,疏通知远,通观其变,目的是为了认识中国社会整体状态及其变迁的方向,先生毕生精力尽萃于此,是他认为不可须臾疏离的"新史学"主旨。从这个角度上考量,细致梳理并深入认

---

① 《吕著中国通史》"绪论",华东师范大学版,第5—6页。

识先生在社会史开拓方面究竟有哪些突出的建树,就显得很有必要了。

片面理解甚至夸张梁启超对旧史学批判的某些意见,先生向存不同意见。他说:旧史偏重政治,人人所知。偏重政治为治史之大弊,亦人人所知。然(一)政治不可偏重,非谓政治不可不重。(二)政治以外的事项,亦可以从政治记载之中见得。此二义亦不可不知。现在很多人喜欢说社会史是眼睛向下,写民众的历史,当时新史家称"人群的历史"。但若从史材而论,至近现代天地稍宽,越是往前史材愈少,悬木求鱼,久为史家苦恼。至于人民为历史的主人,这是从宏旨大义上说的,政权不为人民所有,情景就难以一言而尽。对此,先生的见解比较切近实际。他说人民方面的材料虽然缺乏,但须知(一)此乃被压迫阶级不能自有政权,而政权乃为压迫阶级所攘夺,自不能与政府方面的材料相比。(二)正史中也绝非一无所有,要在费心开发。先生毕生花在这方面的精力真不少,打破了靠旧材料不能编著新通史的疑虑,开发的范围除史部外,兼及经、子、集,对集部价值的敏感也最早,故后来有集萃史材大成的"史钞"通史——四部断代史的编纂(今人对文集的开发正渐成风气,明清数量太大,故稍嫌迟缓)。①

史材之开发,已如上论。由史材出史识,则一靠眼光,二靠灵气(先生则说一由功夫、二由天赋)。先生常说"社会体段太大",举一端而概全体,无有是处。正确的方法,就是先得有一种全局性的眼光,把社会看作是综合的、流动的、进化的,活用中国古人的老话就是"通观其变"。

回顾百年史学的历程,吕先生所做的建树,无论史材还是史识,下工夫最深的是制度通史,成就也最为卓著。最早可追溯到1925—1926年在沪江、光华两大学对历史系学生的讲授,讲义初名《国故纲要》、《国故新义》,一度改为《政治经济掌故讲义》,后改名为《中国社会史》,原稿设18个专题。其中5个专题于1929年正式出版时,命名为《中国国体制度小史》、《中国政体制度小史》、《中国宗族制度小史》、《中

---

① 吕思勉:《中国史籍读法》,见《吕著史学与史籍》,第97、75—77页。

国婚姻制度小史》、《中国阶级制度小史》。① 这方面的研究始终在深入，心得愈后愈成熟，最后完善、凝聚于1940年出版的吕著《中国通史》上册。从47岁至58岁，经历了由"不惑"到"知天命"，也标志着先生的学术生命达到巅峰，炉火纯青。

通观吕先生的学术编年史，在20年代前期完成《白话本国史》和初高中教材编著之后，精力转注于制度史的研究。治史者都有体会，制度史研究，特别是贯通古今、涉及全方位的制度渊源沿革，要从详纪传人物、略制度事物，细琐繁复、茫无头绪的正史材料中，梳理制度沿革的线索脉络，不博览群书，没有分析综合、比较鉴别的功力，决难摸到边际。为什么要去干别人看来事倍功半的这等苦活呢？

笔者现在终于读得明白了一些。先生凭着自己治学积累的特长，触悟到历史学与社会学的结合，社会历史学的本土化，必须通过制度史入手，方能曲径通幽。先生自我的表述，有下面两层意思：（一）《〈文献通考〉序》把史事分为理乱兴衰和典章经制两大类。前者是政治上随时发生的事情，今日无从预知明日；后者则关于国势盛衰、民生大计的内容最多，是预定一种办法，以控制未来，非有意加以改变，不会改变。前者可称为动的历史（"社会动力学"），后者可称为静的历史，当然这是仅就形式而言，不可泥执（"社会静力学"）。② （二）进言之，历史上的一切现象，都可包含在这一动一静的交叉变化之中（实际上，动与静也是相对的，动中有静，静中有动。这一点，先生的阐述还不够清晰）。先生说"理乱兴衰"，就是古人所说的求治法之善与不善，精力不可谓不多。不可继行的制度不变，治平之世不可得。然当政者对制度的保守为一种集体无意识的惰性，常转为抗阻革新之弊；只有制度的革新，才能治丝理纷、排难堵乱，开出历史新局面。而入至近世，情境又变，青年经历未深、阅读不广，民之情伪未知，嚣嚣然以为天下事无不可为，举武辄

---

① 初由上海中山书局于1929年初版发行。1936年4月上海龙虎书局增订第3版，改书名为《史学丛书》。1985年上海教育出版社出版，易名为《中国制度史》，然《中国阶级制度小史》被省删。《中国阶级制度小史》后收入《吕思勉遗文集》（下），第273—314页。据张耕华教授告知：今年年底，古籍将推出这部重印本，不仅恢复吕先生自己的命名《中国社会史》，原删去的部分《阶级》一章，商业、财产、征権、官制、选举、刑法诸章中近代以后的叙述，以及各专题内的一些分析、评论的段落，总计10多万字，全部恢复。

② 吕思勉：《中国史籍读法》，《吕著史学与史籍》，第97页。

踬,戊戌变法以来,屡变而终不得其当,实由是也。先生把会通这两方面的情况看得极重,明乎此,研治历史则探骊而得珠,教授史学之意义亦由此而达彼岸。①

吕先生还从另一角度申述这种历史认识方法的意义。过去的人总说"史也者,记事者也",史事仅止于叙事而已。但历史上发生过的事情实在记不胜记,不能尽记,也不必尽记。深求其故,必从社会制度上着眼,方见得深,看得透。例如以往专重特殊的人物和特殊的事情,却不知道这些特殊的人物和事件总在发生一定的制度环境之中,是那时社会关系和社会环境的结果。制度总在不停地"潜运默移",重大事件看起来像"山崩"那样激烈,却是由社会的长期"风化"积累而成的,由此而造成所谓"世运"的转移,划分出中国历史内在各个时段的变迁。② 过去因为没有"社会"这个概念,遇到时局艰难,囿于所谓历史的经验,便误以为只要古代的某某出来,只要用过去的某某方法,就能解决问题。若知道社会是动态的,变动而不居,历史便是维新的佐证,而不会再是守旧的护符。"深求其故",还要讲清历史各个方面相互发生的因果关系。社会是整体的,任何现象必与其他的现象有关系。这因果关系看似复杂,但其中必有影响力大小的不同,有时此重彼轻,有时彼重此轻,但以物质为基础,经济发展的力量总是历史变化的原动力。有这样的历史认识,就可以改变许多陈旧的认识习惯。例如中国的旧史学一向以政治为核心,习久了就误以为政治才是社会的原动力,国家的治乱兴亡全由于政府中几个人措置的得失。时局不行,换些人就可以了。真知道历史的人,便懂得改善制度比人治更重要,制度变迁的后面,又是由经济变迁慢慢推动的。

在这样一种识史方法观照下,开出会通历史的新境界是自然之理。阅读吕著通史,有许多具体历史情节,后之史家研治专深,更赖史料新的开发,呈现得更为细密可靠(最出色者当如严耕望的地方行政制度研

---

① 吕思勉:《中学历史教学实际问题》,《吕思勉遗文集》(上),第479—480页。
② 吕先生对中国历史分期问题的见解,有专题研讨的价值,容后再论。有关情况,可参见张耕华为上海古籍出版社版《中国史》所写的"导读",对先生的分期法有具体的介绍。

究,从弘通处着眼,精密则称雄一世①,但先生许多精彩通观评论,直击要害,能传达出常人轻易看不出的历史意韵,让读者享受知性旅行的愉悦,得益的不仅仅是历史知识的丰富,更是增进了对社会状态和社会变革的认识。我想,先生的作史愿望原就是如此。

先说"人民为历史的主人"。这是社会前进的方向,也是新时代治史者应有的宏旨大义。先生始终追求现代"大同"社会的实现,欣赏有理想激情的人,但通过历史的考察所得的结论,认为通达和理性更是现代人必备的品质素养。他从中国历史梳理所得的社会进步,认为必基于社会组织的改变,基于公众参与度之扩大。简约概括为:(一)事权自少数人渐移至于多数,此自有史以来其势即如此。自今而后,事权或将自小多数更移于大多数,移于公众性的社会组织。(二)交通范围日扩,密接愈甚,终必至与世界合流,此观于中国昔者之一统可知。世界大同,其期尚远,其所由之路,亦不必与昔同,其必自分而趋合,则可断言也。(三)公众的受教育程度渐高,公众参与的范围就越广,专擅之少数人秘密政治也愈来愈难得逞,"天下"必为天下人的天下。真正的民主,植根于真正的教育。政治的解放,必先之以教育的解放。② 这里我们看到吕先生富有特色的治史方向,关注历史上的社会风气、制度变迁,是为了现在和未来社会的进步,也饱含着他对"大同世界"的美好憧憬。

这种通观的认识,落实到中国历史发展脉络的梳理,先生持有异于常人的见解,不少独到之处。先生认为周以前为上古史,这一时期是我中华民族从极浅演之群,由部族、邦国逐渐演进为一个大国的过渡时代。夏商周三代,好似一个"国际社会",有大大小小的许多"封建"邦国。其中握一国之主权者称"君",而能驾驭列国之上的强国,称"天下

---

① 严先生的中国中古政治制度研究的代表著作是《中国地方行政制度史——秦汉地方行政制度》》、《中国地方行政制度史——魏晋南北朝地方行政制度》。严著既有精密的考证,又有宽阔的视野,对重新认识中央集权政治体制的复杂性有突破性的贡献。严先生为钱穆门生,钱氏又为吕先生的学生。笔者以为,严先生制度史的眼光更近吕先生,故对吕先生有"四大史家"之誉评。见《治史三书》,辽宁教育出版社,1998年。
② 前引参吕思勉《中国史籍读法》,原为先生在光华大学讲授之讲义,生前未刊,时间在抗战之前。《遗文集》收录不全,请见《吕著史学与史籍》,第66—67页;后引参《中国文化论断续说》,《吕思勉遗文集》,第335—336页。因先生叙述甚长,此处由笔者精简而述之,自信大致不违原义。

共主"。秦以后进入统一时代,既不再封邦建国,用人亦不拘贵族阶级,封建势力好像是解决了,实则新问题又起来。封建古制的"反动",是不可免的。不仅表现在思想文化乃至王莽改制的复古,更深刻的是,"封建势力"仍以各种变相在延续。从边远至内地,各种区域内各有恶劣的"封建"势力,事实上即等于上古时代的各个小国,其中有州郡割据,有豪强霸横,有文化较低民族建立的政权,甚至宗室外戚的专权,地方官的"自行其是",都未尝不是"封建"遗逆的表现?因此长期来政治上的扰乱,内乱外患,甚至部分时期的大分裂,莫不是这些势力轮流反复在起作用。封建势力的根源,实在于土地上的剥削,而消除封建势力要靠资本主义的发展。中国疆域广大,交通险阻,资本主义势力的发展多在交通大道一线,难以向腹地深处发展。所以中国政府的统一性、积极性,说起来实极可怜。这只要看中国历代,行放任政策尚可以苟安于一时,行干涉政策即不旋踵而召乱。言治皆轻法治而重人治,地方唯有派一能员就此地方定出相当的方策,才有一定的成效。故秦汉以后,代表国家主权者所当严加监督者乃在官僚,治官之官日益,治民之官日减,治民者但求无过。[①] 我们看,这样地观察中国历史,自较许多拘泥于书本或外国理论概念的,更注意到社会组织方面特有的弱点和弊病,政治内在变迁的"中国"特色。

　　此就历史长时段之形势而言。落实到短时段,事件的历史,眼光一样的锐利。兹举一例。先生的历史分期颇多独特,独特之一,即先生反复申论"王莽改制"为中国历史的又一转捩点。先生在各本通史中叙述此事,可简约归纳如下:远古社会始于公产,自公产之制破坏后,人心始觉不安。授田之制既坏,然而有官税、私租之分,遂至汉代起有兼并之害,后世有加派之弊(税外加费)。实则公社、封建的社会组织既已逐渐坠坏,古制本无所依托,然先秦以来言改革者总觉应返古法,分为两大派:一主平均地权(儒家重行井田之说),一主节制资本(法家打击豪强富商)。至王莽乃将两说合而为一,其决心加以贯彻,魄力可谓极大。

[①] 以上简述综合《本国史提纲》(1944 年)、《中国文化论断续说》(1946 年)、《中国通史的分期》(1952 年),请分参《吕思勉遗文集》第 633—663、330—331、558—585 页。先生对商业资本的看法也有许多独异之处,如认为资本主义可以破坏"封建"势力,但他们也容易相互勾结,故亦应"节制资本"。容另文讨论。

改革不但没有得预期的结果，反而闹出滔天大祸。这失败绝非王莽一个人的失败。王莽的行政手段拙劣，但这只是枝节。即使手段很高强，亦不会有成功的希望，因为社会环境已经变化，社会组织没有大的改变，根本上是注定要失败的。这是先秦以来言"公产"改革者共同的失败。汉代的多数人对社会现状都觉得痛心疾首，汉以后则主张姑息保守成了大多数，以为"天下大器"不可轻动，"治天下不如安天下，安天下不如天下安"。所以这是中国历史上的一大转变，思想学术方面相应的变化，即是彻底改变社会的组织业已无人敢提，解决人生的问题遂转而求之于个人，于是后来有玄学、佛学、理学的迭相兴起，直至明末清初才有学术启明星的出现，对政治制度的痼疾与"天下兴亡，匹夫有责"等根本作深刻的反省。[①] 我们看众多通史教材，直至当下，多数也还是纽结在王莽改制是耽于空想、还是虚伪作假的个人品质之辨上，未曾从政治变迁的大关节上着眼，就见得吕先生确是极少数能达至疏通知远高度的史学大师。

再举王安石变法一例。先生论熙宁变法，认为王安石的新法，范围既广，流弊自然不能没有。例如青苗，以多散为功，遂不免于抑配（强迫摊派）。抑配之后，有不能偿还的，又不免于追呼，甚至勒令邻保均赔。保甲则教阅徒有其名，而教阅的人，反因此而索诈。在当时，既要大改革，不能不凭借政治之力；而在旧时官僚政治机构之下，借行政力量来实行改革，自然免不了弊窦百出。既处于不能不改革之势，照理应大家平心静气，求其是而去其弊。而宋朝人的风气，喜持苛论，又好为名高。又因谏官权重，朋党之风，由来已久。至此，新法遂因党争而宣告流产。比较新旧两党，新党所长在看透社会之有病而当改革，且有改革的方案，而其所短，徒见改革之利，不措意因改革所生之弊。旧党攻击因改革所生之弊是矣，然只是对人攻击，自己绝无正面的主张。最无道理的是，当时的政治没有问题，不需要改革吗？明知其不好，怎能听其自然？面对这个问题，我想旧党就无话可说了。由历史上改革的失败，先生预言："将来总要有大的改革出来。"[②] 读到这里，先生精细阅读各种史料，

---

① 以上据《复兴高级中学教科书本国史》与《吕著中国通史》有关章节综合而成。
② 以上议论，系综合《复兴高级中学教科书本国史》与《中国政治思想史十讲》(1935年光华大学讲义)。后者载《吕思勉遗文集》(下)，第69页。

感觉敏锐犀利,穿透古今的力度就显示出来了。先生说"探原过去以证现在及将来"的会通意境,由此倍感亲切,可以心领神会了。

"思勉人文学术"精神

1984年,著名历史地理学家谭其骧先生为纪念吕思勉诞辰一百周年题词,写道:"近世承学之士,或腹笥虽富而著书不多;或著书虽多而仅纂辑成编,能如先生之于书几无所不读,虽以史学名家而兼通经、子、集三部,述作累数百万言,淹博而多所创获者,吾未闻有第二人。"①"四部之学"为中国传统的人文学术,至现代则分演为文、史、哲三科。先生的著述除通史外,于民族史、思想学术史、古典文学史均有专著纂述。因长期兼授国文教学,对大学、中学的国文教学和语言文字改革,也有许多独立的见解。② 今日称吕先生之学术为"思勉人文学术",与先生出入于文史哲三科均有创获的经历相符,庶几可以成立。

先生名思勉,字诚之,均富人文涵义。一生学术的主要成就大都是在光华大学完成的,先生视其为最后的精神家园,毕生学术归宿所在,有名校坚聘亦决不忍弃"乡"他走。光华大学创办于1926年元月,据《尚书大传·虞夏传·卿云歌》"旦复旦兮,日月光华"取名,故以日月卿云为校旗,红白为校色,"格致诚正"四字为光华大学的校训。③ 无巧不成书,"诚"字把先生与光华合为一体,而"思勉人文学术"的真精神也正是在"诚正"两字上体现得最为鲜明。

吕先生读古书之多,无人不钦佩。但视先生为旧时代中人,系旧式人物的错觉,曾经流传一时。至少在我做助教的时候,听得教研室某老师回忆先生上课,不带片纸,手拿粉笔,在黑板上捷书史料,讲完再写,

---

① 引文出《吕思勉先生编年事辑》,第357页。
② 需要提到的有1931年商务出版的《宋代文学》、1934年商务出版的《中国民族史》,前者收于《论学集林》,后者今收入中国大百科全书出版社《中国学术丛书》。1933年出版的《先秦学术概论》,与多侧重哲学不同,此著独注重社会政治方面,颇具特色。1937年,针对光华大学设立的"基本国文"一科,特撰《论基本国文》长文,对今日大学国文教学亦有启发。原文收入《吕思勉遗文集》,第678—696页。
③ 光华大学创始人、校长为张寿镛。公子张芝联教授作有《日月光华,旦复旦兮——追忆母校光华大学》,记述办校经过,以及本人就学、任职时代的掌故颇详,载《万象》2000年第6期,读者可参考。

写完再讲,事后对照,洋洋洒洒,一字不误,觉得非常神奇。但讲说者对先生的思想观点作不屑状,不愿多言,因此我一直误以为吕先生确为"封建遗老",是属于过时的旧人物。现在把吕先生的书大都读过了一遍,方始觉悟"读其书,想见其为人",先生从幼年起对国内外时事就非常关心,读新书、也读外国人文社科类的书,且笃学深思,对新思想的吸纳,凡有善者、可信者,无不虚心渴求,但绝不苟取,也不尾从权威,有独立的主见。

吕先生是在光华大学创办的当年8月入校任教的,先任国文系教授,不久即创办史学系,出任系主任。先生一手制定史学系的课程,并向诸生讲述办系宗旨。先生要求学生用新方法整理旧经典,既要用心阅读必要的古籍,也须通知外国史事,精研西籍,更要明了现今世变之所由,目光不惟在书本上。治学的精神,则是"必先立平实之基,为进求高深之渐。求精确而勿流于琐碎,务创获而勿涉于奇邪"①。此数语实集萃先生一生治学的精神,其中"平实"两字尤为紧要。

唐史名家、陕西师大历史系教授黄永年是吕先生抗战时期的苏州中学常州分校(高中)的学生。生前回忆说:"现在,我也是五十好几的人,已接近当年吕先生给我们讲课时的年龄了,也勉强在大学里带着几位唐史专业研究生。可是抚心自问,在学问上固不当吕先生的万一,在为人处世上也深感吕先生之不易企及。吕先生当年曾为我写过一副对联:'凤夜强学以待问,疏通知远而不诬。'因为联上写明是'录梁任公语'。……促使我时常考虑怎样真正做到这两句话,真正不负吕先生当初对我的晜勉。"黄先生后来把从吕先生那里得来的师训,转化为自己的治学格言:"做学问不赶时髦。"②黄永年的这句话,作为先生"平实"两字的注脚,确是十分贴切。

在20世纪诸史学大家中,吕先生是治学心态最平心静气的一个。他有激越的理想抱负,但从不张扬,治学有似陈、王两位,也是"外冷而内里极热"。这与他淡泊宁定、"埋头枯守、默默耕耘"的为人风格极相契合。先生决不是"两足书柜",对国祸民忧无所动心的"书斋学究"。

① 文见《吕思勉先生编年事辑》,第142页。
② 黄永年:《回忆我的老师吕诚之(思勉)先生》(1998年10月),《学林漫录》,中华书局,1999年,第75页。

他的学问,有两个特点:一是极具平民意识,与陈寅恪、钱宾四特重精英文化迥然有别。先生十分关注民间社会的生计,大至水利、赋役、吏治,小至百姓饮食起居,所到之处,必细为调查,对物价波动尤其敏感,至几元几分,均一一载录。眼睛向下,关注民间基层生活,重视社会经济研究,在同辈史家中恐少有与之匹俦。二是对社会进化向持乐观向前的心态。他信从社会进化的观点,认为制度的变迁最为紧要,"大同"是人类必走的道路。这同陈寅恪的悲观成鲜明对比,似与郭沫若相近。但从其主张自然演进的立场看,与郭沫若之激进更像"同床异梦"。他之接纳社会主义学说,出诸学术追求,不沾激进情调,亦即先生讲求的学问须求"平实"。

  先生的论治学,一直强调应抱有理想,服务于社会改革的根本,勿流于琐碎饾饤的考证。先生评述年长一辈著名学者,反复陈述他们的成功实是时代使然。是社会的变迁,改革的艰难,玉成了这些学者的事业,而先决条件是他们都对社会改革抱有诚挚的热情。他说:对于现状的不满,乃是治学问者、尤其是治社会科学者真正的动机。若对于其现状,本不知其为好为坏,因而没有改革的思想,又或明知其不好,而只想在现状之下求个苟安,或者捞摸些好处,因而没有改革的志愿,哪还要讲做学问干什么?① 1943年,在《学制刍议》一文中,借孤寒子弟教育的重要性发表议论,这段文字少为人注意,却足以传达先生治学的真精神。先生说:"不论国家政治社会事业,总是要人去办的,而人之能善其事与否,实以其有无诚意为第一条件。必有诚意,然而其才可用诸正路,其学乃真能淑己而利群,不至于恃人以作恶,曲学以阿世,反造出许多恶业来。道德为事功之本,诚意为道德之本。"②

  理想必不可少,但要有激情与理智的平衡。他对康有为与章太炎都很敬佩,说他们当其早年,感觉敏锐,迫之于旺盛的感情,出之于坚强的意志,所以能做出一番事业。但因为感情较重于理性,及至晚年,则渐与现实隔离,遂至不能适应环境,终至招来失败。相比之下,先生更欣赏严几道与梁任公。他说:严复头脑是很冷静的,其思想亦极深刻。

---

① 《从我学习历史的经过说到现在的学习方法》,《吕思勉遗文集》,第412页。
② 参《吕思勉先生编年事辑》所录,第251页。

他不是单凭理想、不顾事实的人。梁任公介乎狂狷两者之间,既有激情,亦不失通达。从许多文字透出的才性来看,先生于梁启超最为心仪,虽然"大同"理想是得之于康有为的启迪,在理性论事、做学问求深刻通达方面,"最于梁先生为近"①。

先生认为处于社会变迁的时代,使人人具有改革思想最为当务之急。然而,社会的进化有一定的速率,并不是奔轶绝尘,像气球般随风飘荡,可以不知落到哪里去的。目标虽好,没有好的方法,没有好的实现途径,往往好事会造成坏的结果。所以,改革思想非可以空言灌注,亦非单凭热情就可以的,必深知现在社会之恶劣,而又晓然于其恶劣之由,然而对于改革的志愿和改革的计划应有理性的考虑。这种理性的考量从哪里来?一是靠从现实得来的阅历和锻炼,一是求之于书籍,求对以往社会的总结和检讨。历来理论之发明,皆先从事实上体验到,然后借书本以补经验之不足,增益佐证而完成之。先生在《读书的方法》一文里特别地说明:"读书,到底是有益的、还是有害的事?这话是很难说的。'学问在于空间,不在于纸上。'要读书,先得要知道书上所说的,就是社会上的什么事实。如其所说的明明是封建时代的民情,你却把来解释资本主义时代的现象;所说的明明是专制时代的治法,你却把它来应付民治主义时代的潮流,那就大错了。从古以来,迂儒误国,甚至被人姗笑不懂世事,其根源全在于此。所以读书第一要留心书上所说的话,就是社会的何种事实。这是第一要义。这一着一差,满盘都没有是处了。"②因此做学问的,须将经验与书本汇合为一,把经历锻炼和书本知识相互证明,才会有真体会,有真心得。对现实的观察有多少深度,对历史的理解就会有多少深度;反之亦然。治史学的,如果对现实生活漠然无所心动,完全闷在书斋里,无所用心,不敢思想,学问的格局不会大。先生把世上的一句俗话,赋予新的意义,变成了治史者应置于书案前的座右铭:"世事洞明皆学问,人情练达即文章。"

现在我们来纪念先生的学术,其经历已不可能复制,学术随时代而

---

① 吕思勉:《从章太炎说到康长素梁任公》,《吕思勉遗文集》,第385—401页。
② 吕思勉:《读书的方法》,原刊1946年6月3日《正言报》。

进,更不允许亦步亦趋,专事保守。如何从精神气韵上领会和融通先生的文化遗产,是为我们这些后学者所当钻研的课题,亦即古人所说的"当师其意而用之"。

(《史林》2008年第1期)

用新方法整理旧国故
——吕思勉与新史学

虞云国[*]

在对 20 世纪中国新史学的研究中,人们往往重视梁启超、胡适、郭沫若式的领袖人物,或者注目于王国维、陈寅恪建构的那种令人炫目的史学新范式。吕思勉史学虽然与上述效应无缘,但在新史学的创建进程中,自有其不可忽略的地位和价值。

一、吕思勉史学的构成背景

一位西方学者指出:"从历史的角度来看,人文学是一个不断发展的传统,或者是一个不断发展的、围绕着不同然而相互联系的主题形成的传统谱系。"[①]这一见解启发研究者有必要首先把握吕思勉史学的传统谱系。

与同时代的史学大师相比,吕思勉不仅没有胡适、陈寅恪负笈海外的幸运经历,甚至连顾颉刚、傅斯年那样接受现代高等教育的机遇都没有过。在他 23 岁立志治史时业已完成的教育,从内容到方法都是传统旧式的。

这种教育主要包括四个方面:其一,目录学的知识。从初能读书起,吕思勉系统阅读了《四库全书总目提要》中经、史、子三部与集部之半,做过六本札记。这种训练"实不啻于读书之前,使其泛览了一部学

---

[*] 作者简介:虞云国,上海师范大学人文与传播学院教授。
[①] [美] E. 希尔斯(E. Shils):《论传统》,上海人民出版社,1991 年译本,第 168 页。

术史,于治学颇有裨益";他自我总结道:"我的学问,所以不至十分固陋,于此亦颇有关系。"①

其二,小学与经学的基础。吕思勉曾研读《段注说文解字》与《十三经注疏》一过。对史学研究者的小学、经学的素养,他的见解是颇中肯綮的。关于小学,他以为:"凡事致力于本原者,看似迂远,实则简易,于文字之学,尤为易见";"治古史者自不必如治小学者之专精,只须通知门径,遇不应望文生义之处,能够知道,能够查检而已"②。关于经学,他指出:"治古史而谋取材,群经实较诸子为尤要。经学专行二千余年,又自有其条理。治史虽与治经异业,然不通经学之条理,亦必不能取材于经。故经学之条理,亦为治古史者所宜知也。"③吕思勉认为,小学、经学功夫不仅解决了欲读古书必先识字的问题,而且为后来研治古史运用材料,导启了门径,培植了初基。

其三,文学的修养。吕思勉少时先后过录了《史记》、《汉书》、《后汉书》的评本,点读过《三国志》,阅览了正续《古文辞类纂》。他深识其味道:"在古代,史学与文学关系较深,必能略知文学的风味,然后对于作史者的意志能够领略。"因而"治史学的人虽不是要做文学家,然对于文学,亦不可不有相当的了解,其中包涵训诂、文法、文章学等内容"④。他认定自己的古文根基即培壅于读此数书时。

其四,史学的训练。第一层面为史料的积累。吕思勉在14岁以前先后点读完《纲鉴易知录》和《御批通鉴辑览》;16岁起以日课14卷的进度相继阅读了《通鉴》、《续通鉴》与《明纪》;18岁起将《三通考辑要》与原书对读,遂弃《辑要》而读原书,并将《通典》与《通考》对读,进而研读了《通志·二十略》;到23岁立志治史时,已将二十四史通读一过。通过对编年、政书、纪传三大系列史籍广泛系统的攻读,他对前代历史和史料已了然于胸了。第二层面为方法的领悟。少时,吕思勉从父课读《日知录》与《廿二史札记》;日后,他体悟其父良苦用心道:"前者贯串

---

① 《自述学习历史之经过》,见《蒿庐问学记》(下称《问学记》),三联书店,1996年,第230页。
② 《节注说文议》,《论学集林》,上海教育出版社,1987年,第152页;《中国史籍读法》,《史学四种》,上海人民出版社,1987年,第84页。
③ 《先秦史》,上海古籍出版社,1982年,第6页。
④ 《历史研究法》,《史学四种》,第37—38页。

群书,并及于身所经验的事实;后者专就正史之中提要钩玄组织之,以发明湮晦的事实的真相:都为现在治史学的好模范。"①他正是在对清代史学名著的揣摩中,领会到前辈大师并没有"鸳鸯绣出凭君看,不把金针度与人",而是"金针线迹分明在"的,从而谙熟了历史考据学的家法与路数。

立志治史以前的这些传统的国学训练,使吕思勉受益终生,影响了他一生治史的风格与路向。缕述这些,并不是说其他同时代的史学大师就缺乏类似的国学训练,而是意在指出:与其他大师相比,吕思勉由于缺少了某些经历,传统国学训练在其史学构成中所起的影响、所占的比重,要明显地大得多。也许正是在这一涵义上,有人强调指出:"他的史学是建筑在国学基础上。"②

倘若吕思勉史学的构成背景仅仅是国学的话,那么,他至多不过是清代朴学中的又一传人。然而,20世纪最初二十年的中国思想学术界,随着时代的剧变,新思潮后浪推着前波,史界也不例外。正当吕思勉致力于专心治史前的国学训练时,梁启超发出了"史界革命"的最初的呐喊,其标志即是他发表于1901年的《中国史叙论》和次年的《新史学》。在新史学的狂飚行进中,梁启超无疑是第一位具有号召群伦的领袖气质的人物。他以敏锐的批判眼光抉发了旧史学传统的缺陷,登高一呼,向新一代史家指明了史学传统变革的必要性和可能性。不过,身兼政治活动家与学者双重身份的梁启超,一时上似乎尚无余暇和精力来真正从事他倡导的"史界革命"。在《新史学》刊布以后到五四新文化运动期间,他发表的史学论著不是学术上的急就章,就是政治上的鼓动书。他最具价值的史学论著,例如《清代学术概论》、《中国历史研究法》、《先秦政治思想史》、《中国近三百年学术史》等,几乎都是进入20年代才完成的。但是,尽管梁启超并未立即着手创建自己的新史学的范式,他的"史界革命"的呐喊,就足以使当时的学术界振聋发聩,借用他在《新史学》中的话:"史界革命不起,吾国遂不可救。悠悠万事,唯此焉大!"

---

① 《怎样读中国历史》,《论学集林》,第143页。
② 严耕望:《通贯的断代史家——吕思勉》,见《问学记》,第83页。

年未及冠的吕思勉听此号召,决不可能无动于衷。他自述感受道:少时从父母师友那里获得的,只是治史的知识准备与技术训练;"至于学问宗旨,则反以受莫不相识的康南海先生的影响为最深,而梁任公先生次之";"确信世界大同之可致,这种见解,实植根于髫年读康先生的著作时,至今未变。至于论事,则极服膺梁先生"。也就是说康有为给他的是世界观的熏陶,而在具体论事治学上则私淑于梁启超,其治史好讲考据亦受"梁任公在杂志中发表的论文影响最深"①。

这一影响的程度是不容低估的。即便在卓然成家后,吕思勉虽对梁启超的某些史学论点不尽赞同而有所商榷,仍始终抱着尊崇的态度。1923年,他以西儒"吾爱吾师,尤爱真理"的精神与梁氏商榷阴阳五行之来历时,自述仰止之情道:"予年十三,始读梁先生所著之《时务报》。嗣后除《清议报》以当时禁递甚严,未得全读外,梁先生之著述殆无不寓目者。粗知问学,实由梁先生牖之,虽亲炙之师友不逮也。"②其后,在向后学论及现代史学和史学研究法著作时指出:"其中强半是译本,自著的亦多系介绍外人之说。唯梁启超《中国历史研究法》及《补编》系自出心裁之作","论具体的方法则较为亲切"③。在梁启超逝世十余年后,吕思勉在一篇短文中怀念道:"讲起新史学来,总有一个不能忘掉、而亦不该忘掉的人,那便是梁任公先生";"他那种大刀阔斧,替史学界开辟新路径的精神,总是不容抹煞"。他还在自己的专著中推尊他为"近代大史学家"④,这种高度评价,他从未给过同时代的其他史学大师。

学术传统会因为与之发生关系的时代、环境起了激剧变化而被改变。梁启超呼唤新史学,就是史学传统对已经并继续发生剧变的社会政治和思想文化环境的一种回应。20世纪史学是在梁启超"史界革命"的大旗下开始其最初行进步伐的。吕思勉痛切地认为:"自西力东侵以来,新旧相形,情见势绌,正是我国的文化,需要一个大变动的时期。中国却迟迟未能走入此路。"⑤从他对当时中国学术文化的总体认

---

① 《自述学习历史之经过》,见《问学记》,第230页。
② 《辨梁任公阴阳五行说之来历》,《论学集林》,第33页。
③ 《怎样读中国历史》,《论学集林》,第142页。
④ 《吕著中国通史》,华东师范大学出版社,1992年,第496页。
⑤ 《蔡子民论》,见《问学记》,第440—442页。

识,既不难发现梁启超"史界革命"思想的印记,也充分表明吕思勉史学是对梁氏号召的"新史学"的一种自觉尝试和探索。与同时代的史学大师相比,梁启超"新史学"的呐喊,更直接、更全面、更深刻地构成了吕思勉史学的背景底色。

时代越过了乾嘉,用吕思勉的话说:"近代世界大通,开出一个从古未有的新局面。"①他以一种欢迎礼赞的态度和兼收并蓄的气度接纳远西学术的输入。西方学术作为一种外来的知识传统,它的传入为中国传统学术提供了一种崭新的审视角度、思想方法和研究手段,具有一定的优越性和明显的互补性。在对待外来知识传统上,吕思勉的见解是积极自信。他认为:现今所谓新学,"则又受诸欧美者也";"学术本天下公器,各国之民,因其处境之异,而所发明者各有不同,势也";"瀛海大通,远西学术输入","自可借资于人以为用"②。这与鲁迅提倡的"拿来主义"十分契合。

正是基于这种认识,吕思勉批评史学研究者往往以为社会科学是紧要的,自然科学则不甚重要;他指出,生物学对于进化演变的历史观念,地质学对于先史时代的研究,都有相通的道理在;认为"治史学的人,对于现代的科学,都不能不略知大概。否则用力虽深,也和一二百年前的人无以异了,安足称为现代的学问家?"这种社会科学和自然科学相通的见解,由出自旧式教育的吕思勉来强调,固然是世界大通的时代际会之赐,也表明了他自觉地随时代而前进、融西学入国学的可贵努力。而这正是他超越乾嘉成为新史学大师的原因之一。

至于与史学关系密切的各种西方社会科学,吕思勉更是虚怀若谷,海纳百川地学习、借鉴。他对西方考古学、政治学、经济学、社会学等理论方法的学习,完全是通过阅读有关的外文原著和中文译本而自学获得的,比起有留洋机遇以及大学经历的其他大师来,更显得来之不易。对考古学,他研读过吴理(C. L. Wolley)的《考古发掘方法论》,认为"历史的年代,是能追溯得愈远愈好,所以锄头考古学,和史学大有关系"③。他研究过亚里士多德的《政治学》,对黑格尔的历史哲学也有充

---

① 《历史研究法》,《史学四种》,第1页。
② 《先秦学术概论》,中国大百科出版社,1985年,第3页。
③ 《历史研究法》,《史学四种》,第12页。

分了解,称赞他透彻发挥了历史进化的见解。

令吕思勉最感兴趣的是西方经济学与社会学。关于经济学,他认为,"以物质为基础,以经济现象为社会最重要的条件,而把他种现象看作依附于其上的上层建筑,对于史事的了解,实在是有很大的帮助的"①。关于社会学,他对斯宾塞的《群学肄言》、马林诺夫斯基的《两性社会学》、甄克思的《社会通诠》、马尔萨斯的《人口论》等名著都有过深入研究。吕思勉认为:"自欧洲学术输入中国之后,社会学的学说,要算最为风行。这也有个理由,社会是整个的,不论什么社会现象,都是整个社会上的一种现象。离开了社会的全体,都无从解释的。"因此,他指出:能明乎社会学,"则研治史学,若探骊而得珠";"引社会学以解释历史,同时即以历史证明社会学之公例,两者如辅车之相依也"②。在他看来,以别种眼光释史,只能得其一方面,只有社会学才能揽其全;社会进化法则能使每一历史事件确定其在进化长途中所具的意义。也许正因为如此认识,吕思勉才强调:"治史学第一要留意的,就是社会学。"③

学术传统在其发展进程的每一环节上,都呈现出一种混合状态,它是由长期延续的各种因素、新增成分和创新部分合成的。在吕思勉史学的背景分析中,国学教育是长期延续的旧传统史学的因素,时代巨变所期待的学术文化的变动,世界大通所造成的西学东渐的局面,则是新增成分。那么,吕思勉为20世纪新中国史学提供了哪些创新的东西呢?

二、吕思勉的史学思想

史学思想是一个历史学家构建其学术大厦的础石和蓝图。吕思勉不仅撰有《历史研究法》、《中国史籍读法》、《史籍与史学》、《史通评》、《文史通义评》等史学理论的专著,还写过不少自述治史的专文,在其他通史、专史和断代史著作中,也随时因事地阐述自己的史学思想。

---

① 《历史研究法》,《史学四种》,第40页。
② 《大同释义》、《中学历史教学实际问题》,分别见华东师范大学出版社1997年版《吕思勉遗文集》下册,第150页;上册,第478、482页。
③ 《历史研究法》,《史学四种》,第36页。

"历史永远在重作之中",这是吕思勉历史观中闪光的思想。历史本身是变迁进化的。吕思勉从这一时代共识出发,认识到人们对以往历史的理解也会随着时代的演进而修正、改变、深化、提高:"人于事之关系,所感时有变迁,故于旧有之史,时时觉其不适于用;觉其不适于用,即须改作矣。"因而,他的结论是:"史也者,终古在改作之中者也。"①对1934年《史通评》中的这一观点,他后来有所补充:"因社会状况的不同,人心的观念既随之而变,观念既变,看得事情的真相亦就不同了。史事的订正,又安有穷期呢?搜辑永无穷期,订正永无穷期,历史的当改作,即已永无穷期。何况历史不是搜辑、考订了便算了事的,还要编纂成功,给大家看,而看的人的需要,又是随时不同的,然则历史安得不永远在重作之中呢?"②吕思勉从历史的观念、史事的搜考、史书的编纂等层面,论述了这诸多层面的认识和需要都会随时代社会的变迁而不同,因而每一时代的历史学都是该时代特定的认识水平和认识需要的产物。吕思勉这种历史观念,令人联想到西方史学家克罗齐(B. Croce)那个著名的论题:"一切历史都是当代史。"尽管吕思勉的表述不及克罗齐思辩明晰,但两者相通之处却是不难发现的。

正因为强调历史是当时代的历史学家对既往事实的搜集、解释,用以说明现在、推测未来,故而吕思勉认为"会通众事而得其公例者,可以谓之史学;而不然者,则只可谓之史籍"。③他受郑樵"会通之说"和章学诚"独断之学"的影响,提出"通贯之识"。他把学问分为三等:"凡研究学术,不循他人之途辙,变更方向,自有发明,为上乘。此时势所造,非可强求。循时会之所趋,联接多数事实,发明精确定理者,为中乘。若仅以普通眼光,搜集普通材料,求得普通结论者,则下乘矣。"他所推崇的上乘学术是怎样的呢?曰:"学问固贵证实,亦须重理想";"此等处,心思要灵,眼光要远,方能辨别是非,开拓境界"④。

也是从"通贯之识"出发,吕思勉尤其强调普通史与专门史的区分:"严格言之,专门的历史还当分属于各科学之中,唯普通的历史乃是称

---

① 《史通评》,《史学四种》,第133—134页。
② 《历史研究法》,《史学四种》,第30—31页。
③ 《史籍与史学》,《论学集林》,第369页。
④ 《丛书与类书》,《论学集林》,第163页。

为真正的历史。"①首先,他是从科学研究的不同层面与不同目的强调这种区分的:"史学所要明白的,是社会的总相,而这个总相,非各方面都明白,不会明白的。"后一任务即由专门史担当。由于各种专门史的日益发达,普通史也随之进步,两者不能偏废。但他认为,"社会是整个的,虽可分科研究,却不能说各科研究所得的结果之和,就是社会的总相。社会的总相是专研究一科的人所不能明白的,倘使强作说明,必至于卤莽灭裂",而普通史家自无此弊。② 其次,吕思勉是从研究者的才性秉赋的差异强调这种分工的。他认为,人的秉性有专门家和通才之分,在史学上,前者宜为专门史家,后者宜为普通史家;研究者可就性之所近而各有所择,但两者应该"贵知异己之美,不可偏于一端"③,专门史家自应有普通知识,普通史家亦宜有专精之学。这样,两者"看似分道扬镳,实则相资为用,此则今后史学演进必由之途"④。

史学研究"不宜豫设成见"⑤,这是吕思勉史学思想的基本原则。这一原则与马克斯·韦伯(Max Weber)提出的社会科学研究中价值中立性的主张颇有相似之处。吕思勉的这一思想,究竟是受到推崇"虚己"的清代朴学的启发,还是由于现代西方社会学的影响,我们无从推测,或许兼而有之。令人感兴趣的在于:他为这一原则注入了哪些具体的内涵。

从这一原则出发,吕思勉提倡纯粹治学的精神。什么是纯粹治学的精神?他认为就是"深嗜笃好,不能自已而为之",清代考据之学倒颇与这种近代科学精神相契合。因此,他主张学术研究"宜置致用于度外,而专一求其精深";反对不加分析地标举所谓有用之学。他承认"学术之终极目的,总不外乎有用",但强调指出:"其实学问只分真伪,真正的学术,哪有无用的呢?"吕思勉认为,中国学者倘以清代朴学的纯粹治学的精神治近代新科学,必能有所发明;但嘉道以后,"尽瘁于旧学之人,因时局的紧张,反有舍弃其纯粹治学的精神,而趋于应用之势"。由

---

① 《怎样读中国历史》,《论学集林》,第136页。
② 《历史研究法》,《史学四种》,第15—16页。
③ 《文史通义评》,《史学四种》,第224页。
④ 《文史通义评》,《史学四种》,第201—202页。
⑤ 《历史研究法》,《史学四种》,第39页。

于这一趋势,"中国近代需要纯科学甚亟,中国近代学者的精神,其去纯科学反愈远"。在他看来,这种急功近利的趋用救世,既无补时局的转机,反失落科学的传统,更是妨碍"整个民族趋向的一个大关键"①。

从"不宜豫设成见"的原则出发,吕思勉否定史为前鉴的陈说,《吕著中国通史》开卷讨论历史学的目的作用时,他即设为问答道:"这个问题,在略知学问的人,都会毫不迟疑地作答道:历史是前车之鉴。什么叫做前车之鉴呢? 他们又会毫不迟疑地回答道:昔人所为而得,我可以为模范;如其失策,便当设法避免。这就是所谓'法戒'。"他批判道:"这话骤听似是,细想就知道不然。世界上哪有真正相同的事情? 所谓相同,都是察之不精,误以不同之事为同罢了。""天下事既没有两件真正相同的,执应付此事的方法,以应付彼事,自然要失败。"②吕思勉认为,"历史是一种学术,凡学术都贵真实。只要忠实从事,他自然会告诉你所以然的道理,指示你当遵循的途径",因而他断然声明:"历史是历史,现局是现局。"③这一声明为历史学作了真正科学的定位,从而与影射现实、服务政治、借酒杯以浇块垒、执陈方以医新病等伪科学、非科学倾向划清了此疆彼界。

从"不宜豫设成见"的原则出发,吕思勉力戒民族主义的误导。他认为,借历史以激励爱国家、爱民族之心,虽"是一个很好的办法,然而天下事总有一个适当的限度,超过这限度,就不是真理",或把本民族看得过高,把他民族看得太低,"偏重感情,抹杀理性",导致民族主义的滥用。他指出:这种"由矫揉造作的历史所致之弊,惟有用真正的历史,可以做它对症的药"④。吕思勉也理性地要求自己在研究中把握这一适当的度。《吕著中国通史》完稿于"九一八"事变十周年,面对国难当头、外敌当前的时局,他身居上海孤岛,"诚极沉闷",但只在最末一章《革命途中的中国》结尾自信地指出:"岂有数万万的大族,数千年的大国、古国,而没有前途之理?"引用梁启超译拜伦《哀希腊》结束全书:"难

---

① 《蔡孑民论》,见《问学记》,第 440—442 页。
② 《吕著中国通史》,第 1 页。
③ 《吕著中国通史》,第 69 页。
④ 《历史研究法》,《史学四种》,第 21—22 页。

道我为奴为隶,今生便了? 不信我为奴为隶,今生便了!"①他的《两晋南北朝史》也作于抗日战争时期,后来他反思论史倾向,认为论五胡时因意在激扬民族主义,"稍失其平",表示"异日有机会当改正"。② 凡此种种,都表现出吕思勉对历史理性与民族感情的度的科学把握。

从"不宜豫设成见"的原则出发,吕思勉反对道德史观的流弊。重褒贬、寓惩劝的道德史观是中国旧史的传统之一。据吕思勉之见,其表现之一为借历史以维持社会的道德正义,如孔子修《春秋》,朱熹编《通鉴纲目》;其表现之二为借历史以激励读者的修养行为,如各种名臣言行录。他认为,把历史变为训诫之书的谬误,仍在于汲汲地将史学作为有用之学,而这时不过"以表言行、昭法式,为史之用"而已。③ 他还指出:"此等史事的批评家,往往仅据往史表面上的记录,其结果,多不免于迂腐或浮浅,就不徒无益于求真,而反足为求真之累。"④

"用新方法整理旧国故",⑤这是吕思勉对新史学使命的高度概括,也是他的史学生涯的自觉追求。他说:"学问的进化,自有一个必然的趋势,而现在所谓新史学,即作为我们自己发展出来的一个阶段,亦无不可。"⑥不言而喻,他是自视为新史学建设者的。他指出:进入二十世纪,就是"学术方向变换之时代","因前此学术,在性质上确可与现今划一时期";因此,"为前此学术算一笔总帐,尤其切要"⑦。而既要算总帐,在他看来,中国历史"材料虽多,迄未用科学的眼光加以整理,其紊乱而缺乏系统的情形自较西欧诸国为尤甚";因而"不用新方法,简直可以全无所得";而"现代史学的意义,既和前代不同,研究的方法当然随之而异"⑧。实际上,"算总帐"的呼声也罢,"用新方法整理旧国故"的号召也罢,倒并不是吕思勉所独有的卓见特识;几乎同时代的史学大师,例如胡适、顾颉刚,都有过类似的提法。我们一方面自应充分认识

---

① 《吕著中国通史》,第 496—497 页。
② 《三反及思想改造学习总结》,见《问学记》,第 223—227 页。
③ 《史通评》,《史学四种》,第 97 页。
④ 《历史研究法》,《史学四种》,第 22 页。
⑤ 《白话本国史》第一册,《民国丛书》第二辑,影印商务印书馆 1923 年版,序例。
⑥ 《历史研究法》,《史学四种》,第 16—17 页。
⑦ 《丛书与类书》,《论学集林》,第 163 页。
⑧ 《怎样读中国历史》,《论学集林》,第 137—142 页。

这是那个学术文化转型期的一种共识,以便从总体上把握新史学的共性的一面;另一方面则应准确区别在共同的话语系统遮掩下各位新史学大师的不同内涵,以免模糊了新史学发展序列中丰富的个性的那一面。对吕思勉史学的研究,关键也在于理清他是怎样为旧国故结算总账的。在这一过程中,他又为新史学贡献了哪些新方法。

三、吕思勉史学及其方法论

吕思勉说过:"以一种新文化,替代一种旧文化,此新文化必已兼摄旧文化之长,此为辩证法的真理。"①他心目中的新史学也理应如此:新史学的理论、方法和形式除了借鉴外来学术传统的长处外,尤应从自身学术传统中寻找出发点和生长点,包含从自身传统继承下来的合理因素,在此基础上汲取互相贯通的研究方法。他在1928年为光华大学拟定史学系课程时即表达了这一新旧贯通的见解:"吾国史学夙称发达,唯今学问观点不同,一切旧籍均应用新方法整理,而非略知旧时史学门径,则整理之工作,亦无从施。"②

以考据见长的吕思勉十分重视史学方法论,他曾指出:"今之所谓科学者,与前此之学问,果何以异乎?一言蔽之曰:方法较密而已。方法之疏密,于何判之?曰方法愈密,则其使用材料愈善。"③在史学方法的创立上,吕思勉可谓喜新而不厌旧,重洋而不唯外。他主张借鉴西学新方法,却反对生吞活剥:"研究可以借资于人,而硬拉了人家的问题,以为亦是我们的问题,甚至硬抄了解决的方法,以为亦就是我们解决的方法,则不免无病而呻,削足适履之病。"④然而,他认为在拿来西学新方法时,必须继承汉学家的考据方法。他强调:"这一派学问,是我们中国最新而又最精密的学问。必须懂得这一种方法,一切书才都可以读,一切材料才都可以使用。"他与梁启超、胡适几乎同时主张把清代朴学

---

① 《吕著中国通史》,第285页。
② 转引自李永圻《吕思勉先生编年事辑》,《问学记》,第405—406页。
③ 《先秦史》,第4页。
④ 《大同释议》,见《吕思勉遗文集》下册,第150页。

方法嫁接到新史学的主干上。①

史料是历史研究的基本素材,史料搜集是历史研究的第一步。在史料范围的拓展与史料部类的区分上,吕思勉颇受梁启超的影响,比较梁氏的《中国历史研究法·说史料》与吕氏的《史籍与史学·史料范围》,便可印证这点。他比梁氏进步之处在于将人类的遗骸与政俗也列入非文字记载类的史料。关于前者,认为"可以辨种族,识文化之由来";关于后者,他在《白话本国史·绪论》中表述为典章制度、风俗习惯,后来定名为法俗。"有意创设,因为规范者为法,无意所成,率由不越者为俗。法俗非旦夕可变,故观于今则可以知古"。② 吕思勉借助于西方传入的人类学、社会学的知识,把人类遗骸作为考察古今人种异同的实物史料,以现存法俗用来推想已往的情形,表现出他对史料更为开阔的视野。

由于历史研究的范围和对象因时代而变动,因而吕思勉认为,史料从来就不是一成不变的,史料"入于研究范围之内的,总是反映着其时代所需要"③。他指出了认识史料的两种情况。第一种情况:"有许多事情,昔人视为重要,我们现在看来,倒是无关紧要,而可以删除的。有许多事情,昔人视为不重要,不加记载,不过因他事而附见,我们现在看起来,倒是极关重要的,要注意加以搜辑。"④第二种情况:"向亦以为史料,而不知其有某种关系",随着时代推移和认识进步,旧史料有了新解释。因而吕思勉强调指出,"史事所以时生新解,多缘同一事实,今昔观点之不同耳"⑤。

史料的比较、鉴别、考订,是历史研究的中间环节。只有这一环节的准确无误,才可能决定史事真伪与取舍,评断历史是非与功过,进而勒成著述,公诸当世。故而吕思勉认为:"凡治史,固不必都讲考据,然考据之门径,是不能不知道的";"否则所据的全系靠不住的材料,甚至

---

① 《白话本国史》,第9页。吕著《白话本国史》出版为1923年。但《序例》署为1920年12月,谈及这一问题的胡适《清代学者的治学方法》、梁启超《清代学术概论》分别刊于1919年11月和1920年11月。
② 《先秦史》,第4页。
③ 《历史研究法》,《史学四种》,第29页。
④ 《历史研究法》,《史学四种》,第28页。
⑤ 《史籍与史学》,《论学集林》,第389页。

连字句都解释错了,往往闹成笑柄"①。他的《史籍与史学》专列了《论考证》一节,指出了十一种原因造成史事记载的失实,而后列论了考证古事之法十,辨实物真伪之法三。关于辨书籍真伪之法,他肯定梁启超《中国历史研究法》所论颇详备,补充了两点:其一,"伪书仍有其用,惟视用之之法如何";其二,"据文字以决书之真伪,似近主观,然其法实最可恃"。关于后者,吕思勉指出:"此非可执形迹以求,故非于文学有相当程度者,决不足言此。"②例如,他对"世多以为伪书"的《尉缭子》和《六韬》,根据其书"多存古制""多存古义",早在1933年即断言二书"必非后人所能伪为"③。1972年银雀山汉墓出土了二书残简,验证了他在古书考证上炉火纯青的功夫。

至于史学研究的最后一步,料理经过考订的史料以成一书的阶段,吕思勉认为可以借用章学诚的术语,以比次之业、考索之功、独断之学作为史书的各不相同的撰著方式。他认为,"学问之家,所以或事比次,或专考据,或则独断者,固由才性之殊,亦或以所值时势之不同,从事于其时之所当务也"④。也就是说,史学著述的不同模式,既与史家个人才性有关,也与时势的特定需要有关。这是通达之论。吕思勉追求甚高,治学甚勤,如细心部类其史学著述,我们可以发现:他有意在比次之业、考索之功和独断之学三方面都为新史学留下示范,启益后学。后人正不妨由此入手,把握吕思勉史学的方法论。

《燕石札记》《燕石续札》《蒿庐札记》和《吕思勉读史札记》,最能反映吕思勉在考索之功上的成就与方法。他对顾炎武和乾嘉诸老的学术札记甚为推崇,随意泛览,窥知其治学方法,深谙其考索路数。每读史书,他也都潜心排比史料,写成札记。他的《燕石札记·自序》说:"余小时即有札记,迄于今未废,阅时既久,积稿颇多。"他对自己学术札记的态度也与顾炎武相仿,主张"随时改订,以求完密;苟为未定之说,不可轻出误人"⑤。故其生前仅发表《燕石札记》《燕石续札》两种百余

---

① 《中国史籍读法》,《史学四种》,第78页。
② 《史籍与史学》,《论学集林》,第392页。
③ 《先秦学术概论》,第134页。
④ 《文史通义评》,《史学四种》,第230页。
⑤ 《燕石札记·自序》,转引自《学问记》第432页。

条,现存札记的十之八九是以绝笔为定,身后刊布的。他晚年自论其学术札记道:"今自检点,于顾先生(炎武)殊愧望尘,于余家差可随肩耳。"①这一自评是恰如其分的。他之所以谦逊地说"愧望"顾炎武,是自觉《日知录》取资范围、考索对象比自己更广泛。吕思勉以新方法去网罗史料,以新眼光将札记选题拓宽到社会经济、典章制度、少数民族历史和学术文化诸方面,既无让于重视政治兴衰、典制递变的赵翼,而且从总体上突破了乾嘉诸老为考证而考证的局限。考索之功为吕思勉史学奠立了坚实可靠的基础。

吕思勉对章学诚鄙薄比次之业,深不以为然,这或与他读史是从《通考》入手有关。他竭力为比次之业争席位:"盖弘识通裁,亦不能废钩稽纂辑;而学术愈精,分工愈细,钩稽纂辑亦不能谓非一业也。"②不仅如此,他甚至认为比次之业的地位与作用堪与考索之功、独断之学鼎足而三:"唯比次之功,实亦卓然自立,初无惭于考据,而通则原理亦必自兹而出焉。"他举马端临《通考》为例说:"考索之功颇深,立论亦多能综贯今古,岂得侪诸策括之流邪?"③吕思勉的意思很明确:卓然自立的比次之业,应该既以考索之功为基础,更以独断之学为鹄的,马氏《通考》,庶几当之。

正是基于这样的认识,吕思勉在为《白话本国史》作《序例》时,开篇即说:"我很想做一部《新史抄》","把中国的历史,就个人眼光所及,认认真真的,将他紧要之处摘出来,而又用极谨严的法子,都把原文抄录——有删节而无改易——自己的意见,只注明于后"。这一设想及其蕴含的对比次之业、考索之功、独断之学的关系的理解,始终是吕思勉治史计划的指导思想。他多次通读二十四史,兼及其他史料,毕生积累学术札记,夯筑着考索之功的坚实地基,并以此作为比次之业的基础与起点。大约从30年代末期起,吕思勉从通史和断代史着手,正式实施他规模宏大、体系完整的著述计划。

我们知道,《吕著中国通史》上册是1939年完稿的,下册在1941年9月也已杀青。据此推断,初版于1941年的《先秦史》属稿也应在三十

---

① 《三反及思想改造学习总结》,见《问学记》第223—227页。
② 《文史通义评》,《史学四种》,第226页。
③ 《文史通义评》,《史学四种》,第230页。

年代末期。由《先秦史》为发端,吕思勉开始了断代史系列的撰述。《先秦史》和其后的《秦汉史》、《两晋南北朝史》、《隋唐五代史》等四部断代史显然是在实践他的《新史抄》的主张:将各断代的史料,以谨严的方法摘紧要之处,比次成书。其间虽然也有自己对通则原理的意见,但比次材料是这几部断代史的主要倾向。由于他的比次之业是建在新方法指导下的考索之功的基础上的,就绝无章学诚所指责的一般史钞所共有的"难以凭藉"之弊。不仅如此,由于吕思勉几乎对涉及的重要问题都下过钻研功夫,故有许多创见独识并不显豁地散布在这几大部书中。不知深浅者以为吕思勉只是抄书;识者深知:如把这几部书拆散,改写成论文,"恐怕要数以千计",而且都有吕思勉自己的东西。① 吕思勉的几部断代史确能"通贯各时代,周赡各领域",给人以历史的全景与本相,有人评为"拆拼正史资料,建立新史规模",诚是不刊之论。②

《吕著中国通史》当然代表着三四十年代之交时吕思勉关于中国历史的独断之学。然而,从吕思勉几乎在草拟《吕著通史》同时,就开始其断代史序列的宏大计划。又据钱穆说,这几部断代史本来是吕思勉拟议中的"国史长编"。我们有理由推断:吕思勉有意在断代史系列的"国史长编"全部竣工后,以此为据再著一部比《吕著通史》更能体现其独断之学的新通史来。这一推断,从他晚年欲删定旧作,"将普通材料删去,全留独见之处"③,也可得到印证。可惜天不假其年,他的断代史只完成到《隋唐五代史》,他的独断之学也只能以《吕著通史》为最终代表了。

在新史学著述如何继承和发展中国历史编纂学的传统上,吕思勉也有自己独特的探索和思考。新史学兴起后,现代西方历史编纂方法虽为中国史家所援用,但大多显得生硬稚拙,新史学的史书体裁还在不断探索中。吕思勉的《白话本国史》正是有鉴于此,乃以丰富的史识与流畅的笔调来写通史,在中国早期章节体白话通史中堪称白眉,以至被顾颉刚誉作"为通史写作开一个新的纪元"④。然而,吕思勉却执意在

---

① 黄永年:《回忆我的老师吕诚之先生》,《问学记》,第 144 页。
② 严耕望:《通贯的断代史家——吕思勉》,见《问学记》,第 87 页。
③ 杨宽:《现代史学家吕思勉》,《中国史研究动态》1980 年第 2 期。
④ 顾颉刚:《当代中国史学》,转引自《问学记》第 393 页。

《白话本国史》的编纂方法上再作探索。他认为,历史编纂在内容和体裁上都应该有一种传统的延续性,而在这种延续中创新也是不言而喻的。

当代史书编纂,仍然应采用那些"昔人所认为重要而仍为我们今日所需要的材料"①。吕思勉以为它应该包含两方面的内容,而最能代表昔时史家意见的,应推马端临《〈文献通考〉序》所概括的两端:治乱兴亡和典章制度。前者实为政治史,后者则包括广义文化史的内容。吕思勉在《白话本国史·绪论》里首次论及这对概念,称前者为"动的史实",后者为"静的史实";并认为,不仅一切历史现象都包括在这两者中,历代史籍也都是以二者为记载中心的。

对两类史事的编纂方式,吕思勉从传统史学中获得了借鉴:以最便于通览一代大势的编年体和最便于钩稽一事始末的纪事本末体相糅合,用以记治乱兴衰;而典章制度类的史实就直接取镜于《文献通考》的编纂体例,将社会文化等静的史实分门立类,别为专编。这种编纂方法的采用,还受到日本明治史家林泰辅所述昔朝鲜修史法的间接启发。从 30 年代晚期起,他对自己的通史和断代史著作,在编纂内容与形式上都作了相同的处理。《吕著中国通史》上册为文化史,下册为政治史,也许考虑到不先识政治大势,对文化史的把握会不无困难,故而从《先秦史》起的四部断代史,均是上编叙述这一断代的王朝兴亡盛衰史,下编分章缕叙该断代的社会经济、政治制度、文化学术等情况。倘若将其四部断代史的政治史部分连缀起来,犹如一部章节体的新《通鉴纪事本末》,其文化史部分不啻是一部新叙述方式的《文献通考》。吕思勉这种将政治演变与典制沿革分别部类的通史和断代史的编纂方法,是针对当时流行的通史、断代史著作在叙述政治史时夹叙进被割裂的典章经制的内容,令读者难以条贯把握,而作出的推陈出新的探索。这一尝试对新史学编纂学的完善起了积极的作用。

从历史观、方法论到编纂学,吕思勉都为新史学贡献了他所独有的那份创造,他完全有资格宣称:"所谓新史学,即作为我们自己发展出来的一个阶段,亦无不可!"

---

① 《怎样读中国历史》,《论学集林》,第 138 页。

四、放在新史学的序列中

对吕思勉史学,自应放入新史学的序列中去评价。有趣的是,在为吕思勉史学定位时,学术界出现了一种左拉右拽的现象。这就有必要从吕思勉史学与 20 世纪中国有关学术派别的关系来把握其地位和特点。

有一种论点过分强调今文经学对吕思勉的影响,以至将其推崇为"今文学的大师"[①]。诚然,出生在清代今文经学的故乡常州,求学时代的吕思勉受其影响是不必讳言的,他在思想上私淑康梁,甚至自认《白话本国史》的先秦古史部分也有今文学的印记,都与此有关。然而,受新思潮的冲击,吕思勉早在 1922 年就自觉与旧经学的脐带割断了联系,以历史学家的立场明确指出:"欲考见古代之事实者,则今古文价值平等。"并进一步断然认为:"窃谓以经学为一种学问,自此以后,必当就衰。且或并此之名目,而亦可不立。"[②]其后,他不仅在思想认识上与旧经学诀别,而且在具体问题的论述上也"倾向今古文之贯通运用"[③]。也就是不问今古文的门派,只取其中可取的经学旧说作为新史学中释史证史的有机组成部分。1926 年,他在《经子解题》中开列经学入门书时,特在《新学伪经考》后声明道:"吾举此书,或疑吾偏信今文,其实不然也。读前人之书,固可以观其事实,而勿泥其议论。此书于重要事实,考辨颇详。"[④]完全有理由认为,至迟此时,吕思勉已完成旧经学向新史学的彻底转变。因而,尊其为今文经学的传人,无疑是厚诬这位新史学的大师。

另一种倾向则是把吕思勉史学马克思主义化,《蒿庐问学记》中不少评论或回忆文章有此倾向。其主要根据即是吕思勉在 1952 年三反与思想改造后所写的《学习总结》,内中自称"思想凡经三大变":"马列主义初入中国。予即略有接触,但未深究。年四十七,偶与苏州时之旧

[①] 童书业:《古史辨》第七册《自序》,上海古籍出版社,1982 年。
[②] 《答程鹭于书》,见《吕思勉遗文集》上册,第 233、243 页。
[③] 钱仲汉:《吕诚之先生的为人和治学》,《问学记》,第 186 页。
[④] 《经子解题》,《论学集林》,第 214—215 页。

同学马精武君会晤,马君劝予读马列主义之书,予乃读之稍多。于此主义,深为服膺。"①倘以其 1930 年 47 岁为界,除去《白话本国史》、《经子解题》外,他的代表性著作几乎多是完稿于其后,倘若"于此主义深为服膺"的自述可信,马列主义不仅成为他第三期思想的主流,而且成为其主要史学著述的南针。事实能否作如此观?

实际上,早在著述《白话本国史》时期,约五四以后不久,吕思勉对马克思学说已有相当了解。他认为,中国古代贵族阶级的崩坏,"其原因仍在贵族社会自身,这个很可以同马克思的历史观,互相发明"②。他还以为,司马迁《货殖列传》"把社会上的形形色色,一切都归到经济上的一个原因,马克思的唯物史观,也不过如此"③。1928 年,他眉批英人 Robert Flint 的《历史哲学概论》道:"马克思之说,虽受人攻击,然以中国史事证之,可见其说之确者甚多。大抵抹杀别种原因则非是,然生计究为原因之最大者。"④

五四以后,马克思主义传入,接受者是从两个既有联系更有区分的层面去接纳的。一个是政治意识形态层面,20 年代开始的中国革命和 30 年代崛起的马克思主义史学分别从政治和意识形态两个侧面受其影响。另一个则是纯学理层面,即把马克思学说仅仅视为学派林立的西方经济学、社会学的一家之说而接受下来,并在自己的研究中适当援引其具体观点和方法。在二、三十年代,尽管马克思主义在政治意识形态层面已遭致攻击,受到禁止,但在学理上的引用还是相对宽松开放的,这从 1945 年吕思勉还在自己著作中公开主张"马克思以经济为社会的基础之说,不可以不知道"⑤,也可以证明。显而易见,吕思勉尽管颇有"以经济为社会的基础"的论述,也重视对社会作阶级阶层的分析,但无非将马克思的经济学说和阶级学说作为西方经济学和社会学的一种,借资为用,融入自己的史学方法而已。

诚然,无视马克思作为经济学家和社会学学者对吕思勉史学的影

---

① 《三反及思想改造学习总结》,见《问学记》,第 223—227 页。
② 《白话本国史》第一册,第 121 页。
③ 《白话本国史》第一册,第 155 页。
④ 转引自李永圻《吕思勉先生编年事辑》,《问学记》,第 406 页。
⑤ 《历史研究法》,《史学四种》,第 39 页。

响是非历史主义的,但这种影响是融在那一时代传入的西学的整个背景色中的,并不构成其史学的主色调。至于他在那份《思想总结》中将其向来在学理层面上表述的"马克思之说"改换为政治意识形态层面上的"马列主义",并自称"深为服膺",似乎是1952年三反和思想改造那个"洗澡"年代所特有的"思想总结"之语。据此而将吕思勉左拉向马克思主义史学,与右拽向今文学大师一样,也都是非历史主义的。

  吕思勉与古史辨派的关系也是引人注目,耐人寻味的。他曾领衔编过《古史辨》第七册,但他显然不属于这一学派。作为新史学的同盟军,吕思勉不仅充分肯定古史辨派批判旧史学的积极贡献,对它在古史研究方法论上的价值也有一定评价,认为古史辨派对中国远古神话的分析"于史学有相当的益处"①,并在《古史辨》第七册《自序》中热情褒扬道:"疑古之说初出,世人大共非訾,然迄于今日,其理卒有不可诬者。"在自己的研究中,他也使用古史辨派的某些方法和结论,他论述史事考证的十一项必要性时,有一项即"史事传之愈久者,其变形亦必愈甚"②,显然受到古史辨派的古史层累造成说的影响。

  实际上,于古史有着精深研究的吕思勉对秦汉以前史料考辨早有成熟合理的新设想。就在古史辨派登台亮相的1923年,吕思勉提议:"若以史家之眼光,视古书为史料,则由此等而上之,别东汉人之所为于西汉人之外,别西汉人之所为于春秋战国时人以外,别春秋战国时人所为于西周以前之人之外,其劳正未有艾。"③令人注意的是,作为古史辨派的思想领袖,胡适这年在《〈国学季刊〉发刊宣言》里也提出,"整治国故,必须以汉还汉,以魏晋还魏晋,以唐还唐,以宋还宋,以明还明,以清还清"。尽管胡适"还是专为经学哲学说法",吕思勉则是径直就古史考辨设想,但在眼光与方法上倒是所见略同的。顾颉刚后来也主张把层累造成的古史传说"以汉还汉",似即受到两人的影响和启发。

  然而,吕思勉对古史辨派的某些偏颇持有不同意见。古史辨派主张古史层累造成说,认为古史系统因此而拉长、放大、变形,对古史系统持全面怀疑态度。吕思勉并不无完全否认古史传说有后人有意无意造

---

① 《中国史籍读法》,《史学四种》,第64页。
② 《史籍与史学》,《论学集林》,第390页。
③ 《辨梁任公阴阳五行说之来历》,《论学集林》,第34页。

伪的成分，但同时认为古史事实必然会随着年代久远的传承而剥蚀失落，以至只留下单辞只义。这些单辞只义是传述之人虽"已不能举其详，然犹能言其概"①，所保存下来的古史事实的雪泥鸿爪，不能概斥为伪，而应审慎料简，求出真古史来。为此，吕思勉在古史辨派崛起十余年后，序《古史辨》第七册时指出："古史为层累造成，抑又未尝无逐渐剥蚀，前人所能详，而后人不能举其事者，此所以益不易董理也。"其用意显在补正古史辨派疑古太过的偏失。对古史辨派的思想方法论，吕思勉更是颇多保留，不以为然的，认为"疑古亦有条理，不能执空廓之论硬套"②。对古书辨伪，他指出："近二十年来，所谓'疑古'之风大盛，学者每訾古书之不可信。其实古书自有其读法，今之疑古者，每援后世书籍之体例，訾议古书，适见其卤莽灭裂。"③吕思勉的批语与补正，有其合理中肯处。他与古史辨派的分歧，是新史学营垒中不同派别之争，这种争论与分歧并不妨碍他与古史辨派共同为建设新史学作出贡献。

吕思勉对于当时新史学内的疑古、考古、释古各派，是主张共存互补的。他指出："故疑古考古释古三者必不容偏废。然人之情不能无所偏嗜，而其才亦各有所长。于三者之中择其一而肆力焉可也。而要不可于余二者绝无所知，而尤不可以互相诋排，此理亦灼然。"④疑古、考古、释古诸派当时在对旧史学的批判与新史学的建立中，各在不同侧面上发挥了作用。可惜的是，二十世纪上半叶的中国学术文化随着社会政治的急遽演进，其价值取向也不断激进化。吕思勉所主张的新史学诸派共存互补、不容偏废的局面，随着二、三十年代学术思想战线上的几次论战而出现了互相诋排的局面，五十年代后又升格为马克思主义与非马克思主义、反马克思主义的论战。正在形成的新史学还未能形成新传统，便改道折入马克思主义史学的一统主流。

话题扯远了，仍回到吕思勉史学上来。实际上，兼容并包，截长补短，可以说是吕思勉对待学术的基本而冷静的理性原则。不仅对新史学的不同流派，即便对中西学术、古今学说，他都坚决反对任何的一偏

---

① 《先秦史》，第 20 页。
② 《中国史籍读法》，《史学四种》，第 93 页。
③ 《先秦史》，第 6 页。
④ 《论疑古考古释古》，转引自《问学记》第 474 页。

之见,而采取这种兼摄涵泳、恢弘平和的态度。他曾经指出:

> 旧时学者,于吾国古书,往往过于尊信;谓西方学术,精者不出吾书。又或曲加附会,谓今世学术,皆昔时所已有。今之人则适相反,喜新者固视国故若土苴;即笃旧者,亦谓此中未必真有可取;不过以为旧有之物,不得不从事整治而已。此皆一偏之见。平心论之:社会科学之理,古人皆已引其端;其言之或不如后世之详明,而粗简则远过之。截长补短,二者适足相偿也。①

这段议论,对于我们理解吕思勉的学术思想,进而充分估价他在新旧史学嬗变中的那份独有贡献,都是极为重要的。

吕思勉对中国传统史学的长处有着深切的把握,但又绝不是旧史学抱残护阙的守望者;对20世纪初以来传入的西方新学术有着广泛的了解,但又不是褊狭激进的全盘西方化的信奉者:在推进新史学与旧传统的结合上,吕思勉无疑是一个相当合适的人选。由于种种条件和经历的限制,他并没有像王国维、陈寅恪那样运用新史料,扩大新领域,在新史学的园地里灿然放出一段异样的光辉。他只是孜孜不倦地以历代正史为基本材料,以这些旧史的残砖断瓦,铺筑起一级级步入新史学广厦的朴实无华的石阶。他的才性也适合他对新史学与旧传统的结合作长期的坚韧不拔的探索和实践。吕思勉是顾炎武、章学诚、马端临创立的旧史学传统的继承者;然而,他又超越了被继承的内容。他从所继承的传统里,在理论、方法、命题、体裁等方面,寻找新史学的生长点,将传统史学的合理因素熔铸进他所锻造的新史学的范式中。在旧史学传统向新史学范式的过渡中,他有意识地进行着一种结构转换的创新探索,以便在旧史学的彼岸与新史学的此岸之间架构起一座桥梁。他从彼岸架过桥来,但无疑是属于此岸的。在二十世纪中国新史学的园地上,他也构建起了自己的学术体系。② 后人是不会忘记这位大师级的真正学者的。

---

① 《经子解题》,《论学集林》,第287页。
② 对吕思勉主要著述的表解或有助于对其学术体系的把握(见下页表格)。

吕思勉学术体系与主要著述之关系表①

史学方法	《历史研究法》《中国史籍读法》《史籍与史学》《史通评》《文史通义评》			独断之学
学术论集	《论学丛稿》(含原《蒿庐论学丛稿》)			
普通史	通史	《白话本国史》《吕著中国通史》《中国通史提纲五种》		比次之业
	断代	《先秦史》《秦汉史》《两晋南北朝史》《隋唐五代史》《中国近代史讲义》《中国近世史前编》《中国近百年史概论》《近代史表解》		
专门史	通史	《中国民族史》《中国民族演进史》《中国社会史》(即《中国制度史》)《中国社会变迁史》《国学概论》《大同释义》《中国政治思想史十讲》《中国文化史》《中国文化史六讲》		
	断代	《先秦诸子概论》《理学纲要》《中国近世文化史补编》		考索之功
学术札记	《读史札记》(含原《燕石札记》《燕石续札》《蒿庐札记》)			
目录学	《群经概要》《经子解题》《医籍知津》			
文字学	《中国文字变迁考》《章句论》《字例略说》《说文解字文考》			
文学	创作	小说	《未来教育史》《中国女侦探》	辅翼之作
		诗文	《蒿庐诗词·联语》《蒿庐文稿·笔记》	
	研究		《论诗》《宋代文学》	
选学	史学文选		《史籍选文评述》《古史家传记文选》《新唐书选注》	教育之书
	文学文选		《国文选文》《中国文学史选文》《〈古文观止〉评讲录》	

① 此表据2016年最新版《吕思勉全集》所收著述订补,或有助于对吕思勉学术体系的把握;学术论集部分亦含比次之业与考索之功的内容;普通史之断代与专门史之通史部分的各种著述亦颇有独断之见,但终以缕述史实为主,姑归入比次之业。

续　表

通俗读物		《苏秦张仪》《关岳合传》《日俄战争》《国耻小史》《三国史话》《中国地理大势》	
教科书	历史	《新学制高级中学教科书·本国史》《复兴高级中学教科书·本国史》《本国史（元至民国）》《本国史复习大略》《高中复习丛书·本国史》《初中标准教本·本国史》《初级中学适用本国史补充读本》《更新初级中学教科书·本国史》《高等小学校用新式历史教授书》《高等小学校用新法历史参考书》	教育之书
	地理	《高等小学校用新式地理教科书》《高等小学校用新式地理教授书》	
	修身	《高等小学新修身教授书》	
	国文	《高等小学校用新式国文教科书》	

（日本《中国研究》1998年第1期）

宗族与宗法的历史特征
——读吕思勉《中国制度史》第八章《宗族》

钱 杭[*]

吕思勉先生《中国制度史》第八章《宗族》,写于20世纪20年代。1929年上海中山书店用《中国宗族制度小史》一名,出单行本刊行于世。《宗族》章是继王国维《殷周制度论》之后,系统研究中国封建宗族与宗法问题的一篇力作。此文所用材料不多,属概论性文笔,但内容丰富,层次鲜明,是进一步开展宗族与宗法研究的一份宝贵遗产。它在学术上的最大成就,是多角度地勾划出了宗族与宗法的历史特征。

王国维《殷周制度论》以嫡庶制之有无论宗法之有无,存在着很大的局限,因为它忽略了宗法是宗族内部宗子之法这个前提。考察宗法必须从宗族的存在入手,即从宗族之所以为宗族的一系列条件入手。嫡庶制只是宗族存在的诸条件之一。

吕思勉先生超越王国维之处,在于从一个更深刻的层次上,归纳出了宗族的几个重要特征:[①]

(1)"宗"与标志一般血缘群团的"族"不同,"族但举血统有关系之人……其中无主从之别也。宗则于亲族之中,奉一人焉以为主。主者死,则奉其继世之人",主者为"宗",为始祖,"继世之人",即为"宗子"。

(2)宗族多为有封土的贵族,"宗法盖仅贵族有之"。

(3)宗子"必皆有土之君,故能收恤其族人。所谓族人,实与宗子同生息于此封地之上,欲图自存,即不能不翊卫其宗子"。宗族的居住

---

[*] 作者简介:钱杭,上海师范大学中国近代社会史研究中心教授。
[①] 以下引文除特地标明者外,均见于《中国制度史》第八章。

特征是"族居",不"族居"即不成其为宗族。但"聚居之制,必与营生之道不悖,而后可以持久"。"营生之道"既指对土地的占有关系、使用方式和财产分配方式,又指一般生产力的发展水平,所谓"古代分工未密,交易未开。生事所资,率有自造。既非独力所及,自不得不合亲族为之"。

(4) 宗族"合族而居,治理之权,必有所寄。所寄者亦不一。周之宗法,亦治理之一法也","宗法"并非"治理之法"的全部,而只是其一。它与基于婚姻、亲子、抚育、赡养基础之上的家庭关系也不同,其内容与目的是"谋公益、禁强暴"、"安内攘外"、"维持现状、更求进步"。

(5) 宗族团体以"氏"为标志,"始祖之姓曰正姓,百世不改。正姓而外,别有表其支派者,时曰庶姓。庶姓即氏也,亦曰族,随时可改"。

(6) 宗族有谱牒,"谱牒所以明统系,统系明则氏族不淆"。

以上是宗族的六个主要特征(其他还有宗庙祭祀、丧服等,吕先生亦有略论)。虽然吕先生的论证尚有不少可供讨论和商榷之处,但它们却是宗族之为宗族的基本条件,宗法的研究应该在系统确认这一系列条件的基础上进行。脱离宗族的存在条件,或者片面强调某一方面的特征,都将影响对宗法制度的正确理解。

以下,对吕先生抽绎出的六个特征作一简略评述。

一、特征之一:宗法的约束范围

"宗族"与"血族"同中有异。同者,血缘关系是它们的自然前提,没有血缘关系的人们之间不存在宗法关系;异者,具有血缘关系的人们之间,可以有,也可以"无主从之别",若无,即为平等和谐、胥匡以生的氏族,若有,即为等级隶属、层层控制的宗族;前者属原始社会,后者起源于原始社会末期,其主要的发展阶段属阶级社会。所以,宗族的存在条件不仅仅是血缘关系,还要包括隶属关系。父子兄弟、祖孙叔伯之类亲属称谓的内涵,既可指家庭关系,也可指宗族关系;既可仅含骨肉亲爱之情,也可兼含隶属控制之意。只有同属一个宗族的人们,才会受该族族长的辖制,才会尊奉该宗的宗子为始祖之正体,才会将有关宗子权力的种种规范视为"宗法",他们之间才存在宗法关系。同姓而不同宗的人们之间没有宗法关系,如春秋时代天子与同姓诸侯之间,鲁之姬姓与晋之姬姓之间,鲁国同出于桓公的臧氏、叔氏、季氏之间,郑国同出于穆公的"七穆"之间,只有或近或远的血缘关系,而没有宗法关系。把握这一特征,有助于解决宗法研究中一些重要的、学术界至今仍存分歧的问题。

不过,吕先生并没有能将上述立场坚持到底。他指出:"诸侯初受封,卿大夫初至一国,所以恒为其国之大宗","其于故国旧家,大小宗之关系仍不绝……天子之于诸侯,诸侯之于大夫,犹大宗之于小宗也",将大、小宗关系比附于政治等级关系,显然偏离了吕先生自己手订的前提。这一点可能是受了王国维的影响。吕先生用于证成上述观点的材料,与王国维所用相同,都是《诗经·公刘》、《板》及其毛《传》,金景芳先生已经在《论宗法制度》一文中批驳了这个观点①。吕先生又有补充:"如周公在鲁为大宗,在周为小宗。三桓在其族为大宗,在鲁为小宗。当时诸侯称周为宗周,此诸侯之宗天子也。《左》哀八年,公山不狃谓叔孙辄曰:'今子以小恶而欲覆宗国,不亦难乎?'此大夫之宗诸侯也。又诸侯与诸侯亦相宗。《孟子·滕文公》:'……吾宗国鲁先君莫之行。'《左》僖五年,虞公曰:'晋吾宗也'是也。"这些论据都是有问题的。大、小宗是同一宗族内、因与祖先的不同关系(主要是祭祀秩序)而确定的不同宗法等级,"天子为天下之大宗","诸侯为一国之大宗"等,从政治上讲固然可以理解,但在宗法上却讲不通,因为它脱离了宗法是宗族内的宗子法这个前提。万斯大说:"族人何以有大宗?大宗者,始祖之正体也,族人不得祭始祖,而宗别子之世适以共祭,故有继别之大宗。族人何以有小宗?小宗者,高、曾、祖、祢之正体也……庶子不得祭祖及曾、高,而宗祖、曾、高之世适,以其祭,故有继祖、继曾、继高之小宗。"②毛奇龄也说:"无同族,遂无小宗。"③从这个意义上说,周公在鲁是始祖而非大宗,在周王朝内也非小宗,周王朝并不是周氏宗族的独享物,周王朝不等于周族。同样道理,三桓既为本族之大宗,又怎能成为集众族为一体的鲁国的小宗?所谓"宗周"、"宗国"之"宗",是当时习惯

---

① 另见拙作《宗法制度史研究中的几个基本问题》,《史林》,1987年第2期。
② 万斯大:《宗法论·宗法二》。
③ 毛奇龄:《大小宗通绎》。

性用语,与西周初年建成的宗法结构所导致的"宗君合一"思想有关,但没有实际的宗法约束意义。确切地讲,此"宗"当作"尊"解。

吕先生这些值得商榷的观点,并不能说明吕先生不明宗族与国家的本质差别。他在《中国制度史》第九章《国体》中明确地说:"宗与族,固国家之所由立也。然究不得遂谓为国家。何者?宗族之结合由于人;而国家之成,则必以地为限界。宗族之中,治人者治于人者,皆有亲族之关系,而国家之政治,则与亲戚无关。"按此逻辑,周公之于西周天子,三桓之于鲁国诸侯,滕文公之于鲁国朝廷,虞公之于曲沃晋君,都只能是政治关系。即使在这种政治关系中夹杂着一定成分的血缘关系,也不能将这类关系归结为宗法关系。它们的前提不同,等级隶属关系实现的途径、机制也不同,不能一见"宗",就断定是宗法。只有当这个"宗"字所包含着的现实关系与某一宗族内部宗子权的建立、实现、维护等等有关时,它才具有宗法意义。

二、特征之二:宗法与政治的相关性

"宗法盖仅贵族有之",是吕先生对周代宗法实施范围的一个精辟总结。之所以会如此,是因为当时的宗族主要存在于贵族阶层,只有贵族才有可能,也才有条件维持一个血缘共同体,而平民则无力量、无必要形成宗族组织。吕先生说:"以贵族食于人,可以聚族而居。平民食人,必逐田亩散处。贵族治人,其抟结不容涣散,平民治于人,于统系无所知。"这是宗族贵族一体化,宗法仅贵族有之的一个重要原因。由此,亦可见出宗法原则与贵族政治的相关性。

所谓"相关性",并非"一致性",而是就这具有不同内含的两者在很多场合中表现出来的"合一"现象而言。吕先生指出以下几点:

> 天子之抚诸侯,宗子之收恤族人也。诸侯之尊天子,族人之祇事其宗子也。讲信修睦,同族之相亲也。兴灭继绝,同族不相剪也。盖一族之人,聚居一处,久则不足以容,势不得不分殖于外,此封建之所由兴。而分殖于外者,仍不可不思所以联结之,此宗法之所由立。

把宗法、政治作这种类型的比较是否正确，下文将谈到，这里有一个问题可以先提出来问：宗法原则与贵族政治具有相关性质的内在根据是什么？吕先生没有提出这个问题。其实，这个问题较之"食于人"、"治人"而聚居，可以更深刻地说明"宗法盖仅贵族有之"的现实基础。

宗法原则与贵族政治产生相关性之根源，在于宗族与贵族都是以血缘关系为联结纽带的共同体形式。宗族的构成上文已经论及，此不赘述。贵族的实质，是认定人的社会地位将由人的形体素质或人体素质来决定，"最高的社会地位成为由出生所注定的特定肉体的地位。怪不得贵族要这样夸耀自己的血统、自己的家世，一句话，夸耀自己肉体的来源……贵族的秘密就是动物学"①。因此，贵族是利用其出身条件获得对政治、经济权力的永久性占有的。即使他们第一次获得这些权力的途径是靠了功勋、掠夺或是欺骗，但对这权力的继承，却必须建立在明白无疑的"肉体来源"之上，这是贵族特权的前提。所谓贵族世袭制，就是这一特权的表现形态。正是这种性质和形式的权力传递方式，使宗法原则与贵族政治具有了相关的可能。

当然这并不是说，凡贵族都有宗法，中世纪及近现代欧洲贵族就不行宗法，他们的贵族性主要表现在对领地和爵位的所有上。马克思说，欧洲封建贵族的长子世袭制度的关键在于以下两点："一、在这里，固定不变的东西是世袭领地，是地产……二、长子继承权享有者的政治特质，就是他的世袭领地的政治特质，即这种世袭领地所固有的某种政治特质。"②这两点适用于一般意义上的贵族（包括奴隶主贵族、地主贵族、资本家贵族），但本文所说的是宗族贵族，他们不仅具有一般贵族的特征，还具有其他特征，如，这些贵族有宗族组织形式，有大宗与小宗的宗法等级系统，有独立的宗庙祭祀体系，等等。只有在这些贵族中，才具有与宗法原则相关的政治、经济关系，非宗族贵族内部，以及这类贵族之间的关系，体现了夹杂有血缘关系的政治、经济关系，是血缘关系对社会公共事务的参与，本身并不就是宗法关系，不存在相关的问题。宗法关系必须建立在共同的、具有实际约束效力的世系关系基础上。

---

① 马克思：《黑格尔法哲学批判》，《马克思恩格斯全集》第1卷，第377页。
② 马克思：《黑格尔法哲学批判》，《马克思恩格斯全集》第1卷，第378页。

因此，吕先生将"天子之抚诸侯"、"诸侯之尊天子"、"讲信修睦"、"兴灭继绝"直接等同于宗法关系是不对的，至多只能说此四者"犹"宗子之收恤其族人，"犹"族人之祇事其宗子，"犹"同族之相亲，"犹"同族不相剪。至于天子对同姓、异姓诸侯的分封，即封建，与宗族内部因人口、食物、婚姻等矛盾而引起的分化，同样不是一回事。前者出于政治的需要，如周康王所说："昔君文武丕平富，不务咎。厎至齐，信用昭明于天下。则亦有熊罴之士，不二心之臣，保乂王家。用端命于上帝。皇天用训厥道，付畀四方。乃命建侯树屏，在我后之人。今予一二伯父尚胥暨顾，绥尔先公之臣服于先王。虽尔身在外，乃心罔不在王室。用奉恤厥若，无遗鞠子羞。"①而后者则是一个"自然分裂的过程"②。政治分封与宗族宗法的关系，可以从三个方面来论证，即，宗族依凭着分封制而获得了迅速的扩散，宗族的分化受到政治分封的刺激而加速进行；与此二者相联系，宗族、宗法具有外延扩大与内涵淡化的趋势。由于这个问题涉及面太广，我将另文专述。

宗族的贵族化，导致了"宗法盖仅贵族有之"，这是周代宗法制度的重要特征之一。秦汉以后，宗法的施行范围不再有这一特征（事实上，战国时期已开始了这一变化），王公、勋戚虽属贵族，但不一定行宗法，而乡绅地主、富商大贾虽非贵族，却凭借众多的人口和庞大的财产，实践着同财聚居、尊祖敬宗的宗法制度。这一变化，并不意味着宗法原则与贵族政治本身发生了多少不同于周代的变化，而只说明宗族的存在层次下移，宗法减轻了它原先具有的浓厚的政治色彩。理解这一切的关键，仍是前文屡次提到的宗法是宗族内部的宗子法这个基本前提。

三、特征之三：宗族、宗法的经济基础

宗子"必皆有土之君"，才能收恤族人，行使其宗主的权威；宗族必须聚居，聚居"必与营生之道不悖"，才能长久地保持血缘共同体的外在

---

① 《尚书·康王之诰》。
② 马克思：《摩尔根〈古代社会〉一书摘要》，第207页。

形式和内在需要。能在 20 世纪 20 年代就鲜明地指出这两点,不能不使我们惊叹吕先生学识的卓越。他使宗法研究脱离了仅从政治和宗教立论的传统老路,开始了历史唯物主义的解释。

当然,吕先生的解释是不充分的,有待于作进一步的补充。比如说,宗子"必皆有土之君",什么叫"有土"? 是占有,领有,还是所有? 这三个经济范畴所显示的对土地不同的现实关系,决定了宗族的发展程度,也决定了宗法的发展水平。仅仅说"有土",还不能对宗族、宗法的经济基础作出正确分析。只有在对土地具备了法权意义上的所有或领有(内含部分所有)关系时,也就是说,只有当生活在土地上的某一宗族的首领有权(包括受限制之权)将这块土地作为财产传给子孙时,宗族才能生存、维持,宗子的权威才有了真正的物质前提。

历史事实也完全可以证实这一点。西周时期,诸侯领有土地,他们依凭着这一领有关系,创立和孕育了自己的宗族组织。"领有"虽然不是"所有",但因为它已包含了部分的所有权,所以,他们可以将土地赏赐、册封、交换、买卖。只有当他们把自己领有的土地下传给子孙时,才需要得到天子的重新认准——因此,领有是部分的所有。诸侯宗族与土地的这一关系,使得宗法的存在有了必要。这就是为什么西周宗法大多为诸侯贵族宗法的缘故。西周的卿大夫(金文中没有"卿大夫"之称,这是沿用后世的习称)有两类,畿内卿大夫与一般卿大夫,前者直属天子,后者直属诸侯。畿内卿大夫待遇、性质类同诸侯,为贵族,对土地有领有权;一般卿大夫不是贵族,是"听职",是官僚,他们从天子、诸侯那里获得的报酬是俸禄。俸禄可以是土地,也可以是其他实物。作为俸禄的土地称"采",不能自由处置,不能下传,只及身而止。并且"有分土,无分民",对劳动者没有支配权,仅食采地之租税,而这一部分租税不过是土地所有者(天子、诸侯)对权利的再分配、再分割。因此,从现象上看,一般卿大夫也"有土",但是这种"有土"却不足以建立宗族,宗法即无从谈起。显而易见,关键所在不是简单的"有土"而是"有"的经济内含和法律内含,此为一;第二,作为"有土"的主体,并不是任一个人,而是作为宗族代表的宗子。只有当这两个条件具备,我们才能沟通土地与宗法,才能把握住宗法制度所包含的现实社会中的生产关系。

以上视角,也是考察宗法制度历史演变的经济根源的重要渠道。春秋、战国宗族非贵族化,宗法实施范围下移,是这一时代土地所有制关系变化的必然结果。秦、汉以后,地主、商贾宗族的形成,同样可以从这里获得解答。王公、勋戚不行宗法,并不是他们没有了土地,而是没有宗族。生活在土地(亦即自然经济)上的宗族组织内部,不会没有宗法制度。

吕先生非常注意宗族内部的财产关系,他写道:

> 古代财产,本为一族所公有。为族长者,持操其管理之权耳。古所以严"父母存不有私财之禁"者,非恶其有财,乃恶其侵家长治理之权也……则所谓继嗣者,亦继嗣其治理之权而已。夫治理之权,固不可分。则于众子之中,不得不择其一。其后财为一族所公有之制既废,而以一子继嗣之习犹存,遂成一子袭产之制。专产业于一人,坐视其余之人无立锥之地,于理殊觉不安。吾国则久行均分之制。

吕先生关于宗族的治理之权"一子继嗣",与宗族财产"均分之制"并存的见解,是正确的。只是要注意,"均分"并不是宗子与族人分配到同等数量的财产,而是就他们都能分到财产这一意思而言。孟子所说"一夫百亩而余子二十五亩",也就是"均分"。提出并且明确宗族财产有"均分之制",可以使我们从理论上进一步认识宗族内两种继承制的区别。同时,也使我们充分认识到摩尔根在《古代社会》一书中揭示的古代三大财产继承法之二"同宗继承法"——"将财产分给同宗亲属,而将其余的氏族成员排除于外"——所具有的普遍意义。①

宗族财产的"均分制",宗族自然经济的发展水平,宗族管理的艰难等等,使得聚族而居的规模受到严格的限制。虽然累世同居的强宗大族史不绝书,但正如吕先生所说,较之大量的五口、八口之家来,"实则九牛之一毛耳","数世同居,宗族百口,在中国亦非恒有之事也",这个断语绝非虚妄。

---

① 摩尔根:《古代社会》,1977年新版,第538页。

四、特征之四：宗法伦理与家庭伦理的关系

吕先生说，宗法是宗族内部"治理之一法"，它的宗旨是维系整个宗族的共同利益（在阶级社会中，所谓"共同利益"，早已大部异化为宗族首领的私人利益），它与家庭的功能不同，"相生相养之道归诸家"。因此，宗族是以出自同一父系祖先的世系关系为纽带，以个体家庭为细胞而组成的、其目的异于家庭的一种社会组织。人类种族的延续，抚育、赡养功能的实现，依赖于家庭功能，宗族即使能够对之作出某种程度的贡献，也必须通过家庭才能达到。吕先生深刻地指出："后世犹有以宗族百口、累世同居为美谈者，则由未知宗法为与封建相辅而行之制，误以其团结不散，为伦理所当然；且未知古所谓宗，每年仅合食一次，并无同居之事也。"这种将宗族伦理与家庭伦理混为一谈而力倡同居者，实受两汉以下儒学家，尤其是两宋理学家的误引："此等累世同居之人……由误谓伦理当然，汉人之行之，盖以其时去封建之世未远，习以惇宗睦族为美谈，而不察其实也。后人遂仍其误，莫之能正。宋儒墨守古人制度，提倡同居尤力。……同居之盛，由于理学家之提倡者不少矣。"

吕先生的上述观点，不仅对于宗法制度史的研究具有重要的学术意义，而且还具有重要的现实意义。宗法伦理与家庭伦理被混为一谈，固然有汉、宋儒学的误引和误解，但不容否认，这两者确实具有极为密切的关系。它们从周代开始，就被作为一个难以分割的整体，亲属范围、行为规范基本上互用。这就给所有对宗法制度持批判态度的人造下了一个陷阱，使他们很难在批判宗法关系时，不牵连到一般的家庭关系；同时，也使宗法制度的卫道士们有了一个强有力的防护屏障。谁要批宗法，谁就是"无父"，而"无父者，禽兽也"。这个罪名不仅墨子担当不起，即使今人也担当不起。

因此，宗法伦理与家庭伦理的关系，是自宗法制度形成以来就存在、但始终没有解决的一个大问题。吕思勉先生初步窥探到其间的奥

秘,为我们正确地把握两者关系开辟了道路。

根据吕先生的提示,宗法伦理与家庭伦理的关系,类似宗族与血族的关系,即:两种关系都基于父母、亲子、同胞血缘关系,没有血缘关系的人们之间(夫妻除外),既不存在宗法关系,也不存在家庭关系。但是,家庭基于婚姻,是父母双系的,而宗族却只能是父系单系的;组成家庭的目的,是为了繁衍种族,抚育后代。组成宗族的目的,却是为了承继来自祖先的传统;宗族包容了家庭,它以家庭为基本单位,然而它包含家庭并不是为了抚育和赡养,而是为了使祖先宗庙里香火不断,为了本宗族的利益(高于家庭的利益)不受外界(包括外族和国家)的侵害;家庭内部的关系应该、也可以平等,而"既言宗族,即有亲疏,此无可如何之事",宗族内部的关系天生就不平等,也不可能使之平等,一旦平等,宗族即不成其为宗族。如果在家庭之上还有一个宗族组织的话,那么阻碍家庭关系实现平等的因素,除了父权、夫权外,还得加上等级分明的族权。从这个意义上说,宗法伦理对于家庭伦理来说,是一个破坏因素。正如马克思所说,等级制度使得家庭"恰好缺少家庭生活的基础,即作为现实的,因而也是有效的和决定性的原则的爱情。这是没有灵魂的家庭生活,是家庭生活的幻觉"。①

因此,我们尽可以大胆、彻底地反对和清除宗法伦理关系,反对、清除的结果,只会使家庭伦理关系有可能更加正常地发挥其特有的抚育、赡养和感情慰藉的功能。担心影响、破坏家庭关系,而去容忍、遮掩宗法关系的作法,将适得其反。

宗法伦理与家庭伦理的矛盾关系,从另一个侧面促成了宗族与国家的矛盾。吕先生说:"宗法盛行之时,国家之下,宗亦自为一集体……殊不知国家之职,正在使人人直属于国。宗法盛行之时,其民诚不如后世之散无友纪。自卫之力既强,卫国之力亦大。然其为政令之梗亦甚。古所以有族诛之刑者,正以其时族之抟结厚,非如此,不足以绝祸根也。若后世,安用此乎?"吕先生的思想大大突破了封建学者的狭隘境界。《礼记·丧服四制》主张,在承认和坚持"门外之治义断恩"的条件下,容忍和允许"门内之治恩掩义",这是封建社会中宗族为取得合法地位所

---

① 马克思:《黑格尔法哲学批判》,《马克思恩格斯全集》第1卷,第368页。

付出的一个代价。实际上,这也是使宗族、宗法得以延继再生的法律前提。吕先生从理论上看出了宗族与国家在根本性质上的冲突。他站在建立现代国家(即资产阶级共和国)结构的立场上,批评清代雍正年间著名政治家陈宏谋①对于宗族、宗法的宽容和利用:"陈宏谋官江西,令民选举族正族约,官给牌照,令司化导约束之事。其事亦实不可行。……宏谋犹寓书杨朴园,②谓其'因偶然之(流)弊,而废长久之良法',何其迂而不切于务欤!",显示出非凡的学识。

五、特征之五：宗族的标志

吕先生系统地论述了中国古代姓、氏的起源和二者所含的不同意义。他认为:"姓之兴,所以表血统,氏之兴,则所以表地位、财产等系统者……表明其有所系属而已。""姓"曾经用以表女系,到后来才改为男系,而"氏"一开始就是为表男系而设,"非男子不重姓也,男子于姓之外,又须有氏,女子则但有姓而已足耳"。"姓"又有正姓、庶姓,或本姓、氏姓之分。正姓、本姓如姬、姜、子；庶姓、氏姓如周、齐、三桓、七穆。正姓、本姓百世不改,庶姓、氏姓随时可改。"庶姓即氏也,亦曰族。"根据这个观点,"氏"是宗族的标志。换言之,宗族是由同氏者组成的父系血缘共同体。而同姓并不能确切地标志出人们实际上属于哪一个实体性的血缘集团,他们之间只有不具实际约束意义的父系血缘关系。宗族的这一特征,可以帮助我们更进一步理解吕先生所说的宗族的第一个特征,宗法只能是宗族,即同氏集团内部的宗子法,而不可能属于同姓集团。

姓、氏至秦汉以后渐趋合一,"男子称氏,女子称姓"的惯例逐步改变,姓、氏与宗族的关系也开始相等。吕先生解释个中缘由。"至秦以后人,所以以氏为姓者,则因谱牒亡而姓不可知,乃无可如何之事,非其欲如此也。"实际上,"以氏为姓"可能并不仅仅由于"姓不可知",还可能是因为姓、氏之分不再有如同先秦那样重要的意义。而这个问题,则要

---

① 陈宏谋,一作弘谋,字汝咨,号榕门,雍正进士,官至东阁大学士,兼工部尚书。著有《五种遗规》、《培远堂稿》等。《清史稿》卷三〇七有传。
② 陈宏谋：《寄杨朴园景素书》,见《培远堂手札节存》,卷下(同治壬申,江苏书局刊本)。

从血缘共同体在国家政权的强力控制下产生的分化,以及出现血缘与地缘相结合的农村村落共同体这一角度来理解。限于论题和篇幅,这里不作详论。

六、特征之六:宗族、宗法的谱系

谱牒,是对宗族制度与宗法关系具体形态的记录。每一宗族都有自己的谱牒,或刻于卜甲,或铸于钟鼎,或写于绢帛,或书于竹简。虽然所记有长有短、有详有略,但无族没有谱,无谱不成族。不过,谱牒成为专门学问,却是宗族、宗法离开宫廷、贵族,走向社会和基层的结果。先秦的人们只关注帝王与诸侯的世系,没有人去搜集、研究一般宗族的谱牒。魏晋以后,"选举重世族,其学乃大盛"。《新唐书·柳冲传》对谱牒学的发展始末有很详细的记述。吕先生对此也非常重视。他认为"谱牒所以明统系,统系明则氏族不淆"。他主张谱牒之学不应随着宗法之废而废,而应将它与国家的治化联系起来,由"国家厘定谱法,责令私家修纂,总其成而辅其不及,实于民政文化,两有裨益",从中可获得宝贵的社会学研究的资料。吕先生在20年代提出这样的建议和设想,虽然过于书生气,但我们可借此见识一位正直而执着的学者对于保存祖国文化的拳拳之心。

今年是吕思勉(诚之)先生逝世35周年。作为同乡后学,草此小文,以志怀念。

(《史林》1991年第2期)

吕思勉和吕著《秦汉史》

王子今[*]

史学大家吕思勉(1884—1957)在中国近现代学术史上,是一位具有标志意义的重要人物。

吕思勉著作等身。他的论著包括:两部中国通史,即《白话本国史》《吕著中国通史》;[①]四部断代史,即《先秦史》《秦汉史》《两晋南北朝史》《隋唐五代史》;[②]五部专史,即《中国国体制度小史》《中国政体制度小史》《中国宗族制度小史》《中国婚姻制度小史》《中国阶级制度小史》;[③]此外,《理学纲要》《宋代文学》《先秦学术概论》《中国民族史》《中国民族演进史》等,[④]也可以看作专史。吕思勉就史学方法的探讨,也见于专著《史通评要》《历史研究法》等。[⑤] 关于史学研究工具的研究,他又著有《中国文字变迁考》《章句考》《字例略说》等。[⑥]

吕思勉史学论著的丰收,是以他超乎寻常的勤勉耕耘为条件的。据杨宽回忆:"吕先生从二十三岁起,就决心献身于祖国的学术事业,以阅读二十四史为日课,写作读史札记,这样孜孜不倦地五十年如一日,

---

[*] 作者简介:王子今,中国人民大学国学院教授。
[①] 《白话本国史》,商务印书馆,1923年;《吕著中国通史·上册》,开明书店,1940年;《吕著中国通史·下册》,开明书店,1945年。
[②] 《先秦史》,开明书店,1941年;《秦汉史》,开明书店1947年;《两晋南北朝史》,开明书店,1948年;《隋唐五代史》,开明书店,1948年。
[③] 上海中山书局,1929年,上海龙虎书局,1936年。后除《中国阶级制度小史》以外的四种收入《中国制度史》,上海教育出版社,1995年,上海三联书店,2009年。
[④] 《理学纲要》,商务印书馆,1931年;《宋代文学》,商务印书馆,1931年;《先秦学术概论》,商务印书馆,1933年;《中国民族史》,世界书局,1934年;《中国民族演进史》,上海亚细亚书局,1935年。
[⑤] 《史通评要》,商务印书馆,1934年;《历史研究法》,永祥印书馆,1945年。
[⑥] 《中国文字变迁考》,商务印书馆,1926年;《章句考》,商务印书馆,1926年;《字例略说》,商务印书馆,1927年。

先后把二十四史反复阅读了三遍。所作读史札记,着重综合研究,讲究融会贯通。他之所以能够不断写出有系统、有分量、有见解的历史著作,首先得力于这种踏实而深厚的基本功。"①这样的"基本功",没有多少学者能够具备。

一

在吕思勉诸多史学论著之中,《秦汉史》是断代史中最值得推重的一部。《秦汉史》也是能够集中体现这位卓越的史学家的科学精神的著作。

对于吕思勉《秦汉史》的学术价值,杨宽在《吕思勉史学论著前言》中有一段精彩的概括,我们不妨引录在这里:"《秦汉史》是与《先秦史》互相衔接而又独立成书的。由于作者对《史记》、两《汉书》、《三国志》所下的功夫很深,对于这个时期各方面历史的叙述和分析,十分扎实而有条理。作者认为这段时期内,就社会组织来说,新莽和东汉之间是一大界线,从此豪强大族势力不断成长,封建依附关系进一步加强,终于导致出现长期割据分裂的局面。"杨宽还总结道:"此书把两汉政治历史分成十一个段落,既作了全面的有系统的叙述,又能抓住重点作比较详尽的阐释。对于社会经济部分,叙述全面而又深入。作者根据当时社会的特点,把豪强、奴客、门生、部曲、游侠作了重点的探讨。同时又重视由于社会组织的变化而产生的社会特殊风气,对于'秦汉时的君臣之义'、'士大夫风气变迁',都列有专节说明。对于政治制度和文化学术部分,分成许多章节作了细致的论述,其中不乏创见。作者认为神仙家求不死之方,非尽虚幻,不少部分与医学关系密切,诸如服饵之法、导引之术、五禽之戏,都有延年益寿的功效。至于道教的起源,当与附会黄老的神仙家、巫术家有关,当时分成两派流传:一派与士大夫结交,如于吉之流;一派流传民间,如张角的太平道和张修的五斗米道,两派宗旨不同而信奉之神没有差别,道教正是由于这两派的交错发展而形成。"②

所谓"把两汉政治历史分成十一个段落",应是指《秦汉史》全书在

---

① 杨宽:《吕思勉史学论著前言》,吕思勉《秦汉史》,上海古籍出版社,1983年。
② 杨宽:《吕思勉史学论著前言》,第5—6页。

"总论"之后就政治史的脉络按照年代先后分列十一章,即第二章,秦代事迹;第三章,秦汉兴亡;第四章,汉初事迹;第五章,汉中叶事迹;第六章,汉末事迹;第七章,新室始末;第八章,后汉之兴;第九章,后汉盛世;第十章,后汉衰乱;第十一章,后汉乱亡;第十二章,三国始末。这样看来,首先,吕著《秦汉史》其实并非如杨宽所概括,是"把两汉政治历史分成十一个段落",而是"把秦汉政治历史分成十一个段落"。其次,是将"三国始末"放置在"秦汉史"的框架之中。前者可以说是杨宽的小小疏误,后者,则是值得上古史研究者注意的史学架构设计。

在东汉末年的社会大动乱中,曹操集团、刘备集团和孙权集团逐步扩张自己的实力,各自翦灭异己,逐步在局部地域实现了相对的安定,形成了魏、蜀、吴三国鼎立的局面。三国时期,是中国历史上一个重要的时期。一般所说的三国时期,自公元220年曹丕黄初元年起,到西晋灭吴,即吴末帝孙晧天纪四年(280),前后计60年。三国时期的历史虽然相对比较短暂,可是对于后来政治军事史的影响却十分深远。三国时期,文化节奏比较急迅,民族精神中的英雄主义得到空前的高扬,东汉以来比较低沉的历史基调迅速转而高亢。同时,各种政治主张和政治智谋也在复杂的政治斗争中得以实践。三国史还有一个引人注目的特点,就是三国历史人物和三国历史事件在后世几乎为社会各色人物所熟知。历史知识在民间的普及达到这种程度,是十分罕见的现象。将三国史置于秦汉史之中进行叙述和总结,是有一定合理性的。吕思勉的这种处理方式,可能和他在《秦汉史》中提出的如下认识有关。他说:"以民族关系论,两汉、魏、晋之间,亦当画为一大界。自汉以前,为我族征服异族之世,自晋以后,则转为异族所征服矣。盖文明之范围,恒渐扩而大,而社会之病状,亦渐溃益深。"[①]于是秦汉史的历史叙述,至于"三国始末"之"孙吴之亡",随后一节,即"三国时四裔情形"以与"转为异族所征服"的历史相衔接。近年史学论著中采取将秦汉与三国并为一个历史阶段,在魏晋之间"画为一大界"这种处置方式的,有张岂之总主编《中国历史》中的第二卷《秦汉魏晋南北朝》。《中国历史》第二

---

① 吕思勉:《秦汉史》,第4页。

卷《秦汉魏晋南北朝》又题《秦汉魏晋南北朝史》,在台湾出版。①

青年毛泽东在《〈伦理学原理〉批注》中这样谈到人们的历史感觉:"吾人揽(览)史时,恒赞叹战国之时,刘、项相争之时,汉武与匈奴竞争之时,三国竞争之时,事态百变,人才辈出,令人喜读。至若承平之代,则殊厌弃之。"②读"战国之时"的历史,自然会关注秦的统一战争这条主线。而"三国竞争之时"本来即起始于汉末,如果并入汉史一同叙述,则许多人共同熟悉并深心"赞叹"的"事态百变,人才辈出"的上述四个历史阶段,都归入秦汉史的范畴了。按照吕思勉《秦汉史》的说法,即:"战国之世,我与骑寇争,尚不甚烈,秦以后则不然矣。秦、汉之世,盖我恃役物之力之优,以战胜异族,自晋以后,则因社会之病状日深,而转为异族所征服者也。"③这是从民族史和战争史的角度,指出了秦汉历史的时代特征,"社会"问题亦已涉及,而战国时期和三国时期均被概括到了这一历史阶段之内。

二

吕思勉《秦汉史》第一章《总论》开头就写道:"自来治史学者,莫不以周、秦之间为史事之一大界,此特就政治言之耳,若就社会组织言,实当以新、汉之间为一大界。"又说:"以社会组织论,实当以新、汉之间为大界也。"④这其实是十分重要的发现。两汉之际发生的历史变化,除社会结构外,政治形式和文化风格也都十分明显。不过,对于这一历史"大界"的说明,吕思勉《秦汉史》并没有揭示得十分透彻。就此课题进行接续性的工作,显然是必要的。可惜至今尚少有学者就此进行认真的探讨。

吕思勉对社会生活情景研究的重视,实现了积极的学术引导作用。他在《秦汉史》中于讨论"秦汉时人民生计情形"之外,专有一章论述"秦

---

① 张岂之总主编《中国历史》第二卷《秦汉魏晋南北朝》,高等教育出版社,2001年。王子今、方光华:《秦汉魏晋南北朝史》,五南图书出版股份有限公司,2002年。
② 毛泽东:《毛泽东早期文稿》,湖南出版社,1990年,第166页。
③ 吕思勉:《秦汉史》,第4页。
④ 吕思勉:《秦汉史》,第1—2页。

汉时人民生活",分别就"饮食"、"仓储漕运籴粜"、"衣服"、"宫室"、"葬埋"、"交通",考察了秦汉时期社会生活的各个方面。"宫室"一节,是说到平民之居的,甚至"瓜牛庐"和"山居之民""以石为室"者。大体说来,已经涉及衣食住行的各种条件。而"葬埋"是死后生活条件的安排,当时人们是十分重视的,研究者自然不应当忽略。已经有学者指出,"重视反映社会生活方式的演变史",是吕思勉历史著述的"一个显著优点","而这些正是现在通行的断代史著作中缺少的部分"①。值得欣慰的是,现今一些学者的辛勤努力,已经使得我们对秦汉时期社会生活史的认识逐渐充实,日益深化。刘增贵《汉代婚姻制度》、彭卫《汉代婚姻形态》、刘乐贤《睡虎地秦简日书研究》、彭卫《中国饮食史》第六编《秦汉时期的饮食》、彭卫、杨振红《中国风俗通史·秦汉卷》等论著的问世,②标志着秦汉社会生活方式研究的显著进步。而吕思勉《秦汉史》作为先行者的功绩,当然是后学们不会忘记的。

我们还看到,吕思勉《秦汉史》中"交通"一节加上"仓储漕运籴粜"一节中有关"漕运"的内容,篇幅达到1万4千字左右,是空前的对秦汉交通的集中论述。这在中国交通史上是应当占有特别重要的地位的。

有学者总结说,"吕先生的中国通史(包括断代史)著作是全部著作中的最巨大工程",这一工作,"把他早期的想法《新史抄》逐步扩大和充实。所谓《新史抄》,其实也是自谦之辞","吕先生说的'抄',是说写的历史都是有'根据'的,不是'无稽之谈',也非转辗抄袭,照样有独创之功的"。他自以为"性好考证","读史札记是他历年读史的心得"。除了继承乾嘉学者重视文献学功夫的传统之外,"吕先生的读史札记还重视社会经济、少数民族历史和学术文化方面的各种问题。因此,他既继承了清代考证学的遗产,同时又突破乾嘉学者逃避政治现实,为考证而考证的束缚"。论者还指出,"写在'五四'以前"的《白话本国史》,在第一编上古史中"三次公开提到马克思和他的唯物史观与《资本论》,并说春

---

① 王玉波:《要重视生活方式演变史的研究——读吕思勉史著有感》,《光明日报》,1984年5月2日。
② 刘增贵:《汉代婚姻制度》,华世出版社,1980年;彭卫:《汉代婚姻形态》,三秦出版社,1988年;刘乐贤:《睡虎地秦简日书研究》,文津出版社,1994年;彭卫:《中国饮食史》第六编《秦汉时期的饮食》,华夏出版社,1999年;彭卫、杨振红:《中国风俗通史·秦汉卷》,上海文艺出版社,2002年。

秋战国时代社会阶级的变化,很可以同马克思的历史观互相发明","从这一点来说,吕先生接受新思想的态度是很积极的,是跟着时代的脚步前进的"。《吕著中国通史》抗日战争时期出版于日本人占领的上海,吕思勉在书中"是有寄托的",他说:"颇希望读了的人,对于中国历史上重要的文化现象,略有所知;因而略知现状之所以然;对于前途,可以豫加推测;因而对于我们的行为,有所启示。"这部中国通史最后引用梁任公译英国文豪拜伦的诗作作为全书总结:"如此好山河,也应有自由回照。……难道我为奴为隶,今生便了?不信我为奴为隶,今生便了!"①回顾悠久历史亦期盼"自由回照",也是今天的治史者和所有关心中国历史文化的人们的共同心愿。

三

关于吕思勉《秦汉史》的撰述方式,汤志钧指出:"分上、下两编,上编叙述政治史,实际上是王朝兴亡盛衰的历史,基本上采用纪事本末体;下编分章叙述当时社会经济、政治制度、文化学术上的各种情况,采用的是旧的叙述典章制度的体例。尽管不易看清历史发展的全貌及其规律性,但他从浩如烟海的史料中钩稽排比,鉴别考订,给研究者带来很多方便。特别是下编社会经济、政治制度、文化学术部分,原来资料很分散,经过搜集整理,分门别类,便于检查。"②杨宽也曾经总结说,"吕先生为了实事求是","采用了特殊的体例",这就是,"分成前后两个部分,前半部是政治史,包括王朝的兴亡盛衰、各种重大历史事件的前因后果,各个时期政治设施的成败得失,以及王朝与周围少数民族的关系等等,采用的是一种新的纪事本末体。后半部是社会经济文化史,分列章节,分别叙述社会经济、政治制度、民族疆域、文化学术等方面的具体发展情况,采用的是一种新的叙述典章制度的体例"③。具体来说,以秦汉史为对象"分别叙述社会经济、政治制度、民族疆域、文化学术等

---

① 胡嘉:《吕诚之先生的史学著作》,俞振基《蒿庐问学记——吕思勉生平与学术》,三联书店,1996年,第44—46,50页。
② 汤志钧:《现代史学家吕思勉》,《中国史研究动态》1980年第2期,第16—17页。
③ 杨宽:《吕思勉先生的史学研究》,俞振基《蒿庐问学记——吕思勉生平与学术》,第20页。

方面的具体发展情况"，《秦汉史》的第十三章到第二十章是这样进行学术布局的："秦汉时社会组织"，"秦汉时社会等级"，"秦汉时人民生计情形"，"秦汉时实业"，"秦汉时人民生活"，"秦汉政治制度"，"秦汉学术"，"秦汉宗教"。首先注重"社会组织"和"社会等级"的分析，将有关"政治制度"的讨论更置于"人民生计情形"、"实业"和"人民生活"之后，体现出极其特别的卓识。在对于"秦汉时社会等级"的论述中，所列"秦汉时君臣之义"和"士大夫风气变迁"两节，其中论议得到许多学者赞赏。这种新体例的创制，带有摸索试探的性质，虽然不能说尽善尽美，但是对于史学论著中断代史撰述方式的进步，毕竟实现了推动作用。而且，我们今天看来，也并不认为这种方式会使人们"不易看清历史发展的全貌及其规律性"。我们以为，对于"历史发展的全貌及其规律性"的说明，最高境界是让读者通过对历史真实的认识，获得自己的理解。而作者强加于读者的说教，早已令人反感。特别是简单化、公式化和生硬地贴标签式的做法，往往使得历史学的形象败坏。

四

对于以《秦汉史》为代表的吕思勉的断代史研究，严耕望曾经著文《通贯的断代史家——吕思勉》予以评价。他写道："有一位朋友批评诚之先生的著作只是抄书，其实有几个人能像他那样抄书，何况他实有许多创见，只是融铸在大部头书中，反不显豁耳。"对于《秦汉史》等论著的撰写方式，严耕望也有自己的批评意见："不过诚之先生几部断代史的行文体裁诚有可商处。就其规制言，应属撰史，不是考史。撰史者溶化材料，以自己的话写出来；要明出处，宜用小注。而他直以札记体裁出之，每节就如一篇札记，是考史体裁，非撰史体裁。"又据钱穆的说法，就《秦汉史》这几部断代史的写作初衷有所说明："不过照宾四师说，诚之先生这几部断代史，本来拟议是'国史长编'。"严耕望说："作为长编，其引书固当直录原文。况且就实用言，直录原文也好，最便教学参考之用。十几年来，诸生到大专中学教历史，常问我应参考何书，我必首举诚之先生书，盖其书既周赡，又踏实,且出处分明,易可检核。这位朋友极推重赵翼《二十二史札记》。其实即把诚之先生四部断代史全作有系统的札记看亦无不可,内容博赡丰实,岂不过于赵书邪?只是厚古薄今耳!"①关于"撰史体裁"和"考史体裁"的区分,本来只是个别学者的意见。借用这一说法,应当说传统史学以"考史"居多。不过,在西方史学传入之后,"撰史体裁"压倒了"考史体裁"。其实,史学论著的体裁和形式本来应该允许多样化。苏轼诗句"短长肥瘦各有态,玉环飞燕谁敢憎"②,指出了自然之美"各有态"的合理性。清人陈维崧笔下所谓"燕瘦环肥,要缘风土;越禽代马,互有便安"③,也强调了多样性的自然。此所谓"风土",本义是空间概念,或许也可以移用以为时间概念,则古人"王杨卢骆当时体"④诗意,似乎也隐含其中。

  时下最被看重的史学成果的载体,是所谓学术论文。现今一些学术机构的价值评定系统,对于论文的品评,又有若干附加的条件,例如刊物的等级、摘引的频度、篇幅的长短等等。实际上,论文这种形式的通行,其实对于具有悠久传统的中国史学而言,是相当晚近的事。长期以来,中国传统史学所谓"汗牛充栋""浩如烟海"的论著,并非是以今天人们眼界中的"论文"的形式发表流传的。我们看到,即使20世纪论文形式开始兴起之后,一些史学大师的研究成果,其实也并不是以这种整齐划一的定式生产出来的。有的学者认为有必要为高校历史学科的学生选编史学论文的范本,如果严格按照现今的论文格式规范要求,说不定王国维、陈寅恪等学者的许多杰作也难以编列其中。清乾隆《御选唐宋诗醇·凡例》写道:"李杜名盛而传久,是以评赏家特多。韩白同出唐时,而名不逮。韩之见重,尤后于白。则品论之词,故应递减。苏陆在宋,年代既殊,名望亦复不敌。晚出者评语更寥寥矣。多者择而取之,少者不容傅会。折衷一定,声价自齐。燕瘦环肥,初不以妆饰之浓澹为妍媸也。"⑤关于诗人"名望"所以差异,论说未必中肯,然而最后一句,

---

① 严耕望:《通贯的断代史家——吕思勉》,《治史三书》,上海人民出版社,2008年。
② 苏轼:《东坡诗集注》卷二八《孙莘老求墨妙亭诗》,清康熙三十七年(1698)朱从延文蔚堂刊本。
③ 陈维崧:《陈检讨四六》卷一二《毛大可新纳姬人序》,清道光刻本。
④ 赵宧光、黄习远:《万首唐人绝句》卷一《戏为六绝句》,书目文献出版社,1983年。
⑤ 《御选唐宋诗醇》,文渊阁四库全书本。

却指明了内容和形式之关系的真理:"燕瘦环肥,初不以妆饰之浓澹为妍媸也。"学术的"品论"和"评赏",应当首先重视内容,形式方面"妆饰之浓澹",不是判定"妍媸"的主要标准。

所谓"札记",其实曾经是传统史学的"当时体"。许多中国史学名著当时都是以"札记"的形式面世,而后亦产生了长久的历史影响。王应麟的《困学纪闻》、顾炎武的《日知录》、赵翼的《廿二史札记》和《陔余丛考》等,虽著者或谦称"眂记浅狭,不足满有识者之一笑"①,而内心实有"平生之志与业皆在其中"②和"自信其书之必传"③的自负。这些论著在后来学人心目中的等级和价值,在史学学术史上的地位都是毋庸置疑的,然而这些论著均以札记形式存世。近世史学学者仍多有沿用札记形式发表学术创见者。如顾颉刚上海合众图书馆1949年油印《浪口村随笔》,后经增订,辑为《史林杂识初编》。十卷本《顾颉刚读书笔记》经顾颉刚先生亲订、并由后人整理,学术价值尤为珍贵。此外,陈登原《国史旧闻》、钱钟书《管锥编》、周一良《魏晋南北朝史札记》、贾敬颜《民族历史文化萃要》,以及吴承仕《检斋读书提要》、罗继祖《枫窗三录》等,也都是治史者不能忽视的名著。有的学者将论文、札记、报告以及演讲稿的合集题为"札记",如李学勤《夏商周年代学札记》,也说明对"札记"这种学术形式的看重。④ 吕思勉《秦汉史》等书有"札记"的痕迹,丝毫不减损其学术价值,反而使史学收获的样式更为丰富多彩。对于其价值甚至"过于赵书"即超过赵翼《廿二史札记》的意见,我们虽未必百分之百赞同,也愿意在进行学术史评判时以为参考。

而《吕思勉读史札记》一书的问世,当时也是史学界的一大盛事。至今我们依然可以时常在其中得到学术营养。其中甲帙"先秦"184条,乙帙"秦汉"120条,丙帙"魏晋南北朝"101条,丁帙"隋唐以下"

---

① 赵翼:《陔余丛考小引》,中华书局,2006年。
② 顾炎武:《顾亭林诗文集》卷三《与友人论门人书》,中华书局,1959年。
③ 顾炎武:《顾亭林诗文集》卷六《与杨雪臣书》。
④ 顾颉刚:《史林杂识初编》,中华书局,1963年;《顾颉刚读书笔记》,台湾联经出版公司,1990年。陈登原:《国史旧闻》,三联书店,1958年。钱钟书:《管锥编》,中华书局,1979年。周一良:《魏晋南北朝史札记》,中华书局,1985年。贾敬颜:《民族历史文化萃要》,吉林教育出版社,1990年。吴承仕:《检斋读书提要》,北京师范大学出版社,1986年。罗继祖:《枫窗三录》,大连出版社,2000年。李学勤:《夏商周年代学札记》,辽宁大学出版社,1999年。

56条,戊帙"通代"65条。① 我们看到,秦汉史料所占的比重也是相当可观的。

五

对于吕著《秦汉史》选取资料主要注重正史的情形,严耕望有这样的解释:"至于材料取给,只重正史,其他史料甚少参用,须知人的精力究有限度,他的几部断代史拆拼正史资料,建立新史规模,通贯各时代,周赡各领域,正是一项难能的基本功夫,后人尽可在此基础上,详搜其他史料,为之扩充,发挥与深入、弥缝,但不害诚之先生四部书之有基本价值也。"②

吕思勉《秦汉史》等史学论著在引录史料的时候也难免千虑一失。严耕望说:"引书间或有误引处,但以这样一部大著作,内容所涉又极广泛,小有错误,任何人都所难免,不足为病。"③这样的意见,我们也是赞同的。

此外,吕思勉治史存在的另一问题,也已经有学者指出:"吕先生虽然认识到地下古物'足以补记载之缺而正其伪','而在先史及古史茫昧之时,尤为重要',他却过于怀疑当时'伪器杂出',没有能利用甲骨、金石,补古代文献之不足,使他在古文字学方面的高深造诣,不能更好地为考订古史、古书工作服务。这不能不给他的古史研究带来损失,是不应'为贤者讳'。"④这一问题,在《秦汉史》中的表现,读者朋友应当也会注意到。对考古文物资料的不熟悉,也容易导致对文献资料理解的误见。例如"交通"一节关于交通道路建设,吕思勉言"边方又有深开小道者"。所据史料为:"《汉书·匈奴传》:侯应议罢边备塞吏卒曰:'建塞徼,起亭隧。'师古曰:'隧谓深开小道而行,避敌钞寇也。'"⑤如果有关于西北汉简中烽燧资料的知识,则可知颜师古注的错误。"亭隧"的

---

① 吕思勉:《吕思勉读史札记》,上海古籍出版社,1982年。
② 严耕望:《通贯的断代史家——吕思勉》。
③ 严耕望:《通贯的断代史家——吕思勉》。
④ 邹兆琦:《吕思勉先生与古代史料辨伪》,俞振基:《蒿庐问学记——吕思勉生平与学术》,第78页。
⑤ 吕思勉:《秦汉史》,第604页。

"隧",是不可以解作道路的。好在后辈学者学习先贤重在继承其学术精神。面对今天丰富的出土资料,新一代秦汉史研究者自会有自己的学术方法和学术路径的选择的。

六

中青年治秦汉史者可能更要努力学习的是吕思勉等老一代史学家刻苦研读文献的"硬功夫"(黄永年说)、"踏实而深厚的基本功"(杨宽说)。前引杨宽说吕思勉"先后把二十四史反复阅读了三遍",严耕望说,"世传他把二十四史从头到尾的阅读过三遍,是可以相信的"①。又黄永年回忆吕思勉时写道:"吕先生究竟对二十四史通读过几遍,有人说三遍,我又听人说是七遍,当年不便当面问吕先生……。但我曾试算过一笔帐:写断代史时看一遍,之前朱笔校读算一遍,而能如此作校读事先只看一遍恐怕还不可能,则至少应有四遍或四遍以上。这种硬功夫即使毕生致力读古籍的乾嘉学者中恐怕也是少见的。"②

二十四史通读七遍、四遍或者三遍,今天的学者似乎已经难以做到或者说也确实没有大家都这样做的必要了。但是支撑"这种硬功夫"这种"踏实而深厚的基本功"的内心的学术理想和科学精神,确是我们必须继承的。而就研究秦汉史而言,无论有怎样先进的电子图书检索手段可以利用,认真地通读"前四史",仍然是无论如何必须具备的"基本功"。

要取得秦汉史研究的新收获,要推出"有系统、有分量、有见解的"秦汉史学术论著,应当说"首先得力于"这一条件。这是我要对愿意学习秦汉史的青年朋友们说的一句诚心的话。

(《石家庄学院学报》2011年第1期)

---

① 严耕望:《通贯的断代史家——吕思勉》。
② 黄永年:《回忆我的老师吕诚之先生》,《学林漫录》第4集,中华书局,1981年。

吕思勉《三国史话》的意义

章义和[*]

自2001年岁首以来,《中华读书报》、《中华读书网》等报章网站连续发表了一些文章,对我们的历史研究提出了批评,有些话听起来有些刺耳,但其中所言不无道理,《史学成果如何转化为知识》一文就是其中一例。文章谈到改革开放二十多年来,史学研究尽管有了长足的进步,但历史知识的普及却远远不够。历史学家的学术著作一般是严肃有余而活泼不足、可读性差,除历史专业教学、研究工作者及相关人士外,一般人几乎不读。公民的历史知识教育处于一种极为薄弱的状态。造成这种状态的基本原因之一是,历史学家们严肃认真的史学研究成果未能准确、及时地转化为大众化的科学知识。至于如何实现这种转化,文章提到吴晗先生主编《历史小丛书》和《中国历代史话》,认为这些作品为史学成果转化为历史知识和历史知识的普及作了重要贡献。[①]

我比较赞同这篇文章的基本观点。历史学如果要改变曲高和寡、"养在深闺人未识"的局面,必须重视历史知识的普及。因为一方面,任何学术的研究旨趣本不是高高在上、令人生畏的,让大众领略到学术的五彩魅力,自是学术自身的荣幸,亦当是研究者的追求目标;另一方面,学术与社会存在着血肉相联的互动关系,缺少社会的理解和关怀,学术的发展难以得到鲜活和持久的生命力。因此,历史研究者需要做一下这方面的工作:抛开艰涩的专业术语和玄奥的繁琐考证,以平易通俗的语言、简洁明快的结构、平实亲切的笔法来展示历史学的丰富内涵。

---

[*] 作者简介:章义和,华东师范大学历史系教授。
[①] 杨玉圣:《史学成果如何转化为知识》,中华读书网,http://www.creader.com,2001-07-02。

时下有观点认为这类作品只是归纳综合,外加一些文字技巧。这种看法是浅陋的。即便如天才学者张荫麟,也慨叹这类文章不好做,是"很费苦心"的。之所以费苦心,在于这类作品不仅要求作者在专业方面有极深的造诣,还需要极佳的历史通感,做到博、约结合,更重要的是作者应具有难得的史识。按照王家范老师的说法,即是在博通和精约的基础上做到气凝神结,而不是"气散神消"①。惟此,才能居高临下,才能"一览天下而众山小",才能将乱麻缠绕般的史实行云流水般地从容道来。

从已经出版的历史通俗读物来看,较为成功的作品大多是这一领域有很高造诣的专家所写,如程应镠先生的《南北朝史话》就是一本典范之作。深厚的学养,广博的积累,精巧的表达技巧,深切的人文情怀和严谨的治学态度,都是写好历史通俗读物的关键要素。说到底,这是一门举重若轻的艺术。

被海外学者列为当代史学四大家之一的吕思勉先生,其一生治学范围广阔,著述宏丰。谭其骧先生在吕思勉百年诞辰纪念会上曾慨叹:"以史学名家而兼通经、子、集三部,述作累数百万言,淹博而多创获者,吾未闻有第二人。"②谭先生所言非虚,以一人之力完成了两部通史、四部断代史、五部专史和其他十余种著作,确实是世所罕见。然而吕思勉先生这些"识大而不遗细,泛览而会其通,务求是而不囿于成说,尚核实而不涉于烦碎"的撰述,③多为一般人拿不动的"厚砖",影响自然难出专业范围。这并不是说吕思勉先生忽视历史知识的普及,相反,他是极为重视这一工作的。认真地说起来,他的第一部通史著作《白话本国史》就是一本很好的历史普及读本。在该书的《序例》里,他谈到中国的历史纷纭浩繁,要想博览颇为不易,"专看其一部分,则知识偏而不全。前人因求简要,钞出的书,亦都偏于一方面。如《通鉴》专记理乱兴衰,《通考》专详典章经制等。且其去取眼光,多和现在不同。近来所出的书,简是很简的了,但又有两种毛病:(1)其所谓简,是在全部历史里头,随意摘取几条,并不是真有研究,知道所摘出的事情都是有关紧要

---

① 王家范:《中国历史通论》,华东师范大学出版社,2000年,第384页。
② 张耕华:《人类的祥瑞——吕思勉传》,华东师范大学出版社,1998年,第337页。
③ 徐哲东:《吕诚之先生六十寿序》,《蒿庐问学记》,三联书店,1996年,第469页。

的。(2) 措词的时候,随意下笔,不但把自己主观羼入,失掉古代事实的真相,甚至错误到全不可据。因有这种原因,所以我想做部书……给现在的学生看了,或者可以做研究国史的门径之门径,阶梯之阶梯"①。正是看清了传统史著的种种弊病,吕思勉先生顺应时代的要求,以新方法整理旧国故,完成了当时最完整的一部通史著作。这是 20 世纪 20—40 年代发行量最大的一部中国通史,10 年间就重版了 4 次,产生了巨大的社会影响。对此,顾颉刚先生评论道:"编著中国通史的,最易犯的毛病,是条列史实,缺乏见解;其书无异为变相的《纲鉴辑览》或《纲鉴易知录》之类,极为枯燥。及吕思勉先生出,有鉴于此,乃以丰富的史识与流畅的笔调来写通史,方为通史写作开一个新的纪元……书中虽略有可议的地方,但在今日尚不失为一部极好的著作。"②好的学术著作与好的普及读物本不是抵牾的,《白话本国史》的成功很好地证明了这一点。

本文重点要谈论的是吕思勉先生的另一本历史普及读物——《三国史话》。

此书的写作机缘,杨宽先生在其自传中有所交代。杨宽先生说,1940 年前后,游击区为发展文化事业,办了江苏文化社的印刷所,创立编辑部并编辑出版刊物。杨宽当时正参与编辑部的工作,为了替这个游击区办的文化社造声誉,杨宽约请他的老师吕思勉先生写本通俗读物,吕思勉先生慨然应允,很快写成。这本书便是《三国史话》。"为了加快出版,立即请上海开明书店付印,标明是文化社丛书之一,就在一九四○年出版。"③杨宽先生的这段回忆有两处需一议。一处是《三国史话》的写作始于 1939 年,据方德修《吕思勉先生著述系年》,《三国史话》的首篇刊于《知识与趣味》(文化社刊物,每 3 天出一期,上海科学书店发行)的第一卷第一期,1939 年 12 月 4 日出版,其后数篇连续登载;另一处是《三国史话》作为文化社丛书之一,由上海开明书店于

---

① 吕思勉:《白话本国史·序例》,华东师范大学出版社,2000 年。
② 顾颉刚:《当代中国史学》,辽宁教育出版社,1998 年,第 77 页。
③ 杨宽:《历史激流中的动荡和曲折——杨宽自传》,台北时报文化出版企业有限公司,1993 年,第 132 页。

1943年1月初版印行,而不是1940年。① 我推想此书的写作与出版是否是这样:吕先生接受杨宽的约请后,先后写成一个个单篇,交文化社的刊物《知识与趣味》逐次发表,尔后汇集一书交出版社出版,杨宽先生可能将《三国史话》的首篇刊载年月误记为整本书的出版年月。

吕思勉先生之所以要撰写这一本书,直接的因缘固然是响应杨宽先生的约请,支持游击区的文化事业,但更主要的原因是借助历史读物进行历史教育,因为这是他的一贯思想。在他的著作中,我们数次见到这样的表述:"人类生而有探求事物根柢之性,与其恋旧而不忍忘之情,故一有接构,辄思考究其起原;而身所经历,尤必记识之,以备他日之覆按。当其离群索居,则于宇宙万物,冥心探索;群萃州处,又必广搜遗闻轶事,以为谈助。思索所极,文献无征,犹或造作荒唐之辞,以炫人而自慰;况其耳目睹记,确为不诬,十口相传,实有所受者乎?"② 也就是说,历史的缘起来自于理智和情感两方面的动机,但由于古人主客观的分别不是很清楚,其传述史实亦往往模糊不清,甚至于完全失去了史实的真相,更由于神话传说,或以意构造的故事,说起来都极有趣味,一般民众总是津津乐道,因而流传广泛。然而,凭这些虚假的,或被误解的历史知识,如何使人借鉴呢? 所以,探求历史史实的真相,普及民众的历史知识,理应是历史研究者的重要职责之一。③

吕思勉先生之所以选择三国一段的历史作为普及读物的撰述对象,是基于中国民众对三国历史的特殊感受。在中国的历史长河中,三国只不过是短短的一段,但人物多,事件多,头绪纷繁,错综复杂;惟其繁杂,才显得热闹有趣。陈寿写《三国志》,分写魏蜀吴,实有不得已的政治因素。正因为分而写之,每成割裂,人物与事件不能综贯,甚至同一事件,在不同的篇章中说法不一,读者取舍难定。读《三国志》,如不辅以裴松之的《注》或其他材料,往往越读越糊涂。人的禀性大抵如此,越是不清楚,就越想弄明白。于是便深读书籍,然愈深读而问题愈多。这是三国史至今为止仍使学人兴趣盎然的因素之一。三国史让人兴趣

---

① 方德修:《吕思勉先生著述系年》,《蒿庐问学记》,第313—314页。
② 吕思勉:《史籍与史学》,《论学集林》,上海教育出版社,1987年,第370页。
③ 吕思勉:《史学四种》,上海人民出版社,1981年,第7—8页。

不已的另一因素,则归之于古典小说《三国演义》之盛行。提到楚辞、汉赋,知道的人当然不多,但一提《三国演义》,哪怕是穷乡僻壤,可以说是无人不知。没有读过小说文本的人也许看过三国戏,或是听到三国故事的说唱、评书,见过三国英雄人物的画片,最起码进过关帝庙。总之,从种种渠道获得有关三国故事的信息。以《三国演义》为中心,对三国故事的关注和陶醉是一个播散于全民的文化现象。对此,吕思勉先生有着直接的感受。他说:"我在学校中教授历史多年,当学校招考新生以及近年来会考时看过的历史试卷不少。有些成绩低劣的,真'不知汉祖唐宗,是那一朝皇帝'。然而问及三国史事,却很少荒谬绝伦的。这无疑是受《三国演义》的影响。"①清代学者章学诚《丙辰札记》说:"《三国演义》,则七分实事,三分虚构,以致观者往往为所惑乱。"不管是七分真,还是三分真,《三国演义》的真真假假,大大影响了三国史,造成了读者印象中三国史的真真假假。唐振常先生所说"小说紊乱了历史,以此为最"②,说得一点不错。紊乱就要厘正,错讹更需辨明,"我们现在研究历史,倒还不重在知道的、记得的事情的多少,而尤重在矫正从前观点的误谬"③。选择大家熟悉的三国历史来讲评,自然是最相宜的,也足以引起大家的兴趣。于是,吕思勉先生选择了三国这段历史为题材,将自己的研究所得,用通俗浅近的语言来讲述,帮助人们纠正谬误的历史观念和知识,或者叙述一些前人所忽视的事实,也可以借此来引导人们以正确的方法去学习历史。

　　谈三国必须从东汉末说起。东汉末年有两种极坏的政治势力,一是宦官,二是外戚。《三国史话》首先评述了宦官与外戚于当时政治的影响。在"宦官"一节中,吕思勉先生以其上佳的历史通感,揭示了皇帝与宦官的关系。吕先生说:古来的皇帝,昏愚的多,贤明的少。这也并不是历代的皇帝生来就昏愚。因为人的知识,总是从受教育得来的。"这所谓教育,并非指狭义的学校中的教育,乃是指一切环境足以使我们受其影响的。如此说来,皇帝所受的教育,可谓特别地坏。因为他终年关闭于深宫之中,寻常人所接触到、足以增益知识的事情,他都接触

---

① 吕思勉:《论学集林》,第485页。
② 唐振常:《说三分》,黎东方:《细说三国》,上海人民出版社,2000年。
③ 吕思勉:《论学集林》,第486页。

不到。"所以皇帝若是一个上智,也仅能成为中人;如本系中人,就不免成为下驷了。皇帝又是最大的纨绔子弟,"要知道皇帝的性质,只要就纨绔子弟加以观察,就可以做推想的根基了。不是有的纨绔子弟专喜和奴仆攀谈,且专听奴仆的话么?这是因为他们的知识,只够听奴仆的话,而且只有奴仆,肯奉承他们。历代皇帝的喜欢宦官,其原因亦不过如此"①。以知识与环境来分析皇帝和宦官,角度之独特,令人叹服。对于东汉末的外戚为祸,吕先生的观点是两汉之前的外戚贻祸"经验较浅",所以西汉为外戚王氏所篡,东汉还是任用外戚,以为血缘相近的人,在伦理上应当特别亲厚,而实际的利害与伦理的训条总是相冲突的,结果造成一个外戚去,另一个外戚来,"当一种制度的命运未至灭亡的时节,虽有弊病,人总只怪身居其位的人不好,而不怪到这制度的"②。这些议论,你可以同意或不同意,要皆为其治史论人的有得之见,拉近了古今的距离。

  既然重在矫正人们传沿已久的、错误的历史知识,吕思勉先生在《三国史话》中重点撰写了"替魏武帝辩诬"、"赤壁之战的真相"、"替魏延辩诬"等章节。曹操是《三国演义》中的头号反派角色,所给的评价是"治世之能臣,乱世之奸雄"。曹操足智多谋,机警干练,志向远大,善于审时度势,尤长于治军用兵,然而他完全没有道德观念,行为不受任何束缚,无视君臣大义,一心想篡汉自代,极端地私心自用,"宁教我负天下人,休教天下人负我",为达到自己的目的,不择手段,不讲信义,任何伤天害理、残暴不仁的行径,他都敢为所欲为,肆无忌惮,常人的聪明才智在他身上就表现为令人发指的奸诈残忍。既"能"又"奸",这是《三国演义》的作者所赋予曹操的最本质的特征。吕思勉先生通过对《三国志》及《注》的史料分析,认为曹操是个绝代的英雄,"封建时代,文臣以公忠体国为美德,武臣以舍死忘生为美德,这两种美德,魏武帝和诸葛武侯,都是全备了的。他们都是文武全才"③。不仅如此,吕思勉先生还指出曹操之所以长期被诬,在于一种社会心理,"现在举世都说魏武帝是奸臣,这话不知从何而来?固然,这是受演义的影响,然而演义亦

---

① 吕思勉:《论学集林》,第493页。
② 吕思勉:《论学集林》,第498页。
③ 吕思勉:《论学集林》,第565—566页。

必有所本。演义的前身是说书,说书的人是不会有什么特别的见解的,总不过迎合社会的心理;而且一种见解,不是和大多数人的心理相合,也决不会演行到如此之广的"①。此种社会心理是怎么产生的?何时产生的?吕思勉先生没有细说,我体会这与历史上所谓的正统论大有关系。陈寿死于晋惠帝元康七年(297),撰《三国志》是在晋平吴(280)之后。作为晋朝臣子,复加上"中原者正朔所在"的传统,陈寿的《三国志》以曹魏为正统,蜀、吴为僭伪。若后来没有发生"五胡乱华"之类的事,这样的处理不会引起多大争论。但是"永嘉之乱"后,少数民族次第入主中原,司马氏南渡建立东晋政权。历史从来是要为现实政权服务的,针对中原已落入少数民族之手、东晋偏安江左的现实,习凿齿著《汉晋春秋》,以血统正统的观念表述"蜀以宗室为正,魏武虽受汉禅晋,尚为篡逆",并上书辩明这种观念,为东晋王朝作正统的根据。这种尊刘抑曹的观念具有深厚的社会基础,因为广大的汉族民众从民族意识出发,本不愿承认中原地区的少数民族政权为正统。连类而及,上溯到三国史,就在心理上偏向蜀汉。这种心理趋向在民间代代相传,至宋朝更是变本加厉,《东坡志林》所叙当时人听说书"至说三国事,闻刘玄德败,频蹙眉,有出涕者;闻曹操败,即喜唱快",就是个很好的例证。每遇特殊时期,潜在的民族情结就会不知不觉地流露出来,甚至会成为民族斗争的一种维系力量。历史和现实的因素叠合,曹操便领受了千余载的骂名。直到1959年1月25日,郭沫若先生在《光明日报》发表文章,提出把曹操当作坏人"实在是历史上的一大歪曲",掀起了全国范围内"替曹操翻案"的大讨论,而吕思勉先生《替魏武帝辩诬》的发表整整早了20年,且学理纯粹,由此可见吕思勉先生的丰厚史识。

在《三国演义》中,魏延也是一位长期蒙冤的英雄。吕思勉先生在《替魏延辩诬》中指出魏延谋略过人,惜不为孔明所取,孔明死后,魏延并没有谋反,其死于内讧,实在是蜀汉方面的重大损失。② 从史籍的记载来看,魏延这个人胆大勇猛,善养士卒,且通晓兵法,计谋深远。可他有一个致命的弱点,便是居功自傲,盛气凌人,与同僚的关系处得不是

---

① 吕思勉:《论学集林》,第560页。
② 吕思勉:《论学集林》,第572—578页。

很融洽。刘备在世时，他就与尚书令刘巴闹腾不休，结果受了降职处分。后来与杨仪共事时，又是互不买账，经常争吵不休。对此，诸葛亮亦无可奈何，只能采取"不忍有所偏废"的态度，各尽所用，听之任之。诸葛亮对魏延的看法，并不如《三国演义》所说的一见面就反感，至少在北伐之前，诸葛亮还是充分信任魏延的，否则不会提升他为前军师征西大将军，进封为南郑侯。但在魏延提出与诸葛亮异道会师于潼关的计策遭到拒绝后，双方关系便蒙上了一层阴影，魏延"常谓亮为怯，叹恨己才用之不尽"。其实诸葛亮不用魏延袭取长安之策是出于北伐全局考虑，而魏延忘节言乱，讥刺主帅，当然使诸葛亮感到有些不愉快和不放心。正是由于这层不融洽的关系存在，诸葛亮临终前召开的最后一次军事会议，没有让魏延参加。《三国志·魏延传》记载："秋，亮病困，密与长史杨仪、司马费祎、护军姜维等作身殁之后退军节度。令魏延断后，姜维次之；若延或不从命，军便自发。"《三国演义》以此杜撰出置魏延于死地的"锦囊妙计"。而我们从这条史料看到的只是在魏延与杨仪的个人矛盾中，诸葛亮站到了杨仪一边，但他只是预感到魏延可能不听节度，会争夺主帅之权，而不是担心魏延谋反。诸葛亮病故，魏延与杨仪果然发生了生死较量，始则互相鼓噪对方造反，继则兵锋相向，魏延败死。在主帅新亡、国家需要安定的关键时刻，魏延不以全局利益为重，反而率先动武，这种行为是极其错误的，但他没有北投魏国，而是南下汉中，事实证明他根本没有叛蜀的打算。倒是杨仪回到成都后，自以为功劳卓著，理当接续诸葛亮的职务，却只得到中军师头衔，因而口出恶言：悔没有领一军北投以致今日这般地步。如此说来，关于所谓叛蜀问题，是《三国演义》的作者有意地张冠李戴了。

围绕着赤壁之战的规模、地点及直接指挥者等问题，自古以来就没有一个绝对认同的看法，但这次大战是三国史事的关键，其对于魏、蜀、吴三强鼎立局面的形成具有决定性的意义，这一点殆无疑问。吕思勉先生《赤壁之战的真相》对三家大战前的方方面面作了细致而生动的评述，并提出了一个有意思的问题。他说："读史的人，都给'操虽托名汉相，实为汉贼'两句话迷住了，以为抵抗曹操是理所当然的，其中更无问题。殊不知这两句乃是周瑜口里的话，安能作为定论？何况照我所考据,曹操确系心存汉室,并非汉贼呢?然则孙权决心和曹操抵抗的理由何在?周瑜、鲁肃等力劝孙权和曹操抵抗的理由又何在?"①吕先生认为孙权的决心抗曹是一个谜,他给的谜底是孙权的自立野心。这固然不能算作错,但在我看来,孙权欲自立的根据又在什么方面呢?这里面是否应该考虑南方势力(为经济发展所推动)的崛起和整体与区域未能协调诸因素?吕先生的这个问题为后来的学者提出了思路,田余庆先生有一名篇《孙吴的建国道路》,我觉得可以作为吕先生所作谜面的谜底。

总之,吕思勉先生的这本《三国史话》,对于一般读者,可以学到必要的历史知识,用来纠正谬误的历史观念;对于专门研究历史的学者,则可以从中获得作者对于历史的独特见解。今日重读此书,我更感到历史研究者必须像前辈学者那样,关注社会,关注现实,准确、及时地将史学研究成果转化为大众化的科学知识,借以提高全民族的文化素质。

(《淮阴师范学院学报》2002年第6期)

---

① 吕思勉:《论学集林》,第549页。

吕思勉与隋唐史研究

施淳益[*]

一、前　　言

在民初史家中,吕思勉(1884—1957)是个特殊的人物:他不像陈寅恪(1880—1969)、陈垣(1880—1971)、钱穆(1895—1990)等人那样站上一流大学的讲坛,也很少在知名学报上发表文章。在民初新史学革命的风潮之下,吕思勉的研究被认为陈旧,较少引起注意。[①] 甚至因为著作里面抄录大量的原始材料,而受到只是抄书、堆砌史料的疑难。但质疑者少有注意吕思勉其实刻意采用一种"新史抄"的体例,寓议论于材料之中,让立论不至于没有史料的依据。[②] 但若吾人能耐心细读吕思勉的著作,将可以从中窥见一套不同于当时学界主流的历史论述,这也是过去研究民初史学时较少注意的一环。

就唐代政治史的研究来看,陈寅恪的关陇集团说一直占有主流地位。他指出自西魏以来,长安地区的政权结合了当地的豪族,形成一个文武合一、胡汉混杂、彼此通婚的"关陇集团",而隋、唐王室等长安政权,皆出身于此。武后(624—705)大开科举后,"关陇集团"受到新兴士人的打击,势力逐渐减弱;到了玄宗废除府兵制,关陇集团失去制度的支持,从此在政治上不成为一股独立势力。此时藉由科举入仕的新兴

---

[*] 作者简介:施淳益,就职于台湾清华大学历史研究所。
[①] 关于这次史学革命的内容与意义,可参考王汎森《价值与事实的分离?——民国的新史学及其批评者》,收入于《中国近代思想与学术的系谱》,台北联经出版社,2003年,第377—462页。余英时:《中国文化的海外媒介》,《犹记风吹水上鳞》,台北三民书局,1991年,第194页。
[②] 胡嘉:《吕诚之先生的史学著作》,收入于俞振基编《蒿庐问学记》,三联书店,1996年,第34页。

士人与旧有的山东士族由于出身的不同,彼此排挤,形成中唐以后牛李党争的源头。这一套对唐代政治史的解释一直到今天都还有影响力,是唐史研究的主题之一。然而就在当时,吕思勉《隋唐五代史》中曾对这套说法提出质疑:

> 然是时之山东人,则不过欲仕新朝,而为所歧视,因相结合,以图进取,免排挤耳,不必有何深意。陈氏谓山东旧族,尚经学,守礼法,自有其家法及门风,因此乃与崇尚文辞之士不相中,一若别有其深根固柢之道,而其后推波助澜,遂衍为中叶后朋党之局者,实未免求知之深而反失之也。①

这里有两种对唐代政治史不同的思路:陈寅恪认为山东旧族自魏晋以来就是保存学术文化的基地,凭借着从儒家经学发展而来的门风、家法来获取高于一般庶民的社会地位。但自高宗、武后以来大开科举,以文章上的造诣来作为取士的标准后,不少新兴士人靠着文辞方面的才华,通过科举的渠道成为官员,然而这批新兴士人却不具备旧族的门风、家法。到了中唐,山东旧族以门风、家法相呼应结为党羽,新兴士人则以文辞相结合,各自形成两个朋党,成为牛李党争的源头。与此不同,吕思勉则指出山东旧族为了避免在官场上被旧有官员排挤,彼此结合是很自然的事情,"不必有何深意"。陈寅恪强调以"门风""家法""文辞"结合成官场上的朋党,并进一步推展为中唐牛李党争的起源"实未免求之深而反失之也"。

这个例子显露出吕思勉与陈寅恪两人研究取径的不同,陈寅恪提出唐代政治演变是导因于出身不同而形成的各种政治集团。吕思勉则探究政治事件背后的人情义理,认为事件间不见得有个一贯的理路。事实上,吕思勉并非只是单纯的批评而已,他在《隋唐五代史》一书之中,便写出一个与陈寅恪不同的唐代政治史观。然而一直到今天为止,陈寅恪的说法都是学界的主流论点,即使唐史学界讨论统治阶级的转变时,也很少会提到吕思勉的质疑及其史观。

同是民初重要史家,为什么吕思勉未如陈寅恪般受到注意?学界

---

① 吕思勉:《隋唐五代史》,上海古籍出版社,2005年,第663页。

常认为吕思勉的著作"只是抄书""被认为陈旧"①,事实上是否真是如此? 本文即试图以《隋唐五代史》为中心,以体例与具体见解为两条线索,整理吕思勉的几个重要论点,比较与陈寅恪学说之间的异同,进而探讨造成两人名声差异的缘由何在。

二、"只是抄书"?《隋唐五代史》的写作体例

杨联陞(1914—1990)曾如此评价吕思勉:"老辈中用卡片最得力的,我要推重吕思勉(诚之)先生。他的几本大书,貌似堆砌,实有见解。"②所谓"几部大书"就是吕的四部断代史,③而"貌似堆砌",则是学界对吕思勉著作的普遍印象;④读者往往只看到题目之下加上大量史料说明,便误以为仅是抄录相关史料而已。杨联陞说吕思勉"实有见解",正是提醒我们不要宥于这种印象,而要多注意书中的洞见。就史学史来说,我们还应该进一步问:吕思勉断代史的写作方式是否真是"抄书"⑤? 如果是的话,为什么吕思勉要采用这种体例? 是否有不同于前人的见解在其中?

杨宽(1914—2005)在述及吕思勉写四部断代史的动机时,曾提到在民初流行的两种新史书体例:"一种是采用一般通史体例,是把各个时期经济、政治、文化各方面贯通起来加以论述,偏重于史论。另一种则采用分门辑录的方式,把作者觉得重要的史料或有关评论,分类排比

---

① 严耕望:《通贯的断代史家——吕思勉》,《治史答问》,台北商务印书馆,1985年,第95页。余英时:《中国文化的海外媒介》,《犹记风吹水上鳞》,第94页。
② 杨联陞:《汉学论评集》,台北食货出版社,1982年,第6—7页。
③ 余英时:《中国文化的海外媒介》,《犹记风吹水上鳞》,第193页。
④ 钱穆:《师友杂忆》有段回忆吕思勉撰写四部断代史时的记录,似乎更凸显"抄书"的印象:"乃诚之师案上空无一物,四壁亦不见书本,书本尽藏于其室内上层四围所架之长木板上,因室小无可容也。及师偶翻书桌之抽屉,乃知一书桌两边八个抽屉尽藏卡片。遇师动笔,其材料皆取之卡片,其精勤如此。所惜者,其长编亦写至唐代为止,为师最后绝笔。"见钱穆《钱宾四先生全集:八十忆双亲师友杂忆合刊》,台北联经出版社,1997年,第54页。
⑤ 吕思勉为什么花费这么大的心力完成这四部断代史? 钱穆曾有说明,抗战期间,上海开明书局曾经邀请钱穆撰写《国史长编》,钱穆转介给当时在上海"孤岛"的吕思勉,于是开始了撰写六部断代史的计划,可惜最后只完成四部。吕思勉另一位弟子杨宽则说完成断代史的原因是不满于当时断代史的体例,希望能在当时流行的断代史之外,写出一部史实与史论兼具的专著,以符合教学与研究上的需要。这或许是四部断代史抄录大量史料的原因之一。见钱穆《师友杂忆》,第49页;杨宽:《吕思勉先生的史学研究》,收入于俞振基编《蒿庐问学记》,第19—20页。

抄录,加上标题或案语,属于史抄性质。"①但吕思勉认为这两种体例都存在严重缺点。在当时各朝代、各方面史料都尚未经过细密整理的情形下,一个经综合分析、符合学术要求的通史或断代史实在不易出现。是故,吕思勉决定从正史中抄录重要史料,以"史抄"的方式来书写四部断代史,至少可以使学者对史事的议论有所根据。他称这种体例为"新史抄"②,并在《中国史学名著选读》一书中陈述其重要性:"今日史学界所最需要的,实为用一种新眼光所作的史抄。"而这种史抄绝不是照本抄录史料了事,而是寓论点于史料剪裁编排之中。③ 吕思勉认为"新史抄"可以对治当时各种新史书过分重视议论的问题:

> 编撰新历史,以供今人的阅读,人人能言之。然其所作之书,多偏于议论,并未将事实叙明。此在熟于史事的人,观其议论则可;若未熟史事的人,欲因此通知史事,则势有所不能。此实可称为史论,而不可称为史抄;而其所发的议论,空洞无实,或于史事全未了解,但将理论硬套者,更无论矣。④

"新史抄"的重点在于选材,吕思勉就此提出三项准则:(一)仍为今人所需要者因仍之;(二)其不需要者略去;(三)为今人所需要,而前人未经注意者,则强调之使其突出。⑤ 并且在文字的题裁上,最好能因原文,不加点窜;而自己的意见则别著之,使读者仍能看到出处的史料。此外,抄录的同时亦须对史料作考订与校勘的功夫。⑥ 由此观之,吕思勉的"史抄"绝不只是"抄录",而是一种表达论点的方式,四部断代史正是这种"新史抄"的实践。⑦

---

① 杨宽:《吕思勉先生的史学研究》,收入俞振基编《蒿庐问学记》,第 19 页。
② 胡嘉:《吕诚之先生的史学著作》,收入俞振基编《蒿庐问学记》,第 45 页。
③ 吕思勉:《中国史籍读法》,上海古籍出版社,2009 年,第 107 页。
④ 吕思勉:《中国史籍读法》,第 107 页。
⑤ 吕思勉:《中国史籍读法》,第 107 页。
⑥ 原文如下:"不改动原文,但遇两书材料相同的,则去其重复,然仍须注明。有须删节处,亦须注明删节。"吕思勉:《中国史籍读法》,第 107 页。
⑦ 以《隋唐五代史》为例,现存吕思勉日记提及的《隋唐五代抄》,应当就是吕思勉在编写断代史前的前置作业。据吕思勉与王伯祥的日记,可看出吕思勉是先完成这本史抄后,然后才开始动手撰写《隋唐五代史》一书。在史抄的基础上加以润饰、补上札记,就成《隋唐五代史》的初稿并交到商务印书馆校稿。可惜的是已出版的吕思勉日记并不完整,《隋唐五代抄》,未能肯定其他三部断代史是否也循同样程序处理。但我们仍可以从其他资料看出,吕思勉编写断代史的过程大致相同。见李永圻、张耕华编《吕思勉先生年谱长编》,上海古籍出版社,2013 年,第 881 页。

透过与传统史学的札记体裁比较，我们可以更确切地掌握新史抄的特色。严耕望曾批评四部断代史行文的题裁"诚有可商处"①、"而他直以札记题裁出之，每节就如一篇札记，是考史题裁，非撰史题裁"②。严氏对考史与撰史的分别，乃承袭自在章学诚（1738—1801）"记注"与"撰述"的概念：前者为史料，后者为著作。③ 关于抄书与见解的问题，前文已有辨析。此处更应该注意的是札记体裁：什么是札记体？吕思勉的札记又跟过去的札记有何不同？

根据钱穆的说法，赵翼、钱大昕的《廿二史札记》、《廿二史考异》等札记，是传统史家"考史"成果的表现方式。④ 吕思勉读书时也常写札记，这可能多少与他早年喜欢从历史发展思考政治利弊有关，⑤长期勤奋读史之余，累积了大量的札记成果。不过吕思勉并不满意赵翼（1727—1814）一类考订史料的札记，而是偏好顾炎武（1613—1682）一类讲政治、社会各问题，传统上所谓的"经济之学"。他曾说："人家都说我治史喜欢讲考据，其实我是喜欢讲政治和社会各问题的。"⑥四部断代史中对于政治事件的深入理解，正反映了吕思勉平常读史时的喜好。理解到吕思勉编写断代史是运用史抄与札记作为底本润饰而成之后，我们才能够理解为何这四部断代史充满了史料的累积，以致于被人讥为"抄书"。

这种新史抄的题裁自然容易使得读者只看到大量的史料跟对引用材料的考订，而无法轻易地在短时间内理解主要论点。与此相对，陈寅恪的著作虽然也以难解著称。⑦ 但由于陈氏采取专题讨论、以小见大的方式，读者若跳过中间繁复的考证过程不读，换言之，全盘接受其论

---

① 钱穆《中国史学名著》讲到章学诚《文史通义》时，曾特别提及章学诚将史书分成两大类：一类是"记注"，一类是"撰述"。前者如同今日所记的史料，只要有人把事情记下就是了。后者则为一种著作，根据一切史料的记注来发挥作者对这一段历史的一种"专家之学"。"考史"则为对零碎的史料鉴别真伪，考订异同。钱穆：《中国史学名著》，台北三民书局，2003 年，第 288—289 页。
② 严耕望：《通贯的断代史家——吕思勉》，《治史答问》，第 96 页。
③ 在这个理解下吕著断代史理应是一种著作，根据史料来发挥的一种"专家之学"，但我们却在吕思勉的四部断代史中看到抄录而来，鉴别异同的大量史料，因此严耕望才会说"是考史题裁"，对史料鉴别真伪，考订异同，不容易看到作者的见解。
④ 钱穆：《中国史学名著》，第 288—289 页。
⑤ 吕思勉：《自述》，《吕思勉论学丛稿》上海古籍出版社，2006，第 742 页。
⑥ 吕思勉：《自述》，《吕思勉论学丛稿》，第 742 页。
⑦ 如钱穆就曾批评其文字表述"冗沓而多枝节"，见余英时《犹记风吹水上鳞》，第 253 页。

证,其实不难掌握陈寅恪的基本论点。若以吕著《隋唐五代史》与陈著《唐代政治史述论稿》①比较,吕思勉的政治史叙述紧贴各朝代各阶段的事态发展,面面俱到;陈寅恪则从其所关注的议题出发,上、中、下三篇分别讨论统治阶层之氏族及其升降、政治革命及党派分野、外族盛衰之连环性及外患与内政之关系,论点十分明显。因此,读者可以短时间内从书中得到"唐王室为胡汉混血""唐代河北地区为九姓胡所占据""唐代统治阶级前期为关陇集团,中期以后为山东旧族与新兴士人对抗的局面""唐代的外患与内乱具有循环性"等通贯有唐一朝的解释。从体例而论,陈著可说是数篇论文编辑而成的论文集,②而这形式正符合民初史学革命以来"窄而深"专题研究的范式,使其艰涩深奥的学问,广为学界所认受。③ 吕氏则与此范式背道而驰,因此往往受纠缠于仅是抄书、作札记之类的批评,无法得到应有的重视。

在辨析体例所造成的偏见以后,我们便能较平情地评估吕氏的学术遗产。以下将以陈寅恪的学说作对照,进一步展现吕思勉唐史观的特色。

三、吕思勉的唐史研究

严耕望在回顾吕思勉四部断代史时,注重他在书中加进了社会、经济等过去较少注意到的层面,为断代史的写作开创了新纪元,④但在传统政治史上面的学术成就反而少受关注。实际上,吕思勉的《隋唐五代史》后,对历史人物的评价及对政治事件的洞悉反而更令人印象深刻。此种差别也反映了民初史学重视显而易见的创新(如加入社会、经济等

---

① 陈寅恪:《唐代政治史述论稿》,上海古籍出版社,2001年。
② 严耕望就曾说:"陈先生壮年中年时代实际上只写论文,不写书;唐史两稿也都是有系统的论文集性质。"见严耕望《史学二陈》,《治史答问》,第88页。
③ 王汎森在《价值与事实的分离?——民国的新史学及其批评者》一文中曾提到民初学者的几个倾向:重视档案与新出土的史料等"新史料"、主张降低个人色彩,进行最客观的研究、提倡问题取向、"窄而深"的专题研究。见王汎森《价值与事实的分离?——民国的新史学及其批评者》,《中国近代思想与学术的系谱》,第461页。
④ 严耕望曾特别指出两个特点:前半部总述整个断代的政治发展概况,颇类似过去的纪事本末体,以政治事件为中心。后半部则分别就社会、经济、政制、学术、宗教,甚至社会生活等方面,分别论述。类似过去二十四史中的"志",重视社会经济这点,在当时重视政治的风气下,实属创新。见严耕望《治史答问》,第90页。

新题目),忽视传统中国史学所看重的人物评价、政治事件评论。与陈寅恪相比,其中的差异便尤为明显。首先,民初学人对于过去的正史多不信任,在这个背景下,陈寅恪的解决方式是寻求更多的"新史料""新证据",吕思勉则重视从既有史料内部推勘。在民初扩充"新材料"的风气之下,陈寅恪遂被举为新派史学的代表,反之,吕思勉的史学就成了旧式的。① 其次,陈寅恪常提出一个通贯整个朝代的大架构,②吕思勉则偏重具体人事与事件的偶然性。例如陈将唐代的政争的参与者归纳为不同出身所形成的政治集团,吕则重视政治事件背后的具体人事纠葛,而少作概括性的分类。对于后来的学者来说,论点显而易见、又能概括解释的陈寅恪自然更具有吸引力。

陈寅恪在唐代政治史的论述中,最常被引用、讨论的有两项:首先是用出身来解释统治集团的组成,早期由宇文泰为中心组合一个胡汉混合、文武合一的关陇集团是西魏到隋唐间统治阶层的主力。武后以女主主政,为了削弱反对势力大开科举,引用新兴文士,到了玄宗朝时旧有的关陇集团瓦解,遂留下以家法、门风相标榜的山东旧族与新兴士人之间互相竞争,成为中唐以后牛李党争的根本原因。其次,唐代河北地区已为胡人——特别是九姓胡聚居之地,当地风俗已经与长安大不相同,安禄山得以藉此向朝廷发动叛乱,而唐朝王室于乱平之后也无法对这一地区实行统治,形成半独立状态,然而吕思勉很早就在《隋唐五代史》一书中对这两点提出质疑。下面将以《隋唐五代史》一书为主,透过(一) 唐代政治人物的评价;(二) 唐代的政争;(三) 唐代河北胡化的问题等三个具体的例子,来说明吕思勉在对正史史料的态度以及唐代政治史的论点上有哪些明显的差异,这个差异又是否是造成两人知名度不同的原因。

---

① 关于民初史学上的新与旧,参考王汎森《价值与事实的分离?——民国的新史学及其批评者》,《中国近代思想与学术的系谱》,第377—462页。余英时《犹记风吹水上鳞》,第174页。
② 德国学者施耐德(Axel Schneider)注意到这点,评述《唐代政治史述论稿》时认为:"从内容上,陈寅恪的史学是其世界观、史观和方法论的一种表现。他感兴趣的并非行事的个人,而主要是历史的联系。他并不尝试用自然法则来解释这种历史的联系,而是将其视为中华民族文化的表现。"而对个人行为的忽视,正是陈寅恪史学上的一个限制。见施耐德(Axel Schneider)著,关山、李貌华译《真理与历史:傅斯年、陈寅恪的史学思想与民族认同》,社会科学文献出版社,2008年,第190—193页。

(一) 唐代政治人物的评价

吕思勉在《中国史籍读法》一书中屡屡强调旧有正史不能单从字面上的记载理解,因为正史是经过有选择、删改的过程,最后完成的定本离原先的事实已经很远。吕思勉这种不相信正史、旧史料的态度与民初其他史家无异,然而与民初史家不同的是吕思勉并未因此而追求更多新史料、新材料、扩张史料的范围。① 相反,他更重视正史记载的矛盾,透过对史料的排比,进而推敲文献间所透露出来的讯息。在《隋唐五代史》中,吕思勉便常利用对新旧《唐书》编辑过程的推测,重新评论一些过去遭到误解的政治人物。下面将引唐太宗、武后、唐德宗三个人物评论来说明。

1. 唐太宗

唐朝初年削平突厥等外患,获得"天可汗"的称号,成为东亚霸主。因此这时唐朝的皇帝唐太宗常以国史上难得一见的名君形象出现在史书上,②但吕思勉却认为这个评价过于溢美:

> 唐太宗不过中材。论其恭俭之德,及忧深思远之资,实尚不如宋文帝,更无论梁武帝;其武略亦不如梁武帝,更无论宋武帝、陈武帝矣。若高祖与高宗,则尤不足道。其能致三十余年之治平强盛;承季汉、魏、晋、南北朝久乱之后,宇内乍归统一,生民幸获休息;塞外亦无强部;皆时会为之,非尽由于人力也。③

这里可以看到吕思勉从贞观年间的客观形势来着眼太宗的治绩,发现此时人口不多,国力也有限,对外战争的成功大多是因为外族(如东突厥)的衰落而达成,充满了偶然性。因此吕思勉也辨析了史籍上对唐太宗的溢美之词,举太宗屡次意图经营宫室的例子来说明太宗并没有过去史书所称颂的那样体恤民力。④

---

① 罗志田曾特别注意到民初史家一方面不信任二十四史,另一方面又特别重视其他史料的现象。见罗志田《史料的尽量扩充与不看二十四史:民国新史学的一种诡论现象》,《近代中国史学十论》,复旦大学出版社,2003年,第83—125页。
② 这里举欧阳修《新唐书》的赞语为例:"甚矣,至治之君不世出也!……自古功德兼隆,由汉以来未之有也。"欧阳修、宋祁撰:《新唐书》卷二,中华书局,1975年,第48页。
③ 吕思勉:《隋唐五代史》,第66页。
④ 吕思勉引用唐太宗对待萨威无礼的例子,以及马周、戴胄等人屡谏太宗不该经营宫室的奏章,来说明太宗不是真正体恤民力的人,常有大兴土木的念头。见吕思勉《隋唐五代史》,第77页。

除了对太宗的评论外,吕思勉也指出史料中对贞观之治记载的冲突,《贞观政要》记载贞观四年(630)大丰收,并据此而盛称贞观治世。① 然而从戴胄的奏章却看到不一样的景况:"比见关中、河外,尽置军团,富室强丁,并从戎旅……尽室经营,多不能济。"②这分明是一副战乱纷扰的局面,正好说明了史料记载不可完全相信。③ 不过虽然吕思勉并不相信正史的记载,但他的解决方式却是从正史史料中互相比勘,从中发现问题,而未盲从民初认为新史料比正史更可靠的学风。

在民国初年重视新材料的风气之下,吕思勉著作中不常引用新史料因而被认为跟不上新潮流,是比较"陈旧"的一派。④ 与陈寅恪对照,陈也写过不少有关唐太宗的论文,论证唐朝王室是否为胡人、玄武门之变太宗得以成功的原因等。⑤ 但面对这些课题,陈寅恪都是以专题论文的方式表达,一次只需处理一个问题,新史料在这种体例上可以达到补充、甚至取代正史的记载。⑥ 然而,并非所有的课题都可以运用新材料,当吕思勉撰写断代史,需要将种种面向都予以通盘考虑时,新旧《唐书》的涵盖面自然仍比敦煌文献更为全面,因而对正史史料的内部比对工夫,也就较追寻新材料更为重要了。

2. 武后

从吕思勉对武后的评价中,也可以看到这种倾向。在陈寅恪的架构下指出曾说武后透过科举引进新兴士人以减弱旧有贵族在政治上的势力,并企图打破关陇集团在政权上的垄断;陈寅恪认为这是有意识的改革,并称之为"武周革命"。然而,吕思勉却有不同看法:⑦见诸史册,

---

① 《贞观政要》:"官吏多自清谨,制驭王公、妃主之家,大姓豪猾之伍,皆畏威屏迹,无敢侵欺细人。商旅野次,无复盗贼,囹圄常空,马牛布野,外户不闭。又频致丰稔,米斗三四钱,行旅自京师至于岭表,自山东至于沧海,皆不赍粮,取给于路。入山东村落,行客经过者,必厚加供待,或发时有赠遗。此皆古昔未有也。"见吴兢撰、谢保成集校《贞观政要集校》,中华书局,2003年,第19页。
② (后晋)刘昫等撰《旧唐书》卷二,中华书局,1975年,第48页。
③ 吕思勉:《隋唐五代史》,第74页。
④ 王汎森:《价值与事实的分离?——民国的新史学及其批评者》,《中国近代思想与学术的系谱》,第377—462页。余英时:《犹记风吹水上鳞》,第174页。
⑤ 见陈寅恪《李唐武周先世事迹杂考》,《金明馆丛稿二编》,上海古籍出版社,2001年,第310—316页;《李唐氏族之推测》,《金明馆丛稿二编》,第320—334页;《李唐氏族之推测后记》,《金明馆丛稿二编》,第335—345页;《三论李唐氏族问题》,《金明馆丛稿二编》,第346—352页。
⑥ 王汎森:《价值与事实的分离?——民国的新史学及其批评者》,《中国近代思想与学术的系谱》,第425页。
⑦ 他指出:"武后之废中宗,非遂有意于革命也,然其为人也,贪于权势而不知止,而导谀贡媚之徒,复不惜为矫诬以逢迎之,则推波助澜,不知所止矣。"吕思勉:《隋唐五代史》,第122页。

武后实是一热衷于权力争夺的人物,再加上一些谄媚士人的推波助澜下,终于获取政治大权。因此与其说武后是有意识的改革,倒不如说是贪婪权力,不知节制,最后竟顺应时势登上皇位。因此"武周革命"只可说是偶然出现的现象,而非有意识导引的结果。

陈寅恪对于唐代的政治演变,将西魏到唐玄宗朝看成一段关陇集团兴亡的历史,武后是中间的关键人物;吕思勉对此并不同意。虽然承认北周时期确有建立一胡汉、兵农合一的团体以巩固政权,但吕思勉并不认为这一集团有足以通贯各朝代的认同感。吕思勉认为,随着隋朝的统一,僻处长安的中央政府需要补充更多的人才来维持帝国的统治,这便吸引了山东、江南等关陇之外的士人前往,而自然地因地缘渐次形成一个群体。这是时局推演造成的结果,而非个人能力所能左右,因此吕思勉不同意有所谓的武周革命。①

从对武后的评价中透露出两种不同的思维:在处理政治史与历史人物时,陈寅恪常提出概括性的论点,目的不只是在于解释个人的行为,更注重一个超越朝代分期的变动,忽略了具体人事以及各朝代的不同。吕思勉并非没有宏观的一面,但他认为社会变迁、时代演变的趋势不会受到特定历史人物的影响。在论述政治人物时,吕思勉更强调个别事件与实际作为。因此陈寅恪提出"武周革命"说解释武后大开科举取士时,吕思勉自然会认为是"求之深而反失之"②。

3. 唐德宗

《新唐书》里指出德宗不仅是位贪财的昏君,以聚敛为能事,且其重用宦官的措施,更让唐政府加速衰败。③ 对此,吕思勉认为评论德宗时需从时局推演理解缘由,指出德宗即位初期曾励精图治,减免各地的税赋,企图恢复皇室的威信,另一方面又整顿军事、清理财政,不能不说是

---

① 吕思勉论述如下:"然是时之山东人,则不过欲仕新朝,而为所歧视,因相结合,以图进取,免排挤耳,不必有何深意。陈氏谓山东旧族,尚经学,守礼法,自有其家法及门风,因此乃与崇尚文辞之士不相中,一若别有其深根固柢之道,而其后推波助澜,遂衍为中叶后朋党之局者,实未免求知之深而反失之也。"吕思勉:《隋唐五代史》,第663页。
② 吕思勉:《隋唐五代史》,第663页。
③ "德宗猜忌刻薄,以强明自任,耻见屈于正论,而忘受欺于奸谀。故其疑萧复之轻己,谓姜公辅为卖直,而不能容;用卢杞、赵赞,则至于败乱,而终不悔。及奉天之难,深自惩艾,遂行姑息之政。由是朝廷益弱,而方镇愈强,至于唐亡,其患以此。"欧阳修《新唐书》的赞语为例:"甚矣,至治之君不世出也!……自古功德兼隆,由汉以来未之有也。"见欧阳修、宋祁撰《新唐书》卷七,第219页。

个努力的君王。然而经过几年的累积实力讨伐割据地方的藩镇时,却遭受大败,政局由此急转而下。①

后世多视建中四年(783)发生的泾原兵变为德宗朝的转捩点。②这场发生在长安的动荡几乎继安史之乱后再度倾覆了唐朝政府,德宗更因此流亡出走。乱平后国力凋敝,只好不断征税,并要各地官员进献财物换取官位,借此累积国力。因此德宗在传统史书中常以"聚敛"的形象出现。然而吕思勉为德宗辩护,认为德宗的作为情有可原,动机并不是为了个人享受,而是累积军费,企图恢复对全国的掌控。③这是典型的翻案文章,吕思勉判断德宗时是放在当时的时代背景来讨论,以后世的标准来看,德宗恐怕很难逃掉聚敛的恶名,吕思勉却是用全国统一的理想来为德宗开脱,除了同情德宗处境外,恐怕也与吕思勉所处的时代背景有关,"统一中国"是吕在四部断代史中常用以判断人物高下的标准之一,④这和当时知识分子渴望一个统一强盛的国家应有直接关系,但从这点亦可见到吕思勉无法跳脱时代限制之处。

从唐太宗、武后、唐德宗三个例子可以看到,吕思勉处理问题的方式是透过史料的对勘,从中发明史实。在当时看重新史料的风气下,这种态度很容易被视为老旧。但吕思勉依循中国传统史学的方式,着重在人物评价与事件的推演上讲述唐代政治,而不是提出一个显而易见的论点来通贯整个唐朝,这种政治史观点,正与用"种族"与"文化"构成一个大架构,然后把个人作为放入其中解释的陈寅恪大相径庭。

(二) 唐代的政争

陈寅恪解释中唐以后的牛李党争时,视为山东旧族的官员与新兴

---

① "德宗即位之初,即罢诸处岁贡……由是中官不敢受贿。前代弊政,几于一扫而空,宜乎当时之想望太平也。"见吕思勉《隋唐五代史》,第236页。
② 对于德宗朝的泾原兵变,早期最具代表性的研究应为陈寅恪的《论李怀光之叛》,文中提出朔方军之所以反抗中央,主因在于与神策军待遇上的落差。见陈寅恪《论李怀光之叛》,《金明馆丛稿二编》,上海古籍出版社,2001年,第317—319页。
③ 吕思勉:《隋唐五代史》,第303页。
④ 吕思勉评断政治人物时,"促进中国统一"是背后一个重要的是非标准,譬如他就曾在论赤壁之战时,指责孙权、鲁肃为了个人私利,阻碍了祖国统一。见吕思勉《秦汉史》,第347页。

士人展开竞争。① 吕思勉则有不同的看法,《隋唐五代史》的上半部不断地演示唐代每个阶段的政争,但这些政治事件间并不存在阶级上的冲突,或局限于党派内出身的差异:

> 唐代党争,人徒知指目牛、李,而不知其由来甚久。褚遂良与刘洎,李林甫与李适之皆是也。此等争阋,实无纯是纯非,而修史者亦不能不涉党派,有偏见。故所传之语,或多不可信,疑以传疑;不能随声附和,亦不应力求翻案也。②

自唐朝开国以来,大臣彼此结党竞争,中间无是非可言。修史者也是官员,虽然由于职责所在,必须客观记录,但实际上难免会根据自己的价值判断予以取舍,留下的史料自然有偏见、不可信的情形。但后代史家看待这些记载时,不必盲从新旧《唐书》的叙述,也不需要匆忙为这些历史人物盖棺论定,杨炎跟刘晏的政争就是一个例子。过去史书虽然多半同情刘晏,但从刘晏罪不至死却被皇帝赐死来看,反映的应是当时党争的激烈,也很难判断刘晏与杨炎到底谁是谁非。③

另一个例子还有陆贽与裴延龄。虽然正史大多认为裴延龄是小人,④陆贽受其恶意中伤。但吕思勉指出裴延龄并没有显著的劣迹,反而尽心于财政事务,节省不少开支;史书对他的攻击多为陆贽一派的一面之辞,很难从中判断哪些是事实、哪些是虚构。只能说人物的形象是朋党相争下的产物。⑤ 新旧《唐书》中对裴延龄的记载有不少处不尽公允,但吕思勉认为从常理推断德宗并不是一位容易亲近的君主,大臣必须要有一定的贡献才有可能获得重用。从目前留下的材料看,裴延龄或许言论有偏激之处,因而引起陆贽等人的攻击,但他的言论大多本于时势,并无不妥之处。从这点来看,裴延龄应该是个公忠敢言的大臣,才能让猜忌心很重的德宗信任他。⑥ 从此例中,可以看到两派的党争

---

① 陈寅恪:《唐代政治史述论稿》,第260—261页。
② 吕思勉:《隋唐五代史》,第238页。
③ 吕思勉:《隋唐五代史》,第239页。
④ 如《旧唐书》:"每奏对际,皆恣骋诡怪虚妄,他人莫敢言者,延龄言之不疑,亦人之所未尝闻。德宗颇知其诞妄,但以其敢言无隐,且欲访闻外事,故断意用之。"(后晋)刘昫等撰《旧唐书》卷一三五,第3728页。
⑤ 吕思勉认为:"虚实是非难辨,要之为朋党相攻而已。"吕思勉:《隋唐五代史》,第279页。
⑥ 吕思勉:《隋唐五代史》,第281页。

显然并无绝对是非,陆贽与裴延龄之间的斗争绝非单纯的君子与小人之争,其中透露的更是德宗朝竞争的激烈。吕思勉进一步推论指出:激烈的党争使得德宗更不信任朝臣,转而任用宦官,遂使宦官在德宗中期之后势力大盛,这才是德宗失政的地方。① 在这里,我们看到事件之间的连锁反应,进而形成德宗时期的政治格局。

绵延四十余年的牛李党争,吕思勉也认为这是单纯的官场竞争,两派都有世家与新兴士人,②因此陈寅恪提出山东旧族与新兴士人间竞争的假说并不能成立。吕、陈两人在研究取径上,吕更重视独立的政治事件,陈则善于提出一个通贯各朝的概说。或许正是因为可以解释的范围很广,陈寅恪的论点产生了大量的文章。譬如日本学者砺波护于1962年首先对牛党跟李党的成员出身进行分析,认为牛党跟李党的成员出身于山东旧族或新兴士人的都有,并不如陈寅恪所说的李党多为山东旧族、牛党多为新兴士人。③ 砺波护之后,毛汉光于1978年写的《唐代大士族的进士第》,④对唐代士族做分析,得出士族纯靠门第为相者仅占16%,带进士第为相者达82%,李党代表也多为进士。毛在《中国中古社会史》一书中,进一步认为中晚唐的政争,如牛李党争等,本质上是士族之间的争执,而非陈寅恪所说的新进士人与旧族之间的争斗。⑤ 砺波护与毛汉光的研究在一定程度上修正了陈寅恪的说法。

陈的假说引起了广大的回响,相较之下,吕思勉对唐代政争的研究就少人关注。日后只有黄永年在吕思勉的基础上,进一步完成《唐肃宗即位前的政治地位和肃代两朝中枢政局》、⑥《"泾师之变"发微》、⑦《所谓"永贞革新"》、⑧《唐代的宦官》⑨等,都是从对个别的政治事件发微来修正陈寅恪对政治集团的假说,不过影响力有限,也很少有人接续。

---

① 吕思勉:《隋唐五代史》,第281页。
② 吕思勉:《隋唐五代史》,第662—663页。
③ (日)砺波护:《从牛李党争看中世贵族制的崩溃与辟召制》,载《东洋史杂志》1962年第21卷第3期,第1—26页。
④ 毛汉光:《唐代大士族的进士第》,《中国中古社会史论》,台北联经出版社,1988年,第339—364页。
⑤ 毛汉光:《总论》,《中国中古社会史》,第1—15页。
⑥ 黄永年:《唐肃宗即位前的政治地位和肃代两朝中枢政局》,《唐代史事考释》,第271—296页。
⑦ 黄永年:《"泾师之变"发微》,《唐代史事考释》,第337—372页。
⑧ 黄永年:《所谓"永贞革新"》,《唐代史事考释》,第373—400页。
⑨ 黄永年:《唐代的宦官》,《唐代史事考释》,第401—414页。

(三) 唐代河北胡化的问题

陈寅恪《唐代政治史述论稿》中引用杜牧《范阳卢秀才墓志》和韩愈《送董邵南序》,论证唐代的河北地区为"胡化"区域。① 由于文化与种族上的差异,导致了中唐以后河北地区地方割据的局面,唐政府势力在此不易深入,不只是军政失修,更是因当地早已为胡人所居。由于失去了河北,因此唐朝政府更倚赖运河来从江南获得补给。

陈寅恪这个论断在当时引起很多回响,年轻的全汉昇(1912—2001)就受到启发而写成《唐宋帝国与运河》一书,辩证唐宋国运与运河之间的关联。② 英国学者 E. G. Pulleyblank 更以此完成《安禄山叛乱之背景》一书,指出河北地区的胡化为安禄山得以反抗中央的张本。③ 然而吕思勉觉得陈的结论过于武断。吕认为风气的转变有长时段的原因,河北风气趋于尚武,那是在外族威胁下必然的结果,并不等于当地居民就是胡人。就算有大量的九姓胡进入河北地区,当地居民也仍是以汉人为大多数,只是由于战乱因素,当地风气较为朴实剽悍,但绝不能因此就说是"胡化"之地:

> 然谓其人之众,足以超越汉人,而化其俗为戎狄,则见卵而求时夜矣。韩公之文,乃讽董绍南使归朝,非述时事。杜牧之云,则谓卢生未尝读书耳,非谓其地之人,举无知周公、孔子者,生因是而无闻焉也,岂可以辞害意?④

从陈寅恪所引用韩愈、杜牧的文中看来,韩愈是劝董绍南到长安做事,杜牧则是讽刺卢生没学问,而不是说当地的居民都不知道周公、孔子。陈氏却延伸的太远,把作者嘲讽的原意误为当地风俗的表现。此外,吕思勉举《资治通鉴考异》所引《蓟门纪乱》的记载为例,指出当时军队之中,汉人实多于胡人。河北风俗的转变,在于久经战乱致使当地尚武风气高涨、精神昂扬,于是不易治理、叛服无常。陈寅恪提出河北地

---

① 陈寅恪:《唐代政治史述论稿》,第 210—211 页。
② 全汉昇:《唐宋帝国与运河》,中研院历史语言研究所,1995 年,第 1 页。
③ (英)E. G. Pulleyblank, *The Background of the Rebellion of An Lu-shan*, London: Oxford University Press, 1955.
④ 吕思勉:《隋唐五代史》,第 661 页。

区胡化的说法虽然失之于武断,但该地风气确实有巨大的转变。①

从这个命题,我们且可以看到吕思勉跟陈寅恪侧重层面的不同:陈寅恪用文化与种族的因素,对河北地区提了一个大的解释,而吕思勉则偏重于风俗习惯的转移。② 这里看到吕思勉并非没有宏观的一面,但他的论述多讲社会变迁、历史分期之类更大的变动,追求的是一种"历史进化论"。这点在《秦汉史》与《自述》中曾反复提及,③个人作为虽然在短时间内会左右时局,但影响鲜少及于风气。④

我们在此将吕著《隋唐五代史》的特色归纳如下:首先,吕思勉对传统正史的记载与评价保持高度的怀疑。从他对历史人物的论断来看,虽然《隋唐五代史》使用许多正史的材料,却不盲从史书记载,往往透过史料比对的方式,进而提出新观点、新问题,对于德宗朝政治的同情理解,即可说是此点的具体表现。其次,吕思勉常旧案新解,对人物的道德衡量常有与过去正史不同之处。吕思勉在书写人物时,仍将个人行为放入政治局势中理解,从而做出新的诠释。个人作为虽然短时间内可能会影响政局,但并不会影响社会变迁;但社会变迁才是吕思勉所在意的终极关怀。此外吕也重视民俗风气演变的因素,谈论民族问

---

① "陈氏之论,于是乎失之固矣。然谓其东北风俗之变,由于其民多左衽固非,而是时东北风俗,有一剧变,则固不容诬也。"吕思勉:《隋唐五代史》,第662页。
② 吕思勉与陈寅恪都留意到河北与中央在风俗习惯上的差异,却提出两种完全不一样的解释,从此也可看出两人受到的训练与影响并不一致:陈寅恪早岁留学海外,受到历史语言学派、民族学理论的影响,回国后多治域外之学;吕思勉虽然也喜谈民族问题,但他侧重民俗与地理位置,很少援引西方在民族研究上的成果。再加上吕思勉不通外文,缺少相关的语言工具,无法引用境外材料,不仅造成两人论点不同,受重视程度也大不相同。谈论外族问题时,懂得其他民族语言的学者自然会比只通中文的学者受到注意。陈寅恪对民族问题的重视与观点,可参考余英时《试述陈寅恪的史学三变》,《陈寅恪晚年诗文释证》,第336—339页。
③ 《秦汉史》序认为新莽是中国历史上社会组织的一大分野,之后封建势力稳定下来,人心不敢考虑根本变革。《自述》屡次强调自己治史时,是想证明历史的进化,吕思勉早年认为这个进化的最终结果是儒家的大同世界,晚年则转而认同马克思主义的共产社会。见吕思勉《秦汉史》,第1—2页。吕思勉《自述》,《吕思勉论学丛稿》,第745—746页。
④ 陈说出现以来,唐史学界普遍接受陈寅恪河北已经胡化的观点,并不会特别引用到吕思勉的成果,黄永年是其中的少数例外,他透过分析唐代政治派系的方式,对唐代史事提出一新说法,并对陈寅恪的种族—文化集团、关陇集团说,作相当程度的修正。在方法上,可说是受到吕思勉《隋唐五代史》的影响。《唐代河北藩镇与奚契丹》、《〈通典〉论安史之乱的"二统说"证释》、《论安史之乱的平定与河北藩镇的重建》则是继承吕思勉的说法,对陈寅恪提到"唐中叶以后河北实为异族所荐居"此一说法进行修正,认为河北地区基本上仍为汉人居住之地,只是风俗转趋尚武,与其他地区大不相同,故形成隔阂,基本修正了陈寅恪的讲法。见黄永年《唐代河北藩镇与奚契丹》,《唐代史事考释》,第133—164页。《〈通典〉论安史之乱的"二统说"证释》,《唐代史事考释》,第165—186页。《论安史之乱的平定与河北藩镇的重建》,《唐代史事考释》,第211—228页。

题时,不认为种族作为风气转换的关键因素。最后对于实际政治运作有着切实的理解。

总体看来,吕思勉的功力展现于人情世故的推敲,寓论点于叙事与史料辨析之中。陈寅恪则透过种族与文化两个因素,将中古史看成一整个文化兴衰的过程,具有强烈的历史解释。但唐史学界少有认真引用吕思勉著作者,吕思勉的论点除了黄永年、唐长孺外,①也很少有人承续。重视个别事件的推演与用"种族""文化"建构一套中古史观,是吕思勉与陈寅恪最显著的差异。

四、吕思勉与陈寅恪的教学与研究

前两节我们已经分别从体例与论点来分析陈寅恪与吕思勉的差异,两人是两种不一样的类型:体例上,吕思勉采用新史抄的方式以求史实与史论兼顾,见解常埋藏于史料中;陈寅恪则大多为专题研究,以追求专精为目标。严耕望就曾说:"陈先生壮年中年时代实际上只写论文,不写书;唐史两稿也都是有系统的论文集性质。"②可见陈寅恪的论点比较明确而具体。其次,对史料的态度上,吕思勉、陈寅恪一样对正史不信任,陈寅恪由于大多撰写专题论文,可以对个别的点用敦煌文献一类的新材料加以发挥。吕思勉则因著作需要面面俱到,因此更重视传统史籍尤其是正史内部记载的对勘。再者,在对唐代政治史的研究上,吕思勉以个别的政治事件作为讨论单位,偏重具体人事的互动关系。陈寅恪则以出身与集团作为线索,提出一个通贯各朝的解释,容易为其他学者研究时套用。③ 这样看来,吕思勉似乎处处都与以陈寅恪为代表的民初史家格格不入,但吕思勉为什么又能有全国性的名声呢?两人的不同是何种原因造成的?本节将以出身与教学两条线索,来尝试解决这些问题。

---

① 唐长孺也是吕思勉在上海时期很器重的学生,两人常有信件往来。唐长孺晚年曾说到《唐代军事制度之演变》一文,在基本论点上是受到吕思勉讲课的影响。见李永圻、张耕华编《吕思勉先生年谱长编》,第1066页。
② 严耕望:《史学二陈》,《治史答问》,第88页。
③ 如德国学者施耐德便指出陈寅恪史学不重视个人行为的限制,见关山、李貌华译,施耐德著《真理与历史:傅斯年、陈寅恪的史学思想与民族认同》,第190—193页。

陈寅恪不平凡的身世与经历，本身就富有浓重的传奇色彩，在民初史家中特别受到瞩目。他出身官宦之家，祖父陈宝箴（1831—1900）是湖南巡抚，父亲陈三立（1853—1937）是清末知名诗人。陈家早年家境优渥，使陈寅恪得以到欧美、日本等地学习、进修，精通多种语文，一直到三十五岁才回国担任清华国学研究院的导师。之后，陈寅恪主要的教研活动都在北平一带，学生大多为清大、北大的高材生、研究生。[①]

在这背景下，陈寅恪的读者也是以学者或预备成为学者的学生为主要对象，发表在如《中央研究院历史语言研究所集刊》《清华学报》等学术刊物，题目大多窄而专。陈寅恪早年在清华国学研究院时代写的文章，运用了其丰富的语文能力，特别是对佛教经典做了深入的研究。[②] 然从其内容与发表刊物看来，读者应当设定为学院中人，尤其是最"顶尖"的一群。陈寅恪"专家型"[③]研究的取向不用在教学上别出心裁，只需专注于学术上，[④]对于学生的要求与训练不同于其他教授，如早期开设的蒙古史料、唐代西北石刻史料一类的课程，是非常专业、小众的学问。黄清连近来的研究即已指出："对于陈寅恪来说，其由'教学'而引发'研究'，由'研究'而充实'教学'的意义，可能远大于他人。"[⑤]这是因为陈的教学内容常以其研究为主，避免重复见于记载的旁人研究成果和见解，教材也多用其个人最新的研究成果。简言之：陈寅恪的研究是以专家为对象，他不仅学术成果发表在各大学报上，教学也是集中在少数菁英，以培养专业学者作为主要目标。这种倾向是

[①] 譬如最著名的学生周一良，从小家学渊源，受私塾教育长大，并有机会接触多种语文，可说是沉浸在"纯学术""为学术而学术"的氛围。周一良：《天地一书生》，北京大学出版社，2010年，第12—19页。
[②] 余英时：《试述陈寅恪的史学三变》，《陈寅恪晚年诗文释证》（增订新版），台北东大图书公司，1998年，第351页。
[③] 王汎森的研究指出，民初学人有重视"专家"倾向，特征有：重视档案与新出土的史料等"新史料"、主张降低个人色彩，进行最客观的研究、提倡问题取向、"窄而深"的专题研究。陈寅恪正是在注重"专家"风潮中的代表人物。见王汎森《价值与事实的分离？——民国的新史学及其批评者》，《中国近代思想与学术的系谱》，第377—462页。
[④] 关于陈寅恪"为学术而学术"的倾向，王汎森指出这是因为陈寅恪认为中国积弱不振的原因在于学术不如西方，因此从事学术活动。见王汎森《"主义崇拜"与近代中国学术社会的命运——以陈寅恪为中心的考察》，《中国近代思想与学术的系谱》，第463—464页。
[⑤] 黄清连：《不古不今之学与陈寅恪的中古史研究》，《结网三编》，台北稻乡出版社，2007年，第196页。

过去研究陈寅恪时比较少被注意到的。①

吕思勉则不然。吕早年家道中落,自小就到处兼差当中学老师、书局编辑,最后落脚于上海私立的光华大学。在当时高等教育中,光华被目为非主流,学生程度自然比不上北京、清华。且光华财务并不稳定,亟需学费的收入。"一·二八事件"之后,②光华财务更加困难,吕思勉虽为历史系主任,却经常一年只能领到九个月的薪水。③ 为了维持生计,吕思勉在课余编写了不少中学参考书、大学讲义,赚取生活所需。而日常读史所得多发表在《中美堡垒》《光华周刊》《努力周报》《江苏教育》等报章刊物上,大多非学术专刊。④ 吕思勉的研究成果,除了四部断代史、中国通史外,往往散见于各类参考书、报章政论,读者多为一般学生与读书人,与陈寅恪的读者背景多为"学术中人"也大不相同。读者群的不同虽然使吕思勉因编写参考书、讲义而享誉全国,但在学界的声光却不如一般北京学人。吕思勉的教学理念也与北京学界不同,他在《自述》里提到:

> 予于教学,夙反对今人所谓纯学术及为学术而学术等论调,何者?人能做实事者多,擅长理论者少,同一理论,从事实体验出者多,且较确实,从书本上得来者少,且易错误。历来理论之发明,皆先从事实上体验到,然后藉书本以补经验之不足,增益佐证而完成之耳。故致力于书本,只是学术中一小部分,专以此为学术,于学术实未有知也。⑤

吕思勉会这么说,恐怕与其教学环境有关。前面提到光华本身非

---

① 汪荣祖、余英时等人的著作中,虽都会推崇陈寅恪是"学者中的学者""教授中的教授",对于具体教学成效部分却未提及。陆键东虽论及陈门师生间的关系,但对于陈寅恪怎么指导学生的部分也较少着墨。参照汪荣祖《史家陈寅恪传》,台北联经出版社,1997年;余英时《陈寅恪晚年诗文释证》(二版),台北东大图书公司,2011年;陆键东《陈寅恪的最后二十年》,台北联经出版社,1997年。
② "一·二八事件"指1932年1月28日,日本海军对上海进行的军事行动,后因国军的奋勇抵抗及列强的介入而签订《淞沪停战协定》。然上海许多银行受此次事件影响,产生周转危机倒闭,影响了当地的金融事业。
③ 吕思勉:《自述》,《吕思勉论学丛稿》,第745—746页。
④ 《吕思勉论学丛稿》编者序中,提到只有少部分的文章发表于《齐鲁学报》《大中华》等学术刊物,但这些刊物的名声显然不及于《燕京学报》《清华学报》等学报。见李永圻、张耕华《前言》,收入于吕思勉《吕思勉论学丛稿》,第2—3页。
⑤ 吕思勉:《自述》,《吕思勉论学丛稿》,第745—746页。

主流大学,在学界风评远不如北京、清华,学生水准高下不一,不是每个人都想走上学术研究的道路。吕思勉的讲义以及著作用词大多力求浅显易懂、不故弄高深。并且大多教导学生较为实用的学问。譬如《史地通俗讲义四种》《文学与文选四种》等书,编写方式颇类似今日的参考书,并不特别炫耀自身的才学,曾私下跟其女吕翼仁(1914—1994)说:"生平不为学术而学术。"① 《白话本国史》《中国通史》更分别是"给中学生看的""大学通史的讲义",目的在于作为比较通俗的教材,而非学术专著。我们可以说:吕思勉的研究是写给学生看的,目的在于传授基础知识。

我们也许可以进一步指出:陈寅恪的名声建立在学界之中,藉由专业论文的发表受到学者们的欣赏;吕思勉的名声则是建立在学生之中,透过教学讲义与参考书的编写,建立全国性的知名度。② 陈寅恪的文章以专业学者为对象,不论是论文题裁或是研究取径,都对应当时学术市场所需,除了运用新史料外,体例上需采用专题研究的方式,强调以小见大,以个案研究延伸至宏观结论。最后在《唐代政治史述论稿》一书中发展一套通贯唐朝的大论断,因诠释的空间大、易于套用,因而延伸出不少论文,陈寅恪在学者间的地位自然日趋重要,难以动摇。

吕思勉著作的读者大多为中学生,与未来不见得有志于学术研究的大学生,其目的在于训练学生的基础知识,而不刻意培养学生成为学者,目的在于知识的普及。编写中学教科书、讲义自然不易得到学术圈内的认同,因此虽然吕思勉编写的讲义、教科书中也提出不少新问题、新见解,却难以获得主流学术界广泛的注意,间接影响了他在学界中的声望。吕思勉的四部断代史与其他著作不同,采用"新史抄"的体例,主要目的在于排比校对史料、兼顾史料与史论间的平衡,然而也由于这些性质,使得阅读难度较高、论点不易察觉,受到低估。吕思勉对唐代政治史的观点,也因此难以撼动陈寅恪学说的主流地位。

---

① 见李永圻、张耕华编《吕思勉先生年谱长编》,第1187页。
② 严耕望曾说吕思勉靠着吕著《白话本国史》在中学生中名声极高,事实上《白话本国史》一书正是吕思勉编给中学生用的历史课本。见严耕望《通贯的断代史家——吕思勉》,《治史答问》,第91页。

五、结　　论

王汎森曾提到民初学者的几个倾向：重视档案与新出土的史料等"新史料"、主张降低个人色彩，进行最客观的研究、提倡问题取向、"窄而深"的专题研究。① 随着"整理国故"运动的发展、史语所的成立，这种倾向逐渐成为民初学界的主流，陈寅恪正是其中的代表人物。

吕思勉是此一潮流的局外人。从本文中对吕思勉、陈寅恪的比较中，我们看到两人的几项主要差异：一、民初学人对于过去的正史都不信任，在这个背景下，陈寅恪的解决方式是寻求更多的"新史料""新证据"，吕思勉则是更重视史料内部的推勘。在民初重视"新材料"的风气之下，陈寅恪便成为新派史学的代表，吕思勉的业绩就被认为是旧式的史学。二、陈寅恪常提出一个通贯整个朝代的大架构，吕思勉则偏重具体人事与事件的偶然性。以唐代政治来说，陈寅恪认为唐代的政争与统治阶级形成不同的政治集团。吕思勉则从传统史料看到政治事件背后的人事纠葛，不特别提出概括性的论点。其实吕思勉未尝没有宏观论断，但观点往往散见在叙事之间，较不明显。因此，对后来的学者来说，陈寅恪的论点显而易见、又能概括解释，自然更具吸引力。三、不常在学术专刊发表文章。从目前学界的回忆看来，吕思勉在战前的名声大多来自他编写的教科书、参考书、讲义，形象与专写研究专书、论文的大学教授完全不同，这或许是他名声虽大，却不太受学界重视的主因。

不论是严耕望或是杨联陞，他们都对吕思勉的学问推崇备至。然而吕虽然著作等身，却少被学界注意、引用，实在是很可惜的事。民初的史学革命风潮，使得衡量史学成就的标准有了剧烈的改变。从过去的读史札记、随笔转为专题的论文写作，对于敦煌文献、汉简一类新史料的运用更蔚为一时风尚。陈寅恪是此一新浪潮中的佼佼者，《唐代政治史述论稿》一直到今天都还深深地影响唐史学界。反观吕思勉重视

---

① 王汎森：《价值与事实的分离？——民国的新史学及其批评者》，《中国近代思想与学术的系谱》，第377—462页。

传统史籍内部的排比对勘、不常在学报发表论文,几乎处处与当时的风气相异,自然在后来远不如陈寅恪受到重视,成为民初新史学浪潮下的一道伏流。

(《唐史论丛》2015 年第 1 期)

论吕思勉的宋史观

虞云国[*]

吕思勉是现代史学大家,他的史学成就以会通淹博、睿识独断见长,至今仍是后人仰之弥高的不朽丰碑。他曾计划撰述涵盖中国古代相关断代的六部断代史,其中《宋辽金元史》与《明清史》,"已做了史料的摘录,可惜未能完稿,是为史学界的一大遗憾"[①]。

尽管如此,吕思勉在其所著的几部通史中,都立有宋代的专门章节;他还写过《理学纲要》与《宋代文学》,集中表达对宋代文化这些领域的基本观点;在其他论著里,也不乏真知灼见的论述。对研究宋史,吕思勉曾指出:"《宋史》的议论,全是一偏的。须得自出眼光,用精密的手段考校。"[②]这也表明,他对宋史的见解,是以严密考证为基础的。本文试图通过对吕思勉著述的梳理,略其细节,举其大端,勾勒出他的宋史观,既作为自己日后研治宋史的参考,也权充纪念大师逝世五十周年的一瓣心香。

一、唐宋之际的历史转型

近年以来,唐宋变革论成为史学界的热门话题。虽然不能断定是否受到日本学者内藤湖南的影响,但对唐宋之际一系列重大变化,吕思勉表现了充分的关注,给出了自己的理解。

这种理解,首先是通过历史分期以及宋代在其中所处的位置予以把握的。在20世纪20年代问世的《白话中国史》里,吕思勉把中国历

---

[*] 作者简介:虞云国,上海师范大学人文与传播学院教授。
[①] 《白话本国史》(上),上海古籍出版社,2005年,前言。
[②] 《白话本国史》(上),第382页。

史分为上古(先秦)、中古(秦至唐中叶)、近古(唐中叶至南宋)、近世(元至清中叶)、最近世(西力东渐以后)五期。宋史划归近古史,近古上段从唐中叶以后藩镇割据起到五代止,北宋与南宋分别是近古的中段与下段。① 在 30 年代所编的《本国史》中,吕思勉把整个中国史改分为上古、中古、近世、现代四期;上古依然是先秦时期;中古则再划为四期,秦汉为第一期,魏晋南北朝为第二期,隋至唐中叶为第三期,中唐以后包括宋元明为第四期;清至五口通商是近世;其后则是现代。② 及至 50 年代,他对中国通史的分期颇有改动。1952 年,吕思勉依据社会发展趋势将其分为三期,"第一期,自上古至新莽。第二期,自后汉至安史之乱。第三期,自唐中叶至鸦片战争前"③。同年,他还提出过另一种分期,认为"中国历史,可划为三大时期。即:(一)自上古至新室之末。(二)自后汉至近代西力东侵以前。其中又分为(甲)自后汉至唐天宝之乱。(乙)自唐中叶以后至清室盛时。(三)鸦片战争以后"④。吕思勉晚年对中国通史的分期,或许受到 1949 年以后史学主潮的影响,但值得注意的是,在他的各种分期中,宋代始终与唐中叶以后划入同一历史分期。尽管在吕思勉的著述里没有"唐宋变革"与"社会转型"诸如此类的概念,但他对唐宋之际中国历史有一个重大变化的基本观点,从未改变与动摇过。

那么,吕思勉是怎样把握唐宋之际在社会历史上的诸多变异的呢?他概括这一变化有六点重要现象。其一,"为摆脱前此外来之影响,而回复汉化,政治上学术思想上皆然";其二,"民族斗争亦为此时期中重要之现象","此时期中原受祸最深,所谓民族主义,萌芽于五胡乱华时,至此时期而发达";其三,"此时期中,特可注意之事,为资本主义之萌芽。今谈中国社会变迁者,所言似多未得要领,此事须从大处着眼";其四,"统一和平,最为资本发达之助,然在此情势之下,剥削亦与之骈

---

① 《白话本国史》(上),第 11 页。近古、近世等概念显然受日本东洋史界的影响。
② 参见吕思勉著《中国简史》(上),中国工人出版社,2007 年,第 13 页。此书原名《高级中学用复兴教科书本国史》,是为当时高中所编的教材,2006 年上海古籍出版社再版改称《中国史》,次年中国工人出版社再版易名《中国简史》,本文引述即据此本。
③ 《拟编中国通史说略》,《吕思勉遗文集》(上),华东师范大学出版社,1997 年,第 525 页;参见《拟中国通史教学大纲》,见同书第 537 页。
④ 《中国通史的分期》,《吕思勉遗文集》(上),第 558 页。

进";其五,"此时期之政治制度,须注重中央集权一点,如官制等皆然";其六,"学术思想,宋学兴起,为此时期中一大事"①。这段论述,似可视为吕思勉对唐宋变迁的最终表述。

具体而论,对于政治制度,吕思勉指出:"宋朝的官制,又和唐朝大不相同。这个变迁,都起于唐中叶以后。都是因事实变迁,而制度随着改变的。"②关于经济,他揭示说:"唐中叶以后的税法,和唐中叶以前,也起了一个大变迁。便是:唐中叶以前的税法,都是以丁税和田税为正宗;虽或注重杂税,不过是暂时之事";"到唐中叶以后,其趋势却大异乎是;至北宋而新形势遂成"。③说到文化,吕思勉强调:"在唐宋之间,中国的文化,也确是有一个转变的。这个转变是怎样的呢?中国的文化,截至近世受西洋文化的影响以前,可以分做三个时期:第一期为先秦、两汉时代的诸子之学。第二期为魏晋南北朝、隋唐时代的玄学和佛学。第三期为宋、元、明时代的理学。这三期,恰是一个正、反、合。"④也就是说,唐宋之际正处于由反向合的宋学形成期。他在另一处说得更为明白:"宋学兴起,要厉修为,讲气节,而其根本则在于哲学上的反释、老。这都可谓之对症发药。宋学虽大成于庆历之世,实则导源于隋、唐之间,继盛于元和之世(可以王通、韩愈为代表),到庆历间,已是其成熟之时了。所以我说唐朝自肃、代以后,当另列为一个时期。"⑤吕思勉认为,唐宋之间的重大变化,甚至在党争上也显现出时代的差异:"以唐世之党争与宋世之党争较,则唐世徒为私利,而宋世实有政见之不同,二者未可同日语也。学潮亦然。"⑥在这些论述里,颇有启迪后学的不刊之论。

---

① 《拟编中国通史说略》,《吕思勉遗文集》(上),第534—536页。其中第三点涉及资本主义萌芽,这一问题兴起全国性讨论是在1955年,吕氏此说提出则在1952年,而就吕氏人格而言,决不可能曲学阿世,故其说颇值得史学界重视。吕氏在作于同一时期的《拟中国通史教学大纲》里论"唐中叶后文化之转变"时提及"商工业之兴盛",认为可"于作场之增,市区之扩充,商人能自造飞钱及交子,及宋朝入边、入中、三说、四说之法见之。盖自隋统一至天宝,自宋统一至靖康,约各看百五十年,故资本主义萌芽"(见同书第554—555页)。诚如吕氏所云,"此事须从大处着眼",恐怕不能断然判为"伪问题"而置若罔闻。
② 《白话本国史》(下),第459页。相似论述参见《中国制度史》,上海教育出版社,1985年,第653、676页。
③ 《白话本国史》(下),第476页。
④ 《吕著中国通史》,华东师范大学出版社,1992年,第426页。
⑤ 《中国通史的分期》,《吕思勉遗文集》(上),第583页。
⑥ 《吕思勉读史札记》戊帙通代《学校风潮》(下),上海古籍出版社,1982年,第1269页。

二、宋朝面对的民族大格局

吕思勉把民族斗争作为宋朝面临的重要问题,是很有眼光且抓住要害的。他指出:"辽、金、元等部落,在塞外先立了一个大国,而后以整个的势力侵入中原,使中原王朝始而被割掉一部分领土,继而丧失全国之半,终乃整个的被人征服了。"①他对史学界向来忽视的西夏,也称其"吸收中国和吐蕃的文明,立国有二百多年,规模很有可观"②。他还以契丹为例,着重指出宋朝面临的民族大格局异乎前代的地方:"所异者,契丹在塞外,有一强固之根据地,与晋时之鲜卑,形势不同耳,两者须作深切之比较。"③"塞外大国"、"强固根据地"云云,也就是说,相较鲜卑、突厥,对宋朝而言,契丹及其以后的女真、党项、蒙古所建立的辽、金、西夏、蒙元都已不是周边附属性的民族政权,而是在政治、军事、经济诸方面都能与之长期抗衡的对等的少数民族王朝。④

这种民族大格局,对这一时期的历史走向,当然产生了不可低估的作用。对此,吕思勉在其论著里颇有论及。其一,中国的民族主义兴起于宋代。辽夏金元先后立国北方,铁骑进逼,宋朝先是退保燕云之南,继而丧失淮河以北,最终南宋彻底灭亡。吕思勉指出,在这一过程中,"因异族的压迫,而引起了全民族的觉醒,替民族主义,建立了一个深厚的根基,这也是祸福倚伏的道理。北宋时代可以说是中国民族主义的萌蘖时期。南宋一代,则是其逐渐成长的时期"⑤。他还认为,士大夫在其间高倡恢复,直接推动了民族主义的崛起。"宋儒的恢复论,就民族主义言之,实放了万丈的光焰。此等议论,一时看似无甚效力,然潜伏人心,其力之大,实乃不可思议"。当然,民族主义,不仅在宋朝汉族那里有觉醒的表现,而且也凸现在与宋朝对峙的民族政权之间。吕思勉指出:"女真压迫汉族之深,远非契丹所能比拟;其民族意识的发达,

---

① 《中国政治思想史十讲》,《吕思勉遗文集》(下),第60页。
② 《白话本国史》(上),第377页。
③ 《拟中国通史教学大纲》,《吕思勉遗文集》(上)。
④ 参见拙文《试论十至十三世纪中国境内诸政权的互动》,《中华文史论丛》79辑,上海古籍出版社,2005年。
⑤ 《吕著中国通史》,第441页。

亦迥非辽人所能及,试观金世宗的所为可知。"因而,他得出结论:"中国民族主义的发达亦只是八百年来的事情(从南宋时代算起)。而到近百年以来,尤其有可惊的进步。"①

其二,对宋初统一方略的影响。吕思勉论宋初统一方略得失时,指出"宋太祖的政策和周世宗不同"②:宋太祖"大约知道契丹是大敌,燕、云一时不易取,即使取到了,也非有很重的兵力不能守的,而这时候割据诸国,非弱即乱,取之颇易,所以要先平定了国内,然后厚集其力以对外"③。他认为,对宋初决策者而言,"先南后北"的统一步骤,"原也不失为一种政策",但他同时指出:"辽当穆宗在位,实在是有隙可乘的时候。景宗初年,南边也未能布置得完密。此时努力进取,颇较后来为容易。失此机会,颇为可惜。"④这一推论,当然是出于历史学家对宋辽双方的全面把握,但宋太祖"先南后北"战略的制定,固然有其稳健性格的因素,同时也基于辽朝此前对中原"为患较深"的认识。相比之下,他显然更倾向于后周世宗"先北后南"的统一方略。

其三,对宋朝恢复大业的制约。基于对宋朝以及与之对峙的民族政权的全面认识,吕思勉在分析靖康之变后形势时指出:"以中国的广大,金朝人能有多大的兵力去占据?为宋朝计,是时理宜退守一个可守的据点,练兵筹饷,抚恤人民。被敌兵蹂躏之区,则奖励、指导其人民,使之团结自守,而用相当的正式军队,为之声援。如此相持,历时稍久,金人气焰必渐折,恢复之谋,就可以从此开展了。"⑤对于北宋约金攻辽与南宋联蒙灭金,读史者多以为失策,吕思勉却认为"未必尽然":"要知约金攻辽,亦并不算失策,其失策乃在灭辽之后,不能发愤自强,而又轻

---

① 《中国民族精神发展之我见》,《吕思勉遗文集》(上),第184、181页。
② 《中国简史》,第206页。
③ 《吕著中国通史》,第423页。
④ 《白话本国史》(上),第373页。
⑤ 《吕著中国通史》,第436页。在论及南宋初年恢复时,有必要略说《白话中国史》中《和议的成就和军阀的剪除》一节所涉及的"诋毁岳飞"的公案,这里只想引用吕思勉在1952年《三反及思想改造学习总结》说明三点:其一,"欲言民族主义,欲反抗侵略,不当重在崇拜战将",因而不存在是否危害国家的问题;其二,"即欲表扬战将,亦当详考史事,求其真相,不当禁遏考证",因而这纯粹是事关考证正确全面与否的学术问题;其三,"此书在当时,有一部分参考之价值,今则于说亦多改变矣",他在1944年出版的《吕著中国通史》(下)中就没有肯定秦桧否定岳飞的论述。不能确定在这个问题上,吕思勉是否"亦多改变",而且这一问题并不涉及宋史全局观,故不拟深论。

率启衅。约元灭金之后,弊亦仍在于此。"①他指出:"金朝既亡以后,宋朝断无可以自立之理。因为这时候的蒙古,断没有不想向南方侵略,断没有不全并中国,就肯住手的。"②因而发愤自强,有备无患,才是宋朝可以继续存在的唯一选择,而北宋末年与南宋后期,在这一方面的所作所为实在令人失望,其最终灭亡也在意料之中。

其四,对宋朝转向内在的作用。吕思勉首先指出这种民族大格局对于宋人心理的深刻影响:"自辽人强盛以来,而金,而元,相继兴起,宋人迭受外力的压迫,其心理亦易流于偏狭。"③他还认为,"唐中叶后,实为中国文化转变之机,至北宋而成熟"。当时"中国的积弊,以封建势力为最大最后的堡垒",而北宋有志于改造社会的革新者"一齐以此为进攻之目标"。他指出:这种改革,"假使如其志而行之,虽不足语于社会主义,必能为资本主义开辟道路,事固有所求在此,而其效在彼者不足异也。然当此时,辽金相继跋扈,言治国者,精力分于御侮,就无暇更及社会问题了"④。也就是说,严峻的民族对峙与冲突,这一外部大环境迫使宋朝取消了推进重大自改革的现实可能性,只能如鲁迅所感叹的,唱着老调子走向灭亡。对于这一令人扼腕的结局,吕思勉是这样评论的:"宋朝的灭亡,可以说是我国民族的文化,一时未能急剧转变,以适应于竞争之故。原来游牧民族以掠夺为生产,而其生活又极适宜于战斗,所以其势甚强,文明民族,往往为其所乘,罗马的见轭于蛮族,和中国的见轭于五胡和辽、金、元、清,正是一个道理。"⑤

三、宋朝立国制度

吕思勉提示:对宋代政治制度,"须注意中央集权一点,如官制等皆然"⑥。也就是说,宋代政治制度的着眼点,就在于消除一切破坏统一、威胁集权的因子。惟其如此,宋代政治制度就呈现一种表象:"宋朝

---

① 《吕著中国通史》,第 440 页。
② 《白话本国史》(下),第 432 页。
③ 《中国简史》(上),第 236 页。
④ 《拟编中国通史教学大纲》,《吕思勉遗集》(上),第 547 页。
⑤ 《吕著中国通史》,第 441 页。
⑥ 《拟编中国通史说略》,《吕思勉遗集》(上),第 534—536 页。

的制度,是一切因唐之旧;至于事实不适,则随时改变;但是新的虽然添出来,旧的在名义上仍没有废掉。始终没统观全局,定出一种条理系统的法子来。官制是如此,法制也是如此。"①这种情况,"从表面上看来,可谓错乱已极。但差遣的存废、离合,都较官缺为自由,可以密合事情。所以康有为所著《官制议》,有《宋官制最善》一篇,极称道其制"②。然而,问题总是一分为二的。吕思勉也着重指出了它的负面作用:"宋朝的政治,还有一种毛病,便是防弊太甚。不但削弱外官的权柄,便对于中央的官,也是如此。"他指出其后果的两面性:"这种政策推行以后,中央集权的形势就很稳固;唐中叶以后的弊病,就都除掉了。然而日久便腐败起来。"③吕思勉对宋代政治制度的分析把握,堪称洞烛幽深,细致入微,他揭示说:"宋朝南渡以后的中央集权,四川是除外的。"④

承晚唐五代藩镇割据之乱,对宋代集中兵权的做法,吕思勉给以充分的肯定:"中原既已统一之后,又因反侧之心未全消弭,非图集中兵权或更消灭或削弱某一部分的兵力不可,北宋便是这个时代。"⑤正是有鉴于此,他对"昔人议论宋朝兵制的,大都加以诋毁。甚至以为唐朝的所以强,宋朝的所以弱,即由于藩镇的存废",直斥"这真是瞽目之论"。对于宋代"全国之兵悉隶三衙"而"兵权皆在枢密",吕思勉深表嘉许:"此为宋代特创之制,所以集兵权于中央也。"⑥而对宋代募兵制,相较前代的府兵制,他也肯定其历史的进步性:"募兵之制,虽有其劣点,然在经济上及政治上,亦自有其相当的价值。"从政治上说,此辈性行不良之徒,"只有营伍之中,规律最为森严,或可约束之,使之改变";"以经济原理论,本来宜于分业,平民出饷以养兵,而于战阵之事,全不过问,从经济立场论,是有益无损的"。总之,吕思勉认为:宋朝兵制,"立法之时,亦自有深意。不过所行不能副其所期,遂至利未形而害已见罢了"⑦。他在另一处补充道:"其弊也,拥兵虽多,而不可一战。财力既

---

① 《白话本国史》(下),第473页。
② 《吕著中国通史》,第98页。
③ 《白话本国史》(上),第379—380页。
④ 《白话本国史》(下),第461页。
⑤ 《中国政治思想史十讲》,《吕思勉遗文集》(下),第60页。
⑥ 《中国制度史》,第677页。
⑦ 《吕著中国通史》,第148—149页。

尽,国亦随之。"①至于王安石变法,"裁募兵,行民兵,是宋朝兵制的一变",但在吕思勉看来,"其裁兵的勇气,是值得称道的。惟其所行民兵之制。则无甚成绩,而且有弊端"②。

吕思勉认为:"学校选举制度,当宋朝时候,也起了一次大变迁。"③他称许"科举制度有摧破贵族阶级之功";并指出:"对于科举的重视,宋甚于唐,所以改革之声,亦至宋而后起。"在他看来,包括殿试制在内的种种科举改革,使"此后白屋之士,可以平步青云;有权的人,不能把持地位;都是受此制度之赐。所以说,其制度是大可纪念的。考试的规则逐渐加严,亦是助成选举制度的公平的"④。吕思勉尤其推崇王安石对科举与学校制度的改革,"王安石的意思,是人才要由国家养成的。科举只是取人才,不是养人才,不能以此为已足。照安石的意思,改革科举,只是暂时的事,论根本,是要归结到学校养士的"⑤。他对宋代书院的兴起,评价颇高,认为书院之设,原"是无所为而为之的,所以能够真正研究学问。而且真能跟着风气走。在理学盛行时代,则为讲学的中心;在考据之学盛行的时代,亦有许多从事于此的书院;即是确证。新旧两势力,最好是能互相调和。以官办的学校,代表较旧的、传统的学术;以私立的学校,代表较新的、方兴的学术;实在是最好的办法"⑥。

四、王安石变法

自梁启超著《王荆公传》,学界对王安石的成见顿为改观。吕思勉对王安石及其变法的关注,与此直接有关。他不仅推荐梁氏此书,还不吝赞辞云:"王荆公是我国有数的政治家,怕也是世界有数的政治家";"'高山仰止,景行行止',这种伟大人物的精神和人格,是不可以不天天'心向往之'的"。他联系王安石变法的历史背景后说:"这样的一个国

---

① 《历史上之民兵与募兵》,《吕思勉遗文集》(上),第 42 页。
② 《吕著中国通史》,第 150—151 页。
③ 《白话中国史》(下),第 465 页。
④ 《白话中国史》(下),第 464 页;《吕著中国通史》,第 112 页。
⑤ 《吕著中国通史》,第 245 页。
⑥ 《吕著中国通史》,第 247 页。

家,要想治理真觉得无可下手。惟其如此,我们读史的人,真不能不佩服神宗和王荆公的热心和勇气了。"①这种赞美的级别,在他对历史人物的评价中,是十分罕见的。

吕思勉认为:"宋朝当日,即处于不能不改革之势"②;而王安石变法的重点在于理财,这一做法也有其合理性。他有一个基本观点,即"宋代社会,贫富极不均等";而"北宋时,民生已极困苦"③。因而他在不同论著中,一而再、再而三地引用王安石在《度支副使厅壁题名记》里的议论,指出:"此为安石变法,首重理财之故。盖国不能贫富予夺人,则贫富予夺之权,操于豪强,国家欲有所为,其事恒不得遂。然国家所行,多为公义。豪强所行,多为私利。国家所欲不能遂,而豪强则所为必成,则公义不伸,正道灭绝,社会将永无太平之日矣。安石之言,自有至理,后人或訾其挟忿戾之心,以与豪暴争,误也。"④

在王安石的变法内容中,吕思勉议论最多的,还是青苗法与免役法。他论青苗法说:"青苗原非完全合理之法,然在当时,确亦为救济贫民之一法";"读史的人,大都以为诟病,然而所谓害民的话,都出在反对党的口里。此外,在反对荆公的《宋史》里,竟也找不出什么证据来。可见当时奉行就是不善,也没有多大的弊病"⑤。在他看来,"宋青苗法之滋弊,实以其推行太急,未能顺其自然之势,又无祛弊之法;而攻新法者,又欲一举而尽去之,而不肯平心商榷,以祛其弊而收其利耳";"总而言之,是由于办理的机关的不适宜"⑥。他论免役法说:"荆公所行的法,以免役为最完全合理。所以后来辗转变迁,而其法卒不能废,差役之法,卒不能复。"⑦又说:"但就雇役和差役两法而论,则雇役之法,胜于差役多了。而当时的旧党,固执成见。"⑧

---

① 《白话本国史》(上),第383—384页。
② 《中国简史》(上),第212页。
③ 《本国史答问》,《吕思勉遗文集》(下),第426页。参见《中国政治思想史十讲》,同上书(下),第63页。
④ 《吕著中国近代史》,华东师范大学出版社,1997年,第275—276页。参见《中国政治思想史十讲》,《吕思勉遗文集》(下),第74页;《吕著中国通史》,第89页;《中国制度史》,第109页。
⑤ 《白话本国史》(上),第385页。
⑥ 《吕思勉读史札记》丁帙隋唐以下《青苗法》,下册,第1039页。《吕著中国通史》,第87页。
⑦ 《白话本国史》(上),第385页。
⑧ 《吕著中国通史》,第130页。

对熙丰时期的新旧党之争,吕思勉认为症结在于,"手段和目的,牵混为一。目的本来是好的,因其手段的不好,亦必一并加以辩护;遂至是非淆乱,越说越不清楚了。这种争辩,最显而易见的,便是宋朝的新旧党争。"①他对党争双方进行了鞭辟入里的分析:"宋朝的新旧党,却是堂堂正正,各有其政见的,固然新旧党中,各有坏人;新旧党互相排挤报复,也各有不正当的手段;然而不害其为有政见。他们对于多种政治问题,都有不同的见解;而其见解,都是新党代表我所谓进取派,旧党代表我所谓保守派的。旧时的议论,都左袒旧党;现在的议论,则又左袒新党;其实二者是各有长短的,新党的所长,在于看透社会之有病而当改革,而且有改革的方案;而其所短,则在于徒见改革之利,而不措意于因改革所生之弊。旧党攻击因改革所生之弊,是矣,然而只是对人攻击,而自己绝无正面的主张。然则当时的政治是好了,不需要改革了么?明知其不好,亦只得听其自然了么?我们倘使提出这个问题来,旧党亦将无以为对。所以我说他们是各有长短的。"②

至于变法失败的原因,吕思勉以为大体有两端。一是吏治不清,用人不当。他指出,变法旨在限制"土豪和有商业资本的人","然所恃以打倒他们的却是吏,吏也是和人民处于对立的地位的,其利害,也是彼此不相容。固然,政治上不能不用吏,然而吏是离不开监督的,一离开监督,就出毛病。所以政治家最要的任务,是自量其监督之力所能及。在此范围之内,则积极进行,出此范围以外,则束手不办。王安石之徒所以失败,就由于不知此义"。二是摊子太大,阻力丛生。他认为,"王安石的失败,是由于规模太大,倘使他专以富国强兵为目的,而将一切关涉社会的政策,阁置不办;或虽办而缩至相当的限度,则(一)所办之事,实效易见;(二)流弊难生;(三)不致引起他人的反对,而阻力可以减少;必可有相当的成功"③。

---

① 《从章太炎说到康长素梁任公》,《吕思勉遗文集》(上),第386页。
② 《中国政治思想史十讲》,《吕思勉遗文集》(下),第69页。
③ 《中国政治思想史十讲》,《吕思勉遗文集》(下),第74页。参见《中国简史》(上),第211页。

五、以宋学为核心的宋代文化

在讨论宋代学术文化时,吕思勉十分重视生产技术等决定性因素。他尤其强调:"北宋以后,印刷术的发达,是和中国学术的进步大有关系的";具体而言,这种关系在于:"(A)学者得书易,(B)书之传者,亦远较前此为多。"①他对宋代文化在总体上还是相当推崇的,认为"宋朝是一个有创辟的时代。其学术思想和文艺,都有和前人不同之处"②。

在宋代文化里,吕思勉最为关注的还是宋学与理学。他对宋学与理学的概念似乎没有严格的区分,而是混用的。值得注意的是,他把浙学也视为理学的组成部分,不仅在《理学纲要》里将"浙学"列为专篇,而且在《宋代文学》里指出:"在理学中,浙学与文学,实关系最深者也。"③吕思勉把中国学术思想分为三大时期:"(一)自上古至汉魏之际。(二)自佛学输入至亡清。其中又分为(甲)佛学时期,(乙)理学时期。(三)自西学输入以后。"而在他看来,"宋学兴起,在中国思想界,是最有特色的"。这一特色应该就是前引他所说的"恰是一个正、反、合"的最后完成。④而宋学的出现,也标志着西学东来以前,中国思想最终完形,而"宋、元、明三朝的思想,都是发源于宋朝的,其规模,也都是成立于宋朝的;元、明只是袭其余绪罢了"⑤。

宋学既然是以合题方式出现的新文化,故而吕思勉认为,在中国学术思想史上,"宋学总不失为一种独立而有特色的学术"⑥。他还强调:"此新文化,必已兼摄旧文化之长,此为辩证法的真理。"⑦对于理学兼摄旧文化之长,他概括地指出:"中国古代之哲学,乃理学家之所取材也。佛教之哲学,则或为其所反对,或为其所摄取也。明乎此,而理学可以进论矣。"⑧对宋学所摄取的中国哲学,儒家思想自不待言。对素

---

① 《白话本国史》(下),第494页;《本国史提纲》,《吕思勉遗文集》(上),第655页。
② 《中国简史》(上),第226页。
③ 《宋代文学》,《论学集林》,上海教育出版社,1987年,第416页。
④ 《吕著中国通史》,第266、89、426页。
⑤ 《中国政治思想史十讲》,《吕思勉遗文集》(下),第81页。
⑥ 《中国简史》(上),第228页。
⑦ 《吕著中国通史》,第285页。
⑧ 《理学纲要》,上海书店影印本,1988年,第24页。

来被视为催生宋学的疑经思潮,后人往往独多好语,他却一分为二地进行了辨析:"宋人之治经也,不墨守前人传注,而兼凭一己所主张之义理。其长处,在能廓清摧陷,一扫前人之障翳,而直凑单微。其短处,则妄以今人之意见,测度古人;据后世之情形,议论古事;遂至不合事实。"①其长处造成了宋学"剖破藩篱"的那一层面;其短处则影响到宋学泥古不化的那一层面。他也说到"宋学的起源,还得借重道家之学",即"借重于一张隐居华山的道士(陈抟)所传的《太极图》和《先天图》"②。而论及宋学兼摄佛学之长,他独出己见,以为"最显著的有两点:(一)为其律己之严。(二)为其理论之彻底。论治必严王霸之辨,论人必严君子小人之分,都系由此而出"③。对理学反佛的成功之处,他论之深中肯綮:"佛教哲学超过中国旧哲学之处,在其认识论之发达,从认识论上驳倒佛说,势不可能,宋儒乃抹杀认识论不说。故其口号曰:释氏本心,吾徒本天。天即理,本天即谓承认外界法则之真实。"对理学在宇宙论即本体论上反击佛学,他给以充分的肯定:"所以宋学的反佛,是以唯物论反对唯心论。"④

在理学家的谱系中,吕思勉十分推崇张载的地位与作用,与传统观点颇有立异之处。他尤其不满"后人之尊张,遂不如周、程"的倾向,一再强调:"其实以规模阔大、制行坚卓论,有宋诸家皆不及张子也。"他对张载"为天地立心,为生民立命,为往圣继绝学,为万世开太平"的名言,激赏不已,反问:"此岂他人所能道哉?"他还引用张载语录"当生则生,当死则死。今日万钟,明日弃之;今日富贵,明日饥饿;亦不恤,惟义所在",钦仰不止说:"今日读之,犹想见其泰山岩岩,壁立万仞之气象焉。吾师乎!吾师乎!百世之下,闻者莫不兴起也。"由此可见,吕思勉对张载最为欣赏的是其社会理想与人格力量。不仅如此,对张载在创建理学体系中的贡献,他也给予高度的评价:"分性为气质之性,义理之性,又以天理人欲对举;皆理学中极重要公案,而其源皆自张子发之。张子

---

① 《经子解题·论读经之法》,《论学集林》,第 212 页。
② 《白话本国史》(下),第 492 页。
③ 《吕著中国通史》,第 266、89、426 页。参见《中国政治思想史十讲》,《吕思勉遗文集》(下),第 79 页。
④ 《本国史提纲》,《吕思勉遗文集》(上),第 652—653 页;《吕著中国通史》,第 281—282 页。

之于理学,实有开山之功者也。"①

对于洛学,吕思勉认为:"洛学明道、伊川,性质本有区别。学于其门者,亦因性之所近,所得各有不同。故龟山(杨时)之后为朱,而上蔡(谢良佐)、信伯(王萍),遂启象山之绪。"他还补充说:"二程性质,实有不同,其后朱子表章伊川,象山远承明道,遂为理学中之两大派焉。"②在20世纪的理学研究中,吕思勉也许最早揭示了二程的异同及其对朱陆之学的不同影响。③

对宋代理学的积极作用,吕思勉晚年有一个提纲挈领的论述:"学术思想,宋学兴起,为此时期中一大事。说明须分(甲)哲学,(乙)政治,(丙)学术方面。(乙)孕育后来之经世派。(丙)则衍为清代之考证学。而(甲)破除宗教上之迷信及徼福思想,而仍得慰安之益,及保持严肃之态度,亦为极高尚可称扬之点。"④循着这一思路,不难把握他对宋学的肯定主要有三点。其一,思想层面,即其所说:"从宋学兴起之后,学术思想界,起了一个大革命。'尽祧汉唐诸儒,而自以为直接孔门的心传',是宋学的一个特色,因此就发生'道统'之说,把周、程、张、朱,直接孟子。"⑤也就是说,理学是先秦儒学以后,中国主流哲学最有创造力的成果,"其说自成一系统;其精粹处,确有不可磨灭者";⑥"至于以理责天下之人,则非创宋学者之所为,而为宋学末流之失"⑦。其二,政治层面,吕思勉似乎对此更为关注。他不同意不加分析地责难理学空疏,认为"理学特色在躬行实践,非如寻常所谓哲学者,但餍好奇之心,驰玄远之想而已"⑧。他一再强调:"宋学本有改革社会之精神"⑨,并表彰他们的积极影响:"从有宋以来,理学家研究、制定、提倡、示范的举动,实在替社会播下一个改革的种子,所以说,不能算他们无功。"⑩他对宋学

---

① 《理学纲要》,第65—66、77—78、73页。
② 《理学纲要》,第31、94页。
③ 《理学纲要》1928年由商务印书馆初版。何炳松的《浙东学派溯源》也涉及二程异同,出版于1932年。
④ 《拟编中国通史说略》,《吕思勉遗集》(上),第536页。
⑤ 《白话本国史》(下),第493页。
⑥ 《理学纲要》,第199页。
⑦ 《订戴》,《吕思勉遗集》(上),第151页。
⑧ 《理学纲要》序,第2页。
⑨ 《本国史提纲》,《吕思勉遗集》(上),第660页。参见《吕著中国通史》,第89页。
⑩ 《中国政治思想史十讲》,《吕思勉遗集》(下),第69页。

家的人格精神是推崇备至的,并断言道:他们这种"自任以天下之重,及其无所为而为之的精神(绝无宗教家祈求福报之观念,其自治之严格及推勘之深微,则于宗教家绝无逊色)则永留于天壤"①。与此相关联,他还指出:"经宋儒提倡之后,士大夫的气节,确实是远胜于前代。"②其三,学术层面,吕思勉对理学创立之时的思想方法颇为推崇,认为"其勇于怀疑,善于得间,尤非汉唐及清儒所及。清代考证之学,亦自宋儒开其源"③。

然而,对于理学消极面的批判,吕思勉也是毫不宽贷的,这一批判主要集中在两方面。其一,偏重义理,流于空疏。吕思勉指出:"宋学未尝教人以空疏,然率其偏重义理之习而行之,其弊必至于此也。"④他深入分析造成这种弊端的学理原因:"宋学家虽反对佛教的遗弃世事,然其修养的方法,受佛教的影响太深了。如其说而行之,终不免偏于内心的修养,甚至学问亦被抛荒,事为更不必说。"⑤在他看来,除去宋学开创者学术建构的自身因素,还有理学末流的蜕变因素:及至宋学末流,"人人谈心说性,空疏无具,既不能有所作为;并无复切实学问"⑥。他得出结论说:"宋学本有改革社会之精神,然仍偏于个人修养,故驯致空谈心性而于政治多疏。"⑦其二,拘泥古制,昧于政事。吕思勉指出:"凡事皆欲从源头上做起,皆欲做到极彻底,而所言遂不免于迂阔,此亦理学之一弊也。"⑧而在社会政治问题上,"宋学之弊,则在不知社会组织今古不同,而欲以古书所述封建时代之法,强行之后世也"⑨。即以宋学家崇尚气节而言,一方面,他肯定"这固然是晚唐、五代以来,嗜利全躯的一个反动,而亦和其学术有关";另一方面,他也抉发其弊端:

> 讲究砥砺气节,自然是一种好处。然而其弊,不免矫激沽名;

---

① 《本国史提纲》,《吕思勉遗文集》(上),第654页。
② 《吕著中国通史》,第428页。
③ 《理学纲要》,第211页。
④ 《经子解题》,《论学集林》,第212页。
⑤ 《吕著中国通史》,第285页。
⑥ 《文史通义评》,《史学四种》,上海人民出版社,1981年,第192页。
⑦ 《本国史提纲》,《吕思勉遗文集》(上),第660页。
⑧ 《理学纲要》,第202页。
⑨ 《拟编中国通史说略》,《吕思勉遗文集》(上),第536页。类似议论还可参见《订戴》,《本国史提纲》,《吕思勉遗文集》(上),第150、654页;《吕著中国通史》,第427页。

就不免要树党相争。再加宋儒的议论,彻底太甚。于是论人则失之"苛刻",论事则失之"负气"。往往有一种"只论是非,不论利害的偏见"。就是军国大事,也要拿来孤注之一掷。①

惟其如此,吕思勉毫不客气地断言:"宋儒治心的方法,是有很大的价值的,而其治世的方法,则根本不可用","宋儒根本是不适宜于做政治事业的"②。他还联系宋朝所面临的严峻局面,不留情面地批评宋学家:"这时候,外有强敌的压迫,最主要的事务,就是富国强兵,而宋儒却不能以全力贯注于此。"他的结论十分沉重:"宋学是不适宜于竞争的,而从第11世纪以来,中国的文化,却受其指导,那无怪其要迭招外侮了。"③

综上所述,吕思勉对宋史的基本观点,与20世纪其他著名史家的观点不尽相同。例如,他对宋学的评价,就与陈寅恪颇有出入。我们在此无意评判这些论点的是非曲直,只想强调,作为一代史学大师,吕思勉的宋史观理应引起后人的高度重视。我们还发现,在吕思勉的宋史评论中,经常能够感受到他那经世致用的现实关怀。谓予不信,请允许引吕思勉一段相关宋学的晚年议论来结束本文:

> 天下无所谓善恶,只有中庸和过不及,这是宋学最精之说。社会主义是好的,只能行新民主主义的时候,而行使社会主义,就坏了;旧民主主义,也是好的,已该行新民主主义的时候,而还要保守旧民主主义,就坏了,亦不外乎这个理。④

(《史林》2007年第6期)

---

① 《白话本国史》(下),第493页。在《中国简史》里,他也有类似的批评,甚至认为:"而此等风气既成之后,野心之家,又往往借此以立名,而实置国家之利害于不顾,则其流弊更大。"(上册,第236页)
② 《吕著中国通史》,第427页。
③ 《吕著中国通史》,第429页。
④ 《史籍选文评述》,《吕思勉遗文集》(上),第909页。此文作于1953年或1954年间。

吕思勉的中国近代史书写

赵庆云[*]

吕思勉被香港史家严耕望推崇为"前辈史学四大家"之一,[①]足见其在二十世纪中国史坛的重要地位。吕氏主要以研究古史名世,同时亦重视近代史,留下颇为丰富的近代史著述。1997年华东师范大学出版社出版的《吕著中国近代史》包括:《中国近代史讲义》、《中国近世史前编》,为其早年在上海光华大学讲授中国近代史的两份讲义;《中国近百年史概说》,为1943年在辅华中学讲课时的讲稿;《中国近百年史补编》(原名《初中本国史补充读本》),1946年5月由上海中学生书局出版;《中国近世文化史补编》;《日俄战争》,曾作为"新时代史地丛书"之一,1928年由商务印书馆出版,后收入商务印书馆"万有文库"(第一集)。上海古籍出版社2008年出版的《中国近代史八种》,在《吕著中国近代史》基础上增添了《国耻小史》、《近代史表解》。《国耻小史》为其早年所编史地通俗读物之一种,1917年列入"通俗教育丛书",由中华书局出版;《近代史表解》作于1950年代初。吕思勉的中国近代史著述,既有应课堂教学之需而编撰的讲义,亦有为因应时代需要而撰写的通俗史学读物,与深入的专题研究有别,或未能达到罗家伦所谓"科学的中国近代史"之要求,[②]然绝非率尔操觚之作。因吕氏学养深厚,视野宏阔,具有通贯古今的史识,这些著述非当时"抄撮选辑,仓卒成书"的一些近代史书籍可比;其近代史书写亦难以归入所谓"革命范式"、"现代化范式"的惯常划分而独具特色,值得深入探讨。

---

[*] 作者简介:赵庆云,中国社会科学院近代史研究所副研究员。
[①] 另三位为陈寅恪、陈垣、钱穆。见严耕望《治史三书》,辽宁教育出版社,1998年,第219页。
[②] 罗家伦:《研究中国近代史的意义和方法》,《武汉大学社会科学季刊》1931年第2卷第1期。

一

民国时期的中国近代史作为一门新兴学科,先天不足,难以受到主流学界的重视。有识史家对学界详古略今之学风不无批评。梁启超表示,藐视近代史"此则乾嘉学派之罪也";"我想将来一部'清史'——尤其是关于晚清部分,真不知作何交代"①? 顾颉刚也说:"以近代史的复杂与切用,实当有许多人从事工作。"②然而呼吁与落实之间尚有相当的距离,近代史仍是较为荒凉的领域,似吕思勉这样投入近代史编撰的史家实不多见。

《中国近代史讲义》"绪论"指出:"事已过去而犹欲强而行之,则泥古之祸作矣。世之侈谈皇古以及理想太高者,其不可用即由于此。然则历史知识信莫贵于现世矣。"③此处主要着眼于史学"致用"的功能而重视近代史。吕思勉并非遗弃世务的学者,他曾说:"对于现状不满,乃是治学问尤其是社会科学家真正的动机。"④"欲知现在,必溯原于既往。明乎既往,即知现在之所以然。现在之所以然明,即事物之真相得。事物之真相得,则应付之术,不待求而自出。"⑤在他而言,讲授、撰写中国近代史重在追索当下问题的历史远因,自有书斋学者的那份现实关怀与时代担当蕴含其中。

"中国近代史"之兴起,源于现代意义的历史分期。⑥ 随着西式学术分科通过学科建制而确立,"中国近代史"作为史学分支学科渐具雏形,"近代"始自何时? 成了书写近代史首先面对的一个问题。如张玉法所言:"历史最大的特性是'变'(Change),历史分期的目的是在找出

---

① 梁启超:《中国近三百年学术史》,湖南人民出版社,2010年,第82、289页。
② 《顾颉刚致罗家伦函》(1930年7月31日),收在中国国民党中央委员会党史委员编《罗家伦先生文存附编》,台北1999年印行,第396页。
③ 吕思勉:《中国近代史讲义·绪论》,载《中国近代史八种》,上海古籍出版社,2008年,第3页。
④ 吕思勉:《从我学习历史的经过说到现在的学习方法》,《吕思勉遗文集》,华东师范大学出版社,1997年,第412页。
⑤ 吕思勉:《本国史答问》,载《吕思勉遗文集》(下),华东师范大学出版社,1997年,第315页。
⑥ 中国传统史学中,以王朝更迭为分期标准似成天经地义。到20世纪初年,以时代分期渐成时趋。如许之衡指出:"断代者,徒为君主易姓之符号,是朝史而非国史也,谓之二十四朝之家谱,又岂过欤。故今后作史,必不当断代,而不嫌断世(如上古、中古、近古之类),藉以考民族变迁之迹焉。"(许之衡:《读国粹学报感言》,《国粹学报》第6期,1905年5月)

'变点'(Turning Point)。"①时代分期更能反映历史的演变大势,但其分期界标却因着眼点不同而难以形成共识,不如王朝断代那么确定不移。吕思勉以明代中叶"欧人东来"作为"近代史"之起点:"自欧人东来,而局面乃一变,其文化既与我大异,政治兵力亦迥非前此异族之比,我国受其影响,遂至凡事皆起变化,……此则所谓近世史者也。"进而将近世史又分为二期:"一自欧人东来,至清末各国竞划势力范围止,此为中国受外力压迫之时代;一自戊戌变政起,迄于现在,此则中国受外力压迫而起反应之时代也。"②

以"欧人东来"为近代起点,民国学人郑鹤声、陈登原、柳诒徵等人亦持此见。③ 不过吕氏将近代以戊戌变法为界加以划分,④则颇显独特。吕氏受进化史观影响,认为"人类的进化,纯粹是文化进化";"民族国家的盛衰兴亡,全是判之于其文化的优劣"。他从文化变迁角度着眼,将中国文化分为三大时期:1. 独立发展时期;2. 受印度影响时期;3. 受欧洲影响时期。几百年来,欧洲人"因为生产的方法改变了,使经济的情形大为改变。其结果,连社会的组织,亦受其影响,而引起大改革的动机"。因"一个民族、一个国家环境的剧变,恒在与一个向不交通的区域交通之时",这种影响亦必将"及于中国"。他认为鸦片战争表面上因禁烟、通商而引起,实际上"则是中西的文化差异得甚了,自塞而趋于通,不可免的冲突的初步"。"所以在所谓近世期中,我们实有改变其文化的必要。"⑤并指出:近代以来中国"革新之原动力有二:(一)士大夫,(二)平民也。前者恒侧重于政治之改革,后者则较易注重于社会方面,亦易倾向民族主义。前者,康有为等之主张变法维新代表之。后者,孙文之革命代表之"⑥。

---

① 张玉法:《现代中国史的分期问题》,《中国现代史论集 第一辑·总论》,台北联经出版事业公司,1980年,第3页。
② 吕思勉:《中国近代史讲义·绪论》,载《中国近代史八种》,第4页。
③ 郑鹤声:《中国近世史·编纂凡例》前编第一分册,南方印书馆,1944年;陈登原:《中国文化史》,辽宁教育出版社,1998年,第593页;柳诒徵:《中国文化史》下册,中国大百科全书出版社,1988年,第647页。
④ 在《中国近百年史概说》中又有:"从五口通商至甲午之战,为中国受外力压迫之时代;自甲午之战以后,可谓中国受外力压迫而起变革之时代。"(载《中国近代史八种》,第244页)表述有所出入,实质含义基本一致。
⑤ 吕思勉:《中国近世史前编》,载《中国近代史八种》,第143、145—146、173、147页。
⑥ 吕思勉:《中国近百年史概说》,《中国近代史八种》,第244页。

对于"近代"的起点,吕思勉有自己的定见。但他为通史大家,注重中国历史的连续性,认为"史事前后相因,又彼此皆有关系,欲强分之,正如抽刀断流,不可得断一事也。……然事之真相难穷,而人之知识有限,就凡人识力所及,原因结果,要不能无亲疏之分,然则举吾侪认为与现在有直接关系之事,搜集而研究之,夫固未为不可也。所谓近世史者,其义如此"①。此处所强调者为"近代"界限之相对、模糊性,以及划分"近代史"的权宜性,不必亦不能太过拘泥。② 吕氏的近代史叙事尤具通贯的眼光。他强调:"要讲中国的近世史,必先知道入近世期以前中国的情形。"他论述中国的政治制度,从秦汉时讲起通贯而下;对近代士子与宋明之世的读书人加以比较,指出:清代理学衰落,士子虽处从古未有之变局而"反应的力量并不大,若在宋明之世,士子慷慨好言天下事之时,则处士横议,早已风起云涌了"。论述民族主义,则追溯至五胡乱华。③

1930年代随着民族危机加深,出现了不少冠名"近百年史"、着眼于鸦片战争以来之外患的书籍,不少学校亦开设近百年史课程,吕思勉亦有《中国近百年史概说》、《中国近百年史补编》。不过他的"近百年史",仍注重追溯历史的远因,以相当篇幅叙述鸦片战争之前中西交涉初期的情形。

二

1949年以前,中国近代史研究多以中西关系为核心。蒋廷黻视外交史为"中国近代史的最重要方面"④,内政兴革仅为外交的反应,其《中国近代史》实际上可以看作"外交史大纲"⑤。金毓黻认为,"近百年

---

① 吕思勉:《中国近代史讲义·绪论》,载《中国近代史八种》,第3页。
② 罗家伦也曾指出,"时间空间的本质,原来是不可以割裂的";"近代史名称,也不过是就研究便利而划分的一个段落"。(罗家伦:《研究中国近代史的意义和方法》,李定一、包遵彭、吴相湘编:《中国近代史论丛 史料与史学》第1辑第1册,台湾正中书局,1959年,第52页)
③ 吕思勉:《中国近世史前编》,载《中国近代史八种》,第148—151、157—158、201页。
④ 蒋廷黻:《清季外交史料序》,《蒋廷黻选集》第3册,台北传记文学出版社,1978年,第439页。
⑤ 王聿均:《蒋廷黻先生对中国近代史研究的倡导》,《近代中国史研究通讯》1986年第1期,第22页。

内,中国内政鲜有可述,对外关系,实居主位"①。当时大学的课程设置中,中国近代史、中国近代外交史往往合而为一。

吕思勉的近代史书写,亦极重视中外关系。《中国近代史讲义》是吕著近代史8种之中体例最为完备者,除绪论外,共31节,其中叙述内政者仅"清代之盛衰"、"嘉道咸同光之政局"、"革新之渐"、"戊戌政变及庚子义和团"、"改革政体之动机"、"清之亡及民国成立"、"民国以来之政局"7节,对于太平天国、洋务运动等重大事件未曾述及。② 对于列强发动的关乎中华民族生死存亡的历次中外战争及议和交涉,均不惜笔墨详加论述。对于中外签订的不平等条约,亦深入分析其对中国社会造成的危害。其基本内容近乎"列强东侵史"或"中外关系史"。

值得注意的是,吕著《中国近百年史概说》、《中国近百年史补编》基本上为近代以来中国内政之情形。作于1950年代初的《近代史表解》,为吕思勉在经历政治学习之后而撰成的一个近代史提纲,或许他计划在此基础之上编写新的近代史著述。《近代史表解》之体例框架显然已受到当时通行近代史叙述之影响,以鸦片战争、太平天国、捻党起义、第二次鸦片战争、洋务运动、甲午战争、戊戌变法等重大政治事件为近代史的基本内容。总体说来,中国近代史学科尚属草创,吕思勉亦未及全面思考近代史的叙事框架。但他视近代中国的外交与内政为相辅相承的两面,根据不同的实际需要有所侧重则可,若仅偏于一端则不可。

论者习惯以"革命"叙事与"现代化"叙事的平行发展与对峙来梳理20世纪中国近代史书写,自有其见地。③ 这两种叙事,背后隐含着不同的倾向与立场,所着眼的不仅是已逝去的历史本身,更在于中国的现实与未来,只不过以历史为载体,来表述他们对现实的焦虑以及对未来的期待。但是应该看到,民国时期还有部分史家——如吕思勉的近代史

---

① 金毓黻:《中国史学史》,河北教育出版社,2003年,第346页。
② 在光华大学的另一份近代史讲义《中国近世史前编》则列有"汉族的光复运动"一节,论述太平天国运动及捻军起义。吕思勉:《中国近世史前编》,载《中国近代史八种》,第143—221页。
③ 参见欧阳军喜《20世纪30年代两种中国近代史话语之比较》,《近代史研究》2002年第2期;夏明方《一部没有"近代"的中国近代史——从"柯文三论"看"中国中心观"的内在逻辑及其困境》,《近代史研究》2007年第1期。但这种截然二分也可能遮蔽"革命"叙事内部的分歧和紧张,也过于强化"革命"叙事和"现代化"叙事之间的差异。详参赵庆云《近代中国主叙事的源起流变与重构》,《近代史研究》2015年第2期。

书写,与"革命"叙事与"现代化"叙事均有距离,并不能归入这两种叙事模式。

吕思勉为清贫学者,不求闻达,对于国、共两大政治势力亦无偏向。他表示:"以中国情势的复杂,各党派的政见安能没有异同? 异同之极,遂致演成兵争了。这便是十八年(1929)以后的国、共战争。……然'兄弟阋于墙,外御其侮',国、共两党,抗敌、建国的宗旨,原是一样的。"①一方面,他承认西方文化相对于中国文化所具之优势地位,认识到中国必将受欧洲文化影响之历史大趋势,因而慨叹为"伟大的转变"②。但他并未将"现代化"作为衡量近代一切史事人物的准绳,同时亦站在民族立场,强调"近百年来中国所以衰弱的总根源,自不能不归咎于资本帝国主义的兴起"③。认为太平天国"大业虽终于颠覆,然留此一段悲壮的事迹于历史之上,可使汉族的民族主义,放万丈的光焰"④。且详述列强入侵使中国丧权辱国陷于"次殖民地"的"国耻",以激扬民气。他将中国近代史分为"中国受外力压迫之时代"、"中国受外力压迫而起反应之时代"。这种表述,似已初具后来所谓"冲击—反应"模式之雏形。但其实二者还是有实质区别。"压迫"二字蕴含对近代以来西方列强在近代中国所作所为的负面价值评判,与"反帝"论述有相通之处。而所谓"冲击",则对列强所为持正面肯定态度,淡化甚至抹煞近代以来中西关系中西方列强对中国的压迫、侵略。

"现代化"叙事与"革命"叙事并非基于广泛的实证研究,而是在意识形态影响下的人为建构。二者各执一端,在对于近代史事的叙述上有时适相反对。吕思勉摒除这两种叙事的先入之见,力图从当时的史事及其时代背景出发,因而一定程度克制了史家的后见之明,评判近代史事、人物常有"了解之同情"。如评黄爵滋关于严禁鸦片之奏折曰:"此疏至今尚为人所传诵,然于法之何以能行,似亦未曾筹及,盖皆不免徒知烟之当禁,而未一察当时政治情形,至于因此而动干戈,终至败绩失据,则自非当时之人所及料,不能以此为议者咎也。"认为鸦片战争失

---

① 吕思勉:《中国近百年史补编》,载《中国近代史八种》,第264页。
② 吕思勉:《中国近世史前编》,载《中国近代史八种》,第143页。
③ 吕思勉:《中国近百年史补编》,载《中国近代史八种》,第259页。
④ 吕思勉:《中国近世史前编》,载《中国近代史八种》,第217页。

败"乃积数千年之因,以成此一时代之果,断非一人一事之咎"。"穆彰阿等固非贤臣,然当时攻击之谈,则大都不切情实,且多诬罔之辞。"奕山与俄签订《瑷珲条约》,"论者亦皆咎奕山之愚懦",然当时"中国断非俄敌,其屈伏亦出不得不然。边备废弛,由来已久,实不能专为一人咎也"①。论及达洪阿、姚莹、裕谦杀俘,"自今日观之,何解于野蛮之识"? 但若回到当时,则应看到"民族隔阂之深,致有此等变态的心理,此岂可以常理论,亦惟有归诸异文化接触时,应有的现象而已"②。论及中外交涉之维艰,认为:"中西文化的隔阂,关系最大的:(一)为国际法上见解的悬殊。(二)则人民骤与异文化接触,而又激于累败之辱,不免发生褊狭的排外心理。(三)中国和外国交涉,向守厚往薄来之戒,对于利益,不甚注意,于此时的局势,亦不相宜。此时的要务:在于(一)消除妄自尊大之念。(二)及盲目排外的感情。(三)而对外则不丧失权利。此非深知此时的局面,为旷古所未有,一切旧见解、旧手段都不适用不可行,在当时如何可能呢? 所以交涉的失败,只是文化要转变而尚未能转变当然的结果,并不能归咎于任何一个人。"③相较于一些研究者以今日的标准来要求历史人物并对之苛责抨击,吕氏更多中允持平之论。

简言之,吕氏的近代史书写,更注重叙述历史发展的实际情况,而淡化了价值评判色彩。这并非意味着缺乏史识。事实上,吕著近代史亦多有其画龙点睛式的精彩论断。如他指出:"中国初与外国交涉,恒不愿其直达政府,一则沿袭旧见,以示体制之严,一亦以交涉每多棘手,多其层次,可为延宕转圜之计,并可掩耳盗铃,以全体面也。"④论及清朝之衰落,他认为"兵力之不振,财用之不足,尚皆不为大忧,政治苟善,未始无挽回之策也。而清代又不能然。清代政治,盖误于满汉之见,始终未能化除"⑤。近代以来中国受西方影响,其生活情形、风俗习惯均不得不变,"但中国疆域广大,各地方的生活,所受新的影响不一致,所

---

① 吕思勉:《中国近代史讲义》,载《中国近代史八种》,第28、35、36、53页。
② 吕思勉:《中国近世史前编》,载《中国近代史八种》,第178—179页。
③ 吕思勉:《中国近世史前编》,载《中国近代史八种》,第188页。
④ 吕思勉:《中国近代史讲义》,载《中国近代史八种》,第80页。
⑤ 吕思勉:《中国近代史讲义》,载《中国近代史八种》,第19页。

以其变的迟速,亦不能一致,而积习既深,变起来自然也有相当的困难"。① 近年来在柯文"中国中心观"的影响下,学界的"区域史"研究蔚为潮流,而"区域史"即主要基于中国各地近代以来变化迟速不一、情形各异。在对比中国、日本变法之成败时,吕思勉认为:并非中日两国民族性有优劣,"顾日本之维新成功甚速,中国则累遭顿挫者,日本是时正自分裂而趋于统一,中国是时,则适自统一而趋于分裂,此为近数十年强弱不同之大原因"②。再如其论近代的教案,认为教案背后实际上是中国民族心理对西人、西教的排斥;而教案每由极细微的事情、甚或是全无根据的谣言而引发,则因西教忽视对士大夫的传播,"其太注意于下层社会,以致招致了一班民族性较为缺乏的人"。因而教案"发动之时,只有从旁鼓动的人,绝无劝谕禁止的人"③。这些论述均能发人所未发,颇具洞见,体现了其卓越的史识。

吕思勉的中国近代史书写,以史家的冷静理性的笔触,详述近代中国在列强东侵时所遭遇的重重危机,纵论史事发生的历史远源,及中国在外力压迫时的变革应对。他不如"现代化"叙事或"革命"叙事那般对中国历史的未来走向有明晰的判定,因而也某种程度避免了因目的论而导致对历史真实的遮蔽;但他又从大历史的视野,对中华民族的未来充满信心。他明确表示:"从五口通商,到民国二十六年(1937)的崛起抗战,亦还不满百年,我们的转变,也不可谓之迟了"④;中国"前途之大有希望,实无疑义"⑤。可见对国族的热爱无疑仍是其近代史叙事的底色。

(《史学史研究》2016 年第 1 期)

---

① 吕思勉:《中国近世史前编》,载《中国近代史八种》,第 161 页。
② 吕思勉:《中国近百年史概说》,载《中国近代史八种》,第 250 页。
③ 吕思勉:《中国近世史前编》,载《中国近代史八种》,第 197—198 页。
④ 吕思勉:《中国近世史前编》,载《中国近代史八种》,第 179 页。
⑤ 吕思勉:《中国近百年史概说》,载《中国近代史八种》,第 228 页。

吕思勉的社会史研究

黄 伟[*]

吕思勉(1884—1957),字诚之,江苏常州人。"在现代我国著名历史学家中,他是读书广博而重视融会贯通的一位,又是著作丰富而讲究实事求是的一位。"[①]20世纪初,梁启超提出"史界革命",中国学界同仁在接受西方社会学说洗礼的同时,开始向社会史领域进军。正是在这样一个学术背景和氛围下,吕思勉开始关注和研究社会史,并逐步形成了自己的研究理路和认识,成为"中国社会史研究的开创者之一"[②]。今天重新审视他对社会史研究取得的成绩及其特色,对于我们回应方兴未艾的社会史研究,具有重要的启迪作用。

一、史学研究要以人类社会为对象

任何一门学问都应当明确自己的研究对象,才能被称之为学科,史学也不例外。旧史学以帝王将相为研究对象,忽视了对下层民众生产生活的研究,吕思勉表示不能苟同,并顺应时代发展提出了真知灼见。

首先,明确提出史学的研究对象是人类社会。吕思勉明言道:"史之所求,以人类社会为对象。"[③]"治史学第一要留意的,就是社会学了。历史是研究整个社会的变迁的,任何一种事件,用别种眼光去解释,都

---

[*] 作者简介:黄伟,合肥师范学院历史系教授。
[①] 杨宽:《吕思勉史学论著前言》,参见吕思勉《隋唐五代史》(上册),上海古籍出版社,1984年,第1页。
[②] 庄辉明:《吕思勉先生与魏晋南北朝史研究》,《历史教学问题》1998年第1期。
[③] 吕思勉:《吕著史学与史籍》,华东师范大学出版社,2002年,第38页。

只能得其一方面,惟社会学才可谓能揽其全。"①从"社会的变迁"的角度看,史学和社会史研究的都是社会的历史,偏重于社会的"历时态";从横向联系而言,社会学研究的是社会,偏重于社会的"共时态"。吕思勉当时并未能从理论上厘清史学与社会学的界限,也没有言明史学与社会史的关系,这是可以理解的。因为中国的社会史研究刚刚起步,而且,历史学与社会学关系十分相近。西方史学家"布洛赫不止一次地声称,历史学和社会学之间并没有真正的差别"②。吕思勉的思路和目的在于明确史学的研究对象,借助社会学理论和方法研究人类社会。"共时态"与"历时态"本身处于一个辩证的共同体,他表明了希望把二者整合起来的意图。"史学所要明白的,是社会的一个总相,而这个总相,非各方面都明白,不会明白的。"为说明这个"总相"问题,他为"专史"和"通史"约定了各自的研究领域。"专史"以说明社会上的各种现象,"通史"以说明社会的总相。"社会是整个的,虽可分科研究,却不能说各科研究所得的结果之和,就是社会的总相。"③诚如梁启超所言:"普遍史并非由专门史丛集而成。作普遍史者须别具一种通识,超出各专门事项之外而贯穴乎其间。"④吕思勉的见解也是这样,"通史"研究者须具有"通识",才能综合反映历史真相。这表明,他的认识与年鉴学派关于历史是"总体史、综合史"的观念是相通的。吕思勉在史著中,是把通史与专史结合起来研究的。《吕著中国通史》"上编"为"中国文化史","下编"为"中国政治史"。"上编"设有婚姻、族制、衣食和住行等章节,以反映人们社会生活;设有教育一章,以反映社会功能;设有学术和宗教等章节,以反映人们社会生活所表现出来的社会意识。这里的"中国文化史",以今天的眼光看就是中国社会史的内容,他的这一开创性的工作受到史学界的高度评价。换个角度说,最好的"通史"应当是从社会史角度撰著而成。篇章结构的创新,反映了吕思勉用"专史"翔实的史料充实"通史"框架之匠心运作,在明确研究对象的同时,也改变了以往史著偏重"政治"的倾向。

---

① 吕思勉:《史学四种》,上海人民出版社,1981年,第36页。
② 杰弗里·巴勒克拉夫:《当代史学主要趋势》,上海译文出版社,1987年,第64页。
③ 吕思勉:《史学四种》,第15页。
④ 梁启超:《中国历史研究法》,上海古籍出版社,1998年,第38页。

其次，主张打破旧史学以帝王将相为中心的局面，重视研究社会上的"常人常事"。"史也者，所以求明乎人类社会之所以然者也"。① 史学是说明现在的社会，为什么会成为这个样子的。然而，旧史学以帝王将相为研究对象，不能全面反映历史的真相。吕思勉批评旧史学存在三个方面的弊病，亦即"偏重政治，偏重英雄，偏重军事，三者弊亦相因"。偏重之弊有端："一曰不重之事，易于漏略。二曰所重之事，易于扩大。无论有意无意。三曰原因结果，易于误认，而史事之真相失矣。史籍无论如何详博，断不能举天下事一一记载，终不能无所去取。去取必凭史家之意，意向稍歧，而史籍之误滋多矣。"②这就告诉我们，史籍虽"详博"，但不能全部记载"天下事"，史家总是要依据自己的先前准备和主观判断进行"去取"的，如果"意向稍歧"，势必会导致主观与客观相分离，违背历史事实。吕思勉富有哲理地分析说："感情与理性，须相辅而行，偏重感情，抹杀理性，就糟了。""爱国家、爱民族，是确有其理的"，然而，"天下事总有一个适当的度，超过这限度，就不是真理"。旧史学"漏略"了"常人常事"；"扩大"了英雄人物的历史作用，过分崇拜英雄；"误认"了民族主义，如德、日把本族看得过高；中国人把异族看得太低，"总说蛮夷不知礼义"③。旧史学弊病的根源在于，"不知社会的重要。惟不知社会的重要，所以专注于特殊的人物和特殊的事情"。他进一步指出："现代史学上的格言，是'求状况非求事实'。这不是不重事实，状况原是靠事实然后明白的。"只要把社会上的"状况"弄明白了，一切事实问题都会迎刃而解。"所以求状况的格言，是'重常人，重常事'，常人、常事是风化，特殊的人所做的特殊的事是山崩。不知道风化，决不能知道山崩的所以然，如其知道了风化，则山崩只是当然的结果。"④这就是说，任何事情都是发生在普通社会上的，都会影响到社会，引起社会变革。"所以不论什么人、什么事，都得求其原因于社会，察其对于社会的结果。"⑤一言以蔽之，除弊维新，史学研究也好，社会史研究也好，

---

① 吕思勉：《吕著史学与史籍》，第38页。
② 吕思勉：《吕著史学与史籍》，第52—53页。
③ 吕思勉：《史学四种》，第21—22页。
④ 吕思勉：《史学四种》，第28页。
⑤ 吕思勉：《中国史》，上海古籍出版社，2006年，第2页。

都必须重视对社会的研究,"重常人、重常事",而不仅仅重视英雄人物和帝王将相的研究。

第三,以人类社会为研究对象,势必要求研究方法上的适应与改变。吕思勉主张史学与社会科学以及自然科学的广泛结合,重视社会学与史学研究方法的优势互补。在他看来,史学研究需要借助自然科学的成果。他认为:"社会科学和自然科学是相通的。如演变的观念,若不知道生物学,就不能知道得真确。"社会科学的一些重要观念,多是从自然科学中借鉴而来的,所以"治史学的人,对于现代科学,都不能不略知大概"。史学研究还需要通晓社会科学知识。"各种社会科学,如政治学、法律学、经济学、人生哲学等,和史学的关系更为密切。"① 此外,文学和地理学也是研究史学不可或缺的知识。吕思勉表达了综合多学科知识研究人类社会历史的愿望。学科众多,必须选择切入点。"在所有社会科学中,社会学和人类学在观点上与历史学最为接近"。② 吕思勉尤其重视史学与社会学的研究方法上的优势互补。一方面,他认为,"努力研究社会,从其本身发见种种法则,实在是目前一件最为紧要的事,而这件事和史学极有关系,而且非取资于史学,是无从达其目的的,这便是史学的最大任务"③。这就是说,研究人类社会,需要发现社会自身存在的"法则",并融入社会学的理论,更需要以史学研究方法为基本方法。吕思勉入情入理地分析道:研究人类社会的基点在于,"要明白一种现象的因果关系,要晓得他的'事实'"。"考究人类社会以往的事实很多,如人类的遗骸;古物;典章制度;风俗习惯等。""然而最完全最正确的,究竟要推书籍。所以研究历史,仍得以'史籍'为中心。"④ 上述表明,吕思勉要求社会史和史学研究,都应以"事实"为依据,以"史籍"为中心,尤其要高度重视"书籍"的作用。吕思勉曾经通读二十四史三遍,其重视"书籍"在研究中的地位可见一斑。重视"史籍"亦即重视历史证据。西方著名史学家巴勒克拉夫对历史证据也是

---

① 吕思勉:《史学四种》,第35—36页。
② 杰弗里·巴勒克拉夫:《当代史学主要趋势》,第76页。
③ 吕思勉:《史学四种》,第43页。
④ 吕思勉:《白话本国史》(绪论),《民国丛书》第二编第71卷,上海书店1990年据商务印书馆1923年版影印,第2页。

高度重视的,他说:"从严格的逻辑意义上来说,社会科学家使用的唯一证据——无论其研究领域多么特殊——只可能是历史的证据。"①另一方面,吕思勉反复陈述这样一个观点:"各种社会科学,实在是史学的根基,尤其是社会学。"②他的女儿吕翼仁回忆说:"他是在广泛研究社会科学基础上治史的,以治史的人而论,眼光就比较宽。眼界宽,看事情容易融会贯通,从纵的角度来说,就能着眼于事情的变化发展;从横的角度来说,也有利于比较研究。"③显而易见,吕思勉的目的在于综合多学科知识,拓宽视野,以丰富史学和社会史研究。取各学科研究方法之长,"尤其是社会学",以实现社会学的理论与历史学的叙事功能优势互补。

二、筚路蓝缕的社会史研究及其特点

吕思勉注重社会史研究,不仅表现在他在 20 世纪 20 年代著有《中国社会史》(初名《政治经济掌故讲义》)、《中国婚姻制度小史》和中国第一部宗族制度史——《中国家族制度小史》,还展现在他的许多史学著作中,《白话本国史》、《吕著中国通史》、《先秦史》、《秦汉史》、《隋唐五代史》和《两晋南北朝史》对社会史相关内容均有专章论述,且别开生面自成体系。在他的通史和断代史中设为专章的有:社会组织、社会等级、人民生计、实业、人民生活、政治制度、教育、学术和宗教。从社会史研究的视角看,这里涵盖了社会结构、社会组织、社会功能和社会意识等内容,换言之,已经包括了今天狭义社会史研究的方方面面。其特点有三:

第一,以婚姻作为社会组织的开篇。耐人寻味的是,在他的史著中社会组织均以婚姻为开篇。这与吕思勉对社会学思想名家观点的借鉴有关。在他的著述中提及的社会学思想名家有赫伯特·斯宾塞、甄克思和卡尔·马克思等人。马克思和恩格斯曾说:"每日都在重新生产自己生命的人们开始生产另外一些人,即繁殖。这就是夫妻之间的关系,

---

① 杰弗里·巴勒克拉夫:《当代史学主要趋势》,第 76 页。
② 吕思勉:《吕思勉遗文集》(上),华东师范大学出版社,1997 年,第 412 页。
③ 吕翼仁:《回忆我的父亲吕思勉先生》,《历史教学问题》1998 年第 2 期。

父母和子女之间的关系,也就是家庭。这种家庭起初是唯一的社会关系。"①吕思勉是否从这个"唯一的社会关系"出发论证中国有史以来的婚姻呢?我们暂且不妄下断语。吕思勉认为:从古至今,"惟社会组织之变迁,为能说明社会情状之不同"②。社会组织的基础何在?最初是怎样组织起来的呢?他征引《易》经上的话说:"'有天地,然后有万物;有万物,然后有男女;有男女,然后有夫妇;有夫妇,然后有父子;有父子,然后有君臣;有君臣,然后有上下;有上下,然后礼仪有所错。'若是乎,社会之组织,必以夫妇为之基也。"③社会组织以婚姻家庭为基础,因此,把婚姻列为社会组织的开篇。他论述了婚姻的起源和变迁,近亲不得结婚,婚礼及其聘礼,夫妻关系,离婚,多妻起源,纳妾和媵嫁婚,家庭和宗族的出现,女子的贞洁与贤妻良母等等,并且表明了价值取向。他说:"贤妻良母,只是贤奴良隶。此等教育,亦只好落伍的国家去提倡。我们该教一切男女以天下为公的志愿,广大无边的组织。"④吕思勉对婚姻关系的探讨,未局限于人口数量的繁殖,还反映出对社会组织合理机制的探索。婚姻是组成家庭的媒介,有婚姻才能够组成家庭。他指出,在氏族制崩溃之后,家庭代之而兴。"家庭的组织,是经济上的一个单位,所以是尽相生相养之道的。相生相养之道,是老者需人奉养,幼者需人抚育。"几千年以来,社会的生活情形,未曾大变,以"上父母下妻子为范围"的自然家庭组织,"亦未曾改变"⑤。以家庭为基本经营单位进行农业生产,使得中国这个农耕文化为主的国家绵延几千载。吕思勉虽未使用"社会关系"一词,但字里行间已经表达了"社会关系"的含义,勾画了人们在社会生产和社会生活中构成的社会组织的最初情形。他确实以独特的视角提出了富有创见的观点。

第二,注重社会组织与社会经济关系的研究,认为社会组织是建筑在经济基础之上的。人类为了物质生产的需要和生存而团结起来,组成社会组织,中国古代社会组织大体由氏族、家庭、族制和宗法为脉

---

① 《马克思恩格斯选集》第1卷,人民出版社,1995年,第80页。
② 吕思勉:《先秦史》,上海古籍出版社,2005年,第444页。
③ 吕思勉:《先秦史》,第245页。
④ 吕思勉:《吕著中国通史》,第26页。
⑤ 吕思勉:《吕著中国通史》,第32页。

络发展而来。随后,社会组织发展到部族阶段,再发展到封建时代的国家。吕思勉在追溯社会组织演化的历史进程之后,接着探讨了社会组织演变的原因。"社会组织的变化,经济实为其中最重要的原因。当进化尚浅之时,人类的互助,几于有合作而无分工。其后虽有分工,亦不甚繁复。大家所做的事,既然大致相同,又何必把过多的人联结在一起?所以人类联结的广大,是随着分工的精密而进展的。"①社会经济以及人类社会的合作与分工是社会组织不断变化的原因和要素,或者说,社会组织是随着社会分工和经济发展而发展而变化的。他进一步明确地说,就治史而言,"马克思以经济为社会的基础之说,不可以不知道"②。依此而论,史学家吕思勉是接受了马克思主义观点的。

吕思勉对马克思主义有一个认识过程。他在1923年出版的《白话本国史》已经开始关注马克思主义,书中称马克思的唯物史观"把社会上的形形色色,一切都归到经济"③。他在《自述》中回忆道:"马列主义初入中国,予即略有接触,但未深究。"20世纪30年代初,吕思勉47岁时表示了对马克思主义"深为服膺"的态度。他说:"予夙抱大同之愿,然于其可致之道,及其致之之途,未有明确见解,至此乃如获指针也。"接受马克思主义,吕思勉的思想发生了三个根本性的转变。其一,检讨了超阶级的观点,对阶级斗争学说表示认同。他反思中国历史上的社会改革,自王莽改制失败后,"言改革者,不敢作根本之图,乃皆欲从改良个人入手"。在阶级社会,"今知社会改进之关键,在于阶级斗争"。其二,明确提出:"社会主义,实使人类之行动,转变一新方向也。"④这表明他对理想社会的追求,已经从追捧康有为和梁启超,信奉世界大同转向了科学社会主义。他联系20世纪30年代中国的社会现实解释说:"目前非爱国爱民族不可,而旧时之见解,爱国爱民族,易与大同之义相龃龉。得马列主义,乃可以平行而不悖。"⑤其三,在历史观方面,由信仰进化论转变为接受马克思主义历史唯物主义。早年吕思勉"最

---

① 吕思勉:《吕著中国通史》,第31页。
② 吕思勉:《史学四种》,第39页。
③ 吕思勉:《白话本国史》(第一编上古史),《民国丛书》第二编第71卷,第155页。
④ 吕思勉:《自述》,《史学理论研究》1996年第4期。
⑤ 吕思勉:《自述》,《史学理论研究》1996年第4期。

信康梁之说",追求社会进化的"公理公例",中年服膺马克思主义。历史观转变的原因在于,历史唯物主义既与他素来关切的经世济民思想相合,又与他向往的世界大同有一致的地方。这个转变对于他的史学研究影响深远,在吕思勉的著作中不难发现他关注人类社会的阶级和"阶级斗争",重视人民群众在历史上的作用,采用以"经济为社会的基础"的理论认识人类社会等诸多宏论。

宗法家族组织为中国古代社会所特有,了解这一社会组织是我们认识传统社会的重要途径。吕思勉以社会经济为着眼点揭开了它的本来面目。他剖析了"族制"与"宗法"的联系与区别,以及它们各自在社会中的地位和作用。人类为了生存而团结起来,最初的团结总是血统上的关系,这称之为"族"。周代存在九族,"族者,凑也,聚也,谓恩爱相流凑也。生相亲爱,死相哀痛,有会聚之道,故谓之族"。所谓"族"纯属情谊。族制的变迁是怎样发生的呢?吕思勉指出:"族制的变迁,实以生活为其背景;而生活的变迁,则以经济为其最重要的原因。"①九族之外的人依据"宗"团结起来。"宗者,尊也。为先祖主者,为宗人所尊"。所谓"宗"则有督责的含义。族制以血缘为基础,纯属情谊;宗法以"先祖"为尊,重视督责。二者既有联系也有区别。吕思勉指出:"有族制以团结血缘相近的人,又有宗法以团结同出一祖的人,人类因血族而来的团结,可谓臻于极盛了。"②宗法组织并不以此为终结,进一步发展下去则为"封建"组织。原始社会父系家长制时已存在宗法,西周社会才出现封建,宗法在先,封建在后。诚然,不加区别,把宗法看成封建,是不符合历史实际的。吕思勉则指出了二者存在着微妙关系,他说:"宗法与封建,大有关系。因为封建是要将本族的人,分一部分出去的。有宗法的组织,则封之者和所封者之间,就可保持着一种联结了。"③所谓封建,亦即"封土建藩",封土地、建诸侯国。可见,封建国家是以经济组织与政治权力互为表里的。吕思勉一针见血地指出:"宗法实在是'古代贵族社会组织的根柢'。"④宗法与古代封建国家存在着极大的关系,如

---

① 吕思勉:《吕著中国通史》,第32页。
② 吕思勉:《吕著中国通史》,第31页。
③ 吕思勉:《吕著中国通史》,第30页。
④ 吕思勉:《白话本国史》(第一编上古史),《民国丛书》第二编第71卷,第97页。

果我们不了解宗法,就很难理解周代的封建社会组织。吕思勉对宗法家族组织的洞见入木三分,使我们对中国古代社会有了深层的理解和把握。

漫长的人类社会发展必然呈现出阶段性,同时为研究方便起见,人们主观上也希望把它分为若干阶段。然而划分的标准何在?旧史学研究偏重从政治方面考察社会,"莫不以周、秦之间为史事之一大界"。吕思勉则以社会经济发展为据,把春秋战国和新、汉作为划分古代中国历史的两个标志。其一,以春秋战国为标志。他指出人类社会,在"邃古之世,人有协力以对物,而无因物以相争"。是为"治世大道"。继而为小康社会,"恃强力夺人之所有以自奉,或役人劳作以自养"。随着交易之道和商业的发展,利弊立见。利在于"通功易事,分工协力之途愈广,所生之利愈饶"。弊在于商业交易过程中,"人人以损人利己之道行之,于是损人利己之风,亦遍于山陬海澨"①。总之,随着社会分工和经济发展,"贵贱的阶级破,贫富的阶级起","共有财产的组织全坏,自由竞争的风气大开,是春秋战国时代社会的一种大变迁,是三代以前和秦汉以后社会的一个大界限"②。从列国分立到秦建立统一国家,社会组织发生了重大变化。其原因是多方面的,至今仍是研究者谈论的话题,政治力与经济力的作用究竟何者更关键?吕思勉不同意把统一的原因归之于统治阶级政治力量的观点,他认为:"列国分立之时,各国内之经济大率保持自给自足的状况,此其所以能分立。"且"大体尚保存氏族时代之旧规"。"随着生产力的进步,旧规逐渐成为获利之障碍,遂逐渐被人破坏。当此情势之下,交通逐渐便利,各国人民,互相往来者日多,风俗亦逐渐接近,遂造成统一有利之条件,而政治力之随。"③这就明确地告诉我们,列国分立到统一是在生产力进步,经济发展,交通便利,打破"旧规"的条件下实现的,社会经济在社会组织变迁中起着决定性作用。其二,以新、汉为标志。他考察中国历代社会组织之后指出:"从秦汉统一以后,直到前清海禁大开以前,二千多年,中国社会的经济组织,没有什么根本上的变更。这个时代,中国人的生计,是以农业为本位。要看

---

① 吕思勉:《秦汉史》,上海古籍出版社,2005年,第1—2页。
② 吕思勉:《白话本国史》(第一编上古史),《民国丛书》第二编第71卷,第155页。
③ 吕思勉:《吕著史学与史籍》,第127页。

当时社会的经济状况,就须注意于农民。但是中国史家,记载平民的生活状况是很少的。却是当时的田赋制度,便是当时'农民生活状况的反映'。"①吕思勉对中国历代"田赋制度"都有具体而周密的研究,从而真实地反映了古代农民的生活状况。据此得出在相当长的时期内"社会的经济组织"并未发生"根本上的变更"的结论。因此,"以社会组织论,实当以新、汉之间为大界"②。吕思勉从社会经济发展这一视角考察社会组织,划分历史界限,打破了成见。

秦汉以降,社会组织长期未变,而物质文明却在不断进步。从社会组织与物质文明的关系考察人类社会历史,吕思勉呼吁要改良社会组织。他认为,从人类社会历史发展来看,"物质文明和社会组织,根本是两件事。讲物质文明,后世确是进步了。以社会组织论,断不能不承认是退步的"③。物质"文明愈进步,则风俗愈薄恶,这是一件众所周知的事,而亦是向来所视为无可如何的事实"。如何解决物质文明与道德沦丧这种社会进步过程中的"异化"现象呢?毁弃文明固然不可,任凭社会风俗趋于恶薄也不可。若干年来,文明国家实行提倡道德、改良政治的办法未见成效。在吕思勉看来,必须采取彻底解决的办法,进行根本性的治理。他说:"从社会学发明以来,才知道风俗的恶薄,全由于社会组织的不良,和文明进步,毫无关系。我们若能把社会组织彻底改良,则文明进步,就只有增加人类的福利了。这是社会学指示给我们前途最大的光明。"④问题的症结出在"社会组织的不良"上,要解决社会进步的"异化"问题,正确的选择只有一条,那就是依据社会学理论彻底改良社会组织。改良社会组织应当达到一个怎样的模式呢?联系前述内容看,吕思勉对理想社会组织模式的追求有一条清晰的脉络,亦即以早年"经世济民"为出发点,经大同理想,最终希望实现科学社会主义。

第三,重视生活方式研究,注重发挥史学强大的叙事功能。吕思勉十分重视生活方式的研究,在他的史著中对历史各个时期的人民生活方式都尽可能详尽地叙述。生活方式是指不同的个人、群体或全体社

---

① 吕思勉:《白话本国史》(第二编中古史下),《民国丛书》第二编第71卷,第51页。
② 吕思勉:《秦汉史》,第2页。
③ 吕思勉:《吕著中国通史》,第76页。
④ 吕思勉:《吕著中国通史》,第288页。

会成员在一定的社会条件制约和价值观念制导下所形成的满足自身生活需要的全部活动形式与行为特征的体系。"简言之,生活方式就是指人怎样生活。"① 衣食住行等社会生活习俗是生活方式的主要内容,吕思勉强调指出:"衣、食、住、行,是人生最切要的事,读某一时期的历史,必须对于这种生活情形,知道一个大概,这是无待于言的了。"②这个观点符合经典理论的论述。马克思和恩格斯指出:"我们首先应当确定一切人类生存的第一个前提,也就是一切历史的第一个前提,这个前提是:人们为了能够'创造历史',必须能够生活。但是为了生活,首先就需要吃喝住穿以及其他一些东西。因此第一个历史活动就是生产满足这些需要的资料,即生产物质生活本身。"③这种生产物质生活本身就是物质资料生产。物质资料生产是人们"创造历史"的前提条件,没有物质资料生产,就谈不上人们的社会生活。但是,如果没有人类满足自身生存和发展需要的生活活动亦即一定的生活方式,也就没有人类自身的生产和再生产,整个社会的发展也就不可能。吕思勉在借鉴社会学的相关理论研究人类社会的同时,更加注重发挥史学的叙事功能,他把衣食住行等社会生活设为专章,分别叙述,再现了人类历史各个时期人们的生活方式。以"住"为例,远古人类有"巢居"、"穴居"、"湖居",后演化出"明堂","明堂即大学,亦称辟雍"。再后出现了"平民之居"和"士大夫之居"。描述了不同时期人们的生活活动环境和生活活动形式。他不仅运用翔实的史料,对自古以来中国人的"住"作了介绍,而且以深邃的眼光指出,中国古代建筑与世界各国比不甚发达,其原因有三:"(一)政治的比较清明,(二)迷信的比较不深,(三)经济的比较平等。以物质文明言,固然较之别国,不免有愧色,以文化论,倒是足以自豪的。"同时,他还运用社会学平等的观点指出:"住居与衣食,关系民生,同样重要。处处顾及大多数人的安适,而不容少数人恃其财力,任意横行。"④ 他叙述衣服的起源,对于我们认识古代人们的生活也是很有启发的。"从前多以为最重要的原因是御寒,次之是蔽体。其实不

---

① 徐杰舜、杨清媚:《民族生活方式论》,《广西大学学报》2005 年第 3 期。
② 吕思勉:《史学四种》,第 17 页。
③ 马克思、恩格斯:《马克思恩格斯选集》第 1 卷,第 78—79 页。
④ 吕思勉:《吕著中国通史》,第 228 页。

然。古人冬则穴居,并不藉衣服为御寒之具。至于裸露,则野蛮人绝不以为耻"。既非御寒,又非遮羞,衣服起源于"装饰"。"因为裸露是人人所同,装饰则非人人所有,加以装饰,较诸任其自然,刺激性要重些"。① 吕著中对衣食住行的起源和发展均有翔实的考证和叙述,在借鉴和包容社会学研究方法的同时,注重发挥史学强大的叙事功能,显示了史学具有的独立性,这在引入社会学理论和方法的同时避免了"东施效颦",确实能发人深思。

吕思勉时常能发人所未发,言人所未言。他发现正史在衣食住行方面对平民都是忽略的。"读各正史中的舆服志,所知者,皇帝和官员所穿的衣服,所坐的车辆而已,平民的衣着,及其所用的交通工具,却并没有记载"。正史记载帝王的御膳,却疏忽民众的饮食。"我们虽能知道秦代的阿房宫、汉代的建章宫宏大壮丽的情形,因而略知当时的建筑技术,然究不能知秦、汉时代普通的民居如何"。② 这是旧史的弊病,应该加以矫正。吕思勉告诫我们研究社会史,既要注重生活方式的研究,更要重视下层民众生活的研究。自古以来,就存在下层民众的生活尤其是农民生活如何改变的问题。"普通的议论,都说农民是最顽固的、守旧的"。吕思勉却不这样看,他认为:"其实这是农民的生活,使其如此。"③现代机器的发明,对于人们的生活变化起何作用?机器发明之后,经济组织是否也会发生变化?这些看似复杂的问题,都和生活极有关系。吕思勉考察了自古以来农业生产和农民生活的变化。《淮南子·氾论训》对古代农业生产作了这样的描述:"古者剡耜而耕,摩蜃而耨,木钩而樵,抱甀而汲,民劳而利薄,后世为之耒耜耰鉏,斧柯而樵,桔槔而汲,民逸而利多。"这段话被吕思勉征引来说明人类由于社会生活需要发明了生产工具,随着生产发展,"农具之渐精",劳动强度和收获物都发生了变化。"至汉时,赵过始教民牛耕"。④ 赵过还提倡用"代田法"取代"爰田法",以后又产生了"区田法"。随着生产工具的变化,生产力进步了,人们的生产方式也得到了改变,生活方式随之改变,农民

---

① 吕思勉:《吕著中国通史》,第 216 页。
② 吕思勉:《史学四种》,第 18—19 页。
③ 吕思勉:《吕著中国通史》,第 179 页。
④ 吕思勉:《先秦史》,第 281 页。

的生活是随着社会生产力发展而变化的。他总结道:"农业有大农制和小农制。大农制的长处,在于资本的节约,能够使用机械,及人工的分配得宜。小农制的长处,则在以人尽其劳,使地尽其力。"①中国长期实行小农制生产,在私有制度下农民自私自利,极大地阻碍了社会进步。吕思勉认为,要改变这种状况,应"实行大农制",采用机器生产,促使农民的生活方式变化。"生活变则思想变;生产的方法变,则生活变。"②当农民的生活方式发生变化之后,必然会毫不犹豫地抛弃"最顽固的、守旧的"这顶帽子。显然,推进"大农制",使用机器生产,改变生产方式和生活方式,是社会发展的趋势。吕思勉已经感悟到了科学技术的进步和生产力的迅速发展,是推动人类生产方式变革的巨大力量。在这个新条件下,人类的生活方式必将发生巨大的变化。

此外,吕思勉在史著中对社会功能、社会意识和社会结构均有详细勾勒和论述。在中国社会史研究的起始阶段,人们还未能对社会史研究的相关理论展开深入探讨,多半是把外来的社会学理论和方法引入中国历史研究中,作一些探索性和开创性的工作。天下事作始也简,将毕也巨。吕思勉等前辈史学家毕竟开创了中国社会史研究的先河,既符合中外史学研究的总体发展趋势,也逐渐形成了自己的研究特色。

(《史学史研究》2008 年第 1 期)

---

① 吕思勉:《吕著中国通史》,第 177 页。
② 吕思勉:《吕著中国通史》,第 179 页。

吕思勉与唯物史观

张耕华*

在20世纪的中国史学界,吕思勉是一位特立独行的史学家。他给后人留下大量而丰富的文史遗产,也给我们的史学史研究带来了一个难题——以今日盛行的史学流派来叙事,我们很难妥帖地把他归入某家某派:他曾领衔主编《古史辨》第7册,但他不是"古史辨派";他服膺唯物史观,盛赞马克思的学说,但未见有学者称他是马克思主义史学家,也不能归入史论派;他一生考辨文献资料,深受传统文化的熏陶,但他不属于史料考订派或国粹派。在这里,流派的叙事模式难以体现史家个体的独特性,而需要有深入具体的个案研究。本文叙论吕思勉在接受、运用唯物史观上的一些看法和做法,所叙是否得当,诚请学界同仁批评。

一

按旧时的看法,马克思的学说可分为哲学、经济学和社会主义三部分。吕思勉最先接触的是其社会主义部分,这当与他自幼信奉的大同理想和早年向往的"经济之学"有关。① 从现有的材料来看,吕思勉之接触社会主义学说(包括西方其他社会科学的理论),始于19、20世纪之交,缘于他自13岁起对报刊杂志的阅读,其中尤以梁启超有关西学的评述,对他影响最大。吕思勉自幼喜读梁氏的文章,13岁起读梁氏

---

* 作者简介:张耕华,华东师范大学历史学系教授。
① 参见吕思勉《自述》(原名:《三反及思想改造学习总结》,写于1952年;现收入《吕思勉论学丛稿》,上海古籍出版社,2006年,第742页。

所编《时务报》，自言：当时除《清议报》因禁递甚严未得全读，"梁先生之著述殆无不寓目者"①。故梁氏发表于《新民丛报》上涉及马克思学说的文章，都为他所寓目。他曾说："《时务报》多论政事，《新民丛报》则多砭针人民。欧西思想习俗与中国不同之处，乃渐明了。自由、平等、热诚、冒险、毅力、自尊、自治、公德、私德诸多名词，乃为人人所耳熟。今日中年以上之人，其思想，尚多受诸此报者也"，又称其"能激刺人之感情，而支配其行为，俨若具有魔力者，无如（一）民主，（二）决弃旧礼俗，（三）社会主义之论"②。这虽是评述《新民丛报》等刊物之西学译介对当年社会及知识界的影响，实际上也是他自身经历的真实写录。

依据现有的材料，我们还未能肯定吕思勉对唯物史观的接触，是否也在此时。但他明确赞同并尝试运用唯物史观来解释社会历史现象，则是在20世纪20年代前后。此时，至少有两篇有关马克思学说的论著给他留下了深刻的印象：一篇是杨端六的《马克思学说评》。1920年，吕思勉撰写《沈游通信》，在行文中提到了马克思，并加注文云："马克思学说，以《太平洋杂志》所载，最简而扼要。"③这就是指此年刊于《太平洋杂志》第2卷第7号上杨端六的《马克思学说评》。④ 另一篇是考茨基著、戴季陶译的《马克思〈资本论〉解说》。在1923年出版的《白话本国史》"春秋战国时代社会经济的变迁"一节中，吕思勉在论述"生产方法进步，而各部落都有余财，交易之风渐盛"时，也在注文中向读者推荐"参看《建设杂志》马克思《资本论解说》"⑤。这就是考茨基著、戴季陶译的《马克思〈资本论〉解说》。这篇文章《建设杂志》自1919年第1卷第1号起，分期刊印至1920年第2卷的第5号。可见，吕思勉对此文有持续的关注，且留下深刻的印象。

1920年至1922年，吕思勉在沈阳高等师范学校任教。这几年，他的思想相当活跃，学术活动也丰富多样，先后撰写过游记、通讯、序跋、

---

① 吕思勉：《辩梁任公阴阳五行说之来历》，原刊1923年《东方杂志》第20卷第20号；现收入《吕思勉论学丛稿》，第201页。
② 吕思勉：《三十年来的出版界（1894—1923）》，写于1923年；现收入《吕思勉论学丛稿》，第283、287页。
③ 吕思勉：《沈游通信》，原刊1920年常州《月刊》；参见《吕思勉先生年谱长编》，上海古籍出版社，2012年，第253页。
④ 《太平洋杂志》第二卷第九号上还有杨氏的《布尔什维克与共产主义》一文，吕思勉可能也读过。
⑤ 吕思勉：《白话本国史》，商务印书馆，1923年；上海古籍出版社，2005年，第140页。

论文等多篇文章,还为学生作过几场学术讲演。在1920年发表的文章和所作的演讲中,吕思勉有三次提及马克思及唯物史观:

其一,是年撰写和发表的《沈游通信》,敬佩并赞扬马克思的"经世济民"的胸怀及人格。他说:

> 马克思其圣矣乎?以其所言,推诸万事而皆准,匪独经济家也。俾斯麦尝多方以贿马克思,马克思不可。马克思食不饱,寒不能具温火,身多病而又丧其妻,知年寿不可永,卧榻上,犹强自力著书,终未成而死。……竹箭有筠,松柏有心,……不亦富贵不淫,贫贱不移,威武不屈之大丈夫乎?何期于百世之下遇之。①

其二,同年撰写和发表的《南归杂记》,也说到唯物史观,称其用来解释历史,具有"一多相容"的价值:

> 持唯物史观之论者曰:"非意识决定生活,实生活决定意识",此不易之论也。(非难唯物史观者,谓其但取经济的原因,而置他原因于不顾,非也。社会现象,本唯一而不可分,曰某某现象云者,特为研究之方便,强划其一部分而为之名云耳。其本体既唯一而不可分,则任取其一部分,但能研究深切,皆足以见其全体。所谓"一多相容"也。)②

其三,是年9月,吕思勉给沈阳高师的学生做《士之阶级》演讲,说到唯物史观强调物质的支配力,具有一定的真理性:

> 持唯物史观者有言曰:"非意识决定生活,实生活决定意识。"斯言也,无论受若何之非难,然终含有甚多之真理者也。(原非谓人之行动,物质而外,别无支配之力。然物质之力终甚大,且更语其精微,则物质与精神,原系一物而两面,谓物质而外,别有所谓精神,其说先已不立。则谓物质变动,而精神可不蒙其影响,更无是处也。)③

---

① 吕思勉:《沈游通信》,原刊1920年常州《月刊》;参见《吕思勉先生年谱长编》,第253页。
② 吕思勉:《南归杂记》,原刊1920年《沈阳高师周刊》;现收入《吕思勉诗文丛稿》,上海古籍出版社,2011年,第763页。
③ 吕思勉:《士之阶级》,原刊1920年《沈阳高师周刊》第18—21期,现收入《吕思勉诗文丛稿》,第548页。

自 23 岁后，吕思勉便"专意治史"，在沈阳任教期间，他开始撰写《白话本国史》，而唯物史观以经济为主要支配力的观点，便成为他解读历史的一种新视角。马克思的"非意识决定生活，实生活决定意识"，也是他当年喜欢引用的格言。他认为，从经济入手来探讨社会历史问题，取经济之一部分，以见社会历史之全体，在研究上具有"一多相容"的功能。这与他后来在《历史研究法》中的叙述相一致。当时学界对唯物史观的非难和批评，吕思勉也多有了解，且有他自己的判断。他认为，强调物质或经济为重要的支配力，不等于"物质而外，别无支配之力"，不等于"但取经济的原因，而置他原因于不顾"。物质与精神，本系一物之两面；然而"物质之力终甚大，且更语其精微"。所以，唯物史观"无论受若何之非难，然终含有甚多之真理者也"。

按吕思勉的理解，唯物史观的经济分析，就是从"生计"上来解释社会历史的动因或变迁。他在《白话本国史》"古代社会的经济组织"一节引司马迁《史记·货殖列传》的叙述，以说明当时民众受生计之压迫，奔走求食的情形。并且说司马迁把社会上的形形色色，一切都归到经济上的一个原因，马克思的唯物史观，也不过如此。① 司马迁的论述是否可与唯物史观相提并论，自不必论，但由此可以窥见他对唯物史观的理解、接受及其运用上的限度。即吕思勉之运用唯物史观大致限于从"生计"上解释社会历史的动因和变迁。这里所说的"生计"包含甚广，吕思勉的史著都写有"农工商业"、"财产"、"货币"、"赋役"、"衣食住行"等内容，这就是他所重视的"生计"的范围了。这种从"生计"上来解释社会历史变迁的动因，不仅见之于他的学术著述，也见之于他所写的时论、杂文之中，而后者比前者还要早些。其实，留意民众的"生计"，正是吕思勉早年向往的"经济之学"的应有之义。我们似乎可以这么说：植根于童年时的大同理想，是吕思勉接受、赞同马克思社会主义学说的基础；②研究历史而关注民生、留意"生计"，则成了他接受、赞同唯物史观的契机。而他一生对唯物史观的接受和运用，大致不出这个限度。

---

① 吕思勉：《白话本国史》，第 143 页。
② 关于吕思勉对社会主义学说的理解及其相关问题，当另外撰文来论述。

二

在20世纪的中国史学史上,能归入唯物史观派的史学家,主要不是强调唯物史观的经济分析,而是将唯物史观改造为纵向和横向的两种理论模式来诠释中国历史。纵向上,是用五种社会形态来诠释历史更替演进;横向上,则从生产工具、生产力、所有制关系进而上升到政治制度、思想意识等各层面来诠释社会的运行结构。这是中国史学史上唯物史观派的学术特征。[①] 由此便带出一个疑问:吕思勉既已接受和赞同马克思的唯物史观,何以不用这两种理论模型来解释中国历史?因为使用这两种理论模式来诠释中国史的著述,在当年已不是少数,且很受一般读者和学生的欢迎。关于这一点,笔者找不到吕思勉的正面解答,只能借助有限的材料做点推论。

1939年,时为光华大学学生的张芝联写了一篇《历史理论引论》,投稿于《文哲》杂志。《文哲》是光华学生的刊物,吕思勉是该刊物的学术顾问,学生的稿子常由他来审阅。吕思勉在审稿张芝联的这篇文章时,在文末加了一段编者按语:

> 此篇谓各时代之历史,各有其重要之因素,其说是也。但各时代重要之因素又有其共同之因素;如近代士习之陋,科举制度实为之;科举制度之弊,则与专制政体有关系。以科举制度说士习之陋,则觉其亲切而有味,略去科举制度而径以专制政体说明士习之陋,则如谈遗传者,忽其父祖而径称高曾,必不能见其真相矣。现今谈经济史观者,其说多率强附会以此。以彼辈于史实所知太少,与经济现象只有间接关系之事,彼辈皆欲以经济现象直接说明之也。要之,最高原理为甲,由甲生乙,由乙生丙,必不能略去乙而径以甲说明丙,然乙及与丙同生于甲之现象,仍受统取于甲,亦不可不知。如此层层推上去,较高之原理自可逐渐建立也。[②]

[①] 中国史学史上的马克思主义史学之特征,还有如强调阶级斗争及其对历史的推动作用(因此也对历代农民起义有高度的评述)等,但上述两点最重要。

[②] 张芝联:《历史理论引论》,原刊1939年《文哲》第1卷第8期,现收入《吕思勉先生年谱长编》,第565—567页。

这里所说的"经济史观者",自然也包括持唯物史观的一些学者。说"乙及与丙同生于甲之现象,仍受统驭于甲,亦不可不知",这就是他后来在《历史研究法》中所说的"马克思以经济为社会的基础之说,不可以不知道","以物质为基础,以经济现象为社会最重要的条件,而把他种现象,看作依附于其上的上层建筑,对于史事的了解,实在是有很大的帮助的"。① 但经济与社会其他现象之关系,极其复杂;有些较为直接,有些则较间接,不做具体的分析而事事套用这种模式来解释历史,其结果一定是牵强附会。关于这一点,他在《史籍与史学》中说得更明白:

> 偏重生计。此弊旧日无之,只病视之过轻耳。今之过信唯物史观者,则颇有此弊。史事因果至为繁复,诚有如释家所谓帝网重重者,偏举一端,纵极重要,必非真相。况于戴蓝眼镜者,则所见物无一非蓝;戴黄眼镜者,则所见物无一非黄,意有偏主,读一切书,观一切事,皆若足为吾说之证,实则未足深信乎? 孔子之讲大同,老子之慕郅治,所慨想者,实皆隆古部落共产之世。今日社会学者所慨慕,夫岂古人所不知,然终不谓生计制度一变,天下遂可臻于大同郅治。以社会之事,经纬万端,故非偏举一端,所可概也。②

他批评当时"过信唯物史观者",过于偏重"生计",这犹如戴上有色眼镜,其观察所得的结论自然偏于一端了。引文中"终不谓生计制度一变,天下遂可臻于大同郅治"一句,似乎为我们的疑问找到解答,即吕思勉总不相信"生计制度"一变,社会的其他环节也必然一扣一环地联动地演化出一系列社会历史的自然进化。③ 这或许是吕思勉不采用唯物

---

① 吕思勉:《历史研究法》,1945年5月上海永祥印书馆初版;现收入《史学与史籍七种》,上海古籍出版社,2009年,第37—38页。
② 吕思勉:《史籍与史学》,原名《史学研究法》,为其抗战之前在光华大学任教时的讲义,现收入《史学与史籍七种》,第63页。
③ 关于这一点,马克思早已说得很清楚,他曾说:"极为相似的事情,但在不同的历史环境中出现就引起了完全不同的结果。如果把这些发展过程中的每一个都分别加以研究,然后再把它们加以比较,我们就会很容易地找到理解这种现象的钥匙;但是,使用一般历史哲学理论这一把万能钥匙,那是永远达不到这种目的的,这种历史哲学理论的最大长处就在于它是超历史的。"见《马克思恩格斯选集》第3卷,人民出版社,1995年,第340页。

史观派横向理论解释模式的主要原因。至于他不采用唯物史观派的纵向的解释模式,那是因为该理论模式与中国历史的实际太不相符。1949年8月,上海永祥印书馆出版了一本《唯物史观中国史》,此书系苏联大百科全书第32卷"中国历史"的中译本,译者费明君据日本东京白杨出版社大桥哲哉的日译本译出,出版后极受欢迎,同年10月就再版重印。因书中存在不少错误,永祥印书馆便请吕思勉为此书古代部分做校订。吕思勉在1950年6月写了订正表及《校记》一篇。他在《校记》中写道:

> 此书根本之病,在著者对于中国历史……几乎还够不上水平线。……但看其序论之二《秦汉以前中国古代史研究资料问题》,便可知其对于中国书,全是外行。……即如以奴隶为生产之重心,在中国古书上,实在找不出证据。……而其所举之证据,则以田畯为农事监督官。……其实田畯并无压迫性质。此等农村中之公职,在氏族时代即有之。……然此虽武断,尚有可说。乃著者更以周公、鲁公以殷民六族,康叔以殷民七族,为殷民族成为周民族之集团奴隶。又以邴歜、阎职之弑齐懿公为奴隶的反抗。以战争时之溃为民众之消极反抗。以小人比而不周,谓孔子把奴隶团结反抗的运动,看为小人的朋比。……则可见其对中国历史,简直没有看得懂。……此书荒谬之处,实属不胜枚举。精当有独见之处,则全书未曾一见。以唯物史观讲中国历史,自有相当价值。然须真有研究,不能如此硬做,如此卤莽灭裂,牵合附会,则真是绝物了。①

当年用唯物史观治中国史而写成的历史著述,在史实方面都存在着不少错误,这是毋庸讳言的,也确有所谓够不上水平线的常识性错误。但是,其主要的错处还在于硬套理论而不惜曲解史事。如以奴隶为社会生产之重心,于史无证。②但为了证明论证夏商周三代是中国的奴隶社会,不惜曲解史料、编造史事。《唯物史观中国史》就是这类错误的典型。由此,我们可以体会到吕思勉在运用唯物史观治史时的基

---

① 吕思勉:《〈唯物史观中国史〉校记》,写于1950年,现收入《吕思勉诗文丛稿》,第507—508页。
② 今日以甲骨文证之,自是别一问题。

本准则,即理论在何种范围和程度上能用之于对中国历史的解释,取决于理论与历史实际的相符情况。① 所以,他一方面认为:"讲学问固不宜预设成见,然亦有种重要的观念,在治此学以前,不可不先知道,否则就茫无把握了。"而"马克思以经济为社会的基础之说,不可以不知道"。另一方面又强调,"这种重要的概念,原只是入手时的一个依傍,并没叫你终身死守着他,一句不许背叛"。② 一旦死守着理论模式而不敢背离,那结果一定是将史事"卤莽灭裂,牵合附会"。这种理论解释的模式,自然为他所不取。

三

自 20 世纪 50 年代后,是否信奉和运用唯物史观,不仅是方法观念上的学术问题,还被提升到政治态度、阶级立场上的大是大非问题。这就给当年的文史学者出了一道难题:是迁就社会的舆情,还是坚持自己一贯的史学观念和治学准则。吕思勉也同样碰到了这个问题。

1950 年代初,华东教育部教育处规划文法学院基本课程改革,组织中国通史教学小组进行集体研讨。1952 年 1 月,上海史学会开会,决定与会学者先试拟中国通史的教学大纲,用作进一步讨论的根据。于是,作为上海史学会的一员,吕思勉撰写了一份《拟中国通史教学大纲》。同时,为华东师范大学历史教学之需要,他编写了《中国通史的分期》和《拟编中国通史说略》。《拟编中国通史教学大纲》提交上海史学会的讨论,故在 1952 年 9 月 21 日的会议记录中,记有"讨论了支持吕思勉编写中国通史的问题"会议决定。在这几份中国通史的提纲(下文简称《提纲》)中,③不可回避地碰到了中国史的分期与唯物史观等问题。

---

① 理论之不符于历史史实,这自然不可硬性套用。但与史实相符之理论,是否就能用来解释,其实也是一个问题(往往只是与部分史实相符,或是与文献中的史实相符)。对此,吕思勉也有所知。1926、1927 年,吕思勉为光华大学教授《社会史》,其中有一章《男女篇》(即后来的《中国婚姻制度小史》),授课之后,有学生詹文浒撰《评吕思勉先生〈男女篇〉》与之商榷,就涉及这一点。参见吕思勉《中国社会史》(第七章,上海古籍出版社,2007 年),及《吕思勉先生年谱长编》,第 363—364 页。
② 吕思勉:《历史研究法》,上海永祥印书馆,1945 年,现收入《史学与史籍七种》,第 37—38 页。
③ 这几份中国史的提纲,现已收入《吕著中小学教科书五种》(上海古籍出版社,2011 年,第 1281—1402 页)。

在这几份《提纲》的引言或首段,吕思勉都阐述了他一贯主张的中国通史的"三分法"①,他在《拟中国通史教学大纲》中写道:"中国通史依鄙意当分三期,即(一)自上古至新室之末,(二)自后汉至唐天宝,(三)自唐中叶以后至清室盛时。"中国历史的"三分法",最早见之于他的《白话本国史》绪论。在该绪论中,吕思勉还特地指出,把历史分为若干时期,只是研究上的方便。②但到了50年代初,对历史做何种分期,已不是研究上方便不方便的学术问题了。所以,他在"三分法"之后又加入了五种社会发展阶段的理论,说"要讲历史的分期,自然离不开社会发展的阶段。现在讲社会学的人,都知道社会的发展,有五个阶段,即(一)原始公社时代、(二)奴隶时代、(三)封建时代、(四)资本主义时代、(五)社会主义时代。中国曾经过原始公社时代,是无疑义的。……社会发展一定的途辙,中国自不能独外"③。在"三分法"中再加一段五种社会发展阶段的理论,这明显是迁就当时社会和学界的舆情。惟其如此,才有上文提到的史学会"支持吕思勉来编写中国通史"的决定。

一旦加入了五种社会发展阶段的理论,马上就遇到了当年中国史学界的讨论"热点",即中国历史上的奴隶时代该如何落实?吕思勉在《提纲》中提出,中国史上的奴隶时代"最迟应在尧舜以前,自禹以后,就进入封建社会了"。理由是:"黥为五刑之一,相传始于蚩尤。传说又称蚩尤始作兵。此亦其时之汉族好战争之证。犯罪者后世多相沿以为奴隶,可见此时之受黥刑者及文身之俘虏,亦必用为奴隶。此等好战之族,或用奴隶为生产之主力。中国之奴隶社会,史失其纪,可凭以推测者,惟此而已。"④这一番叙述,吕思勉自言是推论。因为按他的研究,中国历史上的奴隶社会"史无可证";然而要肯定中国历史也不能例外于此"途辙",那只能在"史无可证"的情况下做推论了。

在这几份《提纲》中,他又对当年学界的有关奴隶制社会的观点做

---

① 见《拟编中国通史说略》。期间也有一些小的差异,如《拟编中国通史教学大纲》将第三期的上下限表述为"自唐中叶以后至清室盛时";《中国通史的分期》将三分法表述为:(一)自上古至新室之末,(二)自后汉至近代西力东侵以前,(三)鸦片战争以后。另有一份《魏晋南北朝纲要》的绪论部分,将中国历史分为四期,即在第三期之后,再加鸦片战争以后为第四期。参见吕思勉:《吕著中小学教科书五种》,第1309、1320、1339、1360—1361页。
② 吕思勉:《白话本国史》,第11页。
③ 吕思勉:《吕著中小学教科书五种》,第1320页。
④ 吕思勉:《吕著中小学教科书五种》,第1310页。

了批驳。他写道:"近人所言中国奴隶社会之说,证据多不确实,当略加辨正","依我的考据,……自禹以后,……吾族之西迁,开始走上远征之路。盖不暇久居一地,尽力经营,而惟责被征服之族以贡献,久之则变为租税。然非攘其地为己有,以其人为奴隶而从事于耕作。故古书中之奴隶,皆不事耕作也"①。所以,学界称夏商西周为奴隶社会的论点并不能成立。他自称此是"鄙见与时贤相歧最甚之处。然自信证据颇坚,欲知其详,拙撰开明版之《先秦史》,可以参考,自信至少可备一说也"②。至于在民国年间已持续多年的社会史大讨论,吕思勉也有所关注,但未见他撰文参与讨论,最早论及此点的是上文提到写于1950年的《〈唯物史观中国史〉校记》,但《校记》当年只是未刊稿。③

1953年,吕思勉着手整理自己的诗稿旧作。他将往日所作的诗稿抄成一册,加上自己的评语和注释,送请赵敬谋等先生教正。其中有一首《再示荣女》则被他删落。《再示荣女》作于1943年,荣女即吕思勉的女儿吕翼仁的小名,原诗云:

> 束发受诗书,颇闻大同义。膝前惟汝存,喜能继吾志。人生贵壮烈,龊龊安足齿。壮烈亦殊途,轻侠非所几。嗟嗞天生民,阨穷亦久矣。蒿目岂无人,百虑难一致。圣哉马克思,观变识终始。臧往以知来,远瞩若数计。鸟飞足准绳,周道俯如砥。愚夫执偏端,诤诘若梦寐。庶几竭吾才,靖献思利济。太平为世开,绝业为圣继。人何以为人,曰相人偶耳。行吾心所安,屋漏庶无愧。任重道复远,成功安可冀。毋忘子舆言,强为善而已。

这首诗是研究吕思勉思想的重要资料,作者在诗中抒发了他自幼年起便信奉大同理想,因目睹民众的劳苦困顿,立志经世济民、为社会有所贡献的志向。诗中又盛赞马克思等中外圣贤,愿继续他们为"万世开太平"的事业。虽任重道远,仍勉力为之。然而,在1953年整理自己旧诗的时候,吕思勉便将其刊落,且添写了一句评语:"此诗今日须删之,不然人

---

① 吕思勉:《吕著中小学教科书五种》,第1310页。
② 吕思勉:《吕著中小学教科书五种》,第1348、1323、1310页。
③ 此文直到2011年10月,才收入上海古籍出版社的《吕思勉诗文丛稿》。

视之将与今之群儿等耳。"①这里的"群儿"指谁,自可不作细究。但评语表达的删诗意图是清晰的:作者之所以服膺马克思,信奉唯物史观,那是因为马克思对未来社会的远景展望正与自己的大同理想一致而契合;而唯物史观作为一种治史的方法,确自有其不可否认的价值。但今日若再来重提此诗,人们就会把我等于那种放弃学者的独立性,随波逐流,甚至跟在现实政治亦步亦趋地把学术变为宣传品的那些人等而观之了。吕思勉的删诗,使人联想起陈寅恪的一则往事:1953年陈寅恪不愿去北京任历史所所长,说若要担任此职,需允诺历史所不宗奉马列主义,要毛公、刘公给一证明书以作挡箭牌云云。②此事自有各样解读法,按笔者理解,这与其说是陈寅恪排斥某种理论,倒不如说他对当年学界风气的反感和批评。如果这种的解读不误,那么同年的吕思勉删诗,与陈事当属同类。这正应验了孔子的一句名言:"德不孤,必有邻!"

本文的探讨属于学术史的研究,但此种研讨何以是必要或重要的呢?克罗齐曾有"活的历史"与"死的历史"一说。如果学术史上的某些问题仍在一定程度上困扰着当下的学界和学者,那么,对此问题的研究,就不仅仅只是学术史上的价值和意义了。学术研究上的一些偏差,原只是学术探讨中不可避免的试错;然而,它一旦付之于行动,往往会酿成巨大的失误,真所谓"失之毫厘,差以千里"了。如此说来,上文所引吕思勉对唯物史观的评述,及其他在七八十年前所说的"终不谓生计制度一变,天下遂可臻于大同郅治",仍值得我们再三回味深长思之。

(《华东师范大学学报》2013年第6期)

---

① 见《吕思勉先生年谱长编》,第698、699页。
② 陆健东:《陈寅恪的最后二十年》,三联书店,1995年,第102页。

吕思勉的历史编撰学

——以《秦汉史》为线索

张耕华*

历史编撰学的研究,有广义和狭义之别。狭义的历史编撰学,主要研讨"怎么写"的问题,如史著的体裁、①叙述的结构安排、语言表达,以及标题、断限、序例等等,这都属于编撰方法一类;又如课题选择、大纲拟定、史料搜寻、论文撰写的顺序等,则属于编撰程序一类。② 然而,"怎么写"总是与"写什么"相关联的,广义的历史编撰学也当研讨"写什么"的问题。本文的讨论,大体也涉及"怎么写"和"写什么"两个方面。然而,继承、发扬之类的研讨,与其发抽象议论,不如借事明理,更能有"金针度人"的功效。故本文以吕思勉先生的《秦汉史》为线索,在叙述吕先生的历史编撰学及其本土特色中,阐述笔者对有关传统历史编撰学的继承发扬一些看法。所述所论是否得当,敬请学界同人批评指正。

一

自20世纪30年代中期起,吕先生便着手他的断代史系列的撰写计划。该计划最终完成了四部著述,即《先秦史》(1941年版)、《秦汉史》(1947年版)、《两晋南北朝史》(1948年版)和《隋唐五代史》

---

* 作者简介:张耕华,华东师范大学历史学系教授。
① 在历史编撰学的研讨中,"体裁"与"体例"在含义上还是有些差别。不过,本文暂不作术语上的区分而两者混用。
② 涉及此类论述的著述甚多,如赵吉惠著《史学概论》(陕西师范大学出版社,1990年)、庞卓恒主编《史学概论》(高等教育出版社,1995年)和李隆国《史学概论》(北京大学出版社,2009年)等。

(1959年版);计划中的另两部断代史:《宋辽金元史》和《明清史》已做了史料的摘录,可惜未能完稿。严耕望先生在《治史答问》中论述过吕著断代史的编撰特色,他说:吕著断代史"每部书前半综述这一时代的政治发展概况,后半部就社会、经济、政制、学术、宗教各方面分别论述。前半有如旧体纪事本末,尚较易为功;后半虽类似正史诸志,而实不同。除政制外,多无所凭借,无所因袭,所列章节条目虽尚不无漏略,但大体已很周匝赅备,皆采正史,拆解其材料,依照自己的组织系统加以凝聚组合,成为一部崭新的历史著作,也可说是一种新的撰史体裁"①。严氏还写过一篇《中国中古史入门书目》,列举研究中古史的十种必读入门书,其第八种就是"吕思勉《秦汉史》、《魏晋南北朝史》、《隋唐五代史》三书选一";他说"吕氏断代诸史,兼取前代纪事本末与政书体裁,采择正史材料,依照自己的组织系统,凝聚组合成为一部新体裁的著作,极便初学者作为研究各断代史的入门读物"②。归纳严先生的论述,可以得出吕著断代史的两个特点:(一)从内容上看,吕著断代史均分上下两册,一册叙政治史,一册叙文化史,而不是将政治、经济、文化等连贯打通;(二)从体裁上看,均采用了考史的体裁,而非撰史的体裁。若从上世纪初"新史学"的兴起算起,一百多年来面世的各种史学著作,确未见其他史著也有用这样的方式撰述的。

从内容上看,吕著断代史分两册,一册叙政治史,一册叙文化史。这不是随意的安排,其背后自有吕先生的一番思考。吕先生一向认为:马端临在《文献通考·总序》中,将历代史籍的记载中心分为"理乱兴亡"和"典章经制",颇可代表从前史学家的见解。这虽是旧时之观念,但今日撰史仍有借鉴参考的价值。他说:"理乱兴亡一类的事实,是随时发生的,今天不能逆料明天。典章经制,则为人预设之以待将来的,其性质较为持久。所以前者可称为动的史实,后者可称为静的史实。史实确乎不外这两类,但限其范围于政治以内,则未免太狭了。"尤其是

---

① 严耕望:《怎样学历史——严耕望的治史三书》,辽宁教育出版社,2006年,第201页。王子今先生对吕著断代史体例也有专门的论述,详见王子今《吕思勉及其〈秦汉史〉》,收入吕思勉《秦汉史》,商务印书馆"中华现代学术名著丛书",2010年,第893—905页。
② 严耕望:《中国中古史入门书目》,收入《严耕望史学论文选集》,上海古籍出版社,2009年,第1345—1346页。

"典章经制",范围要扩充到文化史的范围。他说:"文化的范围,……综合有形无形的事物,不但限制人的行为,而且陶铸人的思想。在一种文化中的人,其所作所为,断不能出于这个文化模式以外,所以要讲文化史,非把昔时的史料,大加扩充不可。"① 所以,他的通史②和断代史著述,都分"理乱兴衰"和"典章经制"两大块,并加以扩充。"理乱兴亡"扩充为政治史,"典章经制"扩充为文化史,书写的范围有很大的扩展,但传统的底色仍清晰可见,有着明显的传承关系。

关于传统的史书体裁,吕先生认为:"一部二十五史,拆开来,所谓纪传,大部分是记载理乱兴亡一类的事实的,志则以记载典章经制为主。表二者都有。"换言之,前人叙"理乱兴衰"和"典章经制",主要是兼采编年、纪传、典志和纪事本末各体。"有编年体以通观一代大势;有纪事本末体以详载一事之始末;更有纪传体之纪传,以总核一人之生平;理乱兴衰之事,可以谓之无憾矣"③;他又说:所谓正史,若就体裁言之,则当称为表、志、纪、传体。此体之长,在于有纪传以详理乱兴衰,有表志以详典章经制,昔人所重两端,盖惟此体为能该备。④ 然而,这三种体裁也各有其短:纪传体"以人为纲,使事实寸寸割裂,又不能通观历代"。⑤ 编年体虽"最便于通览一时代的大势,且最适于作长编",但"在历史年代不长时,得此已觉甚便,一长久不然了。一事的始末,往往绵亘数十百年,其伏流且可在数百千年以上,阅至后文,前文已经模糊了,要查检则极难"⑥。若纯用纪事本末之体,则"此体以作观览之书则可,以修一代之史则不可,以零星之事,无可隶属,刊落必多"⑦。他一方面肯定有此三体,史事的重要内容都能"使之就范"而无遗憾;另一方面,又指出三种体裁各有其短。那么,是否该兼采各体而加以综合呢?这是自章太炎、梁启超以来,学者们一直想尝试的一种新体裁。吕先生的治学深受梁启超的影响,对于梁氏的这个设想,他不会不知道,也不会

---

① 吕思勉:《吕著中国通史》,收入《吕思勉全集》第2册,第11—12页。类似的论述,也见于他的《历史研究法》和《史籍与史学》,参见《吕思勉全集》第18册,第10、54—55页。
② 即《吕著中国通史》。
③ 吕思勉:《史籍与史学》,收入《吕思勉全集》第18册,第54—55、57页。
④ 吕思勉:《史籍与史学》,收入《吕思勉全集》第18册,第13页。
⑤ 吕思勉:《史籍与史学》,收入《吕思勉全集》第18册,第14页。
⑥ 吕思勉:《中国史籍读法》,收入《吕思勉全集》第18册,第369页。
⑦ 吕思勉:《史籍与史学》,收入《吕思勉全集》第18册,第14页。

不思考。

按吕先生的看法，正史实在就是综合体裁。他说："正史之体最为完全，足以概括编年、纪事本末、政书等。"①但《史记》之综合纪、传、书、表各体，不是作者的苦心创作，而是承用旧文时的自然形成。他说：《史记》"所据之材料，本来如此"。本纪、世家，皆《史记》之前已有。②《史记》诸体裁，是因袭材料而来；《史记》以后的正史，是因袭了《史记》的体例；"创始之人，不过是因袭；而后来的人，不过是模仿而已，绝无所谓苦心创造"③。他又说："《史记》之体，实与《汉书》以下诸史不同。《汉书》以下，君臣皆一时之人，纪传所载，即皆一时之事；而必以人为主，使其寸寸割裂，则披览殊觉不便矣。《史记》则纪、传、世家所记，并非一时之人，即或同时，非彼此关系甚疏，即其所据之材料，各有所本，而不容强合为一。各自为篇，固其所也。《汉书》以下，情事既异，而犹强袭其体，则效颦无谓矣。然此不足为班氏咎，以《史记》记汉初君臣，业已如此也。亦不当为史公咎，以史公亦皆承用旧文，非自作也。然则纪、传、书、表、世家之体，乃整齐古代记言、记事、系世、典志者之所为，而后世之作史者，遂沿而用之，以叙当世之事耳。此体以之整齐古史则善，以之作后世之史则非。"④

说"整齐古史"，那就是整理史籍、储存史料；说"作后世之史"，那就是后人的撰写史作、著书立说。按吕先生的看法：从前的史家常常"并史料和作成的史籍为一谈，一部书修成之后，其所根据的材料，即多归于散佚。作史的人觉其可惜，未免过而存之，往往弄得首尾冲决，不成体统；而过求谨严，多所刊落，确亦未免可惜"⑤。这一点，要到章学诚时才明白。⑥其实，"储蓄史材"与撰写史书当分为两途：储蓄史料，务

---

① 吕思勉：《整理旧籍之方法》，收入《吕思勉全集》第11册，第292页。
② 吕思勉：《本纪世家皆史记前已有》，收入《吕思勉全集》第10册，第1093页。
③ 吕思勉：《古史家传纪文选》，收入《吕思勉全集》第18册，第198页。
④ 吕思勉：《史通评》，收入《吕思勉全集》第18册，第232页。
⑤ 吕思勉：《历史研究法》，收入《吕思勉全集》第18册，第53页。从前史家并史料与史籍混为一谈，原因甚多。梁启超曾说："古代之史，是否以供人读，盖属疑问。……虽不敢谓其必禁传读，要之其目的在珍袭于秘府，而不在广布于公众，殆可断言。"（梁启超：《中国历史研究法》，商务印书馆，1933年版，第41页）作史仅为府藏，不求广布阅读，自无分别"储蓄史材"与"撰写史书"之必要，是为一大原因矣。
⑥ 吕思勉：《历史研究法》，收入《吕思勉全集》第18册，第53—54页。

求详备,故编年、纪传、典志和纪事本末各体兼而用之,以收容各种材料,不使遗落;作史则要提要钩玄、明其原委,若也兼用编年、纪传、典志、纪事本末诸体,那所叙之事必分散于各体之中,要明白史事之原委,反而不易。①

如果我们不惑其名而责其实,那么传统史籍的体裁,除编年之外,纪传、纪事本末和政书诸体,都只是内容上的差异,不是形式上的不同。试想:我们撰史如不用章节体、编年体,那么,写人物即成纪传体,写事件即成纪事本末体,写制度即成政书体。除了撰写内容之不同外,形式上并无本质的差异。② 这种以内容来分的编撰方式,在古史家而言,原是承用旧文,并非新创体裁;故综合各体,自可收容人物、事件、制度等各种历史的内容。然而,当我们把内容的分类当做形式的分类,仍以这样的方式来选用书写体裁时,实际上就把形式与内容混为一谈了。于是,形式(体裁)的选择也就限制了内容的选择,形式就制约了我们的历史书写。梁启超在百余年前曾设想过一种新颖的"通史"体例,即以"载记"、"年表"、"志"和"纪传"四体相配合的综合体裁。它既吸取纪事本末体的优点,又发挥纪传各体包罗丰富、伸缩自如的长处,形成一种新的综合体裁。③ 梁氏最具"通识",他的这一设想也给后人以重要的启示。然而,规划设计是一回事,提笔著述又是一回事。梁氏并未按这个设想撰写过通论性的史书,故此种综合体裁在撰述中遇到的问题,自不会有真切而具体的认知。倘若我们采用了章节体,在融会贯通的层面上来撰史,又想在体裁上综合纪传、纪事本末和典志诸体,那就会在叙事上碰到新的难题:要么内容被分散割裂,要么出现叙述上的重复。比如,在"历史主干"部分设有"曹操稳占中原"一章,并分节记叙了袁绍占冀州、曹操在官渡战前的几次胜利、曹袁两方的军情、官渡之战的序幕、官渡之战和曹操的胜利等内容,又如何能在"记传"部分的袁绍、曹

---

① 吕思勉:《历史研究法》,收入《吕思勉全集》第18册,第53页。吕思勉:《整理旧籍之方法》,收入《吕思勉全集》第11册,第292页。
② 通常认为,形式就是历史认识的外在表现,包括史著的体裁、结构等(参见江明《史学编纂法》,《历史教学问题》1984年第6期)。虽然纪传、纪事本末和政书体裁,在撰写上有许多不同的规范格式,或书写原则,但这都不能构成形式上的本质差异;若与编年体、章节体相比较,此点就更为明显。
③ 关于梁启超的新综合体的设想及其价值,可参见白寿彝《中国通史》(上海人民出版社,1989年,第309—310页)的论述。

操等传记中不重复这些内容呢？同样，在"历史主干"部分设了"三国局面的形成"、"取益州和争荆州"二章，又分节叙述了刘表在荆州、刘备得诸葛亮、曹操南征、孙刘联合和赤壁之战、刘焉刘璋在益州、刘备取成都、刘备取汉中、刘孙失和与荆州之争等历史内容，而"传纪"部分所撰的刘备、诸葛亮、孙权、周瑜、鲁肃、陆逊等传记，也难免会出现内容上的重复。① 倘若"综合体裁"中还包含"典志"一体，那它的叙事也会与"纪传"等其他部分相重复。② 可见，不论是梁启超的"四体综合"，还是章太炎的"五体综合"③，如果不斟酌"怎么写"，而只是将纪传、纪事本末和政书诸体的兼采综合，那一定会存在叙事上的重复问题。况且，这里还有史源上的缘由：即构成中国史（主要是指古代史）主干内容的重要史料，大都来自纪传体的史籍，将纪传体史籍中的重要史料运用于"历史主干"部分的叙述之后，想避免重复而撰写重要的历史人物传记，或政书体的主要内容，也是很困难的；由于史料同出一源，甚至想变换一下叙事角度也很难做到。④

其实，纯以今日通用的体裁分类来衡量，吕先生的《秦汉史》采用的是章节体。上册写"理乱兴亡"，自以纪事为重心；但旧时的纪事本末，一事一题，难以显示史事的复杂结构和多样层次，⑤必以章节之体对旧

---

① 有关"历史主干"部分与"人物传纪"部分的叙事重复，如《中国通史·中古时代·三国两晋南北朝时期》上册（上海人民出版社，1995年）与《中国通史·中古时代·三国两晋南北朝时期》下册（上海人民出版社，1995年）表现得最明显，可参见上册第118—167页与下册第1—117页之文字。
② 如《中国通史·中古时代·三国两晋南北朝时期》下册"丁编·传纪"部分，设有数学、天文学、物理学、地理学、生物学、医学等数章，此数章并未以人物为中心来撰写，归于"传纪"部分，显然不妥；如按其内容属性，应归入上册的"丙编·典志"部分。这样的话"典志"部分就与下册的"传纪"部分有重复了。
③ 有关章太炎的"五体综合"，即表、典、记、考纪、别录五种体裁。可参见白寿彝《中国通史》第308—309页的论述。
④ 如在"纪传"部分记有祖冲之传，那么写秦汉时期的数学一章之"割圆术与圆周率"时，就难免重复；在"纪传"部分记了裴秀、郦道元和法显的传，写魏晋南北朝时期地理学时，自然也会重复。为了怕重复，也可以略而不载；但叙魏晋南北朝之地理学而不写裴秀、郦道元和法显的地理学成果，就像演"王子复仇记"而没有了"哈姆雷特"。参见《中国通史·中古时代·三国两晋南北朝时期》下册第519、935、972页。
⑤ 梁启超曾批评旧时的纪事本末体，"仅以一事为起讫，事与事之间不生联络；且社会活动状态，原不仅在区区数件大事，纪事纵极精善，犹是得肉遗血、得骨遗髓也"。他又以电影的放映做比喻，批评纪事本末体之记载，只是一些缺乏衔接的单片（《历史研究法》，第50—51页）。其实，梁氏所指出的缺点，都不是体裁上的问题，而是历史认识上的问题。传统史家眼中的历史，线索是单一的，结构是平面的，一事一题的纪事方式，已能满足这样的认知水平和叙事目标，故客观上也就不会产生将纪事本末体做进一步的改造或提升的要求。

有的纪事本末加以改建，才能将"理乱兴亡"的内容做条理化的建构和分层。下册记"典章经制"，自与旧时的政书相仿，但与旧时的政书相比，吕著所包含范围、门类更广、更系统，且有结构层次，也需用章节体对"典章经制"的内容加以分类、分层，是以"典章经制"（实是文化史）为叙述重心的章节体。

严耕望先生说吕著断代史是"兼取前代纪事本末与政书体裁"。这里虽用了"体裁"一词，其实也可以是指吕书的内容。然而，无论是体裁还是内容，"兼取前代纪事本末与政书体裁"的吕著断代史，并没有上文所说的那种叙事重复，这有二个原因：（一）吕著断代史所叙之"理乱兴亡"，是一种宏观的政治史。这里所说的宏观，不是指借助某种理论做宏大的叙事，而是指历史叙事的大视野。吕书所叙，大都是历史的大关节目，而不拘泥于历史的细节。以这样的大视野来撰史，即使在主干内容之外，兼采纪传体来写一些重要的历史人物，也不会出现上文所说的那种重复。① （二）《秦汉史》的体例是考史，而不是融会贯通地说史。其所撰之政治史，也以"理乱兴亡"为主线，而不是将政治、经济、社会、文化等内容"一锅煮"。这样，有关社会组织、社会等级、生活生计、实业、政治制度、学术宗教等内容，便可以在下册的"文化史"中从容详细地展开叙述。② 至于吕著断代史何以采用考史体裁，而不做融会贯通地叙史，我们在下一节中详加讨论。

---

① 关注历史的大关节目，而不拘泥于历史的细节，这是吕先生治史的一大特色。像《白话本国史》、《吕著中国通史》和几部断代史，自不必说，就是他编写的教科书，也不太涉及历史的细节。尤其是一些有情节性的历史故事，吕书都不太采用。比如，吕先生《初中标准教本 本国史》有关"秦之强大与六国"一段，他是这样写的："当战国初期，秦国的形势还很弱。黄河以西的地方，还有一部分，为魏国所据，然而（一）晋分赵、韩、魏三国，力量较弱。（二）而秦国的地势，易守难攻。（三）又其人民的风气，最为朴实强悍。（四）又得孝公，用商鞅，行变法之令，使其人民都尽力于农战。而秦国的形势就独强。"至于我们今日写教科书时，津津乐道的商鞅如何说服秦孝公及商鞅变法的经过，一无着笔。这与我们今日流行的叙事方式有很大的差异。如以这样的大视野来写史而体例上又纳入人物传纪，自也不会产生重复问题。当然，吕思勉叙史不甚涉及历史细节，也与秦汉间史料中之细节描写不尽可信有关。吕先生认为："汉时，简策之用尚少，行事率由口耳相传，易致讹误；汉人又多轻事重言，率意改易；故其所传多不足信，秦与汉初事尤甚。"诸如："《李斯列传》所载赵高之谋，二世之诏，李斯之书，皆非当时实录也。"（见《吕思勉全集》第 4 册《秦汉史》，第 17 页）

② 如果"理乱兴亡"之史，以现今流行的通史式的方式来撰写，那么历史主干"综述"部分还会与"典志"部分的内容重复。如《中国通史·上古时代》上册（上海人民出版社，1994 年），一些重要的历史事件或制度，如"不籍千亩"、"上中下地受田与土地休耕轮作"，在"综述"部分与"典志"部分的叙事多有重复（见第 351—352、815、388—390、816—817 页）。

二

正如有学者指出,吕著将"理乱兴亡"与"典章经制"分为两厥,若从"通"的标准要求,终非"上上策"①。此说虽针对《吕著中国通史》,②强调通史著述"通"的要求,自与断代史的评述不尽相同。但研讨吕著断代史,似乎也可以有这样的疑问。换言之,《秦汉史》的撰写何以不将"理乱兴亡"与"典章经制"合成一体而做融会贯通的叙述?

最早有此疑问的、且当面请教过吕先生的,是杨宽先生。他后来写道:"吕先生一向认为通史体例远比旧式的史钞体例为优,早在20年代初叶就采用通史体例写了《白话本国史》。为什么到晚年著作这四部巨大的断代史的时候,他反而不采用通史体例呢?"③这里所说的"通史体例",就是指像《白话本国史》那样将"理乱兴亡"、"典章经制"等内容做融会贯通的叙述。吕先生对此的回答是:在当时运用这种通史体裁撰史的条件还不成熟,还需要做一番努力才有可能用这种体裁写出令人满意的著作。他说:必须拥有详确的史料,对各方面的历史发展情况作出正确的概况和分析,才有可能把复杂的历史情况真正贯通起来。由于前人对各个时期各个方面的史料没有做过细密的整理考核,我们今天要在短时期作出正确的概括和分析是困难的,加以融会贯通就更难办到。④

如此说来,吕先生所撰的几部断代史,实际就是在分段分代地做系统而缜密的考史,而非融会贯通地撰史。关于这一点,顾颉刚先生是了解的。1939年,顾氏主持齐鲁大学国学研究所,拟定了一份国学研究所聘请名誉研究员的名单,其第一列便是吕先生。他写道:吕先生"熟诵二十四史,所成著述均极切实。现正着手草《中国通史》,此一大业必

---

① 王师家范在评述《吕著中国通史》时说:此书"不足的是条分缕析甚细,政治大势与制度沿革两部分又截然分开,从'通'的标准要求,算不得上上策"(参见王家范《中国历史通论》,华东师范大学出版社,2000年,第398页)。
② 《吕著中国通史》出版于40年代初,其撰写年代大致与断代史同,故或也受断代史体裁的影响。但此书将"理乱兴亡"(上册)与"典章经制"分为两厥(下册),自有其课程和教学上的缘由。此点,作者在该书的序言中已经写明(参见《吕思勉全集》第4册,第7页)。
③ 杨宽:《吕思勉的史学研究》,《中国史研究》1982年第3期。
④ 杨宽:《吕思勉的史学研究》,《中国史研究》1982年第3期。

须经其草创方有坦途可行"①。这里所说的《中国通史》，就是指吕著的断代史系列；②所谓"此一大业必须经其草创方有坦途可行"，就是上文吕先生所说的：要进行融会贯通的撰史，必须先对现有的史料做一番系统而缜密的整理考核。按顾氏的看法，吕先生撰写断代史实在是一番"草创"性的工作；认为只有经过这一番"草创"性的研究，中国史的撰写"方有坦途可行"。

考史体裁通常是用来做读史札记的，以此来写成系列的断代史著述，则前所未闻。那么，用考史体裁是如何建构起断代史的专著呢？这需要对《秦汉史》的文本做一番分析、解构。这里，我们以此书的第二章第一节为例作点解析。此节的标题为"始皇治法"③，共七千余字，有七个自然段。笔者按其内容，将其分解为：主题、材料、史事考辨、史评四类要素：

第一自然段：主题：秦王并天下，改名号。材料：《始皇本纪》及琅琊刻石。史事考辨：皇帝连称，古之所无；典籍中有"皇帝"之辞，盖汉人所为；汉人传古书，说虽传之自古，辞则可以自为。

第二自然段：主题：郡县之制。材料：《史记》。史事考辨：郡县由来已久，皆与封建并行；尽废郡县而行封建，始于始皇。史评：李斯持废封建之论甚坚，始皇亦能终用其谋。

第三自然段：主题：收兵器，夷城郭。材料：《史记》、《汉书》、《宋史·王禹偁传》。史评：后人不可"举而笑之"；收甲兵、夷城郭之事，在宋时尤视为制驭之方。

第四自然段：主题：论统一法度。材料（此段未录材料，注明见下册"文字"一节）。史评：此等事收效盖微，世或以为推行尽利，则误。

第五自然段：主题：迁豪富，强本弱枝。材料《汉书》之《刘敬传》、《地理志》等。史评：宗法盛行之世，治理之策，固不得不然。

第六自然段：先总结上文：始皇之政，皆有大一统之规模，不能谓

---

① 顾颉刚：《齐鲁大学国学研究所名誉研究员》，收入《顾颉刚全集》第34卷《宝树园文存》卷二，中华书局，2010年，第256页。
② 吕先生所撰的断代史系列，钱穆称为"国史长编"（见严耕望《怎样学历史——严耕望的治史三书》，辽宁教育出版社，2006年，第203页），王伯祥称为"中国通史长编"（《王伯祥日记》第16卷，国家图书馆出版社，2011年，第139页）。
③ 吕思勉：《秦汉史》，收入《吕思勉全集》第4册，第5—11页。

其不切于时务,论者举而笑之,皆史公所谓耳食者流也。主题:始皇之误,在于任法为治。材料:《史记·秦始皇本纪》、《汉书·严安传》。史评:(一)汉人所言,去秦近,其言自有所见,未可以为老生常谈而笑之也。(二)引《史记》文"向使二世有庸主之行,而任忠贤。臣主一心,缟素而正先帝之过。裂地分民,以封功臣之后,建国立君,以礼天下"。加注强调:此所以安失职之贵族,当时此等人固乱阶也。秦并天下之后,若众建小侯,而又辅之以汉关内侯之法,一再传后,天下既安,乃徐图尽废之而行郡县,秦末之乱,或不至若是其易。当时揭竿首起者,虽萌隶之徒,继之而起者,实多六国豪族,刘敬所谓非齐诸田,楚昭、屈、景莫能兴者也。政治不能纯论是非,有时利害即是非。盖是非虽为究竟义,然所以底于是而去非者,其途恒不得不迂曲也。废封建,行郡县,事最明白无疑,然犹不宜行之大骤如此。此以见天下事之必以渐进,而躁急者之不足以语于治也。

第七自然段:主题:秦焚书。史考:(一)《李斯传》"今陛下并黑白而定一尊,而私学乃相与非法教之制",似以尊字断句。(二)驳淳于越与请焚书,应各有一奏。(三)"若有学法令"句,"法令"二字当系注文混入本文。(四)"臣请诸有文学诗书百家语者"之"文学",即汉人所谓的尔雅。(五)坑儒事因方士诽谤始皇而起,与焚书不可并而言之。①

从以上的文本解析可见,所谓"考史"的体裁,包含了材料的比次、史实的考索和史事评论等多项内容。若把每一个考史的主题视为一篇札记,那么它就是按照撰史的规模写成的札记长编。比如,此书的下册第

---

① 又如《秦汉史》第四章第五节"汉初休养生息之治",约五千余字,三个自然段,亦可分解如下:

第一自然段:主题:论汉初休养生息。材料:《史记·平准书》、《高后本纪赞》、《曹相国世家》。史考:汉之繁盛,非全是文景休养生息之功;无为而治,由来已久。史评:有为之治求有功,无为之治,则但求无过,虽不能改恶者而致诸善,亦不使善者由我而入于恶。一统之世,疆域既广,政理弥殷。督察者之耳目,既有所不周,奉行者之情弊,遂难于究诘。与其多所兴作,使好吏豪强,得所凭藉,以刻剥下民,尚不如束手一事不办者,譬诸服药,犹得中医矣。故历代清静之治,苟遇社会安定之际,恒能偷一日之安也。

第二自然段:主题:文帝、景帝多仁政。材料:《汉书·食货志》,文帝、景帝《本纪》。史考:三十而税一,终两汉之世皆沿之。

第三自然段:主题:汉人称颂文景,亦有言过其实。材料:《汉书·文帝纪赞》、《景帝纪赞》、《风俗通义》、《汉书》之《贾捐之传》、《贾谊传》等。史考:(一)文帝不免轻俊自喜。(二)贾生不仅为绛、灌等所毁,亦为邓通所愬,《史》、《汉》或为贤者讳?史评:文帝乃中主,虽有恭俭之德,人君优为之者亦多。即以西汉诸帝论:元帝之宽仁,殊不下于文帝,其任石显,亦未甚于文帝之宠邓通也。文、景之致治,盖时会为之,王仲任治期之论,信不诬矣。(见吕思勉《秦汉史》,收入《吕思勉全集》第4册,第69—73页)

十七章第六节交通,①有二十个自然段;若给每一个自然段拟一个小标题,可得札记二十篇:(一)乘车为体制起见,(二)畜牛者多于马,民间驾车、官家运输多用牛,(三)宫中用辇,(四)民间多用驴,(五)国家奖励民间养马,(六)汉之马政,(七)汉道路之修治,(八)汉时边方之道,(九)汉时道旁植树,(十)前后汉驿法一大变,(十一)私家可置驿,(十二)邮驿,(十三)烽燧,(十四)汉时传舍,(十五)亭传之置,(十六)关梁,(十七)传信于郡国以符,(十八)水运与海运,(十九)汉世之造船,(二十)僻陋之地少舟船。《秦汉史》共二十章,第一章为总论,不分节;上册有十一章,章之下设节,共设七十九节;下册设八章,共有四十七节;总共一百二十六节,也就是一百六十个专题性的、有系统的札记长编。②

其实,按吕先生之说法,他的这几部断代史的体裁应该称为"史钞"体。吕先生说:"现在史学界所最需要的,实为用一种新眼光所作的史钞。""史钞"之"钞",不是钞撮,"今所谓照本钞誊之钞,昔人称为写、录等,不称为钞。昔人所谓钞,乃撮其精要,而刊落其余之谓。史钞之作,晋、南北朝时最多,读《隋书·经籍志》可见"③。当然,史钞也不是史论。今日"编撰新历史,以供今人的阅读,人人能言之。然其所作之书,多偏于议论,并未将事实叙明。此在熟于史事的人,观其议论则可;若未熟史事的人,欲因此通知史事,则势有所不能。此实可称为史论,而不可称为史钞;而其所发的议论,空洞无实,或于史事全未了解,但将理论硬套者,更无论矣"④。他又说:"史钞一体,……在今日,则其为用甚大。何者?苟欲钩玄提要,取精弃粗,其于昔人之书,势必不能无所去

---

① 参见吕思勉《秦汉史》,收入《吕思勉全集》第4册,第538—553页。
② 再如下册的第十九章"学校"一节,全文约一万四千余字,二十五个自然段落;可按内容分成札记二十篇:(一)古今政教之一大变(学术为士大夫所专有之局破),(二)西汉之大学,(三)汉之三雍,(四)后汉之大学,(五)汉世多孤寒向学之士,(六)汉世入学者年龄,(七)汉时学校风潮,(八)汉时博士及博士弟子之选颇为重视,(九)汉世学业多得之在官,(十)学校当重教化,非重学业,(十一)汉郡国之学,(十二)学校讲教化故最重者为礼,(十三)汉时庠序多讲教化而有名无实,(十四)汉时资助吏民之好学者,(十五)汉世良多能兴学于僻陋之地,(十六)汉世文学之职于郡国教化关系颇大,(十七)汉世私家教授之盛,(十八)汉儒居官者多不废教授,(十九)汉兴儒学之效,(二十)汉世之游谈之风(见吕思勉《秦汉史》,收入《吕思勉全集》第4册,第641—659页)。当然,就系统性而言,各章节也有程度的差异,有些详尽,有些简略。这正可见学问(即便是系统的考史工作)本不是个人之事,需要集众人之力,各人只能尽其所能,做出成绩,以供学界参考利用。
③ 吕思勉:《中国史籍读法》,收入《吕思勉全集》第18册,第360页。
④ 吕思勉:《中国史籍读法》,收入《吕思勉全集》第18册,第360页。

取,然去取前人之书,一入自己口气,为之改作,原书之面目,即不可得见,两书之同异信否,又生校勘考据之劳矣。惟用史钞体者,可免此弊。今日史学趋向与昔不同,别编新史之事,势必日出无已,若能推广此体而善用之,实可为读史者省却无限精力也。又史钞本有一种专为节省后人考据之力起见者,如《新旧唐书合钞》是也。"①他提倡要按现在的眼光来作史钞,"必将前人所作的历史,(一)仍为今人所需要者因仍之;(二)其不需要者略去;(三)为今人所需要,而前人未经注意者,则强调之使其突出,乃足以当之无愧。至于文字的体裁,则最好能因仍原文,不加点窜;而自己的意见则别著之,使读者仍能与我们所根据的原材料相接触"②。

总之,考史式的"史钞"之体,其特色在一个"钞"字。强调直录原文不加改易,这就可以直接让读者接触材料原文。③ 这种系统的"钞史",系统的梳理和考证,整体上又按撰史的规模来建构框架,实在是为进一步撰写融会贯通式的通论性著述做好了准备。

顾先生认为,吕先生熟读"廿四史",最适宜做这种为后人开"坦途"的"草创"性工作。严先生说吕先生以一人之力撰写这四部断代史,说其"魄力与坚毅力,实在令人惊服",又说"前辈成名史学家中,除了诚之先生,恐怕都难做得到。这不是才学问题,而是才性问题"④。确实,从这种"草创"性的考辨材料、撰写读史札记入手,已成为他的日课,成为他研究工作的第一个环节。1950年代初,孟宪承先生计划撰写《中国教育史》,请吕先生协助参与,吕先生就先做"草创"性的考辨材料、撰写读史札记的研究工作。如《国子太学》、《入学之年》、《郡国学校由行礼变为治》、《束脩》、《学校经费》、《学校中体罚》、《学校风潮》、《武举》、《为私家立学》、《为外族立学》等数十篇有关教育史的札记,⑤都是当时为孟先生的《中国教育史》而撰写。套用顾先生的说法,《中国教育史》的

---

① 吕思勉:《史籍与史学》,收入《吕思勉全集》第18册,第59页。
② 吕思勉:《中国史籍读法》,收入《吕思勉全集》第18册,第360页。
③ 有关研究性论文或论著应直接呈现材料而不加改作,在严耕望《治史经验谈》的"论文体式"一节,有详细的讨论(《怎样学历史——严耕望的治史三书》,第72—77页),值得参看。
④ 严耕望:《怎样学历史——严耕望的治史三书》,第202页。
⑤ 这些札记,最初收入1958年商务印书馆出版的《燕石续札》,现都收入《吕思勉全集》第9、10册的《读史札记》中。

著述也必须有这一番"草创"工作方有坦途可行。其实,吕先生不仅适宜,而且也愿意、并自信能做好这种"草创"性的研究。1952 年,他参加三反及思想改造学习,在《学习总结》的结语部分写到自己今后的研究计划:"学术上:(一)欲删定旧作。(二)夙有志于将道藏之书,全读一过,未能实行。今后如有此日力,仍欲为之。所谓道教者,包含从古已来杂多之宗教;自亦有哲学思想;与佛教又有犬牙相错处;与农民豪杰反抗政府之组织,及反动道门,皆有关系,而至今无人研究。使此一部分,成为中国学术史上之黑暗区域;政治史,社会史,宗教史,哲学史,亦咸留一空白。予如研究,不敢望大有成就,必能透出一线曙光,开后人研究之途径也。不知此愿能偿否?"① 吕先生晚岁年老体衰,道藏的研究最终未能如愿。但可以推想,他如做道藏的研究,一定也是先做一系列"草创"性的考史工作。

三

然而,考史之"史钞",最易误解为抄书,故有学者曾"批评诚之先生的著作只是抄书"②。其实,真如梁启超所言:"善钞书者,可以成创作",前有汉代荀悦之《汉纪》、后有宋代袁枢之《通鉴纪事本末》,都是因"钞书"而大获成功的。③ 严先生不同意这种批评,他说:学界"有几个人能像他那样抄书,何况他实有许多创见,只是融铸在大部头书中,反而不显豁耳"④。由于"史钞"体的影响,吕著中许多有价值的创见不显

---

① 吕思勉:《三反及思想改造学习总结》,收入《吕思勉全集》第 12 册,第 1230 页。
② 严耕望:《怎样学历史——严耕望的治史三书》,第 203 页。
③ 梁启超:《中国历史研究法》,第 30 页。
④ 严耕望:《怎样学历史——严耕望的治史三书》,第 203 页。此类创见独识,道人所未道者甚多。如说秦时的车同轨、书同问及统一法度横石等,"收效盖微,世或以为推行尽利,则误"。说文景之治,"颇有过其实者";"汉之刻剥其民,而为史所不详者多矣"。有些虽为推论,也独具慧眼。如《秦汉史》"二世之立"一节,在引述了《秦始皇本纪》所载二世即位的材料之后,吕先生加按语云:"古太子皆不将兵,使将兵,即为有意废立,晋献公之于申生是也。扶苏之不立,盖决于监军上郡之时。二十余子,而胡亥独幸从,则蒙毅谓先王之举用太子,乃数年之积,其说不诬。始皇在位,不为不久,而迄未建储,盖正因欲立少子之故。"(见《吕思勉全集》第 4 册,第 16 页)这个论断,符合北京大学所藏西汉竹竹简《赵正书》所记载。虽然《赵正书》不足以证明《史记》所载为误,但至少说明有关二世即位之事,汉世也有不同的说法。(据《赵正书》所载,二世胡亥继位是秦始皇听从李斯等的建言后明确认可的。见赵化成《北大藏西汉竹书〈赵正书〉简说》,刊于《文物》2011 年第 6 期)

豁而为读者所忽视,这倒是事实。① 特别是所"钞"之材料,主要取材于以"廿四史"为代表的传统典籍,这无疑也容易为强调新材料的史学界所看轻。结果,既看不出吕著的特殊体例,看不出其考史的内容实质,也不能领会其中的独特创见;更主要的是忽视或看轻了对传统史料做系统而科学的整理工作的重要性、紧迫性。当然,这与当时学界普遍轻视以"廿四史"为代表的传统史料有关。②

其实,吕先生不光用"史钞"体来写他的断代史;他的论文,也是用"史钞"体写成的。如《匈奴文化索隐》一文,就由《匈奴为夏后氏苗裔》、《匈奴风俗》、《其俗有名不讳而无姓字》、《匈奴与中国同文》、《五饵》、《匈奴人口》等六篇札记组成。③《汉人訾产杂论》是由《论古人日食之率及汉代訾产利率顾直》、《论前汉赏赐》、《论后汉三国禄赐及赐人民》、《论汉世赠遗》、《论汉世购赏》、《论汉世丧葬之费》、《论汉世臧盗振恤》、《论汉世卖爵赎罪》、《论汉世穀帛之贾》、《论汉世马贾》等十篇札记组成。④ 其他如《道教起源杂考》、《秦汉移民论》等,也都是用这种体裁写成。不过,吕先生很少为做论文而写论文,在他的著述中,此类"史钞"体的论文并不多。我们推想,他日常的研究工作就是做系统的札记,有时有杂志或学生来约稿,有时因自己编书、编杂志的

---

① 先生的精湛独到之处,往往不易为人注目,有两个原因:(一) 是这几部断代史,因大段引用正史材料,而独见之处反而不显豁。(二) 是独见之处都依附于讲义之中,也不易为人注意。关于后一点,吕先生晚年曾这样说:"予所述作,多依附学校讲义而行,故中多普通材料。现甚想将其删去,全留有独见之处,卷帙可简什七,即成精湛之作矣。"(见吕思勉《三反及思想改造学习总结》,收入《吕思勉全集》第 12 册,第 1229 页)
② 轻视"正史"的史料价值,重视新史料、轻视旧史料,这在整个二十世纪的中国史学界不是少数,故罗志田先生有"史料的广泛扩充"与"不看二十四史"之说。(罗志田:《史料的尽量扩充与不看二十四史》,见《近代中国史学十讲》,复旦大学出版社,2003 年,第 86 页)严耕望的《治史经验谈》中,曾说到一个典型的案例。严氏说:"我个人治史的路线也是从一般普通史料入手,虽然我征引史料除了正史、政书、地志之外,涉及诗文、石刻、佛藏、杂著等相当广泛,也偶引新史料,但真正基础仍然建筑在正史上。当我三十几岁靠近四十岁时,听说姚从吾先生批评我,'只是勤读正史',又谅他的说,'能读读正史也好',意思是不大看得起;等到我的《中国地方行政制度史》与《唐仆尚丞郎表》出版以后,才承他很看得起,给我一个实在不敢当的评述。此亦正见以正史为基础,也能产生意想不到的成绩!"(见严耕望《怎样学习历史——严耕望的治史三书》,第 26 页)姚先生之所以曾一度看轻了严先生的治学,原因也是看轻了"正史"的史料价值。
③ 吕思勉:《匈奴文化索隐》,原刊《国学论衡》1935 年第 5 期;收入《吕思勉遗文集》上册,华东师范大学出版社,1997 年,第 157—170 页。
④ 吕思勉:《汉人訾产杂论》,原刊《齐鲁学报》1941 年第 1 期;收入《吕思勉全集》第 12 册,第 699—723 页。

需要,就取已成文的、有系统的札记,冠一个适当的标题,即可用来发表。①

严耕望先生称今日通行的论文体裁为"常行体"②。与这种"常行体"相比,这种由系统的札记建构而成的论文,不仅有体裁上的差异,也有撰史程序上的不同。在这里,编撰的形式(体裁、撰史程序)就会对史书的内容产生一定的影响。"史钞"体的论文,既然由系统的札记所组成,那它的撰写程序,只能从读史书、写札记入手,等到札记有了一定的积累,论文或论著也就水到渠成了。吕先生曾批评当年学生做论文的方式,他说:"最要不得的,是现在学校之普通做论文的方法,随意找一个题目,甚而至于是人家所出的题目。自己对于这个题目,本无兴趣,自亦不知其意义,材料究在何处,亦茫然不知,……不该不备,既无特见,亦无体例,聚集钞撮,不过做一次高等的钞胥工作。做出来的论文,既不成其为一物,而做过一次,于研究方法,亦毫无所得,小之则浪费时间,大之则误以为所谓学问,所谓著述,就是如此而已,则其贻害之巨,有不忍言者已。"③学生写论文,常常是先有题目,再找材料,甚至材料都不找,只是读读他人的研究报告;由此而写成的论文往往是套话连篇、空洞说教,或者只是综合他说并无自己的心得。④ 相对而言,"史钞"体的论文就不易犯上述弊病。不过,这些弊病不全是体裁造成的。从编撰程序上说,"常行体"应该是"史钞"体的"升级版";有了"史钞"体的研究写作做基础,写出来的"常用体"论文,就不会犯这些毛病了。

吕先生在《历史研究法》"作史的方法"一节中还说到另一种"史钞"体。他说:"我觉得史料汇编,在今日实为当务之急。所谓史料汇编,便是把每一个题目(无论其为时间别,地域别,或择取某事件),遍览群书,把其中有关系的,都抄录下来,注明篇名卷数或页数,及所据的版本(不

---

① 如《齐鲁学报》,如《古史辨》第7册,都是吕先生主持编辑的,其中收录的他自己的文章,都是这种"史钞"体的论文。
② 严耕望:《治史经验谈》,见《怎样学历史——严耕望的治史三书》,第73页。
③ 吕思勉:《从我学习历史的经过说到现在的学习方法》,收入《吕思勉全集》第12册,第750页。同样的意见,也见之于《思乡愿》一文,收入《吕思勉全集》第12册,第637—638页。
④ 有关"常行体"易产生的毛病,严耕望在《治史经验谈》"论文体式"一节中,有很精到的分析。参见《怎样学历史——严耕望的治史三书》,第73页。

同的刻本,须互相校勘,见于类书或他书所征引者亦然,所以又涉及校雠问题)。此自非一二人之力所能及,当集群力,以大规模的组织行之。此即昔人编纂类书之法。中国历代,多有大类书的编纂(从魏朝的《皇览》,到清朝的《图书集成》)。这能替研究学问的人,把他所需要的材料,汇集在一处,省却他自行搜辑之劳,所省下来的工夫,就可用之于研究上,其用意实为最善,昔乎其所编纂的,都不甚佳而已(因为私人之力不及,而官修之书,又每不尽善)。在现代,实在各种学问,都当以此法行之,而史家相需又急(论整理国故的人,总说旧学术要算一笔总账,编类书亦是算总账最好的法子)。编纂史料汇编,当用前人做史钞的方法。所谓史钞,是把从前人的著作,依着我所定的条理系统,抄集下来的。不改动原文,但遇两书材料相同的,则去其重复,然亦仍须注明(如《史记》与《汉书》,《宋》、《齐》、《梁》、《陈》、《魏》、《周》、《隋书》与《南》、《北史》是。有一字的异同,亦须注明,无之则但注某书某篇同)。有须删节处,亦须注明删节。总使人家看起来,和看原书一样。为什么必要用这种体例呢?那是因为读史总要据原始材料的;而且有许多地方,史事的真相,就是据字句推勘而得,所以字句一有变动,又要生出一番校勘之劳,这个殊犯不着,所以要一概照抄,如有意见,则另注于下。善用这种体例的,亦可以成为著作,如马啸的《绎史》,便是一个例子(罗泌的《路史》,材料实较《绎史》为丰富而可贵,如用《绎史》的体例作成,当更可贵)。此种书籍,能合群力为大规模的编纂固佳,即私人亦未尝不可为。"①此类"史钞",其实就是史料汇编,②可以称为史料汇编式的"史钞"。

---

① 吕思勉:《历史研究法》,收入《吕思勉全集》第18册,第30—31页。
② 1956年,上海市政府曾拟订社科发展十二年规划,邀吕先生参加商讨会议,吕先生因病不能参加,便草拟了一份《致中共上海市委学校工作部信》,信中建议政府有关部门组织人员编撰集部的史料汇编,他说:"今日有一事,可于十二年中毕其功",即"编撰一完美之大类书",而"其尤急者,则集部类编是已"。这项工作"看似仅募集前人之所为,然事苟获成,则其裨益有非千百人刻苦钻研所能逮者……"。此处所说的"集部类编",也是史料汇编式的"史钞"。(吕思勉:《致中共上海市委学校工作部信》,参见李永圻、张耕华《吕思勉先生年谱长编》,上海古籍出版社,2011年,第996—997页)

吕先生自然也做过大量的史料汇编性的"史钞"①。在吕先生留存的各类遗稿中,有很大一部分是抄录的研究资料,它们被分门别类地包扎好,包裹纸上写有资料的类别,如社会、妇女、生计、宗教、四裔、学术、文字等,里面都是完稿或未完稿的读史札记,也有一些是资料的摘录。先生又留有《宋辽金元史》和《明清史》的史料摘录,可以帮助我们了解他写断代史时所做的资料汇编性的"史钞"。

《宋辽金元史》和《明清史》,原是吕先生的断代史系列的最后二部著述。先生因年老体衰,这两部断代史最终未能完成,只留下一大包资料摘录。所谓资料摘录,实是资料页码的札录。页码摘录的格式非常简略:如有一条"安石上书(五七,5,上)",其中,"五七",代表第五十七卷,"5",表示第 5 页,"上"表示第 5 页的正面。又如"雍熙伐辽(十三,1 上—6 下,8 上)"。又如"赋税(茶)"一页,摘录的页码有:"(四一四)2 下",其中"四一四"表示《宋史》第四百四十卷,"2 下"表示第 2 页的反面。如"顺昌山＝桃花源(四百五十八,6 上)"。如"《宋史·外国传》(高昌国)国中无贫民,绝食者共振之。(四百九十,4 下)"。页码摘录均写于毛边纸上,裁成 17×12.7 大小,有宋、辽、金、元史资料、纂修元史明史史料札录和未归类资料共七札。下面,以宋史一札为例,看看吕先生所做的史料摘录的方式。

宋史页码札录共一百零二页,主要是《宋史》和《续资治通鉴》的史料页码摘录。摘录的史料可分两类:一类是政治史的资料页码摘录,格式是先列标题,标题之下抄录资料所在史书的页码。如"太祖传太宗事及赵普"、"缓攻北汉及遂伐辽"、"真宗时辽寇"、"仁宗时之辽"、"辽夏之衅"、"真宗刘后"、"郭后之废"等等。这应该是断代史上册所做的资料准备。另一类是专题史的资料页码摘录,分类的题目有:宫室(器

---

① 钱穆在《师友杂忆》写道:四十年代中后期,"余又屡去其沪上之寓所。抗战时开明书店曾邀余作《国史长编》,余介绍之于诚之师,得其允诺。已有分编成书。诚之师案上空无一物,四壁亦不见书本,书本尽藏于其室内上层四围所架之长木板上,因室小无可容也。及师偶翻书桌之抽屉,乃知一书桌两边八个抽屉尽藏卡片。遇师动笔,其材料皆取之卡片,其精勤如此。所惜者,其长编亦写至唐代而止,为师最后之绝笔。"这里所说的《国史长编》,就是吕先生的几部断代史;说已有分编成书,即是指已出版的《先秦史》和《秦汉史》。可见,为撰写断代史而准备的资料卡片,钱先生是见过的。钱穆:《八十忆双亲师友杂忆合刊》,见《钱宾四先生全集》第 51 册,台北联经出版事业公司,1998 年,第 54—55 页。

用)、宗族、风俗、封建(政体)、宗教、移民、医、阶级、财政、伦理、钱币、交通、兵、刑、经籍、礼乐、名讳、丧报、水利、史、纪年、美术、选举、地理、户口、妇女、度量衡、赋税(总)(田)、赋税(屋)(契)、赋税(山泽)、赋税(卅)(攀)、赋税(役)、赋税(盐)、赋税(茶)、赋税(酒)(醋)(榷货务)、赋税(商)、赋税(坊场)、赋税(杂)、社会、外交、葬埋、实业(农)(渔)(牧)(矿)、实业(工)、实业(商)、食、食(仓储)(漕运)、食(入中入边)(糴耀)、食(仓储)(漕运)(市糴)、服、历法、学术、职官、区划、四夷、宋史币价考等。这应该是为断代史下册所做的资料准备。每一题目下,列出的资料页码,少则几条、几十条,多则数十条、上百条。其中"宋史币价考"一目,①共有七页,摘录《宋史》上的资料,自卷一开始,一直到最后的第四百九十六卷,所记的有关"币制"、"币价"的史料(每一页码,即一条史料),有六百九十七条;摘录《续资治通鉴》的史料有五十四条。之所以只写页码,不抄史料原文,自然是为了节省时间。如果按先生摘录的页码将史料原文一一抄录,那就是吕先生为撰写断代史而做的史料汇编性的"史钞"了。

其实,按吕先生的说法,他的《白话本国史》也是"史钞体"。他在该书的"序列"中他批评当时的有些史著,或是"随意摘取几条,并不是真有研究",或是措辞"随意下笔,不但把自己主观羼入,失掉古代事实的真相"。为此,他"想做一部'新史钞',……把中国的历史,就个人眼光所及,认认真真,将他紧要之处摘出来;而又用极谨严的法子,都把原文钞录(有删节而无改易),自己的意见,只注明于后"②。吕先生称他的《白话本国史》是"史钞",自是他的自谦之词。不过,这个体裁确实也有"钞"的特征,即录入原材料而不加改易;只是内容的架构已全是撰史的规模了,称之为"新史钞"也很贴切。与上述几种"史钞"相比,《白话本国史》之"史钞"体,可称是一种撰史式的"史钞"。这样,我们在吕先生的著述中,已经看到了好几种"史钞"体了,也就可以推想吕先生治史的大致程序:

---

① 吕先生很关注币价的涨跌,一直收集史料,想研究历代的币价问题(吕思勉:《四史中的谷价》,见《吕思勉全集》第11册,第614页),在这包史料摘录内,有《宋史币价考》、《辽史币价考》、《金史币价考》、《元史币价考》、《明史币价考》五札,都是史料的页码摘录。
② 吕思勉:《白话本国史》,收入《吕思勉全集》第1册,第1页。

第一步是做史料汇编式的"史钞",一边读史书(史料),一边按照自己设计的史著结构,将史料分门别类地摘录、归类;摘抄资料,有些录入全文,有些只摘录页码,以求便捷。此种史料汇编,也包括吕先生所做的大量、分类的各种剪报。

第二步是做考证式的"史钞"。此类札记,从点滴的、未完成的,到写成的、有系统的。先生一生写过大量的考史札记,有些是成系统的,有些只是一个雏形,有许多还是未完成的;直到先生晚年,他还断断续续地撰写或修订考史札记。

第三步是写出论文、专著式的"史钞",除了上文提及的论文、断代史外,先生的《中国社会史》、《中国民族史》、《先秦学术概论》等著述,也都带有明显的"史钞"体的特征。

总之,读史料,写札记,做长编,然后再撰文著书,这是吕先生史书编撰的基本程序,这是一种非常本土化的史书编撰方法。

四

虽然较早就有学者引用了"内容与形式"的概念来分析史书的编撰体例,但当年的分析研讨,并未真正从形式上对传统的史学体裁进行分类考察。如笔者所述,旧时史书编撰的三大体裁,除编年之外,纪传、纪事本末、典志等体裁都只是记述内容的不同,而不是书写体裁的不同。在今日,当我们采用章节体来撰写历史人物、事件或典章制度,且没有发现它在表述上有滞凝或扞格不通的毛病时,那么何以在章节体的大框架下,还要保留纪传、典志或纪事本末诸体裁,而尝试一种综合性的体裁呢?因为章节体完全可以容纳纪传、典志和纪事本末的内容。就目前的著作成果来看,新综合体的著述,与其说是体裁的综合,不如说是内容上的综合。如果我们不是想做汇编史料,而是想要采用纪传、典志和纪事本末诸体来撰写史著,那么必须注意在叙述层次、角度等方面有所协调和转换,以免各体所记内容的雷同而造成叙事的重复。

在传统的历史编撰学中,纲目体裁的出现是编撰形式上的一大创新。朱熹撰《资治通鉴纲目》,自云:"大书以提要,而小注以备言;至其是非得失之际,则又辄用古史书法略示训诫。"①显然,他已经体会到史书的撰写需要有对史事的条理和分层。这与章节体的精神是一致的。然而,纲目体的产生,主要是为了阅读上的便利,而不是为了服从叙述内容复杂多样的变化。故而它虽与章节体仅一步之遥,然这一步却不是古人所能跨越。当然,这也是时代所限,非古人智力不逮。随着历史认识的深入,撰史者需要从多方面、多层次、更复杂的系统上去展开历史叙事。于是,旧有的体裁就相形见绌,而域外的章节体也就"乘虚而入"②,遂成史书编撰的主流形式。章节体所提供的是纯粹的形式框架,对所叙之内容无所限制,③这就弥补了旧时史书体裁的"短板"。然而,引入章节体之后,传统的撰史体裁仍有采用的价值,仍值得我们去传承和发扬。吕先生用改良过的"新史钞"来撰写他的断代史;钱穆用"纲目体"来写《国史大纲》;严先生用改进过的"新纲目体"来撰写他的《唐代交通图考》,用复合体写《夏代都居与二里头文化》等。④ 这都表明了传统的史书编撰程序和一些非主流的史书体裁,⑤在当下的史书编撰中仍有很高的应用价值和学术的生命力,切不可等闲视之。

毋庸讳言,历史编撰学在史学史的研究中是一个相对冷落的领域,

---

① 朱熹著、郭齐、尹波点校:《朱熹集》卷二二《辞免江东提刑奏状三·贴黄》,四川教育出版社,1996年,第925页。
② 章节体的运用,自与新学堂的教科书的编写有关,但这也从另一个侧面表明了,传统的史书体裁已跟不上时代的变化和新式教育的要求。
③ 有学者认为:"章节体的不足之处在于人为的分章辟节,在一定程度上割裂了历史过程的整体性,随着章节体的程式化,这一缺点日益明显。"(见吴泽主编《史学概论》,安徽教育出版社,2000年,第212页)这里所说的"人为割裂"与"程式化",实在是两个问题,需要分别讨论。章节体的特征是以抽象符号排列一个叙事的先后顺序(层次),历史书写的主体是人,故任何一种"分章辟节",都出自于人为;因此而有"人为割裂"的缺点,那么任何一种书写体裁都难免有这个缺点。难道书写者能够不分章节、不分段落、一口气就把话全部说尽? 有道是"饭得一口口吃,话得一句句说";如要叙事之段与段之间、节与节之间、章与章之间都没有暂时的停顿、隔断和转换,那叙事如何可能! 至于"程式化"的问题,那不是体裁带来的弊端,而是认识上的毛病。换言之,是历史内容的程式化,不是史书形式的程式化。以纪传体为例,传统典籍中的人物传纪,也往往有程式化的问题,但这也是书写上的问题,不是体裁上的问题。
④ 严耕望:《治史经验谈》,见《怎样学历史——严耕望的治史三书》,第75、81页。近年来出版的各种"编年事辑"、"年谱长编"等,也都属于纲目体。笔者曾参加过几种教科书的编写,也都一定程度上采纳了"纲目体"的形式(参见王斯德主编《初中历史》,华东师范大学出版社,2001年;余伟民主编《高中历史》,华东师范大学出版社,2008年;王家范等《大学中国史》,高等教育出版社,2011年)。
⑤ 通常我们称编年、纪传和纪事本末是传统时代影响最大的三大体裁(见吴泽主编《史学概论》,第210页),故不妨称其为"主流"体裁。相对而言,其他如纲目体、学案体、史论体等,可以称为"非主流"体裁。如此措辞或不甚恰当,并无褒贬之义,只是行文方便而已。

相关的研究也较为滞后,其后果就是未能给具体的编撰实践提供切实可行的参考借鉴。其实,史书体裁的研究不当囿于陈说;史书体裁的选择,也应该循名责实、因事而异。正如严耕望先生所说:"研究性的论文,则当因题目内容而异,因材料情况而异,因自己研究与写作详略深度而异,以及因准备供给何人阅读而异。……当因应各种情况之不同而有所变通,不能拘守一种固定方式。"①体裁的选择,还当区分是整理史籍、储存史料,还是撰写史作、著书立说;至于设想一种兼采各体来撰写史书,也就是设想一种包罗万象的历史著述,其实这既无必要,也无可能。历史编撰学的研究也不能仅是坐而论道,最好能起而践行,至少是关注学界已有的体裁尝试。吕先生曾说:"抽象的理论,言者虽属谆谆,听者终属隔膜,无已,则看前人所制成的作品,反而觉得亲切。"又说:"研究方法必须试行之后,方能真知。"②历史编撰学的研讨,也可作如是观。历史编撰学的研讨,总以史书编撰的实践为基础、为素材,脱离了史书的书写实践,难免会有隔靴抓痒、纸上谈兵的倾向,甚至是"见卵求鸡、见弹求鸮"。

吕先生的治史(读史料,写札记,做长编,然后再撰文著书)是一种本土式的撰史方式,说其是本土特色,并非说其是本土独有。其实,诸如读史料、写札记、做史料长编之类的撰史方式或步骤,在世界史学史上,恐怕有一定的普遍性。但是毫无疑问,这在中国是源远流长的,这种治史样式(程序)至少到宋代司马光编《资治通鉴》时,已经非常成熟了;到清代乾嘉史家们的手里,更是蔚然成风,成为史书编撰上的不二法门。当然,乾嘉学者大都停留在前两个层面,而没有进一步做融会贯通的著述。就个体而言,这自然是受制于史家个人的精力、时间,就环境而言,也受制于清代专制政治的压力。然而,自西式论文论著的体裁传入之后,传统的史书编撰样式已与我们渐行渐远了。像吕先生那样老一辈的史学家,之所以还能恪守传统的撰史路径,大都与他们青少年时所受的教学、训练有关,也与当时的学风有关。在今日,无论是学者的自身条件,还是学界的风气、社会的外在环境,再来提倡、学习这种本

---

① 严耕望:《治史经验谈》,见《怎样学历史——严耕望的治史三书》,第72页。
② 吕思勉:《怎样读中国历史》,收入《吕思勉全集》第11册,第492页。

土式的史书编撰方式,是否已是不合时宜？或只能做理论研究上的"纸上谈兵"？然而,要讨论历史学的本土化转型,要研究传统历史编撰学的继承和发扬,这其中包含的好多问题,都值得我们深长思之,否则即便是守住传统的金山、银山,最终还是"入宝山而空回",岂不遗憾！

（《南国学术》2017年第1期）

时势与理路:"整理国故"运动与吕思勉的史学道路

王 刚*

自晚清以来,伴随着"千年未有之变局",中国学术开始由传统向近代转型。① 在这一进程中,中国新史学开始酝酿、发展,一大批学术大师应运而生。其中,吕思勉是一位值得高度关注的史家。他被誉为"史学四大家",却长期为人所忽视,作为一位"默默枯守,不求闻达"的学人,旧学之厚为世所公认。② 然而,吕氏成就的取得并非孤恃旧学,靠枯守户牖而成。可以说,外在的"时势"时刻激荡着他,他是那个时代的产物,从来没有外在于新的学术思潮之外。而发端于"五四",兴盛于20世纪20年代的"整理国故"运动,正是这么一个对其学术发展具有转折性意义的思潮,吕氏的学术理路受其拉动,并在内外交织的紧张与调整中,走上了新的研究道路。近年来,对于吕思勉史学的研究,已日益受到学界的关注,但将其放置在具体的学术思潮之下,详尽考察外在时势与内在理路之间的互动、发展,尚有阙如。为此,笔者以"整理国故"运动与吕思勉史学之间的关系作为切入口,希望通过具体探研,既明晰吕氏史学路径与时代之关系,更由此管窥中国史学及史家在学术转型中所遭受的挑战与机遇。

---

* 作者简介:王刚,江西师范大学历史文化与旅游学院副教授。
① 本文所论及的近代(mordern)包含了所谓的现代时段,即20世纪上半叶之前的晚清民国时期。
② 严耕望:《通贯的断代史家——吕思勉》,俞振基编《蒿庐问学记:吕思勉生平与学术》,三联书店,1996年,第83—85页。严氏还指出:"他的史学是建筑在国学基础上,然而他的治史意味并不保守。"

一 新史家的成立:"由旧入新"与"整理国故"运动

罗志田说:"(吕思勉)大致是近代学术由旧转新的过渡人物。"① "过渡"与否可先存而勿论,但"由旧转新"的确是吕思勉学术的重要特征,或者进一步称之为"由旧入新",当更为准确。因为"转新"是一趋向,"入新"则已达目标,毫无疑问,吕氏是已经进入了近现代学术场域的史家。王家范称其为"新史学旨趣实践会通第一人"②,这是足以当之的。

考察吕思勉的史学成就,可以发现如下的事实:以20世纪20年代为界,吕氏此前的研究虽已向"新史学"靠拢,尽力"趋新",但依然"旧"有余,"新"不足;然而,自20年代以来,吕氏开始大踏步前进,日渐透现出"新史学"的气派,直至构建出宏通渊深的学术境界。要言之,此时段为吕氏史学的一大分水岭。如果说此前还往复徘徊于新旧边缘,至20年代,他终于完成了"入新",标志着其已成为新时代的史家。这期间,对其产生深刻推动力的是"整理国故"运动,正是在这一运动的影响下,吕思勉积极投身其间,学术面貌为之一新,吕氏的"由旧入新"之途也终于得以打通,这是他成为新史家的重要条件。

吕思勉治史是从青年时代开始的。据其自述:"自二十三岁以后,即专意治史矣。"③此年应为1906年,在吕氏学术道路上有一件标志性的事情,那就是,他第一次读遍了二十四史。而这一工作的完成,来自向屠寄(字敬山)问学之后。吕氏学术受多种因素影响,但授业之师为两人,一是少年时代授其经学的丁桂徵,另一则为授其史学的屠寄。④ 据吕氏自己的讲述,他从15岁开始读《史记》,然后渐次读其他

---

① 罗志田:《文学的失语:整理国故与文学研究的考据化》,收入氏著《裂变中的传承——20世纪前期的中国学术与文化》,中华书局,2003年,第302页。
② 王家范:《新史学旨趣实践会通第一人——为纪念吕思勉逝世50周年而作》,《文汇报》2007年12月16日,第8版。
③ 吕思勉:《从我学习历史的经过说到现在的学习方法》,《吕思勉论学丛稿》,上海古籍出版社,2006年,第577页;《自述》,《吕思勉论学丛稿》,第742页。
④ 吕思勉:《从我学习历史的经过说到现在的学习方法》,《吕思勉论学丛稿》,第578、580页。

正史,21岁随屠寄学习后,"始读辽、金、元史,并将其余诸史补齐"。从某种程度上来看,所谓23岁"专意治史",实应由师从屠寄算起,因为此前的读史,"都是当作文章读的,于史学无甚裨益"①。应该说,师从屠寄后,吕氏才开始有意识地读完了二十四史,更重要的是,明确了初步的史学研究意识。

然而,以此作为吕思勉史学研究的起点,至1920年止,足有15年的时间。在这15年里,吕氏虽然进行了一些史学研究,但自评甚低。在吕氏晚年的《自述》中,老先生对于自己一生的学术进行了总结,列出15部代表性著作,它们皆为20年代"整理国故"运动兴起之后的著述。至于此前的史学著作,竟无一语及之。此外,吕思勉一直有作史学札记的习惯,学界一般公认:"吕先生治史是从撰写读史札记入手的。"②他曾表示:"半生精力所在,不忍弃掷。"③这是吕氏史学的基石。然而,在1915年的一篇文章中,吕思勉披露,他曾对1905年以来摘抄的大量资料,以火焚之,理由是,其劳神而无用。④"不忍弃掷"之物竟决绝烧之,须知在许多年后,他在史学方法中特为推崇这种"史钞",此种表现实反常态。更值得深思的是,摧烧者为1905年以来的资料,它们正是从屠寄问学,并确立"专意治史"阶段以来的产物,吕氏何以会如此呢?

这些必须从学术心态上作分析。翻检吕氏诗文,可以看到,20年代之前,在决定"专意治史"之后,吕氏不止一次地自哀自怜,如他30岁时,在一首赠诗中这样说道:

> 今日悔昨非,未必今皆是。……忆昔识君时,我年才廿四,意气各豪雄,顾盼轻一世。勋业讵足论,浮云太虚耳。忽忽三十年,乃无立锥地。⑤

这首诗所表现的情绪是十分悲观彷徨的,不仅是"勋业"不能建立,居然认为自己连立锥之地都没有,这非常不符合他自信甚至自负

---

① 吕思勉:《从我学习历史的经过说到现在的学习方法》,《吕思勉论学丛稿》,第580页。
② 李永圻、张耕华:《吕思勉读史札记》(增订本)前言,上海古籍出版社,2005年。
③ 吕思勉:《燕石札记自序》,《吕思勉读史札记》(增订本),第1444页。
④ 吕思勉:《国体问题学理上之研究》,《吕思勉论学丛稿》,第270—271页。
⑤ 吕思勉:《诗龄招叔远同饮兼怀文甫》,《吕思勉诗文丛稿》,上海古籍出版社,2011年,第67页。

的个性。① 要理解这种情绪,就必须明白在吕氏心中何谓"勋业",到底指向何方? 可以肯定的是,这种勋业不是政治上的,而是学术上的追求。在晚年的《自述》中,吕思勉告诉我们,民国建立之初,他本有多次从政当官的机会,由于自己对此"甚不以为然",故而"卒无所与"。只有成为一名大史家,才是吕思勉真正的梦想。细品此诗,更可注意的是,他那发出"意气各豪雄,顾盼轻一世"抱负的 24 岁,不正是"专意治史"的开始吗? 理想既未达到,对于本来自信满满的吕思勉来说,自然是情绪低落了。要之,在"整理国故"运动之前,吕思勉虽在史学方面抱定了决心,做了努力,希望有所建树,但看起来很不如意,所得成绩难孚所愿,故而彷徨失望也就在所难免。可以说,这段史学之路,吕思勉走得很不顺畅。

然而,"整理国故"运动之后,吕氏的史学研究出现了质的飞跃。前已论及,吕氏在晚年列出了 15 部代表作,它们皆为"整理国故"之后的作品,其中除了《先秦史》《秦汉史》《两晋南北朝史》三部断代史及贯穿始终的读史札记之外,剩余的 11 部作品中,9 部皆为 20 年代所作,它们产生于"整理国故"运动的兴盛期,而且大部分就是呼应这一运动而来,如在被学界称之为"中国史学界第一部有系统的新式的通史"的《白话本国史》②中,他提出:自己的研究"颇有用新方法整理旧国故的精神"③。而另外两部作品虽出版于 30 年代,却是由 20 年代在光华大学授课讲义整理而来。加之三部断代史与 20 年代以来吕氏的治学理路一脉相承,从一定意义上说,吕思勉的代表作与"整理国故"运动皆有着直接而密切的关系。不仅如此,更值得注意的是,吕氏的学术自信大为增强,字里行间所透现的气概,比之此前的低落情绪判若霄壤!

那么,对于吕思勉的史学研究而言,"整理国故"运动最实质性的意义在哪里呢? 答案是:突破与方向。即,突破旧的学术藩篱,确立新的学术方向。所谓"新"与"旧"总是对立而言的。从一定意义上说,近代

---

① 吕思勉是谦逊的,同时也是极为自信、甚至颇有自负之情的学者,这一点不仅可通过读其文字、想见其为人,他本人亦自陈"少亦自负"。(李永圻:《吕思勉先生编年事辑》,上海书店,1992年,第 62 页)女儿吕翼仁则这样评价他:"有一百二十分的自信心的人。"(张耕华:《人类的祥瑞:吕思勉传》,华东师范大学出版社,1998 年,第 322 页)
② 杨宽:《吕思勉先生的史学研究》,收入俞振基编《蒿庐问学记——吕思勉生平与学术》,第 12 页。
③ 吕思勉:《白话本国史·序例》,上海古籍出版社,2005 年。

中国纯粹的"旧"已不复存在,唯有以"后新"替换"前新"而已。众所周知,就总体的史学发展来说,鸦片战争为一大界,此前为传统阶段,此后进入近代史学阶段。这期间,屠寄为一重要人物,他被誉为晚清以来蒙元史研究的"三大家"①,是近代史学的第一批开山。

但屠寄史学属于晚清学术范畴。这种学术虽然在西学冲击下一步步走向世界舞台,从内在理路来说,还是延续着清代学术"复古"的路数,这种学术路径虽以"古"见"新",但毕竟是在传统的圈子里觅"新",如"丸之走盘",难出其位。这样的学术取向,使得承接晚清史学的屠寄等老辈学者虽"趋新"终难"入新",作为转入民国学术的吕思勉辈,则不得不对此有所突破,否则将无法进入学术新境。然而对于深受旧学影响的吕思勉来说,这种突破难于自主完成,这或许正是其彷徨苦闷的原因所在。时代的走势产生了突破。"五四"以来新文化运动的发展开始全面突破旧的束缚,在传统文化上也开始了"重新估定","整理国故"运动由此展开。就学术研究来说,方向性的扭转开始出现,即学术不再是到古代找根据,而是将古学引入近现代学术世界。接受了西方学术训练的胡适成为了当时的风云人物,他曾一语道破清代学术的关键:

> 这三百年的考证学固然有一部分算是有价值的史料整理,但其中绝大的部分却完全是枉费心思。如讲《周易》而推翻王弼,回到汉人的"方士《易》";讲《诗经》而推翻郑樵、朱熹,回到汉人的荒谬《诗》说;讲《春秋》而回到两汉陋儒的微言大义,——这都是开倒车的学术。②

反言之,学术要"不开倒车",就得调转方向,这一方向就是以西学为主导,以科学为内核的近现代学术。于是在这种转向中,出现了古今中外的对接问题,作为人文研究的史学,此点尤为重要。毕竟史学承接传统而来,要让传统学术不再往古走,就必须找寻到其现代性的一面。这一点胡适深有贡献,他对乾嘉以来的清学赋予了西方式的科学解释。通

---

① 齐思和:《晚清史学的发展》,氏著《中国史探研》,河北教育出版社,2003年,第536页。
② 胡适:《治学的方法与材料》,欧阳哲生编《胡适文集》(4),北京大学出版社,1998年,第112页。

过"以西学部勒中学"①,自此,传统考据之学获得了"科学"地位,并与西学实现沟通,融入到了现代学术体系。② 从这个角度来说,"整理国故运动"是一场中国传统学术的现代转型运动。以此为桥梁,传统学术具备了转型成为现代学术的条件和资格。③

由此,民国与晚清学风之间发生了继承中的异变。在这样的背景下,吕思勉那一代学人开始迅速成长。他们本就旧学深厚,现在藩篱一经突破,新方向一经确定,遂激荡起强大的学术创造力。从一定意义来说,当吕思勉认识到"清人求真之精神固不可无,然处今日学术方向变换之时代"④的时候,也就是其学术质变之日,吕氏的转换与其说是由于西学的方法加以引导,倒不如说更多地得之于态度和立场的转换,"科学整理"成为他们"以旧入新"的学术桥梁。屠寄因"复古为解放",一路"趋新"却最终未能全面"入新",那么,"整理国故"运动所带来的新风尚,则使得这一工作由其弟子吕思勉加以延续完成,除了个人才性,它更是"时势"之必然,如再进一步言之,它体现的是晚清史学与民国史学之"时差"。

二 从"国粹"到"国故"

吕思勉是一个十分重视史学研究方法的学者。总的来看,吕氏的史学方法定型于20世纪20年代,伴随着"整理国故"运动而来,此后主要是这一工作的完善和细化。从一定意义上来说,"整理国故"运动催生了吕思勉的史学方法。故而有学者指出:"(吕氏)深受新文化派整理国故主张的影响。"⑤然而,这一结果的产生,其"因"却应追溯于数十年

---

① 陈以爱:《中国现代学术机构的兴起——以北大研究所国学门为中心的探讨》,江西教育出版社,2002年,第196页。
② 王晴佳指出:"(胡适)有意无意地把清代的考据方法与科学方法等量齐观,因此就沟通了中西学问,在那时和以后都产生了重大和深远的影响。"王晴佳:《中国史学的科学化——专业化与跨学科》,罗志田主编《20世纪的中国:学术与社会(史学卷)》,山东人民出版社,2001年,第612页。
③ 陈以爱说:"整理国故运动期间,实际上是中国传统学术向现代过渡的一段里程。"参见氏著《中国现代学术机构的兴起——以北大研究所国学门为中心的探讨》,第327页。
④ 吕思勉:《丛书与类书》,《吕思勉论学丛稿》,第541页。
⑤ 陈以爱:《学术与时代:整理国故运动的兴起、发展与流衍》,台湾政治大学历史系博士学位论文,2001年,第86页。

前的"国粹"派时代。

通观吕氏的史学方法,一般多认为其能贯彻进化论,"依照着'社会历史变迁进化'的观念,对古代史进行着新的解释"。并在此基础上,将西学与传统进行结合,"能出'旧'入'新',以旧国学为基础,借助近代以来西方社会科学的成果,以探索建立一种新史学"①。然而,上述的种种观念及方法,并非在 20 年代横空出世。众所周知,进化论自维新运动以来就深入人心,并很快进入学术讨论。至于在史学研究中,"借助近代以来西方社会科学的成果",则在晚清时代已经出现,代表人物是"国粹"派学者。《国粹学报》在略例中提出:"其有新理特识足以证明中学者,皆从阐发。"这无疑是一种借西学以阐明中学的路数。而且值得一提的是,"国粹派大多在不同程度上接受了进化论,并将其运用到史学研究中"②。

在"五四"时代,"国粹"成员多被"新人物"视为"守旧"分子,但是,在晚清以来的政、学思潮中,他们无疑是一股崭新的力量。在史学研究中,更是被誉为"20 世纪初'史学革命'的重要方面军","是推动传统学术向近代化转换的自觉力量"③。"国粹"派学各有自,观点并不完全一致,但核心所在,乃是将国故作为"主义",而不是材料,也即傅斯年所谓的"大国故主义","一切以古义为断"④。就学术理路来说,这种"大国故主义"既有"文艺复兴"式的"革命"一面,更与"以复古为解放"的清学一脉相承,所以它虽下启民国学术,但本质上却是清代学术的一部分。故而,当历史转入民国,尤其是新文化运动兴起之后,对其扬弃就是题中应有之义了。

早年的吕思勉曾深受"国粹"派史学观念的影响。他虽然对"仅仅以国粹废绝为忧"不以为然,更知道"不通知世界之新学问者,其于国粹,亦必不能了解",然而,最终的学术趋向却是"方驾古初","旧说亦因

---

① 李向平:《不知风化,焉知山崩》,《历史教学问题》1998 年第 1 期;张耕华:《吕思勉的史学特色》,《历史教学问题》2003 年第 6 期。
② 胡逢祥、张文建:《中国近代史学思潮与流派》,华东师范大学出版社,1991 年,第 283 页。
③ 郑师渠:《思潮与学派:中国近代思想文化研究》,北京师范大学出版社,2005 年,第 203 页;《晚清国粹派:文化思想研究》,北京师范大学出版社,1997 年,第 331 页。
④ 傅斯年:《毛子水〈国故和科学的精神〉识语》,收入欧阳哲生主编《傅斯年全集》第 1 卷,湖南教育出版社,2003 年,第 262 页。

之复活矣"①。可以说,多多少少留存着崇古之念。然而,当"整理国故"兴起后,他很快从"以古为断"中抽身而出,由"国粹"思维走向了新式的"整理国故"道路。学术意识的变化嬗递,也使得史学方法发生了质的变化,归而言之,主要有以下几点:

一、用现代眼光审视一切材料,不再存高下之见,逐渐建构出现代的古史史料学。

很明显,这种立场的发生源自"整理国故"运动中的新文化派。1919 年底,胡适发表《新思潮的意义》,在这篇著名的文章里,他提出,对旧有的学术思想持"评判的态度","重新估定一切价值"②。这一观念是"五四"时代最为重要的学术意识,在当时席卷学界,采之与否,甚至可以成为新旧学人的分野所在。这一观念的关键在于打破传统权威,建立学术新格局。吕思勉是深为信服此点的,在 1922 年的一篇文章中,他这样说道:"我们现在的学术界,是处在什么样的时代呢? 是处在无论哪一件事情,都要重新估定其价值的时代。"③正因为有了这样的观念,传统史学中的种种束缚开始被打破,各种旧籍成为了吕思勉治史的平等材料。他说:"我们现在治史的宗旨,和从前的人不同,全部历史都只认为史材。"即使是以前高高在上的经学材料,也"惟有以相等之价值视之而已"④。而在取"国粹"立场的时代,吕氏却慨言:"欲高尚其感情,以纯洁其道德者,舍厌饫乎诗书之林,游心乎仁义之源,复何道之从哉?"⑤二者相较,其变化之巨是不言而喻的。

在这样的背景下,吕思勉在号称"用新方法整理旧国故"的《白话本国史》的《序例》中,提出了"新史钞"的概念,并力图将此书作成一部这样的著作,这是他运用史料学方法的第一次学术尝试。此后,吕氏还一再重申这一学术路数,在《历史研究法》中,他说:"(编纂史料汇编)其用意实为最善……当用前人作史抄的办法。"⑥联系到"整理国故"运动兴

---

① 吕思勉:《全国初等小学均宜改用通俗文以统一国语议》、《修习国文之简易法》、《今后学术之趋势及学生之责任》,分见《吕思勉论学丛稿》第 466 页、《吕思勉诗文丛稿》第 269、268 页。
② 欧阳哲生编:《胡适文集》(2),北京大学出版社,1998 年。
③ 吕思勉:《乙部举要(二)》,《吕思勉论学丛稿》,第 497 页。
④ 吕思勉:《乙部举要(一)》、《整理旧籍之方法》,《吕思勉论学丛稿》,第 496、483 页。
⑤ 吕思勉:《修习国文之简易法》,《吕思勉诗文丛稿》,第 269 页。
⑥ 吕思勉:《吕著史学与史籍》,华东师范大学出版社,2002 年,第 26 页。

起前,吕思勉曾对自己的"史钞"以火摧烧,吕氏的改变因何而来?"新史钞"又新在何处呢?答案就在于现代眼光。在《白话本国史·序例》中,吕氏强调,古代史钞"去取的眼光,多和现在不同"①。要之,在现代知识基础上,以新的平等眼光决定史料之去取,不仅"史钞"被赋予了新意义,更意味着吕思勉古史史料学的建构得以初步形成。

二、强调以科学治史,相信史学的科学性质。

民国以来,中国学界一方面科学治史蔚为风气;另一方面,对史学的科学性质也处在不断质疑之中。吕思勉相信史学的科学性,只是逐渐将这种科学性归之于社会科学。他曾这样说道:"史学能否成为科学,此为最大疑问。……史学亦社会科学之一,固不能谓其非科学也。"②这种理论取向,其基点当来自"整理国故"时代。众所周知,科学是"国故运动"得以风行的重要知识基础,这一取向在运动中具有压倒性的优势,并对当时的史学思潮造成了巨大影响。在此风影响之下,吕思勉不仅十分注意史学研究中的科学性,而且这种思考一直贯穿、坚持于此后的史学生涯。

就史学研究来说,吕氏所理解的科学,主要在于精密研究和逻辑的严整。他曾说:"今日史学之趋势,全受科学发达分科精密之影响。""今科学之格律既严,又得逻辑以坚其壁垒。"③体现在具体的实践中,则是运用西学范畴内的工具概念,用分析的方法,进行理性推断。他曾说:"自今以后,意从事于分析。……今后学术之分类,皆当大异于前。"④在他的著述中,组织、制度、阶级等政治、经济方面的概念常常出现,被用于分析史事,讨论社会状况。虽然他的研究带有浓厚的民族风格,但本质上却完全吻合西方的科学理性精神和严密的逻辑判定。也正因为如此,这些成果具有历久弥新的学术生命力,属于现代史学的一部分。

三、用"新考据"的研究方式,连接传统和现代史学,得出科学的结论。

---

① 吕思勉:《中国史籍读法》,《吕著史学与史籍》,第90页。
② 吕思勉:《史籍与史学》,《吕著史学与史籍》,第69页。
③ 吕思勉:《〈文史通义〉评》,《吕著史学与史籍》,第338、331页。
④ 吕思勉:《整理旧籍之方法》,《吕思勉论学丛稿》,第489页。

吕思勉的治学特点偏于实证，这与传统的乾嘉之学有着内在的传承与关联，故而有学者说："他基本上运用清乾嘉学者的治学方法。"①然而，如果说对于乾嘉方法继承并加以扩展可以，说完全运用此方法来治史则明显不妥。因为吕氏毕竟是新史家，他的成果乃是在新眼光及现代科学辅助下得以完成，吕思勉曾这样评价章学诚："和现代的新史学，只差了一步，而这一步，却不是他所能达到的。这不是他思力的不足，而是他所处的时代如此。"②所以，一方面吕思勉推崇清代汉学"是我们中国最新而又最精密的学问"③；另一方面，则在将他们不能跨越的那一步跨过去，以完成从传统史学向新史学的转换。所以在承接乾嘉的同时，吕思勉发展出了一套自己的历史考据方法和成果，被学界目之为20世纪"新历史考证学"的代表。④

那么，这种从传统转化而来的新史学，在治学方法上有些什么不同呢？针对吕思勉的著述，严耕望曾作过这样的评述：一方面，他是"通贯的断代史家"，善作通史，这是斤斤于考据之中的乾嘉派所不具备的；另一方面，在具体的研究上，"他直以札记体裁出之，每节就如一篇札记，是考史体裁，非撰史体裁"⑤。易言之，吕思勉的史学著作不是简单地铺叙史事，而是考订之上的史学见解，这应该就是严氏所谓的"考史"之义了。然而，如果我们通检吕氏的史学著述，就会发现，在"整理国故"之前，这种时代性很强的考订，其特色并不鲜明。如以作于1916年的《关岳合传》和作于三四十年代的《三国史话》进行比较，就很能看出这种变化。这两部具有相同题材的作品，前者明显以叙述为主，属于单纯的"撰史"风格；后者则强调"就这一段史事，略加说述，或者纠正从前的误谬，或者陈述一些前人多忽略的事情"⑥。并且在每段史事之后都有着严密的考订痕迹，已明显属于"考史"之作了。或者说，是建立在考史基础上的撰史，故而其严密性历来为史家所推崇。而由前可知，如果

---

① 汤志钧：《现代史学家吕思勉》，收入俞振基编《蒿庐问学记——吕思勉生平与学术》，第2页。
② 吕思勉：《历史研究法》，《吕著史学与史籍》，第13页。
③ 吕思勉：《白话本国史》，第9页。
④ 见陈其泰主编《20世纪中国历史考证学研究》，北京师范大学出版社，2005年，第四章第一节。
⑤ 严耕望：《通贯的断代史家——吕思勉》，收入俞振基编《蒿庐问学记——吕思勉生平与学术》，第86页。
⑥ 吕思勉：《三国史话》，氏著《吕著史地通俗读物四种》，上海古籍出版社，2010年，第190页。

没有"整理国故"运动,没有对乾嘉的"科学性"挖掘,在治学路径上将失去连接的桥梁。易言之,"整理国故"运动为吕思勉提供了将乾嘉之学转型至科学轨道上的津梁,而吕氏也正是在这种转型中发展出了极具特色的史学研究路径。

要之,在"整理国故"运动的影响下,吕思勉以考据为基础,以通贯研究为特色,以科学方法为支撑,实现了史学方法论的建构。他的各项研究都是在现代眼光下进行的,在范围上以社会研究为重点,举凡经济、文化、民族等,无所不包,远超了乾嘉范围;在规模上,通贯全局,并且是在世界学术眼光下对中国历史的审视;在方法上,运用西学工具,得出符合时代的新见解。就学术理路而言,从乾嘉到"国粹"再到"国故",实在有一内在发展的必然逻辑,而这逻辑的依托点则是:中国史学的近代化转型。

三 "不温故而求知新"与"大器晚成"

前已论及,吕思勉深受胡适领导下的"整理国故"运动的影响。总体而言,胡适一派的学术特点是考据,从形式来看,它与乾嘉学派实现了沟通,被学界目之为"新汉学"或"新朴学"①。就内容来说,它涉及的主要是历史方向的整理与研究,故而余英时认为,胡适在"国故"运动中展现了一种全新的学术"范式",具有"史学革命"的意义。② 吕思勉最初对于这种路向极为叹服,曾表示:"适之先生论事精核,读古书尤多独见,仆最所服膺。"③然而,随着研究的深入,他逐渐与胡适学术产生了分歧与裂变,直至最后斥责胡适不懂"考据之门径","闹成笑柄"④。吕思勉与胡适路向之间的基本关系为:倾慕——纠偏——裂变,乃至否定。这种发展态势绝非孤案,许多史学及旧学研究者都经历了这样的

---

① 参看徐雁平《胡适与整理国故考论:以中国文学史研究为中心》,安徽教育出版社,2003年,第55页;王典典、陈锋:《二十世纪中国历史学——"新史学"与"新汉学"的百年轮回》,北京大学出版社,2009年,第34页。
② 胡适说:"我们整理国故只是研究历史而已,只是为学术作功夫。"耿云志、欧阳哲生编《胡适书信集》上册,北京大学出版社,1996年,第465页。余氏观点见《〈中国哲学史大纲〉与史学革命》,氏著《现代危机与思想人物》,三联书店,2005年。
③ 吕思勉:《致廖仲恺、朱执信论学书》,《吕思勉论学丛稿》,第654页。
④ 吕思勉:《中国史籍读法》,《吕著史学与史籍》,第99页。

学路历程,它既是不同学术取径的后果,同时也是自主研究所呈现出的必然逻辑。从某种程度上来说,这是史学及国学研究中,速成、外在式路径与要求积淀,讲求内在深入研究之间的一种对立,反映的是中国学者的独立思考和日渐成熟。值得注意的是,从胡适建立"范式"开始,吕思勉即对其吸纳、商榷,乃至决裂,对这一过程的探究,无疑可以深化对中国史学转型中所呈现的方法意识和路径的考察。

这一考察需从20世纪20年代初的"井田辩"开始,它也是吕氏史学的一大起点。

1919年,胡汉民在《建设》杂志发表《中国哲学之唯物的研究》,认为中国古代存在井田制,胡适马上写信反对,认为这只是孟子的想象。胡汉民得到了廖仲恺、朱执信的支持;胡适的观点则有季融五等人为之摇旗呐喊,他们将自己的观点以长篇公开信的形式发布于1920年的《建设》杂志,从而掀起了一场"井田辩"的学术讨论。作为"我国近代以来第一次采用新观点、新方法对古代史展开的辩论"[①],"井田辩"是"整理国故"运动的重要组成部分,对于胡适派的史学研究具有特殊的意义。首先,它是胡适建立"范式"的重要起点和支点。唐德刚曾说:"在胡先生的著作里,比较接近'科学'(社会科学)的,要算是他《井田辩》里那几篇文章。"[②]其次,胡适在此间所提供的研究方法,成为"古史辨"的先导和"范式"底本。众所周知,顾颉刚的学术方法直接承自胡适,而胡适不仅在理论上为其提供指导,更有作为范例的实际研究成果以资借鉴,而这一成果就是井田制研究。故而,在向大众鼓吹顾氏的科学方法时,他曾颇为得意地说道:"我在几年前也曾用这个方法来研究一个历史问题——井田制度。"[③]再次,在这一辩论中,胡适"西洋汉学"[④]的风格得以展现。

吕思勉积极地投入到这场论辩之中,张耕华评之为:"第一次以史学家的立场参加社会上的学术讨论。"[⑤]吕思勉在当时赞成胡汉民的立

---

① 杨宽:《吕思勉先生的史学研究》,收入俞振基编《蒿庐问学记——吕思勉生平与学术》,第5页。
② 唐德刚译注:《胡适口述自传》,第224页。
③ 胡适:《古史讨论的读后感》,欧阳哲生编《胡适文集》(3),第82页。
④ 周一良称胡适的学问为西洋汉学,见氏著《西洋"汉学"与胡适》,《胡适思想批判》(第7辑),生活·读书·新知三联书店,1955年,第198页。
⑤ 张耕华:《人类的祥瑞:吕思勉传》,第92页。

场，但不同的是，胡、廖主要从理论上加以阐发，吕氏则是进行材料考辨，由于他的加入，胡、廖获得了有力的史学支撑。吕氏观点通过致廖仲恺、朱执信公开信的形式加以发布，作于1920年5月，当年即发表于《建设》杂志，文中既不同意胡适的意见，同时也一再表示了向胡适虚心讨教的诚意。与此同时，1921年7月，胡适将自己的几封公开信略加改定后，定名为《井田辨》，并加一《附跋》，以示郑重和纪念。此文收入《胡适文存》，于1921年12月出版。然而在《附跋》中，胡氏明明白白地说道："当初加入讨论的五个人。"①这五人除了胡、朱、廖、胡外，还有一人就是胡适所推扬的季融五，而吕思勉似乎从来就不曾参与此役。

这是胡适的一时疏忽吗？显然不是。需知在那两年中，这些讨论文章皆发表于《建设》杂志，胡适本人则密切关注着这份刊物上的相关文字，而且在时人看来，这一系列的讨论文字本来就是6人而非5人参与，一个可佐证的例子是，1930年华通书局将《建设》中的系列文字结集为《井田制有无之研究》出版发行，著者标明为6人，即胡适所言的5人，再加上吕思勉。加之《胡适文存》前后再版十余次，有些再版还进行了非常严格的重排和校对，在这些时段内，胡适完全可以，也有必要对吕氏的文章加以提及。但事实是，胡适毫无所动。对于一个标榜和实践"只认得事实，只跟着证据走"②的学界领袖来说，这样的举动耐人寻味。

这一现象的出现，与为学路径关系甚密，简言之，在胡适的眼里，传统考订派的吕思勉根本没有资格与其对话。胡适待人平易颇为有名，但同时他的傲慢也不遑多让，进一步言之，他有着顽固的西来或现代傲慢。就学术而言，他骨子里对古人、古学很不屑，而对于所谓西学方法，却很是迷信。所谓"西洋汉学"乃是以西洋为尊，汉学在他眼中实在低等很多。所以他虽对乾嘉有所推崇，但更为强调的却是："一拳打倒顾亭林，两脚踢翻钱竹汀"，至于"笨陋的汉朝学究"③，更是不值一哂。史上的大学问家不过如此，甚至低能，当下的所谓前辈之成就及方法更不在话下。根据桑兵的研究，在胡适的引领下，"新文化派的整理国故和

---

① 欧阳哲生编：《胡适文集》(2)，第326页。
② 胡适：《介绍我自己的思想》，欧阳哲生编：《胡适文集》(5)，第518—519页。
③ 胡适：《治学的方法与材料》，《胡适文集》(4)，第114页；《读〈楚辞〉》，《胡适文集》(3)，第74页。

史学革命""公开鼓吹打倒老辈"①。此风之下,屠寄等人因与之异调而"被摈外间",以至数年之后,尚有学者认为:"北大党派意见太深,秉事诸人气量狭小,其文科中绝对不许有异己者。"②屠寄的被排摈,原因固非一端,但在胡适派的眼里,作为旧派人物,被新潮所替,乃学术进化之必然,是一种当然的淘汰。于是在新派那里,接受了西方现代教育,尤其是有西方留学经历者,才能真正入其法眼,桑兵指出:"留学不仅是胡适学术成名的重要资本,也是他赖于建立新学术的社会基础,所以他十分看重学人是否有留学经历。"③除此,是否得到国际学界认可也是他的一个指标,如王国维享誉国际学坛,所谓"海宁学贯中西,誉载欧亚"④,故得其推重。从一定意义上来说,胡适派所谓的"新",就是与西方学界的接轨及承认。无此资质而被看轻的不仅有屠寄,柳诒徵也被认为"是一位不曾学过近代史学训练的人,所以他对于史料的估价,材料的整理,都不很谨严"⑤。屠、柳乃学界名宿,命运尚如此,作为弟子辈的吕思勉又何尝能被看在眼里呢?

平心论学,在"国故"研究中,传统学者之弊在于眼光,一旦除去此障,建立现代意识,则过去的许多学术方法都将焕发出强大的生命力。反之,新学者因眼光的原因,治学方向值得称道,但内在学力则为其短板。胡适所提倡的方法,实乃由外而内,随着研究的精密要求越来越高,势必难达化境。然而,胡适的所谓"范式"居然是一套既承继乾嘉、更要"取而代之"的考据方法。带着现代的骄傲,他们往往瞧不上过去,这种没有"了解之同情"的取向,极易造成"傅会之恶习"⑥,研究中的粗疏和古今隔阂也就在所难免了。徐复观说:"胡适这一派,从谈西方学术掉回头来整理国故,提倡乾嘉考据学派。他们与乾嘉学派不同之点,一是他们为了打倒国故而整理国故;二是他们的考据,较之于乾嘉诸人

---

① 桑兵:《民国学界的老辈》,收入氏著《晚清民国的学人与学术》,中华书局,2008年,第207页。
② 陈智超编注《陈垣来往书信集》,上海古籍出版社,1990年,第209页。
③ 桑兵:《横看成岭侧成峰:学术视差与胡适的学术地位》,收入氏著《晚清民国的学人与学术》,第257页。
④ 卞僧慧纂《陈寅恪先生年谱长编(初稿)》,中华书局,2010年,第102页。
⑤ 胡适:《评柳诒徵编著〈中国文化史〉》,欧阳哲生编《胡适文集》(10),第770页。
⑥ 陈寅恪:《冯友兰〈中国哲学史〉(上册)审查报告》,载于冯友兰《中国哲学史》下册,华东师范大学出版社,2000年,第432—433页。

远为'速成'而大胆。"①

针对这种新学风,杨树达曾作《温故知新说》,文中尖锐地指出:

> 夫温故而知新者,先温故而后知新也。优游涵泳于故业之中,而新知忽涌焉。其新出乎故,故为可信也,此非揠苗助长者所能有也。……温故而不能知新,其病也庸……不温故而欲知新,其病也妄。②

杨氏所言实有所指,故而在回忆录中明言道:"撰《温故知新说》,温故不能知新者,谓黄侃;不温故而求知新者,谓胡适也。"③众所周知,章、黄之学,上承乾嘉,下开近代学术,曾为学界的主流和正统,归国不久,胡适就刻意打倒之,以展现出新的"我们"与旧的"你们"之不同。④至"整理国故"时代,这一目标已完全实现。然而,如果就"学之弊"来评判,章、黄之学因受古学牵绊,时人视其为"庸"(这一点其实还可讨论);而"妄"之"病",副作用其实更为巨大。童书业说:"胡适的'考据',往往只用'不值一驳'等话,就抹煞古书、古事,甚至抹煞古人。"⑤从一定意义上来说,此乃"不温故而求知新"的必然逻辑,不入其内,外在观花,遂以朦胧为真切。故而领一时风气的胡适虽聪明异常,但很多议论实则看似痛快,精密不足。其早年论学,在大气中夹杂着粗疏,大胆中颇具武断。这是性之使然,更是时之使然。既然古书、古事都"不值一驳",作为毫无西学资历的吕思勉当然更是"不值一驳"了,这是可以想见的。

然而,旧学讲求积淀和门径,尤其是史学考据,必得学养深厚方可发力为之,它自内而出,靠的是一手学术"硬功夫"。在时风激荡下,吕氏从"优游涵泳于故业之中"发出新史学,这种"由旧开新",较之"不温故而求知新",实有后出转精之势。吕氏与胡适的学术路径遂渐行渐远,直至自成门户了。如果要就特点加以区分,吕氏之学强调的乃是

---

① 徐复观:《五十年的中国学术文化》,收入氏著《中国思想史论集》,上海书店,2004年,第220页。
② 杨树达:《温故知新说》,收入氏著《积微居小学述林》,中华书局,1983年,第214—215页。
③ 杨树达:《积微翁回忆录》,上海古籍出版社,1986年,第152页。按:此条系于1939年5月12日,但据《积微居小学述林》,《温故知新说》作于1939年7月12日,所载年月或有误。
④ 参见罗志田《再造文明的尝试:胡适传(1891—1929)》,中华书局,2006年,第1页。
⑤ 童书业:《批判胡适的实验主义"考据学"》,《胡适思想批判》(第3辑),三联书店,1955年,第253—254页。

"大器晚成",从20世纪20年代开始,吕思勉常常有针对性地批判时下的学风,告诫年轻人:"读书尚未终卷,即已下笔千言,诋排先儒,创立异说。此乃时人习气,殊背大器晚成之道,深愿学者勿效之也。"①并一再指出学术积累之重要,他说:"大抵恒人只知眼前,坚苦植基于数十年前,而收功于数十年之后,则罕能见及。"②路径既异,也就逐渐"不相为谋"了,在胡适无视吕思勉的同时,自"井田辩"后,吕氏对胡适的观点亦日加贬斥,直至对其为学路径强力摒弃。《白话本国史》作为在"整理国故"眼光下完成的第一部中国通史著作,在涉及井田问题时,对于刚刚结束的论辩,吕氏已不愿提及,而是颇有意味地说道:"《孟子》这一章书,本来并不十分难解,但是近来忽然有人极端怀疑,所以解释得略为详细一点。"③虽是轻描淡写,但怀疑的是其基础性的读书能力。至晚年旧事重提,指斥胡适虽"振振有辞",但对于古籍"根本没有懂","甚而至于不读《孟子》,本皆无足为奇,然欲以史学家自居而高谈疑古则谬矣"④。所有的指向都是朝着史料而来,对于号称史料派的胡适岂止是釜底抽薪,更是对其"不温故而求知新"路径的否定。

四 "国故"与接续"新史学"

习史者皆知,中国"新史学"的创构在晚清民国,关键人物为梁启超。一般来说,"新史学"有广狭二义,广义的"新史学",泛指晚清以来用新方法治史的各种路径与门派,它一直沿承变化至今;狭义的"新史学",则指梁氏在晚清所鼓吹的史学革命运动。从学术史的眼光来看,"整理国故"运动以"新汉学"面目呈现,既受惠于梁氏之"新史学",同时又是对它的一种反动。基于这样的考察,有学者提出,"新史学"与"新汉学"为中国现代史学的两种对立形态,并且认为,整理国故运动是"'新汉学'对'新史学'的腰斩"⑤。这种现象的出现自有其必然。当梁

---

① 吕思勉:《经子解题》,华东师范大学出版社,1995年,第101页。
② 李永圻编《吕思勉先生编年事辑》,第256页。
③ 《白话本国史》,第132页。
④ 吕思勉:《中国史籍读法》,《吕著史学与史籍》,第99页。
⑤ 王学典、陈锋:《二十世纪中国历史学——"新史学"与"新汉学"的百年轮回》,第27页。

启超提出"四弊二病三恶果"时,可谓深切"旧史学"之要害,"新史学"建设正当其时。然而,由于"史学革命"中理论强于实践,往往用西方理论"洋货"作为框架,去填充一些常见材料,浅显、附会的毛病也随之而生。从一定意义上说,史料和实证上的不足为"新史学"的最大弱项。桑兵指出,这种为学路径,恰与"胡适以西方系统条理本国材料为开启整理国故的必由之路适相反对"①。易言之,梁氏主导的"新史学"理论先行,缺乏实证;而民国的"整理国故"则是针对史料而来。从这个角度来说,"整理国故"重视材料,是对其偏于史论的反动和纠偏,故而,"整理国故"与"新史学"被学人视为两种不同类型的学术运动。

在"整理国故"前,吕思勉曾受梁启超影响,视其为师辈,他说,从13岁开始,"梁先生之著述殆无不寓目者,粗知问学,实由梁先生牖之,虽亲炙之师友不逮也"②。然而,这主要是少年时代的事情,此后在史学路数上,"国粹派"的影响才最为直接主要。故而,不为人所注意的是,吕氏对梁氏的批判一度十分严厉,他指出:"近人每訾中国史部止是'帝王之家谱'及'相斫书',此乃不知学问之妄言。"而所谓"近人"之论,其实就是梁启超在《新史学》中的著名论断。吕氏矛头所向,在于梁氏"新史学"对于传统史料的轻慢与否定,使得"整理之方法,望空无从谈起"③。桑兵曾指出,梁氏时代的新史学著述在五四后几乎不能进入学人的研究视野,转而向清代学术追寻本土资源。④ 这与梁氏在理论上狂飙般的震撼恰为相反的两极。质言之,梁氏"新史学"的影响在于史观和意识,就史料及实证角度来说,值得称道处实在不多。然而,史学研究如果失去了实证依托,其学术质量必然大打折扣。或许正是这个原因,它使得晚清民初的国粹史学一度兴盛,毕竟从考证角度来说,章太炎、刘师培等,蔚为一代大师,其学术价值是难以抹煞的。所以,当"国故"运动开始兴盛时,它所要推倒的老辈学术已不再是梁启超的"新史学",而是"国粹"派。从一定意义上说,与梁氏"新史学"决绝传统方法不同,它们都承接乾嘉,只是一个更新的"西洋汉学"推倒了"国粹汉

---

① 桑兵:《近代中国的新史学及其流变》,《晚清民国的学人与学术》,第23页。
② 吕思勉:《辩梁任公〈阴阳五行说之来历〉》,《吕思勉论学丛稿》,第201页。
③ 吕思勉:《整理旧籍之方法》,《吕思勉论学丛稿》,第490页。
④ 桑兵:《近代中国的新史学及其流变》,《晚清民国的学人与学术》,第22页。

学"而已。对吕思勉来说,他走的是实证路数,故而晚清以来,对于梁氏的"新史学"并不热衷,他先是信从"国粹"学术,然后服膺科学"整理国故",其中有一条不变的核心线在牵扯着他,那就是对史学实证的重视。

然而,历史总是充满了否定之否定。20年代后,随着"整理国故"运动的深入,它与"新史学"之间不是断裂,而是承接的关系,越来越引起学人的关注。吕思勉就是最早进行这种思考的学者之一,在省思"整理国故"运动的同时,他不仅对中国史学的脉络有了更清晰的认识,接续梁任公的"新史学"精神更成为了他的学术追求。他曾在一篇文章中这样说道:

> (梁启超)又多以新思想论旧学术,后此治新学者之喜研国故,亦实肇端于是焉。……辛壬以后,欧化之趋势渐甚,而国故之论乃同时发生。其时谓之国粹,……最足为研究国故者之代表。……要之新方法整理旧国故,今虽已启其机,然其盛大,则尚有待也。①

吕思勉将"整理国故"运动分出了三期:1. 以梁氏的"新史学"时代为开端;2. 国粹派学术接续而来;3. 当下的国故整理。此文作于1923年,其时"整理国故"运动正如火如荼地展开,据陈以爱的研究,整理国故阵营中出现了两大派,前者以胡适为核心;后者则以章太炎为代表,宣言"发扬国光",梁氏与此同调。② 从具体的学术立场看,前者为主流的新文化派,抱"捉妖打鬼"的态度,认为国故中多为"国渣"③;后者则沿承国粹派以来的认识,为文化保守主义立场。前已论及,吕氏史学研究曾持国粹派立场,但受新文化派影响,至20年代已基本放弃。然而,随着与胡适派的渐行渐远,吕思勉没有重回"国粹"立场,而是将国故研究追溯至梁启超。质言之,对新文化派的补偏,不是回到"国光"派,而是回到梁氏的"新史学"。当吕氏将梁启超的"以新思想论旧学术"奉为"整理国故"的开端时,作为"新汉学"对立面的"新史学"不仅不与其矛盾对立,反倒成为源头,这就事实上剥夺了"新汉学"在"整理国故"中的正统地位。吕氏这一看法是颇异于当时的一般认识的。

---

① 吕思勉:《三十年来之出版界(一八九四——一九二三)》,《吕思勉论学丛稿》,第283-284页。
② 陈以爱:《学术与时代:整理国故运动的兴起、发展与流衍》,第98页。
③ 胡适:《整理国故与"打鬼"》、《〈国学季刊〉发刊宣言》,分见《胡适文集》(4)、《胡适文集》(3)。

从特定视角来看,20年代的梁启超已经放弃了当年的"新史学"路数,梁氏积极投身于当时的"整理国故",追求的就是考据,张荫麟说他:"晚事考据者,徇风气之累也。"①这种风气就是新式的"整理国故"运动,从某种意义上说,他被胡适路数所牵引。梁启超从事于考据实属无奈,因为这是史学研究的根基所在,其"新史学"要得以成立,没有考据必是空中楼阁。然而,问题的另一面是,如果以史料为史学,其负面效应不在梁氏的"新史学"之下。胡适派虽号称科学整理,可是至20年代,"科学史学经过胡适的整理改造,成了一种以材料的搜集、整理、考订为主的研究方法"。② 史学悄然与史料同等而待,其负面效应也日益显现。

这种负面效应主要有三个方面值得我们注意,且与梁氏的"新史学"理念呈背离之势,一是史学脱离现实生活,成为书斋中的学问,他们的基本立场是:"我们对国故的态度是'研究',而不是'实行'。"③这就与梁氏强调史学的经世致用精神完全异调。④ 二是以考据为学问,史学的会通功能被淡化,虽突出了细部的精密,却降低了史学的思想力度,更有学术破碎之嫌。而据黄克武的研究,比之于史料派反对道德判断,强调"证而不疏",梁启超更"重视解释、综合的功夫"⑤。三是20世纪以来史学研究中呈现科学化与社会科学化两大走向,⑥胡适派取前者,而梁氏的新史学则取后者,重视社会问题。要之,要补"新汉学"之弊,就必须讲会通、讲全貌、讲社会,否则就会出现郭沫若所说的,所谓科学"整理国故"看上去"实事求是",但却"知其然",不能"知其所以然"⑦。

---

① 张荫麟:《跋〈梁任公别录〉》,夏晓虹编《追忆梁启超》,中国广播电视出版社,1997年,第139页。
② 王晴佳:《台湾史学五十年(1950—2000):传承、方法、趋向》,台北麦田出版社,2002年,第16页。
③ 顾潮编著:《顾颉刚年谱》,中国社会科学出版社,1993年,第75页。
④ 黄进兴说:"梁氏所倡导之史学虽名之为'新',但与传统史学用心'经世致用'的目的并无歧出。可是在撰史取材方面,梁氏则有意与之划清界限。"(《中国近代史学的双重危机:试论"新史学"的诞生及其所面临的困境》,氏著《后现代主义与史学研究》,生活·读书·新知三联书店,2008年,第222页)
⑤ 黄克武:《梁启超与中国现代史学之追寻》,《近代史研究所集刊》2003年第41期。
⑥ 关于此点在近代现代史学中的分化和影响,汪荣祖《后现代思潮下中国现代史学的走向》(《近代史研究所集刊》2007年第56期)有论及,可参看。
⑦ 郭沫若:《中国古代社会研究》,河北教育出版社,2004年,第6页。

1923年梁启超在东南大学作《治国学的两条大路》的学术报告，他提出：

> 我以为研究国学有两条应走的路：一、文献的学问。应该用客观的科学方法去研究。二、德行的学问。应该用内省的和躬行的方法去研究。第一条路，便是近人所讲的"整理国故"这部分事业。这部分事业最浩繁、最繁难而且最有趣的，便是历史。

对于文献学问，梁氏还提出"求真"、"求博"、"求通"的三大标准。[①] 针对梁氏的言论，陈以爱指出："与北大阵营强调整理国故乃是'研究'的而非'实行'的，恰成反背。"[②] 这种路径取向，一方面继承了"新史学"时代的精神，另一方面，最大的不同在于将"新史学"与"整理国故"事业沟通了起来，并且强调科学方法的意义，在当时的语境下，这一科学方法就是"考据"。由前可知，这恰恰是梁氏的短项，吕氏的长处。如果对两位史家作一简单比较，可以发现，吕氏以绵密而著称，乃梁所不能者，但在开风气方面，吕思勉不能与梁比肩。于是，吕氏以精密考订为基础，正好补上了任公史学的短板，从而在承接梁启超史学精神中，将"新史学"发扬光大，也最终确立了吕氏的史学发展路向。

这种路径选择是吕思勉对"国故"运动进行深入省思后作出的主动回应。此后，他在史学研究中强调历史与现实的结合，注重通史著述，力求展现历史全貌，讲求社会生活研究。此外，吕思勉还曾作《史学上的两条大路》，对于史学的致用功能深为致意。毋庸置疑，这些都传承、发扬了梁氏的史学精神，并与史学发展的世界潮流相合拍，同时，这种趋向又以"整理国故"为支点，建立在重视史料的基础之上，简言之，是它们的结合最终造就了吕氏学术。

五 结 语

吕思勉是一位"由旧入新"的史家，他的史学道路既受时势的刺激，更有内在学术理路的拉动。"整理国故"运动作为一种外在力量，使其

[①] 《梁启超讲国学》，金城出版社，2008年，第191、193页。
[②] 陈以爱：《学术与时代：整理国故运动的兴起、发展与流衍》，第97页。

学术方向由"以复古为解放",转而与世界学术接轨,在突破旧的学术藩篱,确立新的学术方向中,完成了"入新"的质变。从这个意义上来说,吕思勉的史学与"五四"以来新文化派的学术风向关系甚密,甚至可以说,没有"价值重估"的立场及运动,没有学术新范式的出现,吕氏就不能转入民国史学,而只能与其师屠寄一样往复于晚清学术的天空。总之,从学术史的角度来看,"整理国故"运动是吕思勉史学转换的关键和枢纽。吕氏的转换与其说是由于西学的方法加以引导,倒不如说更多地得之于态度和立场的转换,"科学整理"成为他"以旧入新"的学术桥梁。与此同时,如果没有传统的浸润,旧学的积累,也就失去了其"出新"的基础。从这个意义上来说,时势与理路的结合推动了中国近代史学的转型,也造就了吕思勉。

(《史林》2014 年第 2 期)

吕思勉与《古史辨》

李 波[*]

20世纪上半期结集出版的七大册《古史辨》,可谓实现中国史学由传统向现代转型,建设新史学的一项重要成果。在这七册《古史辨》中,以最后出的第七册分量最大,共计80万字,分为上中下三编,编著者为吕思勉与童书业,顾颉刚认为"这一册的文章讨论得最细,内容也最充实,是十余年来对古史传说批判的一个大结集"[①]。这册"大结集"的领衔编著者吕思勉,国学根柢深厚,治史旨趣又具时代风貌,其著述"方面广阔,述作宏富,且能深入为文",曾被誉为现代史学四大家之一。[②]众所周知,《古史辨》的发起人和主要组织者顾颉刚,提出了中国的古史是由后人层累地造成的观点,倡行疑古学说和辨伪研究,他与其支持者被称为"疑古派",参与编著《古史辨》的吕思勉,也往往被学者视为该学派的一员。那么,吕思勉究竟是否应该归属于这一学派,他与顾颉刚、童书业之间到底存在怎样的学术关联?本文拟通过考察双方的学术交往,比较他们研究古史的观念、方法的同异,就此问题作一探讨梳理。

---

[*] 作者简介:李波,山东农业大学马克思主义学院副教授。
[①] 顾颉刚:《我是怎样编写〈古史辨〉的?》,顾颉刚编著《古史辨》第1册,上海古籍出版社,1982年,第26页。
[②] 严耕望:《治史三书》,上海人民出版社,2008年,第215页。严耕望把吕思勉、陈寅恪、陈垣、钱穆并称为"现代史学四大家",这种看法首先在海外获得了余英时、杨联陞等人的关注,稍后又得到了众多大陆学者的回应。严耕望并且分析总结了吕思勉在民国时期学界的声光不及其余几位的三点原因:一、近代史学风尚,偏向尖端发展,一味地追求新领域,而吕思勉则属通贯博赡一途;二、近代史学研究务以新史料取胜,而吕思勉比较重视传统史料;三、吕思勉为人朴质恬淡,不追名利,不求声气,远离所谓学术中心而默默耕耘,造成其学术成就与学术声誉的不相符合。见严耕望《治史三书》,第178、179页。

一

　　吕思勉与顾颉刚二人都有写日记、做笔记的习惯，可惜吕思勉所作，没有很完整地保留下来，他在1955年的一封致顾颉刚信中曾谈到此节："承询弟所作笔记，材料积至数箧，事诚有之，惟皆有待于整理，而在抗战时故居炸毁，学校全焚，所失甚巨，一九四九年时又略有所失，且全部弄乱。"①然据顾颉刚的日记、笔记以及童书业、杨宽等人的一些回忆、纪念性的文字材料，仍可以对他们之间的学术交往作出一个大致的勾勒。

　　吕思勉与顾颉刚的学术合作，大概起于1934年《古史辨》第五册选录吕思勉的《辨梁任公〈阴阳五行说之来历〉》一文，在此年二月八号的日记中，顾颉刚写道："校吕思勉……文入《古史辨》。"②梁启超认为阴阳五行说起于战国燕齐方士，由邹衍首先传播，顾颉刚更进一步主张五行说由邹衍始创，吕思勉的这篇文章则持反对的意见。由这次小的交往，顾颉刚对吕思勉的学术研究更加关注，而吕思勉对顾颉刚为学的胸襟雅量亦当有切身的感受。第二年，顾颉刚就任北平研究院史学研究会历史组主任，当即聘请吕思勉为研究会成员。③

　　然而，使吕思勉与《古史辨》的关联进一步加深的人，则是该书第七册的另一位主编童书业。童书业可以说是顾颉刚一生学术事业中最相知相契的学生、同志，④正如他本人对顾颉刚所言："生过去著述上最大之成绩，实为绘画史之考证；古史之著述不过补订我师之学而已。"⑤他从30年代中期到北平后，即在顾的身边担任学术助理的工作，在1937年春，童书业就已经受顾颉刚的嘱托开始着手编著《古史辨》的第七册。但不久"七七事变"爆发，日军侵占北平，顾、童二人先后离平，各赴一方，编书一事自然也搁浅了。此后，顾颉刚流转西北、西南大后方。

---

① 顾颉刚著、印永清辑《顾颉刚书话》，浙江人民出版社，1998年，第225页。
② 顾颉刚：《顾颉刚日记》第3卷，台北联经出版事业公司，2007年，第158页。
③ 顾颉刚：《顾颉刚日记》第3卷，第349页。
④ 见王学典、孙延杰《顾颉刚和他的弟子们》，山东画报出版社，2000年，第199页。
⑤ 顾颉刚：《法华读书记（十九）·丕绳论〈周官〉及〈左传〉解〈经〉语之时代》，《顾颉刚读书笔记》第5卷，台北联经出版事业公司，1990年，第3659页。

童书业则先是避居安徽，第二年又奔赴上海，进入当时尚未被日军占领的上海租界，并结识了正聚集在这座"孤岛"之中的吕思勉、杨宽等一批学者。童书业极具才华又极富个性，与已为俨然之醇儒的吕思勉惺惺相惜，很快成了学术上的同好诤友，童的女儿童教英即称吕思勉是父亲一生中的重要朋友。① 童书业自编简谱中讲到吕思勉当时对他的帮助："(1939年)春，因吕思勉先生之介绍，任光华大学历史系讲师，教中国历史地理，是为余在大学任教之始。"②这时，童书业与顾颉刚通过信函联系，商定在上海重新编著《古史辨》的第七册，到一九四一年这册《古史辨》最后编成，并以吕思勉、童书业二人的名义出版。作为领衔编著者，吕思勉为编著这册书做了很多工作，童书业在《自序》中讲："这册《古史辨》在上海出版，也得到了许多意外的助力，如史学界前辈吕诚之（思勉）先生帮助我们的地方实在不少，使我们的工作大为增光"，"这册《古史辨》有三分之一以上是吕先生独立校阅的，其他三分之二，是我和吕、杨（宽）二先生合校的。"③

抗战时期，身处大后方的顾颉刚虽然没有直接参与《古史辨》的编著，但他与童书业、吕思勉等人保持了较为密切的信函往来，直到一九四一年底日军占领上海租界，吕、童等人避居乡间为止，相互的联系方始减少。而从顾颉刚日记中还可以看到，在这段时期内，顾颉刚花费了相当的时间，阅读、抄录吕思勉当时已经出版的一些学术著作，例如在1937年8月14的日记中就记道："点读吕思勉《中国民族演进史》讫。抄吕氏《民族史》千余言。"④统计这一段时期顾颉刚在日记中提及的阅读、抄录过的吕思勉史著，先后计有《中国民族演进史》、《中国民族史》、《中国宗教制度史》、《中国婚姻制度史》、《中国国体小史》、《中国政体制度史》、《中国阶级制度史》、《中国国体制度小史》等数种，由此可见顾颉刚对吕思勉学术研究成果的看重。因而，1939年顾颉刚筹建齐鲁大学

---

① 童教英：《从炼狱中升华——我的父亲童书业》，华东师范大学出版社，2001年，第93页。
② 童书业：《知非简谱》，《童书业著作集》第7卷，中华书局，2008年，第681—682页。自1926年起吕思勉一直在上海的光华大学任教，后该校于1951年并入华东师范大学，吕思勉亦随之转入。
③ 童书业：《自序二》，吕思勉、童书业编著《古史辨》第7册（上），第7页。
④ 顾颉刚：《顾颉刚日记》第3卷，第679页。

国学研究所时,即拟聘吕思勉为该所研究员。①后来该所刊物《齐鲁学报》在上海编辑出版,吕思勉受顾颉刚的委托负责主编,使这份刊物成为当时"上海唯一有质量的文史研究刊物,先后出了二期,后来因为到日军侵入上海租界而停刊"②。吕思勉的《先秦史》亦作为齐鲁大学国学研究所专著汇编之二,由上海开明书店一九四一年初版发行。此外,在1940年,顾颉刚还与吕思勉等74位史学界同人共同发起创办《史学季刊》,倡议成立中国史学会。③

抗日战争胜利后,吕思勉与顾颉刚、童书业、杨宽等重聚于上海,诸人之间的联系交往更为方便,但在时局动荡等多种因素之下,当年那种较为深度的学术事业的合作,却再也没有能够实现。④ 1949年童书业赴山东大学任教,1954年顾颉刚调任中国科学院历史研究所,二人先后离开了上海,但他们与吕思勉之间依然保持着联系。1957年顾、童二人在青岛共度中秋节,师生促膝相谈,曾经评议当世史学名家,童书业认为:"现在人所作历史研究文字,大都经不起复案,一复便不是这回事。其经得起复案者只五人:先生(顾颉刚)、吕诚之、陈寅恪、杨宽、张政烺也。"⑤由此足见吕思勉在二人心目中的学术地位。吕思勉逝世之后,顾颉刚第一个出来倡议整理吕思勉的遗稿,并拟请杨宽负责整理工作。⑥可惜由于种种原因,这项工作在当时没有办法完成。对于这种情况,顾颉刚一直耿耿于怀,在其晚年所作的笔记与日记中屡有提及,如其读书笔记《缓斋杂记(五)》的"《燕石札记》"一条中,就表达了他对吕思勉学术的推重及其遗稿不克整理的惋叹:"诚之先生一生治史,出入必挟廿四史一册,今国中史学专家固多,但于中国各代历史作普遍之注意者仅有此人。一生所作笔记闻有两箧,此特其鳞爪。惜七十以后

---

① 顾颉刚:《顾颉刚日记》第4卷,第366页。当顾颉刚组建齐鲁大学国学研究院时,认为出掌燕京大学研究院的洪业不想让齐大与燕大争胜,从中阻挠,在七月三号的日记中讲:"洪氏如有本领,看能把我打倒否?并能打倒宾四(钱穆)与诚之(吕思勉)否?"由此,也可以看出顾颉刚当时对吕思勉相当倚重。见《顾颉刚日记》第4卷,第397页。
② 杨宽:《吕思勉先生的史学研究》,载俞振基编《蒿庐问学记》,三联书店,1996年,第9页。
③ 顾潮:《历劫终教志不灰——我的父亲顾颉刚》,华东师范大学出版社,2001年,第199页。
④ 1951年,顾颉刚得到消息,当时华东教育部准备把复旦大学办成一所综合大学,拟聘他与吕思勉二人充实该校学术力量,顾颉刚则希望:"予意,如复旦能办研究院,则予与吕老可同在院指导。"他与吕思勉合作的这一愿望当然并未能实现。见《顾颉刚日记》第7卷,第70页。
⑤ 顾颉刚:《顾颉刚日记》第8卷,第316页。
⑥ 张耕华:《人类的祥瑞——吕思勉传》,华东师范大学出版社,1998年,第325页。

体力就衰,不克整理,亦无他人为之整理。每一念及,使予恻恻于怀。"①

由上文所述,可知吕思勉与顾颉刚、童书业之间,以《古史辨》的编著为机缘开始了他们在学术上的交流往来,其中编著《古史辨》第七册的前后几年间,是双方在学术事业上深入合作的一段时期,而他们由此建立起来的学谊关系在以后的岁月中则一直保持未变。

二

冯友兰在20世纪30年代曾说过当时中国史学界有三种趋势:信古、疑古和释古,他认为其中"疑古一派的人,所作的工夫即是审查史料",并且"古史辨是中国近来疑古文献的大成"②。冯友兰在此提及的审查史料,应是史学研究的一项重要工作,因为只有以正确的史料做基础,方才有希望出现有价值的史学著作,而先秦古史的研究尤其需要注重审查史料,其原因正如吕思勉在第七册《古史辨·自序一》中所讲:"吾国古籍,著之竹帛者,大率自东周以来。其所称述夏殷西周之事,盖荀子所谓官人百吏,父子相传,以持王公,以取禄秩者。阅世长远,都邑屡迁,方策散佚,岂必其创制显庸之旧?后世文物,无数十百年不迁变者,而故书述三代制度,大率斠若画一,有是理与?"在此意义上,吕思勉承认顾颉刚的疑古学说和编著《古史辨》的学术活动,"其理卒有不可诬者"③。《古史辨》研究古史所依据的主要史料,就是吕思勉在此论说的"吾国古籍,著之竹帛者",也即古书。可以讲,吕思勉与顾颉刚等人在关于古书的史料价值和古史材料搜选的重点和范围等问题上,存在着相当近同的一些看法。

综观七大册《古史辨》,顾颉刚等人始终以古文献材料作为考辨古史的基础和中心,由于《古史辨》的这种编著取向,从很早就有人质疑:"这分明是'古书辨'了,哪里可以叫作'古史辨'?"④这种质疑所反映出

---

① 顾颉刚:《缓斋杂记(五)·燕石札记)》,《顾颉刚读书笔记》第6卷,第4434页。
② 冯友兰:《冯序》,罗根泽编著《古史辨》第6册,第1页。
③ 吕思勉:《自序一》,《古史辨》第7册(上),第1页。
④ 顾颉刚:《自序》,顾颉刚编著《古史辨》第3册,第4页。

的,即是 19 世纪末 20 世纪初以来,随着新史学兴起所产生的史料观念的变化,特别在当时的古史领域,一些学者重视非记载的实物材料,而轻忽古书的价值,其极端者则认为建设古史只有依靠实物材料一条道可走,对此种观点顾颉刚与吕思勉都不十分认同,顾颉刚就说过:"依我看,我们现在正应该从载记中研究出一个较可信的古代状况,以备将来从遗作品中整理出古史时的参考。若我们轻易跳过这个阶级,那就失去了研究的基础了。"①他强调古书研究是古史研究的初步工作,《古史辨》所做的就是这项工作。他到晚年谈这个问题时,依然认为:"古书是古史的史料,研究史料就是建筑研究历史的基础。由'古史辨'变为'古书辨'不仅不是怯退的表示,恰恰相反,正是研究向深入发展的表现。"②吕思勉亦不认可实物材料的研究必然要比古书研究更有价值的观点,他认为古物的真伪同样也需要辨识,使用实物材料时须当慎重,"藉资参证则可,奉为定论,则见弹而求鸮炙,见卵而求时夜矣"③,而且认为"书籍在今日,仍为史料之大宗"④。

实际上吕思勉、顾颉刚等人并不轻视非记载的实物材料。吕思勉即讲:"非记载之物,虽不能以古事诏后人,然综合观之,实足见一时之情状,今之史家,求情状尤重于求事实,故研求非记载之物,其所得或转浮于记载也。非记载之物,足以补记载之缺而正其讹,实通古今皆然,而在先史及古史茫昧之时,尤为重要。"⑤研究历史的重点,由研求历史上的事件转向研求当时社会的情状,乃是史学由传统向现代转型的一项重要表现,非记载之物不仅可以"补记载之缺而正其伪",而且是研究古代社会情状的绝好材料,在书籍相对匮乏且真伪难辨的先秦史领域,这种材料就愈发重要了。所以,吕思勉、顾颉刚对于能够获取实物材料的考古学的成果是非常关注的,吕思勉就称赞当时对河南安阳殷墟的考古发掘所得,"可略知殷代社会情状,不徒非读《史记·殷本纪》所能知,并非徒治甲骨文者所能悉也"⑥。顾颉刚也讲:"最使人们的古史观

---

① 顾颉刚:《答李玄伯先生》,《古史辨》第 1 册,第 271 页。
② 顾颉刚:《我是怎样编写〈古史辨〉的?》,《古史辨》第 1 册,第 22 页。
③ 吕思勉:《先秦史》,上海古籍出版社,2009 年,第 20 页。
④ 吕思勉:《先秦史》,第 6 页。
⑤ 吕思勉:《先秦史》,第 5 页。
⑥ 吕思勉:《先秦史》,第 5 页。

念改变样子的,是考古学,他们挖出许多地下遗物,从古人的用器来证明当时的文化,更使人没法反抗。"①顾颉刚还提出历史文献的研究者应与考古学者、语言学者分工合作,"我们考辨古书,须借助于语言学家,考古学家之处不知有多少;而语言学家等又各有须待借助的他种学问"②,只有大家通力合作,才有助于早日实现建设真实古史的良愿。

在古书材料中,传统学者治学,择选的主要是经典的书籍,尤其以经传注疏为大宗。《古史辨》审查史料以古书为基础和中心,这些古书所包括的范围则是非常广的,从前的一切古书,无论雅驯之言,还是齐东野人之语,都被视作史料来看待,这无疑是史料观念进步的表现。在《古史辨》中,顾颉刚、童书业等人考辨古史的文章,都注意运用了这类史料,吕思勉对此亦持相同的观点,他的弟子杨宽曾积极参加了第七册《古史辨》的编著,在致其信中就讲:"生论古史神话,多据诸子及《楚辞》、《山海经》诸书以为说;前蒙吾师指示,谓尚可推而搜索之于《神异经》、《博物志》等书,以穷其流变。此诚巨眼卓识,生甚愧犹无以报命也。"③吕思勉认为后世讲古史的书籍之中,南宋"罗泌《路史》为最有用",另外清代马骕的《绎史》虽体例精善,"然删怪说亦嫌太多",史料价值就降低了,因为"古史本多荒诞,惟此乃足见古史之真,而后世之纂辑者,多以为不足信而删之,则买椟还珠矣"④。后来吕思勉曾专就神话、传说的史料价值以及顾颉刚对此等材料的运用做过评论,他说:"讲起古史的材料来,实当分为广义、狭义。广义的材料,凡是神话、传说等荒唐之言,都该包括进去的。狭义的材料,则当以史官所记,和士大夫所传,所谓雅驯之言为限。论确实性,后者自然要大些,然亦只是五十步之于百步而已。如近人所说,以禹为古代的一个动物,并无其人,这固然近于怪诞。然其发明《禹贡》不但非禹时书,所述的并非禹时事,乃后人据其时的疆域附会,则不可谓非一大发明。所以狭义的材料,也是要用种种的新方法,去剥落其中不可信的部分的。而广义的材料,其中也

---

① 顾颉刚:《三皇考》,《古史辨》第 7 册(中),第 43、44 页。
② 顾颉刚:《顾序》,《古史辨》第 4 册,第 23 页。
③ 杨宽:《上吕师诚之书》,《古史辨》第 7 册(下),第 381 页。
④ 吕思勉:《先秦史》,上海古籍出版社,2009 年,第 16、17 页。

有许多很宝贵的,有待于搜求洗炼。"①在这段话中,吕思勉把"史官所记,和士大夫所传,所谓雅驯之言"归置为狭义的材料,把"神话、传说等荒唐之言"都包括进去的称为广义的材料,并指出雅驯之言中也有不可信的部分,荒唐之言中也有许多很宝贵的史料,要求研究者去做剥落和搜求的工作,这一关于神话传说和高文典册之间的比较论断可谓非常的精当;另外这段话中对顾颉刚关于禹和《禹贡》的观点的评价,也是很公允的,在《顾颉刚读书笔记》中有对吕思勉的这段话的抄录和简评,可见顾颉刚本人相当看重吕思勉这番"极透辟的议论"②。

三

尽管吕思勉认为疑古学说"其理卒有不可诬者",关于古书价值和古史材料搜选的看法与顾颉刚、童书业等人又有近同之处,但综观吕思勉发表在《古史辨》中的文章和他研究古史的其他相关著述,可以发现在审查古书、考辨古史的观念和方法上,吕思勉有自己的一套独到的认识和见解,且内中不乏对顾颉刚疑古学说的直接批评。

第一,古史的层累地造成和逐渐地剥蚀。吕思勉在第七册《古史辨》的《自序》中谈及古人所辑的古史,讲道:"盖述散无友纪之事者,往往以意为之连缀,若贯珠然,后世史家矜慎者不免,况于古人之轻事重言者乎?古史之传于今者,探其原,盖有神话焉,有十口相传之辞焉,有方策之遗文焉,有学者所拟议焉,且有寓言无实者焉。其物本棼然淆乱,而由今观之,抑若略有条贯者,皆节经损益润饰而成。其人不必相谋,而其事一若相续,此顾君颉刚所由谓古史为层累造成。抑又未尝无逐渐剥蚀前人所能详,而后人不能举其事者,此其所以益不易董理也。"③由这段话可以看出,吕思勉认为古人著述史事,并无历史观念,不重视史事的真相,他们的诉求和用意,或者是成败存亡的借鉴,或者是道行德施的标尺,即所谓的"轻事重言",所以留存到今天的关于古史

---

① 吕思勉:《从章太炎说到康长素梁任公》,《吕思勉论学丛稿》,上海古籍出版社,2006年,第403页。
② 顾颉刚:《纯熙堂笔记·吕思勉评章炳麟》,《顾颉刚读书笔记》第4卷,第2335页。
③ 吕思勉:《自序一》,《古史辨》第7册(上),第1页。

的记录,来源非常的繁杂,有民间流传的神话传说,有朝堂遗存的断篇残简,有百家诸子的理想方案,还有托名虚构的寓言故事,今人所看到的条贯清晰的古史,大多经过了后人的损益润饰,在这层意义上,吕思勉赞成顾颉刚的层累地造成的古史观;而在另一方面,由于古人轻事重言,不知道注意事实,在古史层累地造成的同时,许多前人所详知的历史真迹,又逐渐地被后人遗失、淘汰掉了,这即是吕思勉所补充的古史的逐渐剥蚀说。吕思勉认为伪古史的出现,应是后人层累地造成和史实逐渐地剥蚀共同作用的结果。

由渐蚀说出发,吕思勉提出阅读古书要特别注意其中的"单辞只义"。吕思勉在《先秦史》中曾讲:"读古书单辞只义之所以要。因有等事,传之未久业已不能举其详,然犹能言其概也。"①在《古史辨》第七册的《唐虞夏史考》一文中,他也谈及:"盖古事之传于后者,仅有极简略之辞。其详,皆后人以意附会,而荐绅先生之言,与齐东野人之语,遂至于大有径庭。"②这就是说,古书中一方面夹杂了大量后人有意无意穿凿附会的荐绅先生之言和齐东野人之语,在另一方面也保留了古史逐渐地剥蚀之后幸存的内容,即吕思勉所谓的古书中的"单辞只义",而且这些"极简略之辞"对于古事的真相,"犹能言其概",正是非常宝贵的研究材料。在吕思勉的史著之中,就较多地运用了古书中的"单辞只义"做古史的研究,如在考证大禹治水的历史真相时,吕思勉认为《尚书·禹贡》中的说法绝非史实,他根据《书经·皋陶谟》所载禹的自述之辞:"予决九川距四海,浚畎、浍距川。"解释其意:"九者,多数。川者,天然之河流。四海之海,乃晦字之义,四境之外,情形暗昧不明之地,则谓之海,非今洋海之海也。畎、浍者,人力所成之沟渠。"由此得出结论:"禹之治水,不过将境内的沟渠,引导到天然的河流中;而将天然的河流,排出境外而已。"并且还引《论语·泰伯篇》中孔子称禹"尽力乎沟洫"之语作为旁证。③ 在此,吕思勉就是通过搜求古书中的"单辞只义"来考证古事真相的。

第二,研究古史主要在它的真相而不在它的变化。顾颉刚提出了

---

① 吕思勉:《先秦史》,第19页。
② 吕思勉:《唐虞夏史考》,《古史辨》第7册(下),第278页。
③ 吕思勉:《中国史籍读法》,《史学与史籍七种》,上海古籍出版社,2009年,第129页。

层累地造成的古史观,到《古史辨》的后期,童书业在此基础上又提出了分化演变说作为补充。层累说与分化说在本质上是一致的,顾颉刚等人研究古史,"看史迹的整理还轻,而看传说的经历却重。凡是一件事,应当看它最先是怎样的,以后逐步逐步的变迁是怎样的"①。胡适称这种研究,"是用历史演进的见解来观察历史上的传说",他把顾颉刚的研究方法总括为四种方式:"(1)把每一件史事的种种传说,依先后出现的次序,排列起来。(2)研究这件史事在每一个时代有什么样子的传说。(3)研究这件史事的渐渐演进,由简单变为复杂,由陋野变为雅驯,由地方的(局部的)变为全国的,由神变为人,由神话变为史事,由寓言变为事实。(4)遇可能时,解释每一次演变的原因。"②顾颉刚等人在《古史辨》中考辨古史的著述基本上都是运用这种研究方法,不在探求古史的真相而在它的变化,即所谓"不立一真,惟穷流变"③。与此相反,吕思勉研究古史则主要在它的真相而不在它的变化。编录在第七册《古史辨》中吕思勉的文章,诸如《古史纪年考》、《盘古考》、《三皇五帝考》、《唐虞夏史考》等,所采用的都是传统的考史的方法,主要是为了考证古史的真迹。如关于盘古的看法,顾颉刚认为盘古由苗民始祖盘瓠分化演变而来,"从汉代交通了苗族,把苗族的始祖传来过来,于是盘古成了开天辟地的人,更在天皇之前了。时代越后,知道的古史越前;文籍越无征,知道的古史越多"④。吕思勉在《盘古考》一文中通过考证,认为"其与盘瓠之说,不可绲而为一"⑤,这不仅反对了盘古之说源自盘瓠的观点,从中亦足见他与顾颉刚等人在研究方法上的不同。

第三,判定古书真伪须先明了古书的成书情形和编著体例。关于考辨古书的看法,吕思勉曾经这样讲过:"古人既无记事之作,则凡读古书,皆当因其议论,以亿度其所据之事势。至其所述之事,则当通考古书增减讹变之例,以求其本来。"这里所讲的"亿度其所据之事势"和"通考古书增减讹变之例",就是强调阅读古书,应当明了它的成书情形和

---

① 顾颉刚:《与钱玄同先生论古史书》,《古史辨》第1册,第59、60页。
② 胡适:《古史讨论的读后感》,《古史辨》第1册,第192、193页。
③ 顾颉刚:《答李玄伯先生》,《古史辨》第1册,第273页。
④ 顾颉刚:《与钱玄同先生论古史书》,《古史辨》第1册,第65页。
⑤ 吕思勉:《盘古考》,《古史辨》第7册(中),第18页。

编著体例,至于如何才能达到这个要求,吕思勉认为:"此非一言可尽,亦非仓卒可明。要在读古书多,从事于考索者久,乃能善用之而寡过也。"①看来要识别古书中所藏的真谛,需要研究者具有相当的学术造诣。深受传统学术浸染、淹贯四部之学的吕思勉,无疑应该具备了这样的资格。他批评当时一些研究古史的学者:"大抵所谓辨伪者,伪字之界说,先须确定,而今人不然。其所谓伪者,忽而指其书非古物,忽而泥于用作标题之人,谓其语非其人之所能出,遂概断为伪物。"吕思勉认为完全"非古物"的伪书并不太多,如《鬼谷子》全为伪造,则无价值,而《列子》、《孔子家语》等虽属伪作,但依然有一定的用途;那些用古人的名号做标题的古书,则不能因为书中的内容不是其人所著而轻率地判定该书是伪书,这是因为:"古本有一家之学,而无一人之言,凡书皆荟萃众说而成,而取一著名之人以为标题耳;而辗转流传,又不免有异家之书屠入。此古书之所以多错乱。然编次之错乱是一事,书之真伪又是一事,二者固不容相混也。"②读古书尤其应注意到先秦的子书与后世的文集之间的区别,前者是一家之学,后者方为一人之书,而在先秦子书之中又多有寓言故事,这些故事不是史实,然而在先秦之际,人人都知道这是寓言而非信史,"胡适之概断为当时之人,为求利而伪造;又讥购求者之不能别白;亦未必然也"③。从这里大概可以看出,吕思勉对古书虽有怀疑,但在总体上持疑中取信的态度。

顾颉刚在1936年出版了他耗时十数载编订而成的《崔东壁遗书》,对于这部曾被其誉为"一部规模弘大而议论精锐的辨伪的大著作"④,吕思勉很不以为然,他评价此书说:"《崔东壁遗书》,近人盛称其有疑古之功,此特门径偶然相合,其实崔氏考据之学,并无足称。……崔氏所疑,虽若精审,然皆以议后世之书则是,以议先秦之书则非。何者? 先秦之书,本皆如是也,崔氏所疑,实甚浅显,前人岂皆见不及此? 所以不言者,以此为先秦古书之通例,不待言也。然则崔氏之多言,正由其未

---

① 吕思勉:《先秦史》,第19页。
② 吕思勉:《先秦史》,第19页。
③ 吕思勉:《经子解题》,《中国文化思想史九种》,第167页。
④ 顾颉刚:《自序》,《古史辨》第1册,第45、46页。

达古书义例耳。"①在吕思勉看来,崔述编撰《考信录》怀疑古书,实则因为他不懂得古书的义例,"其实年、月、日、人、地名之不谛,古书类然。以此而疑其不可信,古书将无一可信矣"②。对于崔氏之学的迥异评价,正可见吕、顾二人在考辨古书真伪问题上的歧异。所以,吕思勉尽管参加了编著第七册《古史辨》的工作,而在同时出版的《先秦史》一书中则公开批评顾颉刚、童书业等人疑古过甚:"近二十年来,所谓'疑古'之风大盛,学者每訾古书之不可信,其实古书自有读法,今之疑古者,每援后世书籍之体例,訾议古书,适见其卤莽灭裂耳。"③吕思勉在此强调"古书自有读法",反对采用后世编著书籍的标准来判断古书的真伪,认为这种做法很不适当。

第四,对晚清今文家所谓刘歆造伪说的肯定与否定。

吕思勉在《古史辨》第七册的《自序》中评价《古史辨》与疑古学说,是将其置于中国数千年的学术变迁趋势中予以考察的,在这篇序言的最后,他讲清代学者的治学"稍比古事而求其真。后人读之,颇觉其犁然有当。何也,言皆有征,则理若可信也。然徒能剖析汉宋同异,更进则剖析汉人同异而已,未能举先秦旧说,一一审正之也。今之所谓疑古者,特更进一步,辨析及于先秦而已。溯流者必穷其原,理固宜然,抑亦势所必至,且亦循前人之途辙而更进而已,又奚足怪?"④这即是说,《古史辨》的"辨析及于先秦"正是循清代学术"剖析汉宋同异"、"剖析汉人同异"途辙之后的"更进"。这其中,完成"剖析汉人同异"任务的即是晚清的今文经学。这一派的学术对于后来疑古学说的兴起和《古史辨》的编著有很大的影响,与吕思勉的史学研究也有一定的关联。

顾颉刚、童书业都不讳言,《古史辨》在某些方面是直接沿袭了清代今文经学的趋势而来的。童书业编著《古史辨》第七册时就说:"从康有为发表《新学伪经考》和《孔子改制考》到这第七册《古史辨》的结集,在时间上已有了将近半世纪的年月。……由怀疑古文经学到怀疑群经诸子,由怀疑儒家传说到怀疑夏以前的整个古史系统:这都是科学思想

---

① 吕思勉:《读〈崔东壁遗书〉》,《吕思勉论学丛稿》,第708页。
② 吕思勉:《先秦史》,第11页。
③ 吕思勉:《先秦史》,第6页。
④ 吕思勉:《自序一》,《古史辨》第7册(上),第2页。

发展的自然趋势。"①顾颉刚直到晚年都承认自己深受晚清今文经学尤其是康有为学说的影响,他在1961年的一则日记中这样记道:"予询丕绳(童书业):'我所受之影响孰为最:郑樵、朱熹、阎若璩、姚际恒、崔述、康有为、胡适?'丕绳答曰:'康有为。'予亦首肯,盖少年时代读夏曾佑书,青年时代上崔适课,壮年时代交钱玄同,三人皆宣传康学也。"②顾颉刚在1930年发表的《五德终始说下的政治与历史》一文,是其疑古辨伪的代表作,这篇文章对于晚清今文经学家观点的认同,关于王莽、刘歆伪造古文经书一事的分析和论断,曾给顾颉刚带来了许多的争议和质疑之声。钱穆在评价该文时,就认为:"顾先生在此上,对晚清今文学家那种辨伪疑古的态度和精神,自不免要引为知己同调。"③顾颉刚编著《古史辨》的引路人胡适,则认为顾颉刚的论断,已上了晚清今文家廖平、康有为、崔适等人的大当。④ 当然在另一方面也必须注意到,对于康有为等今文家拿辨伪研究做手段、以政治改制为目的的做法,顾颉刚是批判和反对的。总体而言,当时顾颉刚等人对晚清今文家所谓刘歆造伪说,持一种批判继承的立场。

  吕思勉的史学研究也与晚清今文经学有一定关联。他的家乡常州,即是清代今文经学派的大本营,出身于此的吕思勉自然深受影响,其早年弟子钱穆就称:"诚之师谨守其乡前辈常州派今文经学家之绪论。"⑤在吕思勉早年时的一些著述中,确实可以发现晚清今文经学的影响所在。1926年初版的《经子解题》一书中列举研究经学的入门必读书目,大多属今文经一派,其中就包括廖平的《今古学考》与康有为的《新学伪经考》。⑥ 而且他此时基本认可晚清今文家所谓刘歆、王莽遍伪群经的观点,在1921年发表的《答程鹭于书》一文中就讲:"有孔子而后有所谓经,有刘歆、王莽而后今文经之外,别有所谓古文经。"还指出:"自武进庄氏、刘氏,以至最近南海康氏、井研廖氏,则破坏莽、歆所造之古文经,以复孔子学说之旧也。今后学者之任务,则在就今文家言,判

---

① 童书业:《自序二》,《古史辨》第7册(上),第1页。
② 顾颉刚:《顾颉刚日记》第9卷,第372页。
③ 钱穆:《评顾颉刚〈五德终始说下的政治与历史〉》,《古史辨》第5册,第621页。
④ 胡适:《论秦畤及〈周官〉书》,《古史辨》第5册,第637页。
⑤ 钱穆:《八十忆双亲·师友杂忆》,三联书店,2005年,第59页。
⑥ 吕思勉:《经子解题》,《中国文化思想史九种》,上海古籍出版社,2009年,第105—106页。

决其孰为古代之真事实，孰为孔子之所托，如此，则孔子之学说与古代之事实，皆可焕然大明，此则今之学者之任务也。"①然而自20世纪30年代以后，随着古史研究的深入，吕思勉对于晚清今文经学的看法逐渐发生了变化。当年光华大学的学生钱钟汉读完《先秦史》的油印稿后，曾向吕思勉直陈读后印象："'过去《白话本国史》有关先秦部分，先生似主要根据今文学派的经学观点，新作似倾向今古文之贯通运用。'先生当即喜告以过去论述，局限今文，不免拘囿，年来渐感不足，对古文学说史料加以整理，亦多可采用，写《先秦史》时，确已有此转变。"②也就是说，当吕思勉参加编著《古史辨》第七册的时候，与顾颉刚等人关于今古文经的认识实际上已经存在歧异。而且不仅止此，这时他对深受晚清今文经学影响的疑古学说也产生了异议，在《古史辨》第七册的《唐虞夏史考》中就讲道："康南海托古改制之论，已嫌少过，彼亦轻事重言，用信己见而已。今之论者，举凡古人之说，一切疑为有意造作，则非予之所敢知矣。"③后来，他更公开表明："《左传》是否《春秋》之传，《诗序》是否诗人本意，这两个问题，我至今抱着否定的意见。然谓作《左传》者，有意造作一书，以破坏《公羊》，作《诗序》者，有意造作三百十一篇之序，以反对鲁、齐、韩三家，则实在并无其事。……所以康有为所云：'古事非真相，乃由先秦诸子有意所托，经说今古歧异，乃由刘歆等辈有意造成。'根本无此事实。"④可以说最后吕思勉已经基本否定了康有为《孔子改制考》和《新学伪经考》的观点。

综上所述，吕思勉一方面肯定疑古学说对推动古史研究和古书材料整理的贡献，另一方面又批评其疑古过甚，訾议古书。虽然他参加了顾颉刚组织的《古史辨》的编著工作，并且是第七册的领衔编著者，但在研治古史的观念和方法上，实与顾颉刚等人存在很大的分歧，吕思勉并不属于"疑古派"之一员。当然，吕思勉治学"于中国各代历史作普遍之注意"，先秦古史不过是他研究工作的一个组成部分，但通过考察他与《古史辨》之间的学术关联，我们可从一个侧面来加深了解吕氏史学和

---

① 吕思勉：《答程鹭于书》，《吕思勉遗文集》(上)，华东师范大学出版社，1997年，第233、235页。
② 钱钟汉：《吕诚之先生的为人和治学》，《蒿庐问学记》，第186页。
③ 吕思勉：《唐虞夏史考》，《古史辨》第7册（下），第270页。
④ 吕思勉：《从章太炎说到康长素梁任公》，《吕思勉论学丛稿》，第400、401页。

《古史辨》;分析他们在学术研究上的异同和得失,对于当下的古史研究亦有可供参考的价值,因为顾颉刚在《古史辨》第一册的《自序》篇首就讲过:"我们现在的讨论只是一个研究的开头呢,说不定我们一生的讨论也只是一个研究的开头咧!"[1]这是顾颉刚当初的预想,也是后来的事实。另外,吕思勉与顾颉刚等人在学术观点上的分歧丝毫没有影响他们之间的学谊关系,吕、顾、童都是心无旁骛、一心向学的纯净学人,他们在学术事业上一直相互支持、共勉同进,都能以坦荡磊落的胸襟看待争议、包容不同,这样的做派、学格和自由平等的治学精神,同样值得后学学习借鉴。

(《史学史研究》2011年第2期)

---

[1] 顾颉刚:《自序》,《古史辨》第1册,第2页。

吕思勉和杨宽的师生交谊与学术认同

贾鹏涛*

吕思勉(1884—1957),字诚之,江苏常州人。终身致力于史学研究,在通史、断代史、专史等领域留了大量有分量、有价值的历史著作。台湾著名史学家严耕望称陈寅恪、陈垣、吕思勉、钱穆是中国史学界的"四位大家"①,其史学地位无需多言。吕思勉亦长期致力于一线历史教学工作,有不少弟子,如赵元任、钱穆、唐长孺、杨宽、周而复、张芝联、黄永年等。杨宽(1914—2005),字宽正,江苏青浦人(今上海青浦),在上古史、战国史、西周史和制度史等研究领域成就显著,他是吕思勉执教上海私立光华大学时的学生,此后吕、杨两人一直保持着深厚师生情谊,堪为学界典范。两人皆著述宏富,且有着共同的研究领域:先秦史及古史传说。

一、师生交谊

1914年1月12日,杨宽出生于上海市西郊的青浦县白鹤江镇。1919年秋进入新式学校鹤溪小学,校长为其大伯父公权。1923年秋,开始读高级小学。1926年夏,考取苏州省立第一师范。据其自述,选择省立第一师范的原因之一,苏州是一座人文荟萃、朴实而安静的古城,求学环境比上海好。省立第一师范的前身是江苏师范学堂,向来有名。师资方面也一直很出色,如罗振玉做过该学堂的首任监督,王国维

---

* 作者简介:贾鹏涛,大连大学历史学院讲师。
① 严耕望:《治史三书》,上海人民出版社,2011年,第169页。

曾在此任教,20年代吕思勉亦曾在此做过老师。① 1923年2月至1925年7月,吕思勉在苏州省立第一师范学校专修课任教,月薪120元,校长王应岳延聘。② 此为杨宽与吕思勉结缘之始。

1932年夏,杨宽从苏州中学毕业,考进上海私立光华大学中国文学系。其选择光华大学的原因是:从已在光华大学求学的堂兄杨安处得知,光华大学有几位讲授中国文学和历史的著名教授,他们除了有系统的讲授必修课外,常开设指导学生读一部专书的课。如历史系主任吕思勉除讲授中国通史、历史研究法等必修课外,还开设中国社会史、中国民族史、《史通》、《文史通义》与《说文解字》等选修课。③ 1926年8月,吕思勉由童伯章介绍到上海光华私立大学国文系任教,光华大学后设历史系,即担任系主任,直到1951年院系调整光华并入华东师范大学为止。④

在叙及如何认识吕思勉时,杨宽说:"记得我听吕先生讲中国社会史的课,期中考试时,只出了一个议论题。当时光华大学由注册处按座位点名,每人有个学号,按学号登记,因此教师对学生并不熟悉。当这门课的期中考试后的一堂课,吕师刚上讲台,忽然跑下来走到我座位旁边,问我:'你的学号是不是2091?你的名字是不是叫杨宽?'我答道:'是。'他就说:'很好。'从此以后,我听课中有什么问题就向他请教,学习研究中有什么问题也向他请教。"⑤至此,杨宽从仅知吕思勉之名变成他真正授业的学生了。

吕思勉的《白话本国史》带领杨宽进入古史研究领域。他在自传中言:"我对中国古代史的学习,受到吕思勉著作的启发较大。我通读了吕思勉的《白话本国史》四册(商务印书馆,1923),我对中国古代史的钻研是由这部书引起的。"⑥吕思勉的上课方式亦为杨宽后来的史学研究打下了坚实的基础,杨宽回忆道:"吕先生讲课有他的特点,他不作泛泛之论,讲究踏实而深入的探讨。凡讲课都发有讲义,讲义是准备学生自

---

① 杨宽:《历史激流:杨宽自传》,台北大块文化出版股份有限公司,2005年,第46—47页。
② 李永圻、张耕华:《吕思勉先生年谱长编》上,上海古籍出版社,2012年,第280页。
③ 杨宽:《历史激流:杨宽自传》,第110—111页。
④ 李永圻、张耕华:《吕思勉先生年谱长编》上,第344页。
⑤ 杨宽:《怀念吕思勉先生》,《常州文史资料》第5辑,第51页。
⑥ 杨宽:《历史激流:杨宽自传》,第64页。

学和掌握系统知识的,堂上讲课,只作重点阐释,讲自己研究的心得体会。他上课时常常带有几本书上堂,不带讲义。讲《说文解字》,往往举其中一个字为例而大讲特讲,讲《经子解题》常常举出某书中的重要篇章大加阐明。这对于爱好钻研的学生,确实能打好扎实的根底。"①

可能正因为受吕思勉影响,进入光华大学不久,杨宽就转向上古史研究,他用神话学方法治上古史,成《中国上古史导论》,全文收入《古史辨》第七册。杨宽被认为是古史辨派强有力的生力军,童书业称其为集"疑古"的古史学大成的人。②《中国上古史导论》经吕思勉校订的,且他建议杨宽,古史神话的材料搜集似应包括《神异经》、《博物志》等书,"以穷其流变"。1941年2月15日,杨宽在《上吕师诚之书》中表达谢意时言:"生旧作《中国古史导论》,于任教粤西时半年内仓卒写成,论据既未能广为搜罗,行文亦欠畅达,蒙吾师为之校订一过,多所匡正,铭感无既。……生论古史神话,多据诸子及《楚辞》、《山海经》诸书以为说;前蒙吾师指示,谓尚可推而搜索之于《神异经》、《博物志》等书,以穷其流变。此诚巨眼卓识,生甚愧犹无以报命也。"③总之,吕思勉的切身指导使杨宽获益匪浅,杨宽说:"三十年代前期,我在上海光华大学上学,原来读的是中国文学系,由于吕先生上课时的循循善诱,引人入胜,我爱听先生的课,好读先生的书,成为历史研究的爱好者。因此我从开始进入社会、参加工作以来,所有工作都是与历史、考古、文物有关的。这是吕先生诱导的结果。……我从读大学一年级起,就爱好写学术论文,从一九三二年起,就逐年发表一些论文。这些论文的写成,也都是和吕先生教导分不开的。"④

此外,杨宽在吕思勉主持的茶室聚会上亦获益不浅。以吕思勉为首的师生之间曾组织过一个茶室聚会,这是他推进学术研究和诱掖后进的一个主要方法。杨宽多次提到此聚会,认为从中获得不少教益。此聚会直到抗战期间上海成为孤岛时也从未间断。在聚会中,吕思勉所谈的问题范围较广,或综论某个问题的研究方法和门径,或追溯一条

---

① 杨宽:《怀念吕思勉先生》,《常州文史资料》第5辑,第52页。
② 童书业:《自序二》,吕思勉、童书业编著《古史辨》第七册上,开明书店,1940年,第2页。
③ 杨宽:《上吕师诚之书》,吕思勉、童书业编著《古史辨》第七册下,第376页。
④ 杨宽:《怀念吕思勉先生》,《常州文史资料》第5辑,第51页。

史料的来源及其价值,或交流自己研究中的某些心得,或评论某些著作的缺点错误,或探讨一些有争论和疑难的问题,这使不少学生从他这里得到切切实实的指导。而在抗日战争期间,聚会中也会论及战争的发展、国际形势的变化及应对之策。① 吕思勉的另一位学生胡嘉对此聚会亦有回忆:"1939 年,有一次,曾在我的寓所徐园茶叙,记得到会的有吕先生、童书业、赵泉澄、杨宽、胡道静、蒋大沂、俞剑华、沈延国、邵景洛等。"②

1941 年 12 月太平洋战争爆发后,日军进入上海租界。原先的大学纷纷转入地下。光华大学表面宣布停办,实际上仍继续上课。光华大学文学院改称"诚正文学社",由蒋维乔主持。此时,吕思勉、童书业和杨宽都在光华大学执教。就此社会形势,三人商讨后一致认为上海附日文化势力将会越来越大,不宜在此继续工作,应离开上海。基于此决定,吕思勉回到常州旧居,杨宽回到家乡青浦。居乡期间,吕思勉、杨宽仍互通信息。根据《王伯祥日记》日记可知,1942 年 6 月、1943 年 5 月,杨宽与吕思勉之间通过书信传递信息。1942 年 6 月 25 日:"诚之来函,面答一切,知宽正近返青浦白鹤港老家,闭门读书。(前传云曾经某处任事,深冤之。)"1943 年 5 月 21 日:"接诚之五月十九日信,复告丕绳、宽正近状,并告暑假以后,谢绝一切教务,专意撰述。"③抗日战争胜利后,吕、杨回到上海后,师生之间互访就便利多了。吕思勉残存日记十月初四日记:"访伯云。法租界电车罢工,故同趁电车至静安寺,而步行访宽正于鸿英图书馆,并晤锡璇;同在某面馆吃面,乃旋光华。丕绳、永榴来未晤。达人来。丕绳来,宽正来。"④1955 年,吕思勉因病不能工作,回常州故宅休养,他对史学界的研究动态仍十分关心,曾去信杨宽询问中国历史分期的研究情况,杨宽回信中详细介绍了当时史学界对古史分期的研究状况并附自己的看法以及研究计划。信中杨宽介绍了当时历史分期的观点,同时认为:"他们最大的毛病,是要把世界史切齐,把所有文明国家发展的历史统一划分阶段,同时认为中国古代属

---

① 杨宽:《历史激流:杨宽自传》,第 153 页。
② 胡嘉:《吕诚之先生的史学著作》,《蒿庐问学记》,三联书店,1996 年,第 35 页。
③ 王伯祥:《王伯祥日记》18 卷,国家图书馆出版社,2011 年,第 148、508 页。
④ 李永圻、张耕华:《吕思勉先生年谱长编》上,第 724 页。

于东方系统,与埃及、巴比伦、印度同一类型。由于生产力的较低,奴隶制未发展到典型阶段。"①1957年10月9日,吕思勉病逝。在其人生的最后4个月,杨宽多次到家探访,如吕思勉残存日记六月初三(五月初六)星期一:"目少愈,姑写读。……宽政来。"八月三十一日(八月初七)星期六:"目不适,停写读。宽正来。"九月二十二日(八月二十九)星期天:"目稍剧。宽正来。"九月二十九日(闰八月初六)星期天:"宽政来。"②可见,自杨宽成为吕思勉的学生后,吕、杨两人音讯不断,始终保持着良好的、亲密的师生情谊。

吕思勉去世后,其遗著的整理出版就成了一件重要的事情。顾颉刚在接到吕思勉之女吕翼仁讣告的当日,即10月20号的日记中记到:"接吕翼仁女士来讣,知其父诚之先生(思勉)于本月九日逝世矣。渠一生熟读廿四史,全国中精熟全史者惟此一人。彼有志作一《中国通史》,解放以来,精力不足,讫《隋唐五代史》而止。其笔记占两箱,所发表者惟《燕石札记》一册耳。予累请其着手,亦以频年体弱,未能整理也。今兹长逝,能有人为之纂录者乎?企予望之!"③1957年底,顾颉刚发倡议整理吕思勉的遗稿,并拟请杨宽负责主持遗稿的整理工作。后迟至1962年3月,中华书局上海编辑所发起整理出版吕思勉遗稿,由出版社社长李俊民致函邀请杨宽、唐长孺、汤志钧、李永圻、吕翼仁等到上海编辑所商议工作。会议决定,组成吕思勉遗著整理小组,整理费用由家属负担。④

1959年7月,吕思勉遗著《隋唐五代史》出版,全书百余万字,未刊总论,且有删改,书前有批判性的"出版说明",此"出版说明"署名"中华书局上海编辑所",实为杨宽执笔。1949年后,马克思主义唯物史观渐渐主导史学界,而《隋唐五代史》的撰写方法及观点,已与时代的主旋律不合。因此,为了使此书顺利出版,撰写一篇批判性的出版说明是必要的。文中批判了吕思勉的唯心主义史观、旧纪事本末体和旧的叙述典章制度的编撰体例、没有凸显阶级斗争和生产斗争在历史上的作用、评

---

① 文中杨宽致吕思勉、吕翼仁信原件复印件皆由吾师张耕华先生提供,特此致谢。
② 李永圻、张耕华:《吕思勉先生年谱长编》下,第1008、1012、1013页。
③ 顾颉刚:《顾颉刚日记》卷八,中华书局,2011年,第326页。
④ 李永圻、张耕华:《吕思勉先生年谱长编》下,第1035页。

价历史人物的标准不正确等,"这部断代史的指导思想,基本上是封建正统思想;它的体例和内容,也是没有超出封建主义的历史学范畴。"最后笔锋一转,写到出版此书的原因是:"为了提供历史研究者参考之用。因为作者在史料的搜集、排比和考订上,曾经下过不少功夫,他曾经比较广泛地搜集史料,把这个事情经济上、政治上和文化上的主要情况,从浩如烟海的史料中钩稽出来,做了排比和考订。……虽然作者分门别类地叙述,并不符合我们的要求,但由于分门别类的缘故,也还便于我们检查。作者在叙述时,虽然把原有的史料,组成了自己的一个体系,有许多地方贯串着不正确的观点,但是主要的史料来源,都注有出处,有的还有注释和考订,在我们研究时也还有一定的参考价值。"①

1962年下半年,北京中华书局计划重印吕思勉的《先秦史》、《秦汉史》、《魏晋南北朝史》,他们写信向杨宽求助。1962年8月6日,杨宽在回函北京中华书局编辑部中言:对于利用开明书店纸型重印吕思勉的《先秦史》、《秦汉史》和《两晋南北朝史》极为赞成,并且建议封面最好与1957年出版的《隋唐五代史》封面一致,"使成为一套"。对于中华书局前信中所言错字问题,杨宽回复到:"过去开明印此书时,吕老曾亲自校对,错字本来很少,出版后,吕老曾又校读一次,对少数错字有校正(据说错字很少,校正不多)。"《先秦史》校本家属已找到,其他正在找。至于中华书局请杨宽写篇序言,杨宽回复"自当尽力赞助,当于今年年底前交稿。"9月1日,中华书局古史组在致杨宽信请求尽快将找到的校本寄来,以便安排工作,并提出"这几部书作为遗著重版,在内容方面自不宜作何更动,但拟请费神检查一下,有关民族、边界等问题的提法,有无显然不妥之处? 因为我们在旧书当中曾发现过类似的问题,特提请您注意"。近一个月,杨宽并未回复中华书局。9月29日,中华书局来信催问吕先生三部遗著进行情况。10月25日,杨宽回复中华书局,首先对于迟迟未回复表示歉意,原因是参与《辞海》定稿工作,再加上身体欠佳。接着,杨宽一一回复中华书局前两信中所关心的问题,三部遗著校订本已找到,随函寄上;三部遗著不免有大汉族主义观点,但所叙

---

① 吕思勉:《隋唐五代史·出版序言》,中华书局,1959年,第9—10页。

历史,时代较早,有关民族与边界问题,与现实问题不牵涉;中华书局曾建议三部遗著写三个序言或一个序言都可以,杨宽认为应写三个序言,约略分析每部书的优缺点。其中《两晋南北朝史》可由杨宽写信请唐长孺帮忙,因为唐对这段历史研究很精,且唐亦是吕思勉未刊稿整理小组成员。《先秦史》、《秦汉史》序言则由自己写好后立即寄上。11月30日,中华书局致函杨宽言,三部遗著勘误表已收到,并赞同杨宽上信所言请唐长孺撰写《两晋南北朝史》的序文。1963年2月16日,杨宽致函中华书局,为了慎重起见,从头到尾仔细读了《先秦史》一遍,写成勘误表一份,请连同第一次勘误表一起校正,并寄上《先秦史》"重版序言"。2月19日,中华书局致函杨宽称,《先秦史》重版序言与第一次勘误表均已收到,此书计划下月底发印。并请将《秦汉史》也通读一遍,如有需改正处,请寄重版序言时一并告知。① 从杨宽与中华书局七封来往书信可知,北京中华书局计划重印吕先生的《先秦史》、《秦汉史》、《两晋南北朝史》,且《先秦史》已列入发印计划。遗憾的是,三部遗著重印在当时并未实现。至于为何没有实现,恐怕还是由于吕先生是旧时代的史家,当时的出版环境已不允许出版此类著作,1959年的《隋唐五代史》尚可附上一篇《出版说明》出版,而到了1962年,其他三部断代史虽已有计划出版,但最终胎死腹中。

由于出版环境的变化,吕思勉的遗著直到20世纪80年代才得到大规模的整理出版,杨宽继续为此努力工作。1982年1月,杨宽为吕思勉遗著的出版撰写了《吕思勉史学论著前言》,此前言刊于上海古籍出版社1982年9月《先秦史》、1983年2月《秦汉史》和1983年8月的《两晋南北朝史》前。文中,杨宽对吕思勉的两本通史、四部断代史、五部专史以及探讨史学方法的专著内容作了概要性的准确描述。杨宽曾为《吕著中国通史》写过一篇出版说明,刊于华东师范大学出版社1992年8月出版的《吕著中国通史》书前。1985年,吕思勉《中国制度史》由上海教育出版社出版,此书前言亦为杨宽执笔。20世纪80年代,杨宽伴同吕翼仁一同校对、补正、分节并标点了吕思勉的《医籍知

---

① 孔夫子旧书网,http://www.kongfz.cn/23595459/pic/。

津》。① 此外,还为《中国近代史三种》编好的目录以及出版说明,内容包括《中国近代史讲义》、《中国近世前编》、《日俄战争》,后此书未按计划出版,手稿的完成时间为1982年8月15日。

  1983年12月,吕思勉的《论学集林》由上海教育出版社出版,该书出版说明为杨宽1983年11月撰写完成。《论学集林》中最初计划包括《中国政治史九讲》和《中国医学概论》的介绍,杨宽已拟好前言,后未按计划出版。现保存杨宽致吕翼仁的信中可见《论学集林》的编选情况。1982年8月20日,杨宽致吕翼仁信中详细谈及《论学集林》的编选情况:"目前正在编《论学集》,看来标点校正工作量也不小。即便已发表之文,标点也不统一,有的有括号,有的没有括号。《三国史话》拟改题为《三国史讲话》,《宋代文学》拟改题为《宋代文学概论》,一律编入《论学集》,计划《论学集》卷首为《蒿庐论学丛稿》。把有些论文之类编入,卷末为《蒿庐史札》,把所有未编入《读史札记》的札记编入。这两部分都要加工,中间把史学四种(加上一种)。《群经概要》、《经子解题》、《三国史讲话》、《中国政治思想史十讲》、《宋代文学概论》、《文字学四种》,依次编入,可以编成一大部《论学集》。理论文章拟尽量不采用,包括《大同释义》。因为《大同释义》所讲的'大同'是《桃花源记》的境界,所讲社会历史分为'大同、小康、乱世',亦与社会发展史的五个阶段不合,抵触太大。其他主张有关改革的文章,亦有问题。《论学集》只单纯地论学术为主,较为稳安。"信中,杨宽向吕翼仁详细汇报了《论学集林》的编选情况,并建议不选理论文章,如与五个阶段不合的《大同释义》和其他涉及改革的文章。为了使《论学集林》顺利出版以及传之后世,所选文章皆应为纯学术文章。1984年5月,虽然杨宽赴美讲学定居迈阿密后不再参与吕思勉遗著的整理工作,但他依旧关心吕思勉遗著的整理出版工作。如在1984年12月16日致吕翼仁信中言:"吕师著作出版,想必又有进展。估计《隋唐五代史》当已出版,未知《先秦学术概论》已出版否?《论学集林》已付印否?"1985年11月12日致吕翼仁信中说:"吕师遗著出版工作,当续有进展。《论学集林》不知已有着落否,甚为悬念。"总之,从20世纪50年代末到80年代初期,杨宽为吕思勉遗著

---

① 李永圻、张耕华:《吕思勉先生年谱长编》上,第203—204页。

的整理出版工作尽心尽力。

二、学术异同

在中国现代史学界,吕思勉与杨宽对先秦史、上古史皆有研究,吕思勉有断代史《先秦史》,杨宽有《战国史》、《西周史》,且都参与了古史辨派的讨论,师生之间在学术观点上有异同。① 20 世纪 20 年代,学界展开了井田制有无的辩论,杨宽出生也晚,并没有参与这场讨论,吕思勉厕身其中。这场辩论是由胡适针对胡汉民的井田制是自古相沿的共产制度、计口受田、土地公有论点提出质疑而发起的,胡适认为井田制度是孟子理想的乌托邦,是逐渐补添而成的理论。胡适的看法遭到胡汉民、廖仲恺的反驳,廖仲恺主张井田制是土地公有制转变为私有制以后的一种残余形态,吕思勉支持廖仲恺的主张,重点批驳胡适"逐渐增补"而成的"井田沿革史",认为《公羊传》、《穀梁传》和《公羊解诂》,虽然词有详略,而义无同异,可见同是一说,绝无增补的痕迹。又认为战国时代对于古书的解释,多靠师徒口耳相传,孟子说"文王之囿方七十里","于《传》有之",就是依据口传,《孟子》、《公羊传》、《尚书》所讲井田制有相同之处,也是由于口传。② 吕思勉的观点对杨宽启发很大,1955 年,杨宽撰写的《试论中国古代的井田制度与村社组织》认为日耳曼的"马尔克"村社制度和井田制度类似,为平均彼此劳动条件,会重新分配耕地。西双版纳傣族原有的村社制度和井田制一样有着受田和归田的规定。③ 如此看来,如果真像胡适所言是学者为了"托古改制"而伪造的,怎么会有和日耳曼和傣族相似的村社制度?显然,这为吕氏观点提供了强有力论据支持。

又如,在对古书真伪的判定上有相同之处。先秦史的研究涉及古籍,而中国古籍,真伪难辨,辨伪书就成了史家研究先秦史需要解决的首要问题。吕、杨关于古籍的真伪有许多一致的看法。《山海经》,吕思

---

① 吕、杨皆认为史学研究应参考外国人的著作、不应疑古太过、疑古考古释古三者不可偏废。可参见拙作《杨宽与古史辨》,《历史教学问题》2016 年第 6 期。
② 吕思勉:《致廖仲恺朱执信论学书》,《建设杂志》1920 年第 2 卷第 6 期。
③ 杨宽:《试论中国古代的井田制度和村社组织》,《学术月刊》1959 年第 6 期。

勉认为此书保存有古史真相,不完全虚构,此书"说多荒怪,不待言矣。然其所举人物,实多有其人;其所载事迹,亦间与经传相合;何也?盖此书多载神话,而其所谓神话者,实多以事实为据,非由虚构也。"[1]杨宽观点与吕相同,他说:"《山海经》一书,本皆民间传说渐次结集而成。《五藏山经》最早,《海外》、《海内》、《大荒》诸经,无非以次续成,吾人于此书前后,颇可窥其传说演变之迹象。"[2]《墨子》,吕思勉认为此书不是伪书,"《所染篇》上半与《吕氏春秋·当染篇》同,而下半绝异。或以其所印事多出墨子之后,疑其非《墨子》书,然某子之标题,本只以表明学派,非谓书即其人所著,则此等处正不足疑矣"[3]。杨宽认为其中《尚贤》、《尚同》、《兼爱》、《非攻》、《节用》、《节葬》、《天志》、《明鬼》、《非乐》、《非命》等篇的著作年代较早,约在春秋战国间。《耕柱》、《贵义》、《公孟》、《鲁问》等篇都记墨子言行,《法仪》、《七患》、《辞过》等篇都记墨子的议论,时代也是较早的。《经上》、《经说上》、《经下》、《经说下》、《大取》、《小取》等篇,文字较简要,谈的问题方面较广,是后期墨家的作品。《备城门》以下诸篇,讲的是守城的防御战术,该是战国后期墨子弟子禽滑厘一派后学讲守城战术的著作。[4]《吕氏春秋》,吕思勉认为此书"除儒家言外,亦存道、墨、名、法、兵、农诸家之言。诸家之书,或多不传;传者或非其真;欲考其义,或转赖此书之存焉;亦可谓艺林瑰宝矣。"[5]杨、吕观点一致,认为此书综合各家学说汇编而成,有史料价值。[6]《尉缭子》、《六韬》,吕思勉认为这两部兵书不是伪书,他说:"后人以其题齐大公而诋其伪,此亦犹言医者托之黄帝,言药者寓之神农耳。其书多言制度,且多存古义,必非可以伪作也。"[7]杨宽赞同其师的观点,并对吕的高明的史识予以充分肯定,他说:"近人都认为现存的《尉缭子》和《六韬》为伪书,不敢引用。吕先生却认为两书'皆多存古制,必非后人所能伪为。'现在山东临沂银雀山汉墓出土了两书的残简,足证吕先生论断

---

[1] 吕思勉:《吕思勉读史札记》,上海古籍出版社,2005年,第523页。
[2] 杨宽:《中国上古史导论》,上海人民出版社,2016年,第86—87页。
[3] 吕思勉:《经子解题》,中国书籍出版社,2006年,第18页。
[4] 杨宽:《战国史》,上海人民出版社,2016年,第26页。
[5] 吕思勉:《经子解题》,第237页。
[6] 杨宽:《战国史》,第29页。
[7] 吕思勉:《先秦史》,上海古籍出版社,2006年,第14页。

的准确。"①《鹖冠子》,吕思勉认为此书不伪,"此书义精文古,决非后世所能伪为,全书多道、法二家言,又涉明堂阴阳之论"②。杨宽认为鹖冠子是战国时代最后一个道家,今本《鹖冠子》三卷十九篇。其中有弟子赵将庞煖论兵法,当是后人采取庞煖著作附编进去的。③

  对今文经古史造伪说持批评态度。古史辨派某些方面直接沿袭了清代今文经的余绪而来,吕、杨是古史辨讨论的积极参与者,且与童书业一起编著了《古史辨》第七册,两人对于今文家所谓刘歆造伪说持怀疑态度。吕思勉20世纪20年代基本认可今文家言刘歆、王莽遍伪群经的观点。如1921年在《答程鹭于书》一文中说:"自武进庄氏、刘氏,以至最近南海康氏、井研廖氏,则破坏莽、歆所造之古文经,以复孔子学说之旧也。今后学者之任务,则在今文家言,判决其孰为古代之真事实,孰为孔子之所托,如此,则孔子之学说与古代之事实,皆可焕然大明,此则今之学者之任务也。"④然而,30年代后随着古史研究的深入,吕思勉对于今文经学的看法已发生变化,在《古史辨》第七册《唐虞夏史考》中言:"康南海托古改制之论,已嫌少过,彼亦轻事重言,用信己见而已。今之论者,举凡古人之说一切疑为有意造作,则非予之所敢知矣。"⑤可以说,最终吕思勉已基本否定了今文家所言古史造伪。杨宽对古史造伪说始终持批评态度,1936年,《从康有为说到顾颉刚史学方法的错误》一文首先批判晚清的今文学家康有为,因为康认为《左传》是刘歆的伪作,一切古文甚至稍微与古文有点关联的都是王莽、刘歆窃篡的结果。遇到古书和古文相同、暗合的地方说是刘歆周密和巧妙改窜的;遇到与古文相异、矛盾的地方,说是刘歆作伪的痕迹和证据。在杨看来,这些都是成见!用这种考证方法来考证,就是把双刃剑,"重心向东,就向东劈,重心向西,就向西劈,什么书,什么事,都可以说是假的"。然后把矛头转向古史辨派的领导者顾颉刚,康的这种史学方法及态度被顾颉刚继承下来,如顾的《五德终始下的政治和历史》认为《左传》里

---

① 杨宽:《吕思勉先生的史学研究》,《中国史研究》1982年第3期。
② 吕思勉:《先秦学术概论》,中国大百科全书出版社,1985年,第48页。
③ 杨宽:《战国史》,第30页。
④ 吕思勉:《答程鹭于书》,《吕思勉遗文集》上,华东师范大学出版社,1997年,第235页。
⑤ 吕思勉:《唐虞夏史考》,吕思勉、童书业编著《古史辨》第七册下,第270页。

的古史是刘歆伪造的,五帝的少昊是刘歆插入的,甚至说《国语》里的古史,也有窜入的部分,他的说法,和康是一致的,根本就没有超越,走的是晚清今文家的老路。顾说自己是"超今文家",其实并没有"超越",只是"拾了康氏的余沫"①。杨宽晚年在自传中写道:"疑古派中有些人不免带有'今文经学'的偏见,常常轻率地把不少古史传说径直视为后世作伪。或者采用'今文经'的托古改制说,把一种传说看成有人有目的地伪造;甚至采用'今文经学'的'新学伪经'说,说成出于刘歆为了帮助王莽篡位和改制而伪造,这样就不免在古史研究领域内增加不必要的麻烦,带来消极影响。"②

吕思勉与杨宽在治学上有诸多相通之处,但歧异的地方也不少。比如,研究方法上,地下出土实物是否可用于史学研究。吕思勉认为地下出土的实物未必有书籍可靠,理由有二:1. 在财产私有之社会,人人无不为稻粱谋,如此就会有意作伪。而当中研院派人去挖掘殷墟甲骨,市面上就有不少人作假。如董作宾《试掘安阳小屯报告书》里言,造甲骨者,以蓝葆光为最真。其人善于刻玉雕骨,他曾告诉人,小屯出土的古物,人造的最多。还有姓王的人,也善于造甲骨。其《安阳侯家庄出土之甲骨文字篇》又言:1928年以后,真甲骨荡然无存,大都蓝、王二人伪造。2. 现今挖掘的古物太少,且发掘出来的东西供展览的少,所出的研究报告由一二人所为。因此,"藉资参证则可,奉为定论,则见弹而求鸮炙,见卵而求时夜矣"③。吕思勉进而批评了以地下实物与纸上材料相参证取得巨大成绩的王国维。吕思勉言:"乃近人多好据之以言古史。其魁杰当推王国维。所撰《殷卜辞中所见先公先王考》,据甲骨文,以王亥为殷之先王;谓天乙为大乙之伪;中宗实为祖乙;疑《史记》报丁、报乙、报丙之次为误。其所得先公之次,适与十干之次同,明系作伪者不闲殷代掌故,亦曲说为诸公生卒之日,汤定祀典时已不可知,即用十日之次追名之。又作《殷周制度论》,谓周人言殷礼,已多失实;甚至

---

① 杨宽:《从康有为说到顾颉刚史学方法的错误》,《大美晚报·历史周刊》第29期,1936年6月1日。
② 杨宽:《历史激流中的动荡和曲折——杨宽自传》,台北时报文化出版企业有限公司,1993年,第74页。
③ 吕思勉:《先秦史》,第20页。

谓殷人祭无定制,或九世,或廿世,或八世,或三世,或二世,或五世,或四世,而不顾其事理之不可通也。章炳麟《理惑篇》谓言古物者,首贵其人之贞信。民国以来,有矢忠清室者,大抵愚暗无识之人。王氏蚤岁,治叔本华之学,议论精辟无伦,断非愚暗无识者,而晚岁亦以清室遗老自居,立言是否由衷? 令人不能无惑。"①杨宽与吕思勉看法不同,他非常看重地下史料,其著作中不仅大量引据甲骨,且引用了许多研究甲骨的著作。如王国维的《殷卜辞中所见先公先王考》《古史新证》,郭沫若的《中国古代社会研究》《甲骨文研究》《卜辞通纂》《先秦天道观之进展》,陈梦家的《商代的神话与巫术》等著作。杨宽也相当赞赏王国维所创立的"二重证据法",他在《中国上古史导论》中对王国维此创见赞不绝口。如"自王国维创二重证据之说,以地下之史料参证纸上之史料,学者无不据之以为金科玉律,诚哉金科玉律也!""王国维《古史新证》云:'传说与史实相混而不分,史实之中,固不免有缘饰,而传说之中,亦往往有史实为之素地。'近人治古史者,无不以此为金科玉律,诚哉金科玉律也! 盖地下之史料参证纸上之史料,此二重证据之方法,至王氏始成立。"②杨宽为什么如此注重地下考古资料呢? 笔者认为原因有二:其一,杨曾明显指出吕在史料运用上的局限,他说:"吕先生这部《先秦史》在运用史料上是存在缺点的,例如殷周部分没有能够依据甲骨文、金文以补文献不足。"③其二,杨大学毕业后在上海博物馆工作,长期与地下古物打交道,又参与考古挖掘,自然相信地下考古实物的价值。

对于古书真伪的判定上有不同。《穆天子传》又称《周王游行记》,是晋武帝太康二年(281)涿郡人不准盗发魏襄王墓时出土的,共有六卷,主要记述周穆王西游昆仑见到西王母的故事。学界关于此书的真伪争论很多,见仁见智。吕思勉认为该书是伪作,晚出不足信。"近来侈陈穆王行迹者,大抵根据《穆天子传》一书。此书始见于《周书·束晳传》,亦名《周王游行》,似晚出不足据。"④"书中所述穆王经行之路,皆在葱岭以西,必西域既通后伪作,更了无疑义也。"此书"杂取古书及汉

---

① 吕思勉:《先秦史》,第107—108页。
② 杨宽:《中国上古史导论》,第66、117页。
③ 杨宽:《吕思勉先生的史学研究》,《中国史研究》1982年第3期。
④ 吕思勉:《吕思勉遗文集》下,第326页。

以后所知西域地理,妄造穆王游行之事,支离灭裂,全不可通而世犹有视为信史,岂不异哉?"①杨宽与其师吕思勉观点恰恰相反,他认为此书有真实的史料价值。如书中讲到穆王的大臣毛班,称为毛公,这是见于穆王时代的铜器班簋铭文。他认为要用民俗学和神话学的眼光来分析,才能从中找出这部书的真实来历。杨宽的见解是:此书之所以有史料价值,是"由于作者采自一个从西周留存到战国的游牧部族河宗氏的祖先神话传说。他们从西周以来,世代口头流传着祖先河宗柏夭参与周穆王长途西游的神话传说,从一个引导者变成了周穆王的随从官员,结果得封为'河宗正'的官职,从而使得这个部族得以兴旺起来。他们认为这是他们整个部族的光荣历史,世代口头相传而不替,直到战国初期才被魏国史官采访所得,成为《穆天子传》的主要内容。这种原始的游牧部族所传的祖先历史,本来是和神话传说分不开的"②。《竹书纪年》,吕思勉认为此书是古人所造的伪书,"世所通行之本,为明人所造,已无可疑。然所谓古本,经后人辑出者,实亦伪物。"③杨宽认为此书可信,其中战国部分不仅可补《史记》的不足,还可纠正《六国年表》所记魏、齐等国的年代错乱。④《逸周书》,吕思勉认为此书应归于兵家,是价值很高的史料,"多存古史,其书传习颇鲜,故语多诘屈,然转鲜窜乱与传讹,实较可信据之书也"⑤。杨宽也同意此书为战国时代兵家所编,但认为多数是战国人模拟的作品,又有假托的故事。⑥《战国策》,吕思勉认为此书记载内容不可当历史看,"《国策》则纵横家言,其记事寓言十九,实不可作史读也"⑦。杨宽认为此书确实保存了许多战国时的重要史料,有重要的史料价值,但同时要鉴别纵横家扩大游士合纵连横的作用、伪托著名纵横家和将相所作的游说辞和书札,甚至虚构合纵或连横的故事。⑧《管子》,吕思勉认为此书应归杂家,并认为此书史料价值极高,"儒、道、名、法、兵、农、纵横家言,无不有焉。辞义既古,涉及

---

① 吕思勉:《先秦史》,第17、135页。
② 杨宽:《西周史》,上海人民出版社,2016年,第639—640页。
③ 吕思勉:《先秦史》,第17页。
④ 杨宽:《战国史》,第23页。
⑤ 吕思勉:《吕思勉读史札记》,第40页。
⑥ 杨宽:《战国史》,第25页。
⑦ 吕思勉:《吕著史学与史籍》,华东师范大学出版社,2002年,第221页。
⑧ 杨宽:《战国史》,第14页。

制度处尤多,实治古史者之鸿宝也"①。杨宽亦认为此书内容很杂,著作时代不一样,其书主要是齐法家著作的汇编。②

研究古史主要目的也不同。吕思勉认为研究古史,除了注意"层累地造成"说外,还得注意历史真相"逐渐剥落",应两者结合起来。他说:"古史之传于今者,探其原,盖有神话焉,有十口相传之辞焉,有方策之遗文焉,有学者所拟议焉,且有寓言无实者焉。其物本樊然淆乱,而由今观之,抑若略有条贯者,皆节经损益润饰而成。其人不必相谋,而其事一若相续。此顾君颉刚所由谓古史为层累造成。抑又未尝无逐渐剥蚀,前人所能详,而后人不能举其事者,此其所以益不易董理也。"③进而认为应在"极简略之辞"和"单辞片语"中寻找历史真相。吕思勉认为研究古史主要在它的真相而不在变化,编录在古史辨中的《古史纪年考》、《盘古考》、《三皇五帝考》、《唐虞夏史考》,采用的研究方法都是传统的考证方法,主要是为了考证古史的真迹。杨宽认为夏以前的古史传说全是出于各民族的神话,这些神话是自然演变和分化来的,否认了顾颉刚所谓有意作为的"层累地造成"说。研究古史的目的是要把古史传说中的所有神话全部还原过来,要用神话学的方法对古史作出全面的、系统的分析。一言以蔽之,杨宽所作的工作即考察神话传说的流变过程。如在《中国上古史导论》第三篇《盘古、槃瓠与犬戎、犬封》通过排比史料得出,"《搜神记》以犬戎为槃瓠后裔,盖盘古传说由于槃瓠传说,槃瓠传说为犬戎推原论之故事也"。"槃瓠传说之由于犬封传说之推演又明甚,其流变之迹,历历可见也。""《山海经》犬封之传说,后世推演乃如此其繁,大抵在地理方面,演成狗民国,或狗国等。在历史方面乃演成槃瓠、槃护或槃犬,终演成盘古。槃瓠本为犬戎推原论故事,后一变而为南蛮推原论故事,终则推演而成全人类之退原论故事。"④吕思勉在《盘古考》中有一段似乎专门针对杨宽的文字,他说:"经本不以犬封、犬戎为一,注意尤皎然可明,谓其由一说传讹,似近武断。会稽海中,不知果有槃瓠传说否? 即使有之,亦武山种落,播越在东,或则东野之言,

---

① 吕思勉:《先秦史》,第13页。
② 杨宽:《战国史》,第560页。
③ 吕思勉:《自序一》,吕思勉、童书业编著《古史辨》第七册上,第1页。
④ 杨宽:《中国上古史导论》,第82、85、87页。

辗转传布；要不容与盘古之说并为一谈。"①吕、杨观点的不同,亦足见二人研究方法的不同。

综上所述,吕思勉和杨宽师生二人在治学方法、古书真伪的判定、研究的目的、古史造伪、具体的史学观点上,有所同,也有所异,但学术上的分歧并没有妨碍他们始终保持着深厚的师生情谊,此可谓中国传统师生关系的完美典范。同时也启示着我们：学术观点的不同是学界的常态,正是这些不同的观点使得我们距离真实的历史可能更进一步。

---

① 吕思勉：《盘古考》,吕思勉、童书业编著《古史辨》第七册中,第19页。

吕思勉小说理论探微

李磊明*

20世纪初,梁启超发表《小说与群治之关系》这篇著名的论文,响亮地提出"小说界革命"的口号,从此揭开了我国小说发展史新的一页。在小说创作异彩纷呈的同时,小说理论新见迭出,盛况空前。其中,吕思勉的小说理论占有独特的重要地位。

吕思勉(1884—1957),字诚之,江苏武进人。他作为历史学家,素享盛名,而他在小说理论方面的卓越建树,却鲜为人知。1914年,他所著之《小说丛话》在中华书局创办的《中华小说界》月刊第三至八期连续刊载,署名成之。这篇小说专论全文长达三万六千余字,在晚清所有小说论著中,是篇幅最长、容量最大的一篇。尤其值得重视的是,这篇小说专论就小说艺术的一些重要理论问题,提出了系统、深刻、富有创造性的见解,为建立我国的"小说学"作出了不可磨灭的贡献。

关于小说的社会功能和审美特性

《小说丛话》开首指出:

> 今试游五都之市、十室之邑,观其书肆,其所陈列者,十之六七,皆小说矣。又试接负耒之农、运斤之工、操奇计赢之商,聆其言论,观其行事,十之八九,皆小说思想所充塞矣。不独农工商也,即号为智识最高之士人,其思想、其行事,亦未尝不受小说之感化。

---

* 作者简介:李磊明,《宁波日报》编辑。

> 若是乎,小说之势力,弥漫渐渍于社会之中。吾国今日之社会,其强半,直可谓小说所造成也。小说之势力亦大矣!

在这里,吕思勉充分肯定小说的巨大社会作用,赞美之情溢于言词。这种观点显然受到梁启超的影响,但又不尽相同。梁启超作为资产阶级改良派的主要代表,着重从政治的观点推崇小说,强调小说的政治功能,力图使小说纳入为变法维新服务的轨道。吕思勉则不同,他是一位学识渊博、勤于探索的学者,主要从美学的观点考察小说的社会效应,指出小说对社会各阶层"思想"、"行事"的"感化"作用,尤其是小说"以美诱人"的独特功能,因而对小说社会功能的内涵有所拓展。

吕思勉认为,小说之所以具有如此巨大的社会功能,这与小说的审美特性直接相关。他说:

> 欲知小说与社会之关系,必先审小说之性质。明于小说之性质,然后其所谓与社会之关系,乃真为小说之所独,而非小说与他文学之所同也。

吕思勉认为小说是一种典型的"近世文学"。"近世文学"的特质是:"切近"、"详悉"、"皆事实而非空言"。小说正具备这些特质,"此其所以风行社会,其势力殆如水银泻地,无孔不入也"。

他对"小说者,社会现象之反映也","人间生活状态之描写也"这种流行的观点作了辨正,指出:"凡号称美术者,决无专以摹拟为能事者也。"所谓"美术",即"审美艺术"。小说固然不能脱离社会生活,但决非对社会生活作简单的、纯客观的"摹拟"。"专以摹拟为能事者,极其技,不过能与实物等耳。世界上亦即有实物矣,而何取乎更造为?即真能肖之,尚不足取,况摹造者之决不能果肖原物乎?"这种见解是对西方传统"摹仿"说的补正和发展,较之我国日后曾流行一时的机械反映论,不啻高出一筹。那么,艺术究竟是什么呢?他指出:

> 夫美术者,人类之美的性质之表现于实际者也。美的性质之表现于实际者,谓之美的制作。

艺术是人类审美意识之物化形态。吕思勉虽未作如此明确的理论表述,但其认识已与此十分接近。

吕思勉还对艺术创作的全过程作了具体论述,指出:"凡一美的制作,必经四种阶级而后成。"创作的四个阶段即:"模仿"、"选择"、"想化"、"创造"。他认为:"凡人皆能有辨美恶之性。物接于我,而以吾之感情辨其妍媸。"由此可见,吕思勉实际上已认识到小说所反映的客体是一种审美对象,而作为审美主体的作家在接触审美客体、进行文学创作的过程中,则表现出一种审美意识。"物接于我"的表述,无异借用我国古代文论"物我交融"的传统命题,但他则从审美的角度对这一古老的命题作了新的阐发。他十分重视文学创作中审美主体的能动作用:

> 姝丽当前,四支百体,尽态极妍、惟稍嫌其长,则吾能减之一分;稍病其短,则吾能增之一寸。凡此既经增减之美人,浮现于脑海之际者,已非复原有之美人,而为吾脑海中之所想象者。此所谓想化也。能想化矣,而又能以吾脑海中之所想象者,表现之于实际,则所谓创造也。

优美的艺术形象正是作家的审美意识与客观的审美对象互相碰撞、融和的产物。创作主体既是客观审美对象的接受者,又是客观审美对象的创造者。小说创作"无一不以事实为之基",又"无一不经作者之想象变化","小说者,第二人间之创造也"。欧洲文艺复兴时期著名画家达·芬奇倡导艺术家应"面向自然",并"胜过自然",创造出"第二自然"。(见达·芬奇《画论》)吕思勉提出的"第二人间",与达·芬奇的"第二自然",其精神是相通的。从中不难窥见吕思勉开阔的美学视野,他的深刻美学见解显然得益于西方美学理论。

吕思勉不仅认识到小说的审美性,而且很重视小说的通俗性。他说:"近世文学者,近世人之美术思想,而又以近世之语言达之者也。"小说一方面表达了当代审美意识,另方面又以当代语言作为表达的工具,前者是小说的内在意蕴,后者是小说的外部形式。吕思勉认为小说的语言特点是小说之所以"弥漫社会",易于为人们所喜爱和接受的一个重要原因。小说语言的通俗性,是历来正统文人鄙视小说,视之为"邪宗"的话柄之一。吕思勉则明确表示:"故以文言、俗语二体比较之,又无宁以俗语为正格。"不能不说这是一种颇具现代意识的文学主张。

晚清小说理论界普遍关注小说的社会作用,而在某种程度上忽视小说的审美特性，这对小说的繁荣和发展是不利的。吕思勉在充分肯定小说重大社会作用的同时，尤对小说的审美特性作了如此深刻精辟的阐释，确是难能可贵的。

关于小说的典型形象

小说作为典型的叙事文学，其所塑造之艺术形象具有不同于诗歌、散文的特点。小说以塑造人物形象作为中心课题。清初小说评点派的主要代表金圣叹曾提出"性格"这一概念，认为《水浒传》之所以取得令人百读不厌的艺术效果，是由于成功地塑造了众多各具个性的"性格"，所谓《水浒传》描写"一百八人，人有其性情，人有其气质，人有其形状，人有其声口"。这在我国小说理论发展史上无疑具有创新的价值。但限于当时的历史条件，金圣叹不可能从典型的高度对小说的人物形象作出科学的阐释。吕思勉则借助西方的美学和文学理论，对小说的艺术形象作了进一步的理论探讨。

吕思勉指出："小说所描写之社会，较之实际社会，其差有二：一曰小，一曰深。"他对此作了具体深入的论述。"何谓小？谓凡描写一种人物，必取其浅而易见者为代表；描写一种事实，必取其小而易明者为代表也。如写壮健侠烈之气，则写三军之帅可也，写匹夫之勇亦可也。而在小说，则宁取匹夫之勇。写缠绵悱恻之情，则写忠臣义士、忧国爱君如屈灵均、贾长沙之徒可也；写儿女生死相恋爱，如贾宝玉、林黛玉亦可也。而在小说，则宁写贾宝玉或林黛玉。何者？前者事大而难见，后者事小而易明；前者或令人难于想象，后者则多属于直观的故也。"可见，所谓"小"，是指易于为人们所接受的具体鲜明的艺术形象。"何谓深？凡写一事实，描一人物，必较实际加重数层是也。如写善人，则必极其善；写恶人，则必投其恶；写壮健侠烈之英雄，则必一于壮健侠烈，而无复丝毫之柔情焉；写缠绵悱恻之儿女，则必极其缠绵悱恻，而无复他念以为之杂焉。要之小说所写之人物恒单纯，实际社会之人物恒复杂。惟单纯也，对于他种事项皆一不错意，然后对于其特所注意之事项，其力量乃宏。如酿酒然，水分愈少，则力愈厚。此则社会上之人物,本来如是,而小说特其尤甚焉者也,特能使此种人物现于实焉者也。"可见,所谓"深",是指小说的艺术形象较之实际生活更高、更集中、更强烈,也即更富于典型性。"小"与"深"是相互依存、辩证统一的:"小说所描写之事实在小,非小也,欲人之即以小见大也;小说之描写事实贵深,非故甚其词也,以深则易入,欲人之观念先明确于一事,而因以例其余也。"这里,实质上已包涵着通过具体独特的个性以反映一定的共性、显现一定的社会本质的思想,这正是西方典型论的精髓所在。

吕思勉还以《红楼梦》的人物塑造为例,进一步阐述了小说的典型艺术问题。他指出:"《红楼梦》中之人物,为十二金钗。所谓十二金钗者,乃作者取以代表世界上十二种人物者也;十二金钗所受之苦痛,则此十二种人物在世界上所受之苦痛也。"小说所描写的人物虽是具体的、个别的,但却是"世界上"某一类人的"代表",具有广泛的普遍性。这就是小说人物形象所包涵的典型意义。吕思勉在对《红楼梦》十二金钗的具体分析中,始终贯彻这一基本文学观点,力图阐发人物形象所深含的典型意义。就小说批评而言,无疑是一个历史性进步。

吕思勉对当时《红楼梦》研究中的索隐派提出了辛辣的嘲讽,指出:"然则必欲考《红楼梦》所隐者为何事,其书中之人物为何人,宁非策伯乎!"他指出:"所谓十二金钗者,必实有其人,且其人,必与书中所描写者,不甚相远",但"虽为事实,而无一不经作者之想象变化","为其理想之代表也"。小说所塑造的人物形象,一方面以现实生活作为依据,另一方面又经过作家的想象、虚构和加工,所以"小说所载之事实,谓为真亦可,谓为伪亦可。何也? 以其虽为事实,而无一不经作者之想象变化;虽经作者之想象变化,而仍无一不以事实为之基也"。这实际上已涉及文学创作中的典型化问题。吕思勉称:"以前评《红楼梦》者甚多,予认为无一能解《红楼梦》者,而又自信为深知《红楼梦》之人。"实非自诩之词。

综观吕思勉关于小说艺术形象的论述,尽管带有西方"类型说"的痕迹,然而其基本观点是符合典型原理的。吕思勉作为最早引入西方典型理论,并实际运用于《红楼梦》研究的先驱者之一,其历史贡献是应予充分评价的。

关于小说的分类

吕思勉的《小说丛话》以较大的篇幅论述了小说的分类。他运用不同的分类标准将小说作了精细的分类:1."从文学上观察",分为:散文、韵文。2."自其所叙事实之繁简观察之",分为:复杂小说、单独小说。3."自其所载事迹之虚实言之",分为:写实主义、理想主义。4.参照西方戏剧的分类,将小说分为:悲情小说、喜情小说。5.按有无主义,分为:有主义之小说、无主义之小说。6.按文学性的差别,分为:纯文学的小说、不纯文学的小说。上述六种分类,属于"自理论上为抽象的分类"。他又"就通俗习见之名",将小说分为:武事小说、写情小说、神怪小说、传奇小说、社会小说、历史小说、科学小说、冒险小说、侦探小说等。

在晚清民初的小说理论中,小说分类研究是一个热门的课题,这显然是受到西方小说理论的影响。就小说分类的精细而言,在晚清民初同类研究中,吕思勉可谓独居鳌头。然而其学术价值主要不在于此,而在于小说分类所阐发的一些深刻而独到的理论见解,主要表现于如下几点:

第一,关于"写实主义"和"理想主义"。所谓"写实主义",即现实主义,"理想主义",即浪漫主义。晚清文学理论界已引入西方现实主义和浪漫主义理论。梁启超对此便有所评述。吕思勉对这两种创作方法的分析是胜人一筹的。他说:"小说自其所载事迹之虚实言之,可别为写实主义及理想主义二者。""虚"与"实"是中国传统文论的术语,吕思勉以此同西方两种创作方法直接联系起来,表明他欲沟通中西文论的意向。在阐述"写实主义"小说的特点时,吕思勉指出:"小说为美的制作……然所谓制作云者,不过以天然之美的现象,未能尽符吾人之美的欲望,因而选择之,变化之,去其不美之部分,而增益之以他之美点,以成一纯美之物耳。夫天然之物,尽合乎吾人之美感者,固属甚鲜,然亦不能谓为绝无,且有时转为意造之境所不能到者。苟有此等现象,则吾人但能记述抄录之,而亦足成其为美的制作类。此写实主义之由来也。"又说:"如近人所作短篇纪事小说甚多,往往随手拈来,绝无小说的之文学组织,读之亦绝无趣味,此直是一篇纪事文耳,何小说之云!"在这里,吕思勉主要从审美角度阐述现实主义小说的艺术特点,认为现实主义小说既须"其事出于自然",又须经作家的创造性劳动而成为"美的制作",而绝不能同实录式的赝品混为一谈。在分析"理想主义"小说时,吕思勉说:"大抵理想小说始于唐,自唐以前,无纯结撰事实为小说者。古之所谓小说者,若《穆天子传》,若《吴越春秋》,正取其事之恢奇,而为史氏纪录之所不及者。若寓言,则反不以之为小说也。吾谓今之小说,实即古之寓言;今所谓野史杂史者,乃古小说耳。然则今有纪实小说,竟以之作野史读可矣。其可宝贵为何如!然此非纯文学也。自文学上论之,终以理想小说为正格。"这些论述尽管未必准确,但不失为运用西方文学理论考察、阐释中国文学现象的一种尝试。更为可贵的是,吕思勉还指出现实主义和浪漫主义互相交织的文学现象,他说:"又有一种小说,介乎理想与写实之间者,……此种小说,不徒以叙述我理想中所创造之境界为目的,而兼以描写一时代社会上之情状为目的,不啻为某时代之社会作写真。"现实主义和浪漫主义作为两种创作方法,固然各有特点,然而两者又绝非冰炭难容的对立物,在具体作品中,往往难解难分。吕思勉的这种见解是经得起中外古今大量文学事实的检验的。

第二,关于"喜情小说"和"悲情小说":吕思勉说:"西人论戏剧,分喜剧与悲剧二种。吾谓小说亦作此分类。"运用西方悲剧、喜剧理论作小说分类,是一个创举。吕思勉指出:"悲情小说与喜情小说之最大区别,则悲情小说,诉之于情的方面,而喜情小说,则诉之于知的方面也。"判别悲情小说与喜情小说,"当观其全书之宗旨。全书之宗旨,在动人之感情者,悲情小说也;以供人娱乐为目的者,则喜情小说也"。以重情与重知作区别悲剧和喜剧的不同标志,虽不够精当,却不无道理。吕思勉进一步指出:"凡小说,无纯属于情的方面者,亦无纯属于知的方面者。盖纯属于知的方面,则其书太浅薄而不足观,故亦必有所以刺激人感情处。……若纯属于情的方面,则其事实之全体,固足以哀顽感艳,而其情节,绝不能离奇变幻,引人入胜,则缺文学上之组织,而不成其为小说矣。"着重剖析"纯属于知"和"纯属于情"的流弊,亦即主张小说应达到情和知的统一,这一见解是深刻的。

第三,关于"有主义之小说"和"无主义之小说":吕思勉指出:"小说有有主义与无主义之殊。有主义之小说,或欲借此以牗启人之道德,或欲借此以输入智识,除美的方面外,又有特殊的目的者也。故亦可谓杂文学的小说。无主义之小说,专以表现著者之美的意象为宗旨,为美的制作物,而除此以外,别无目的者也,故亦可谓之纯文学的小说。"他以《水浒传》和《荡寇志》为例,比较两者的优劣:"《荡寇志》,有主义之小说也,《水浒》,无主义之小说也。请问读者,二书之优劣若何?对于社会,势力孰大?是亦足以见好恶之间矣。"从这些论述中,可知吕思勉是推崇"无主义之小说",而贬抑"有主义之小说"的。他对《水浒传》和《荡寇志》的评价无疑是正确的。在吕思勉看来,所谓"无主义之小说",是"专以表现善者之美的意象为宗旨,为美的制作物,而除此以外,别无目的者也",亦即唯美的、非功利的小说;而所谓"有主义的小说",则是"或欲借此以牗启人之道德,或欲借此以输入智识,除美的方面外,又有特殊之目的者也",亦即重功利、轻审美的小说。褒扬前者而贬抑后者,反映了吕思勉对小说审美特性的高度重视。他对小说功利目的的贬抑,不免有一定的片面性,这可能是受到西方康德等人"审美无利害"观的影响,如同王国维一样。但是,应当看到吕思勉的观点具有一定的现实针对性,在晚清文学界,确实存在着一种急功近利、忽视审美的不良创作倾向,如他所指出,在唯功利主义文学观的影响下,"其所著之小说,所编之戏剧,则支离破裂,干燥无味,毫无文学上之价值,非唯不美,恶又甚焉。此等戏剧,此等小说,即使著者自观之,亦必如魏文侯之听古乐;为睡魔所缠绕也。而必竭力提倡之,吾无以名之,名之曰头巾气,曰煞风景而已矣。而犹有人从而附和之,吾无以名之,名之曰好恶拂人之性而已矣。"批评尽管颇为尖锐激烈,却是言之成理,深中肯綮。

(《华东师范大学学报》1999年第3期)

吕思勉《小说丛话》对太田善男《文学概论》的吸入

——兼论西方小说艺术论在晚清的移植

关诗珮*

引　言

　　1914年发表在《中华小说界》的《小说丛话》,①是一篇探索中国小说从近代过渡到现代的非常重要的理论文章。学者认为,这篇论文是清末民初篇幅最长的小说理论文章,可以视为晚清小说理论的总结,②其重要性足与晚清小说理论的开山之作——严复、夏曾佑《本馆附印说部缘起》媲美相论。然而非常可惜的是,学界对这篇理论文章没有充分的认识和理解。

　　首先,就作者身份而言,这篇在《中华小说界》目录以署名"成之"然而内文则以"成"发表的论文,虽然学界现在普遍认定由史学家吕思勉(1884—1957)所撰,③但值得注意的是,吕思勉的字是"诚之"。在吕思勉日记《残存日记》以及作为自传文章的《三反及思想改造学习总结》(1952年)内,从来没有提起《小说丛话》。而有关吕思勉的多本传记,

---

* 作者简介：关诗珮,伦敦大学亚非学院哲学博士,新加坡南洋理工大学中文系副教授。
① 成之：《小说丛话》,《中华小说界》第1年第3—8期,1914年。本文页数据陈平原、夏晓虹编《二十世纪中国小说理论资料》(第一卷)1897—1916年(下称《理论资料》),北京大学出版社,1997年,第438—479页。
② 黄霖、韩同文编选注《中国历代小说论著选》,江西人民出版社,1990年,第402—403页。
③ 已改名为《自述》,收入《吕思勉论学丛稿》,上海古籍出版社,2006年,第742—757页。

包括李永圻编《吕思勉先生编年事辑》,①以及俞振基编的《蒿庐问学记》内《吕思勉先生编著书籍一览表》及《吕思勉先生著述系年》等,②也没有只字提及《小说丛话》。

吕思勉是"成之"的推测,到了1982年才正式出现。1982年上海古籍出版社《古代文学理论研究》丛刊第六辑刊载《小说丛话》,文末径署"吕思勉"的名字,并有"魏绍昌附记"。"附记"指:"本文写于清末民初之际,系吕先生早年之作,其(一)曾在当时刊物上登载,然发表时署名仅书一'成'字,知者绝鲜;其(二)系未刊稿,几经战乱搬动,已残破不全,现将两者稍加整理发表于此,籍免湮没。"③无独有偶,黄霖当时从《中华小说界》上已摄得全文,拟收入《中国历代小说论著选》。④据黄霖所示,他比对两文之下,得知魏绍昌当时并不是循《中华小说界》取得《小说丛话》原文,在整理残章时,且将管达如的《说小说》的部分内容窜入。由此推断,魏绍昌的稿源或来自吕思勉后人。⑤但此一推断,未能证实。不过,在未能提出新证据否定吕思勉是《小说丛话》的作者前,我们虽可存此疑问,但不应否定此说。

导致《小说丛话》不能产生广泛讨论的因素,除了作者的身份在过去没法确定外,过去探讨晚清小说的研究中,没有一个完备的视野作分析也是其中的关键。其实,我们首先要确定的是,吕思勉这篇《小说丛话》的主要观点,是大量参考自日本明治时期学者太田善男(1880—?)的《文学概论》(1906)而来的。在下文,我会一边循着这条线索,把吕思勉《小说丛话》放回转变中的晚清小说观念作讨论。

不过,即使没有这条线索,《小说丛话》的价值也不应该被忽视。正如上文所说,《小说丛话》是民初最长的小说理论,内文分析小说的观点

---

① 考查李永圻编的《吕思勉先生编年事辑》,不单《小说丛话》的出版时期的1914年没有提及,全书的其他年份亦没有论到。见李永圻编、潘哲群、虞新华审校《吕思勉先生编年事辑》,上海书店,1992年。此外,即使近年出版的有关吕思勉的传记,亦不见提到《小说丛话》一文,如张耕华编《史学大师吕思勉》,上海教育出版社,2000年,以及张耕华《人类的祥瑞——吕思勉传》,华东师范大学出版社,1998年。
② 俞振基:《吕思勉先生编著书籍一览表》《吕思勉先生著述系年》,收《蒿庐问学记》,三联书店,1996年,第276—344页。
③ 《古代文学理论研究》第六辑,第278页。
④ 黄霖、韩同文编选注《中国历代小说论著选》,江西人民出版社,1985年,第357—409页。
⑤ 此一重要线索,承蒙黄霖教授所赐,亦感谢陈平原教授点拨,谨此深表谢忱。

非常全面。然而非常可惜的是,我们今天所见有关《小说丛话》的所谓分析,只限在《小说丛话》抽取几个重点,复述一遍。唯一例外的是,2000 年 Dušan Andrš 以王国维、徐念慈以及吕思勉为例探讨晚清小说理论中的虚构性(fictionality)的论文。① 作为西方首篇讨论《小说丛话》的论文,加上论文试图以一个比较完整的理论架构探讨《小说丛话》之举,我们必须肯定此论文的价值。但此文未能看到《小说丛话》在演绎外来小说观念时,论述生涩驳杂、用词含混不清,太多过分简化二元论述讨论中西古今晚清小说过渡的现象,也是此论文最大的缺憾。不过,如果我们不急于以西方小说理论强加于《小说丛话》内作诠释,而把此文置回晚清小说过渡阶段去看,特别是梁启超以降所带来的晚清小说过渡期间的现象来考察,便能看到《小说丛话》中的驳杂现象,就是中西新旧思想冲击的痕迹、西方新知还未沉淀晚清学界的反映,也正因此,《小说丛话》在晚清小说观念现代化过程中的重要意义,无论如何也不应忽视。

本文的目的,首先在于细致地展现《小说丛话》借鉴《文学概论》的地方,展现吕思勉如何引用经日本而来的西方小说艺术论建构中国小说理论,再配合《小说丛话》出版时的历史脉络,把这篇文章置于晚清及民初时对半新不旧小说观念上的开创及继承,以此展现中国近现代小说观念转变的轨迹。

一、吕思勉与太田善男的艺术论

吕思勉从来没有在自己的日记和自传提到《小说丛话》,对于他曾经参考太田善男的《文学概论》,文学史上就更讳莫如深。的确,直到今天,我们没法确定吕思勉通过什么渠道接触到《文学概论》。据现时的材料看来,太田善男的《文学概论》并没有被翻译成汉语。② 不过,这并

---

① Dušan Andrš: Formulation of Fictionality: Discourse on Fiction in China between 1904 and 1915. Ph.d. Thesis. (Prague: Charles University, 2000),未刊稿。在此谨向提供此论文讯息的王德威以及贺麦晓(Michel Hockx)教授,深表谢忱。
② 在实藤惠秀编的《中国人留学日本史》内,没有找到《文学概论》的踪迹。见实藤惠秀著、谭汝谦、林启彦译《中国人留学日本史》,香港中文大学出版社,1982 年,特别是文学类一栏,第 556—566 页。

不代表晚清文人对此书陌生,相反,《文学概论》在晚清学界可谓风靡了不少文学研究者,特别在启导中国学人如何论述中国文学应从实用观念走上非实用的美学道路上,贡献尤大。譬如,与吕思勉一样曾在东吴大学(今苏州大学)教书的黄摩西(黄人),在他的《中国文学史》(1909 年)的第三编第一章《文学之起源》第一节"文学定义"中,就清楚列出他有关"文与文学"的观念是参考自太田善男的《文学概论》的:"日本太田善男所著《文学概论》第三章第一节云:'文学者,英语谓之利特拉大。literature 自拉丁语 litera 出……。'"[1]此外,周作人差不多这个时间写成的《论文章之意义暨其使命因及中国近时论文之失》(1908 年),[2]也有大量参考太田善男的《文学概论》的地方。[3] 我们知道,周作人是在 1906 年 6 月留学日本的,而太田善男的《文学概论》也是于 1906 年出版的。

吕思勉虽然没有到过日本留学,更只谦虚地表示自己的日语程度仅止于"和文汉读法"[4],但早在 1912 年,当他还任教于上海私立甲种商业学校时,就说明因为当时没有教本可依,所以随时代的风习,参考日文书作教材。[5] 此外,在 1921 年,他曾把日本学者津田左右吉所撰的《满鲜地理历史研究报告》[6]第 1 册翻译成为《勿吉考》,[7]并曾附加详细的译者识语,以"译者按"的形式来注明自己作为历史学研究者对原文史料上不同意的地方。由此可见,吕思勉的日语能力是很不错的。

另一方面,尽管太田善男的名字今天在中国以至日本学界已鲜有人提及,但其实,他曾不遗余力地译介外国文学及哲学思想到明治日

---

[1] 汤哲声、涂小马编著《黄人》内《摩西文辑存》,中国文史出版社,1998 年,第 67 页;以及王永健:《苏州奇人黄摩西评传》内《黄摩西〈中国文学史〉选录》一节,苏州大学出版社,2000 年,第 468—495 页。
[2] 周作人:《论文章之意义暨其使命因及中国近时论文之失》,初发表在 1908 年 5 至 6 月,刊《河南》4 至 5 期,现根据钟叔河编《本色:文学·文章·文化》,湖南文艺出版社,1998 年,第 1—30 页。
[3] 根岸宗一郎:《周作人留日期文学论的材源论について》,《中国研究月报》总第 50 期,东京中国研究所,1996 年 9 月,第 38—49 页。
[4] 李永圻编《吕思勉先生编年事辑》,第 101 页。
[5] 吕思勉:《三反及思想改造学习总结》,载李永圻《吕思勉先生编年事辑》,第 50—51 页。
[6] 津田左右吉:《勿吉考》,初发表于《满解报告》Ⅰ,1915 年,后收入《津田左右吉全集》第 12 卷,东京岩波书店,1963—1966 年,第 20—37 页。
[7] 驽牛(吕思勉):《勿吉考》,刊于《沈阳高师周刊》第 42 期,第 2—8 页。此资料由研究助理马睿向张耕华教授取得,谨此向他们致谢。

本,贡献殊多。太田善男生于1880年(殁年不详),1905年东京大学英文科毕业。毕业后曾任职博文馆,后任教于庆应义塾大学(后改为:庆应大学),现今庆应大学仍然留有太田善男编纂的英语论文集。1904年他与小山内熏、川田顺、武林无想庵等创办文艺杂志《七人》,①并于《朝日文艺》专栏撰写反自然主义的评论,在1918年翻译David Hume 的 A Treatise of Human Nature 为《ヒューム人性论》、1932年撰写《文艺批评史》、1921年撰写《最近思潮批判》,可以说是活跃于明治文坛的人。

《文学概论》一书,就是在太田善男于1906年博文馆工作的时候出版的,②是一本总论文学概念的书,共300多页,分上下篇:上篇的《文学总论》由三章组成,包括"艺术とは何ぞや"(何谓艺术)、"艺术の组成"(艺术的组成)、"文学の解说"(文学解说)等等;下篇题为《文学各论》:由四章组成,论及组成文学观念的各个文类,包括第四章的"诗とはなにぞや"(何谓诗)、"吟式诗(韵文)"、"读式诗(美文)"以及"杂文学",吕思勉不可能亦不会把全部《文学概论》引用到他的文章内,他最主要是参考了两个方面:第一是有关艺术论的部分,亦即《文学概论》上篇的第一、二章有关艺术的部分。第二,有关小说观念方面,就是《文学概论》第六章《读式诗》内论及小说的地方。《小说丛话》虽然没有明显分章节,但从内容上,可以分成两大部分:前半部是理论,内容以吸收《文学概论》理论为主;后半部,则是吕思勉在吸收这些观念后以《红楼梦》演绎的新观念。

二、小说两种特质:势力与艺术的对立

吕思勉在《小说丛话》里,大量参考太田善男的《文学概论》的观点,目的是要补充晚清小说论的偏颇。吕思勉开宗明义地指出,晚清小说大盛的现象并不健康:"今试游五都之市、十室之邑,观其书肆,其所陈列者,十之六七,皆小说矣。"而社会上各阶层的人"负耒之农、运斤之

---

① 有关《七人》杂志的创办经过,可看中村武罗夫《现代文士二十八人》内《小山内熏》,东京日高有伦堂,1909年,第226—248页。
② 太田善男:《文学概论》,东京博文馆,明治三十九年九月(1906年)。

工、操奇计赢之商""皆小说思想所充塞矣"。除了农工商之外,社会上"知识最高之士人",在思想言行方面,也同样受到"小说之感化"。这种由小说带来弥漫渐渍社会的力量,他概括为"小说之势力"。

本来,小说跟势力风马牛不相及。小说在中国传统内价值低微,一直被文人当作闲书聊以自娱,或只是茶余饭后以资谈柄的话题。不过,在晚清国力渐颓之时,小说却被文人附托成为挽救国势的工具,得到前所未有的重视。不过,时人虽然开始留意小说这种文类,却对小说的本质、功用、价值、分类等问题无一定见,特别是在1902年以前,新旧小说观念出现短兵相接的局面,新的如严复、夏曾佑的《本馆附印说部缘起》已经出现,旧的却仍在两千年前《汉书·艺文志》内找立论根据。各种各样小说观念有如战国时代一样,哪一种看法能震动人心,哪一种就立刻成为风从模仿的对象。

早于1901年,由衡南劫火仙所写《小说之势力》已点出小说依附在救国情绪中出现震动人心的效应"小说家势力之牢固雄大"①。到了梁启超《论小说与群治之关系》(1902年),小说与势力俨然成为不可分割的搭配词。梁氏论到小说带有"四力":"熏"、"浸"、"刺"、"提"之外,更有足以支配人心的"入力"、"感染力"。此后,小说在社会中卷起风起云涌的力量,就随着梁启超动人的文笔不胫而走。在1902年到1908年的短短5年间,梁启超鲜明的论调可谓是一枝独秀地成为小说界的代表,他的小说观产生了盲从响应的效果,有人对梁启超的理论加以发挥,更多的人是随着梁启超的革命口号去大声空喊,把一股徒有爱国热情而没有理性或理论的讨论全部灌输在小说之上。这些论调特别见诸《新小说》刊物中的《小说丛话》栏目内,②更成为各大小说发刊词的套语,以确保销路。③"小说的势力"由救国的神奇妙药逐渐发展到无所不能的万应灵丹,且蔓延到社会上各个范围:启童蒙、开民智、倡科学、破迷信、劝善惩恶、改善风俗。有关这些可以概括为"小说有用论"的论述,学者都已胪列详尽的例子,并已详细说明背景、

---

① 衡南劫火仙:《小说之势力》,原刊《清议报》第68期,1901年,收于《理论资料》,第48页。
② 特别是侠人及陶佑曾之论,见陈平原、夏晓虹《理论资料》,第94页及247页。
③ 如《新世界小说社报》第一期《新世界小说社报发刊辞》(1906年)以及《创办大声小说社缘起》等,见《理论资料》(一),第201—204、393—394页。

产生原因，在这里不赘述。①

在这种"小说有用论"下，小说被看成是中国社会的万灵药，更成为宣泄社会不满的工具。② 在社会对小说认识不深的情况下，仍然未调整出一种新的平衡点，大批"开口见喉咙"、艺术性低劣的小说铺天盖地涌现，而"小说有用论"、"小说的势力"等新迷信已经达到"造成世界"，甚至兴国兴邦，"与社会相对抗者"的地步。

当时即使有部分的人对这种情况产生怀疑、不满，但限于知识水平，只能慨叹小说为"新八股"，却苦于欠缺有力的理论去矫正这种荒谬的现象。③ 另一方面，与吕思勉持差不多观点而又比吕思勉更早出现的，是王国维、黄人（黄摩西）、徐念慈以及管达如等人。他们在整个社会大喊小说是社会万灵药之时，却能一反潮流，指出中国社会对待小说的态度是好走极端的弊病。④

不过，即使有这些先知式的思想火花出现，非常可惜的是，由于这些理论自身的局限，⑤也由于当时实际的社会环境，这些观点并未能有效遏制小说有用论的看法。所谓当时实际的社会环境，指的是林译小说的大收旺场，抵销了他们论点的有效性。林纾在启导晚清文人走向世界的过程中虽是功不可没，但无可置疑的是，他的小说观是非常倾向"小说有用论"的，从他的《黑奴吁天录·例言》以及《孝女耐儿传·序》中鼓吹以小说开启民智就可见一斑。而早于吕思勉之前，虽有王国维先见之明地指出小说的艺术本质，不过，正如学者已指出，王国维在《红楼梦评论》中阐述美学的目的，更在于借《红楼梦评论》来阐发叔本华哲

---

① 王尔敏：《中国近代知识普及运动与通俗文学之兴起》，《近代文化生态及其变迁》，百花洲文艺出版社，2002年，第195—290页；及黄锦珠《小说之社会性质论》，《晚清时期小说观念之转变》，台北文史哲出版社，1995年，第147—212页。
② 阿英指出这时的小说的最大特色是不断抨击政府和一切社会恶现象。阿英：《晚清小说史》第一章《晚清小说的繁荣》，见《阿英全集》，安徽教育出版社，2003年，第6页。
③ 如寅半生的《〈小说闲评〉叙》，就只流于对这种现象的感叹："十年前之世界为八股世界。近则忽变为小说世界，盖昔之肆力于八股者，今则斗心角智，无不以小说家自命……"寅半生：《〈小说闲评〉序》，1906年，收于陈平原、夏晓虹《理论资料》，第200页。
④ 三人代表论文如下：王国维：《〈红楼梦〉评论》，《教育世界》76—78，80—81号，1904年；摩西（黄人）：《〈小说林〉发刊词》，《小说林》第1期，1907年；觉我（徐念慈）：《〈小说林〉缘起》，《小说林》第1期，1907年，分别收入《理论资料》，第113—130、253—255、255—257页。
⑤ 袁进：《黄摩西、徐念慈小说理论的矛盾与局限》，《华东师范大学学报》1986年第3期，第15—19页。

学。① 吕思勉《小说丛话》在 1914 年才出版,虽然比黄人、徐念慈的文章整整迟了七年后出版,但是文章开首一段对"小说的势力"的描述,使我们清楚知道,七年以来,小说有用论并没有因为黄人以及徐念慈的提倡而得以矫正,反而是继续风行草偃地传播。②

吕思勉《小说丛话》就是在这种背景下产生的。虽然他开宗明义地点出小说的势力,但目的却不是要否定社会上流行的说法,指小说并不能兴家国、治风俗、改人心,更不是要逆其道而行,支持传统的论调,把小说视作无用的东西;他的目的是要作冷静、理性的呼唤,暂且把"小说有用论"放在一边存而不论,先从多方面去认识小说之性质:"明于小说之性质,然后其所谓与社会之关系,乃真为小说之所独,而非小说与他文学之所同也。"(439 页)否则,一切讨论、争辩、叫嚣,最终只会流于表面而空泛,而最终则沦为"枝叶之谈,而非根本之论"(439 页)。而整篇《小说丛话》最"根本之论",就是要带出"美术之性质既明,则小说之性质,亦于焉可识已"(440 页)。

吕思勉跟时人最不同之处,是他并没有像他们一样只在空喊充满煽动性的感情语句,他说:

> 小说之性质,果何如邪?为之说者曰:"小说者,社会现象之反映也",曰"人间生活状态之描写也"。(《小说丛话》,439 页)

他能够从混沌的叫嚣里,以明晰的哲学词汇,整理两个具体的讨论方针:"社会现象之反映",还是"描写人间社会",这实在得力于太田善男的《文学概论》之助。太田善男在《文学概论》的《小说之意义》一节里说到:

> 诸家对小说的定义莫衷一是。有说小说是生活状态的投影,有说是人类生活之摹写。暂此按这些言论而看,起码可以承认小说有人类生活的摹写一面,盖亦不足道尽小说摹写之本质。因为"摹写"一语,亦云如实地复制出来,亦是通过临摹呈现出来。(《文

---

① 叶朗:《中国小说美学》,北京大学出版社,1982 年,第 345 页。
② 这一点,在后人的眼中就看得特别明显,譬如沈从文就指出:"林译小说的普遍流行,在读者印象中更能接受那个新观念,即从文学中取得人生教育,虽然这个新观念未能增加当时读者对小说的选择力。"沈从文:《小说与社会》,《沈从文全集》第 17 卷,北岳文艺出版社,2002 年,第 303 页。

学概论》,282页)

其实,单就这一点,我们已可看到吕思勉与时人最大的分别,是他已立足在西方美学理论中。因为当他以自己不同意小说的本质是"社会现象之反映"以及"人间生活的描写"作为立论的开始时,实际上已脱离中国小说的论说基础——"丛残小语"、"街谈巷议"。我们知道,传统的中国小说,既不属于现代学术分类"美术"内,因此小说观念中"小语"、"巷议"特质的讨论,亦不涉及"模仿论"中有关模写、摹拟的特质。①

吕思勉不认同小说是模仿,指出若认同小说本质是"反映"或"描写",那只不过是"一面之真理",因为艺术并不是死板实物:"凡号称美术者,决无专以摹拟为能事者也。专以摹拟为能事者,极其技,不过能与实物等耳"②,而小说之为艺术,正在于艺术的特质能超越刻板的"摹拟",突出"制作"之妙:

> 夫美术者,人类之美的性质之表现于实际者也。美的性质之表现于实际者,谓之美的制作。(《小说丛话》,439页)

他立论铿锵有力,固然是摄取了太田善男的主要观点,太田善男多个地方指出,艺术是人类的制作,如在第2—3页:

> 夫艺术者,可视为通过想象将万物万象加以自己心中理想而表现出来之美感运作。就此而看,艺术具有三个条件:一则万物万象,二则加以心中理想,三则美的制作。凡有此三者,始足以称为艺术。(《文学概论》,2—3页)

不过,要强调的是,太田善男的《文学概论》从没论及小说势力一事。由此可见,这个议题是吕思勉眼见中国小说界的弊病而立的,而他参考《文学概论》的目的,就是要在纷扰的杂音中,寻求理论支持以探索小说本质。在

---

① 至于中国传统美术到底有没有模仿的意思,曾引起一些学者深刻的讨论。刘若愚(James Liu)在他的《中国文学理论》(Chinese Theories of literature)一书中指出西方并没有所谓模仿论。他的观点受William Touponce严厉的批评,但Touponce最后同意中国"没有发展出文学模仿理论"。见James Liu, *Chinese Theories of literature*. (Chicago: University of Chicago Press, 1975), pp. 1-15; William Touponce "Straw Dogs, A Deconstructive Reading of the Problem of Mimesis in James Liu's Chinese Theories of Literature", in *Tamkang Review* 11.4(1981), pp.359-390.

② 吕思勉:《小说丛话》,第439页。

下一节里,我们会先指出吕思勉如何移入太田善男小说作为艺术的论点,然后再进一步分析晚清小说理论怎样去吸收西方的小说观念。

三、模仿论以及"写实与理想"的论争

吕思勉提出小说的本质在于美,且以西方的美学论去解释小说为何是艺术。吕思勉认为"美术"是最能表现人类的美,因为这种美的性质,是经过人(心灵)加工"制作"的"表现"(representation),[①]"凡一美的制作,必经四种阶级而后成。"(439页)这四个阶级,吕思勉归纳为"模仿、选择、想化与创造"。这四个步骤,是从太田善男《文学概论》的《第二章》"艺术の组成"(11—16页)抽丝剥茧衍生而来的。太田善男在《文学概论》内详述了艺术做法的步骤,首先是"模仿"、"选择"、"模仿与选择的比较"、"想化"、"积极的想化与消极的想化"、"想化的标准"、"创作"、"艺术家的理想境"等不下九个细项。由于篇幅的缘故,我们不在这里把有关这些论点的讨论全部译出,只能按吕思勉参考太田善男的地方,把《文学概论》若干部分翻译如下:

> 模仿者,并不作对美丑的甄别,只描写自然界已有的现象而已。选择者,而是要由自然界中挑选、探索优胜的事物出来。因此后者之价值优越前者,毋庸赘述。(《文学概论》,10页)

> 仅次于模仿而来的就是选择(selection)。即通过比较对照二物,判断优劣,挑选优美者,此谓之选择。(《文学概论》,11页)

> 因此,严格而言,选择者,指未能摆脱模仿范畴者。若以小说创作的"主义"去作譬喻,模仿有如写真主义,即极端之写实主义,将万物万象原原本本彻彻底底地描写出来,选择则有如一般之写实主义,由于虽未能摆脱所谓"自然"之限制,但自有色彩将优美事物挑选出来,从而就只有一种善美之结果。(《文学概论》,11页)

> 再进一步下一个阶段就是想化,具体而言是理想化。(《文学

[①] 至于"制作"、"制造"如何扣紧西方艺术以及小说观念,看 Jürgen Klein, "Genius, Ingenium, Imagination: Aesthetic Theories of Production from the Renessiance to Romanticism", in Frederick Burwick and Jürgen Klein(ed.): *The Romantic Imagination* (Amsterdam, Editions Rodopi, 1996), pp.19-62.

概论》,13页)

想化之结果"变形"素有相反之两种形态:一则为增加,一则为减少。前者可称之作积极之想化(positive Idealisation),后者可称之为消极之想化(Negative Idealisation)。前者功能是扩大,即在实物以上放大美之成分;后者功能则是删除,即将污点去除以及稍加变化,而保持实物之美。(《文学概论》,14页)

上述四项因素,或多或少都拥有仿造(Imitative)色彩。它们均非艺术之终极理想。艺术之终极理想在于创作(creation)。夫创作者,将自己感受之万事万物升华为一,然后由此创作出新事物。换言之,就是将自己观察结果集中起来,以一个理想形式呈现出来,此谓之创作。因此,创作者无非为理想之实现(realization of idea)。(《文学概论》,16页)

吕思勉的基本观点,虽然比太田善男较为简约,但可以说是全囊括了应该有的重点,当然,两人在行文用词上稍有不同。为更好说明两者的接近,我们先征引吕思勉的说法,然后再作分析:

所谓四种阶级者,一曰模仿。

模仿者,见物之美而思效其美之谓也。凡人皆能有辨美恶之性。物接于我,而以吾之感情辨其妍媸。其所谓美者,则思效之;其所谓不美者,则思去之(美不美为相对之现象,效其美即所以去其不美也)。丑若无盐,亦欲效西施之颦笑;生居僻陋,偏好袭上国之衣冠,其适例也。

二曰选择。选择者,去物之不美之点而存其美点之谓也。接于目者不止一色,接于耳者不止一音。色与色相较而优劣见焉,音与音相较而高下殊焉。美者存之,恶者去之,此选择之说也。能模仿矣,能选择矣,则能进而为想化。

想化者不必与实物相触接,而吾脑海中自能浮现一美的现象之谓也。艳质云遥,闭目犹存遐想;八音既戢,倾耳若有余音,皆离乎实物之想象也。人既能离乎实物而为想象,则亦能综错增删实物而为想象。姝丽当前,四支百体,尽态极妍。惟稍嫌其长,则吾能减之一分;稍病其短,则吾能增之一寸。凡此既经增减之美人,浮现于脑海之际者,已非复原有之美人,而为吾所综错增删之美人矣。此所谓想化也。能想化矣,而又能以吾脑海中之所想象者,表现之于实际,则所谓创造也。

合是四者,而美的制作乃成。故美的制作者,非摹拟外物之谓,而表现吾人所想象之美之谓也。吾人所想象之美的现象之表现,则吾人之美的性质之表现也。盖人之欲无穷,而又生而有能辨别妍媸之性。惟生而有能辨别妍媸之性也,故遇物辄有一美不美之观念存乎其间;惟其欲无穷也,故遇一美的现象,辄思求其更美者,而想化之力生焉。想化既极,而创造之能出焉。如徒以摹拟而已,则是人类能想象物之美,而不能离乎物而为想象也,非人之性也。

吕思勉在《小说丛话》中对太田善男的中心思想以及论证方式,可以说是亦步亦趋的。虽然我们看到太田善男颇能要言不烦地指出西方模仿论的核心思想,如"模仿者,并不作对美丑的甄别,只描写自然界已有的现象而已",而吕思勉则一方面用冗长的语句去说明,一方面又加插古雅的语言(如妍媸、①八音既戢、艳质云遥)以及中国的用典"西施之颦笑"以助国人了解,可惜的是,由于历史条件的限制,他在演绎时造成一定的含混,以及出现层次不清的现象。譬如太田善男指出模仿是不对美丑甄别,而只照录自然界现象;但是在吕思勉看来,模仿只是模仿有美感的事情:"其所谓美者,则思效之;其所谓不美者,则思去之(美不美为相对之现象,效其美即所以去其不美也)。"这点其实已涉及第二阶段的"选择"了,也正因此,本来太田善男在"模仿"以及"选择"两点上有清晰的界限,而且给人一种一语中的的明快感,但吕思勉却把两者混在一起。然而,整体而言,吕思勉这四个步骤的艺术理论以及核心观念,毫无疑问是直接受到太田善男影响的。

在看过两文相似的地方后,我们现在要讨论的是,怎样可以看出吕思勉移植西方艺术理论。吕氏所指艺术的四个层次:模仿、选择、想化、创造,在西方艺术论中其实可以简单归纳为两个范畴:"模仿"与非

---

① 我们在黄人的小说论中,也常常见以"妍媸"的说法去论及"美"。譬如在他的《小说小话》内,他说"小说之描写人物,当如镜中取影,妍媸好丑"。见蛮(黄人):《小说小话》,收于陈平原、夏晓虹《理论资料》,第 258 页。

纯粹模仿而来的"表现"。

西方美学理论中对艺术的描述与评价,虽然历来混沌纷陈,但大致走不出"模仿"与"表现"之争,而这两种分野,则主要受柏拉图与亚里士多德这两位古希腊哲学家想法支配。"模仿"不用多言,这是源自西方古希腊文艺理论的一个核心概念——mimesis,imitation。古希腊人并没有一个概念相当于我们现在所谓"艺术"(fine arts)。西方现代的艺术概念是在18世纪才出现,[①]在这以前,关于文艺的讨论主要围绕"模仿"这个概念而进行,诸如诗、音乐、绘画与雕刻等等,我们现在认为属于艺术的活动,在古希腊时代都被视为不同类型的模仿活动。柏拉图认为诗和绘画都是对感觉世界的模仿,而感觉世界则只是真实的理型(idea)世界的影像,因而诗和绘画就被认为离开真实世界有两步之遥。言下之意,柏拉图认为诗和绘画等模仿活动,最多亦不过是对影像世界的复制,效果纵然好,也还是对外界之一种被动而忠实的模仿。[②]

另一方面,吕思勉所言的"选择、想化、创造"等的范畴,则可以概括为艺术表现说。在西方,柏拉图提出模仿理论后,他的弟子亚里士多德虽然认同模仿论,却同时另辟蹊径,指出模仿所反映的根本不是巨细无遗的现实,而是现实中具有普遍的成份——"理型"(idea),因此所谓模仿,是一种自由的接触。艺术家可以用他自己的方式表现实在,他指出诗不单是忠实的复制,更是一种比历史"更哲学"地了解现实的途径。[③]

模仿论随着时代的推移而有所改变,经过15世纪哲学家对所谓"实物/存在"是存在于外在还是存在于经验之内的讨论,慢慢因应不同的历史环境,被另一组本来是哲学思想中讨论思想概念的实体性的术语以及相关概念所继承,这就是"写实主义"(realism)与"理想主义"(idealism)的对立讨论(antithesis)。[④] 而这次realism及idealism第一次作为文学术语出现后,[⑤]随着欧洲18世纪德国、法国、英国紧密的文

---

① Paul O. Kristeller,"The Modern System of the Arts",in Kristeller,*Renaissance Thought and the Arts* (Princeton: Princeton University,1990),pp.163 - 227.
② *Republic* 596 - 7.
③ *Poetic* 1448a,1449b I,1451 b 27,1460b I3.
④ M. H. Abrams:*Mirror and the Lamp*, 36.
⑤ René Wellek:"The Concept of Realism in literary Scholarship" 及 "The Concept of Romanticism";and "Romanticism Reconsidered"in: Stephen G. Nichols, Jr. (ed.),*Concepts of Criticism*.(New Haven: Yale University Press,1963),pp.221 - 255;128 - 198.

学思潮运动(literary movement),慢慢成为个别作家、不同派别以及文学运动的信念和标语。① 影响所及,写实与理想的探讨,后来也随着英国小说在十八世纪的涌现而成为讨论用语。维多利亚时期的英国,社会上渐有一种倾向于用写实方式写作的小说出现,评论认为这是有别于从前的传统中由浪漫语而来,即骑士对理想追求的描述,于是认为小说是写实的,而概括骑士的传奇为浪漫的以及理想的,而慢慢简化出写实主义多是 novel 的写作手法,而为追求理想甚至脱离现实又带有一点夸张、奇情、浪漫手法的则是 romance。② 尔后,这种讨论,甚至深入到以个别作家为对象,这主要是指个别作家(譬如 George Eliot 以及 Charles Dickens)及其作品,一方面执着于描述现实社会,另一方面通过写实地描述社会不满以表现个人的理想,或对失落理想的向往。③

中国以及日本对西欧文艺理论的吸收,是通过个别文类的兴起而一并把西方的艺术观念、术语、背景输入的,这与西方理论的发展出现相反的现象。在西方,形成各种艺术观念的讨论源远流长,古之而有,随着时代的发展而成为不同文类的核心观念。中国与日本输入西方的文类概念(如小说、戏剧)时,一并输入西方艺术论中最当下最新鲜的讨论(十八世纪以来理想与写实的对立),同时把背后支撑这些讨论的古老艺术理论(模仿论)也同时输入。不过,中国比起明治日本在移入西欧小说理论时,在深度以及广度而言时间更压缩,也因此更混乱。④

---

① 西欧自 17 世纪以来德、法、英国勃发的"古典主义"、"写实主义"、"浪漫主义"的发展过程复杂,但无法一一述及,详见 Jacques Barzun, *Classic , Romantic , and Modern*. (Chicago: University of Chicago Press, 1961).
② Michael Wheeler, *English Fiction of the Victorian Period* 1830 – 1890 (London: Longman, 1985) p.7
③ 当一般人执着于讨论 George Eliot 关于写实主义与理想主义的论争时,评论家 George Henry Lewes 站出来为她解释她的小说中的理想与写实的争议的内容, Alice R Kaminsky (ed.), *The Literary Criticism of George Henry Lewes*. (Lincoln: University of Nebraska Press, 1964), pp.87, 89。
④ 在西欧,"美学"(aesthetica)在 1735 年经鲍姆嘉通(Alexander Gottlieb Baumgarten, 1714—1762)提出,而日本则是要到了 1872 年由西周(1829—1897)所著的《美妙学说》才正式被提到。西周以"美妙学"对译 aesthetic,并以"美术"翻译 Fine Art。1882 年,美国学者芬诺洛萨(E. F. Fenollosa, 1853—1908)赴日本作题为《美术真说》(美术之真谛)的演讲,美术史才被广为知晓。翌年,中江兆民(1847—1901)将法国学者维隆(E. Véron, 1825—1889)的 L'esthetique 翻译为《维氏美学》;1884 年小说理论家 Sir Walter Besant 在日本举行以"艺术としてのフィクション(小说作为艺术)"演讲,后以《フィクションの(小说的技术)》发行。此后,到了 1885 年,日本现代小说理论的嚆矢坪内逍遥所著的《小说神髓》,就是参考自《美术真说》、《维氏美学》,Sir Walter Besant 的理论去建立小说为美学的理据。太田善男《文学概论》一开始就以艺术统摄所有的文学类型,不单是继承了坪内逍遥的这个系统,更重要的是显示了日本文学对西方艺术的成熟吸收。

在中国,小说是文学,而文学是艺术的论点,前部分最初由梁启超1902年《论小说与群治之关系》一文传入中国。然而,在梁启超的文章内,从来都没有认同小说是艺术,而小说的艺术特质,在梁启超之文内是完全阙如的。如果这不是他的错失、或大意忽略,就是因为他只着眼小说救国工具的实质作用而故意抹去的。

幸好的是,虽然梁启超并无点出小说的特质在于艺术,但他却把艺术创作法则及其相关词汇带入晚清社会来,这里所指的就是"写实"以及"理想"对扬式的讨论。固然,在梁启超并不关心艺术与小说本质的前提下,他的讨论实在亦"谬误"百出。在《论小说与群治之关系》一文中,他认为所有小说都可以分别归在"写实派"、"理想派"之中。"理想派小说"是指可以令读者超越个人经历的欲望,有"导人游于他境界"的能力的小说;而第二种的"写实派"小说,则可以令读者如实地表达人的内心深处的感受或者欲望,因为小说可以把"心不能喻、口不能宣、笔不能传"的感情"和盘托出",令感情枯燥、言辞匮乏的我们啧啧称奇。① 不过,梁启超所说隶属于两种不同流派的小说功能:"理想派"能"导人游于他境界",相对于"写实派"能把心、口、笔不能传的感受"和盘托出",其实并不是只是属于某一种类型小说的特殊功能,而是能称之为小说都有的共同功能。事实上,无论是以哪一种手法写小说,小说都首先具有一种"导人游于他境界"的想象功能,而不单只是写实小说,而是写得好的小说,就能令人感到心、口、笔"和盘托出"的愉悦。这就是说,梁启超把一个属于"小说"共同的功能放到次等的讨论中。

很明显,"写实"以及"理想"的讨论,是他由日本传入中国的。梁启超到日本的1898年,正是日本爆发明治文坛最有名的"理想与写实"(或称作"逍鸥论争")论争之后几年。② 梁启超显然没有交代日本这次"理想与写实"争议的背景,在梁启超之后,我们看到清末民初年间文人都很热衷于讨论"写实"以及"理想"的讨论,几乎大部分的小说理论都关注到这个问题。吕思勉在他的文章内处理"写实"以及"理想"的问题

---

① 梁启超:《论小说与群治之关系》,《新小说》第1号,1902年,《理论资料》,第50页。
② 在宫岛新三郎的《明治文学十二讲》以及久松潜一、藤村作(1932)《明治文学序说》中,都指出1894—1905年正是明治文学史中的第3期,即是"理想主义与写实主义"相对立的时候。宫岛新三郎的《明治文学十二讲》东京大洋社,1925年,第101—112页。

时,由于得到太田善男理论的帮助,在晚清里最详细、也最贴近西方艺术论的理路,然而,他却始终不能避免受梁启超的思路影响,把小说创作法等同小说观念本身看待:"小说自其所载事迹之虚实言之,可别为写实主义及理想主义二者。"(445 页)这种过分二元化的讨论,也是他在《小说丛话》中常常出现以简单概念讨论问题的弊病。我们首先看看对吕思勉而言,什么是"写实主义"(445 页):

> 写实主义者,事本实有,不借虚构,笔之于书,以传其真,或略加以润饰考订,遂成绝妙之小说者也。小说为美的制作,义主创造,不尚传达。然所谓制作云者,不过以天然之美的现象,未能尽符吾人之美的欲望,因而选择之,变化之,去其不美之部分,而增益之以他之美点,以成一纯美之物耳。夫天然之物,尽合乎吾人之美感者,固属甚鲜,然亦不能谓为绝无,且有时转为意造之境所不能到者。苟有此等现象,则吾人但能记述抄录之,而亦足成其为美的制作矣。此写实主义之由来也。此种著录,以其事出天然,竟可作历史读,较之意造之小说,实更为可贵。但必实有其事而后可作,不能强为耳。如近人所作短篇记事小说其多,往往随手拈来,绝无小说之之文学组织,读之亦绝无趣味,此直是一篇记事文耳,何小说之云!此即无此材料而妄欲作记实小说之弊也。又有事出臆造,或十之八九,出于缘饰者,亦妄称实事小说以欺人,此则造作事实,以乱历史也。要之小说者,文学也。天然事实,在文学上,有小说之价值者,即可记述之而成小说。此种虽非正宗,恰如周鼎商彝,殊堪宝贵。若无此材料,即不必妄作也。

吕思勉首先认为,写实主义是"事本实有,不借虚构",但我们都知道,无论写实小说多么写实,都一定是通过虚构想象而来,亦即是他所言的经过艺术的不同层次的加工,把经验幻化,抽取艺术的原型而来。① 而他在这一段内,说明只属于写实小说的特质时所用的根据"小说为美的制作……而亦足成其为美的制作矣",却是他自己定下的艺术论(艺术制作过程)中的论点。由此可见,这本来是属于所有艺术的特

---

① George Levine, *The Realistic Imagination: English Fiction from Frankenstein to Lady Chatterley* (Chicago: University of Chicago Press, 1981).

质,他却认为是写实主义的手法。循此,我们看到他对于写实主义小说和艺术理论,都有不少的误解。

同样,在处理"理想"主义一点上,类似的情况亦出现。对吕思勉来说,理想小说是指"发表自己所创造之境界者,皆当认之为理想小说":

> 凡小说,必有其所根据之材料。其材料,必非能臆造者,特取天然之事实,而加以选择变化耳。取天然之事物,而加之以选择变化,而别造成一新事物,斯谓之创造矣。……故无论何种小说,皆有几分写实主义存。特其宗旨,不在描写当时之社会现状,而在发表自己所创造之境界者,皆当认之为理想小说。由此界说观之,则见今所有之小说中,百分之九十九,皆理想小说也。此无足怪,盖自文学上论之,此体本小说中之正格也。①

可是,构成"理想小说"的原材料是"特取天然之事实"而"非能臆造者",那么,这便跟写实小说一样,而且也跟他自己对理想小说的定义"所创造之境界者"自相矛盾。此外,他又指出"故无论何种小说,皆有几分写实主义",可惜,这点与他"见今所有之小说中,百分之九十九,皆理想小说也"的论点也同样有一定的抵触。可见,在处理小说的观念本身,以及对于不同小说创作手法的运用方面,他的看法是非常混乱的。

四、文 学 之 美

吕思勉在论述过小说作为艺术以及其本质后,他进一步论证小说作为文学的特质。同样地,他也扣紧着美的观念。本来,论及文学之美,应以文辞、文章之美为核心,但他却集中讨论文章中的声音之美。吕思勉指出:

> 此种文学,所以异于纯以耳治之文学者:彼则以声音为主,文词为附,所谓按谱填词,必求协律,虽去其词,其律固在,而徒诵其词,必不能知其声音之美;此则声调之美,即存乎文字之中,诵其词,即可得其音,去其词,而其声音之妙,亦无复存焉者矣。盖一则

---

① 吕思勉:《小说丛话》,第446页。

> 先有声音之美,而后附益之以文词;一则为文词之中之一种尔。凡文,必别有律以歌之而后能见其美者,在西文谓之 Declamation,日本人译曰朗读。但如其文字之音诵之,而即可见其美者,在西文曰 Recitation,日本人译为吟诵。其不需歌诵,但目识而心会之,即可知其美者,在西文曰 Reading,日本人译曰读解。(442页)

这个看来很独特的观点,其实也是参考自太田善男《文学概论》而来的:

> 由于叙事诗、抒情诗、剧诗,素有可唱的特点(singable),当中充满着音乐的调子(musical tone),从而在音声(即是调子)以义(即是意义)两方面都可兼得。小说、美文却是有可读的特点(readable)无声有义,读者只可以单从意义一个方面去欣赏。因此,小说的文体须要着重意义,务要易读。
>
> 如上面的说明,叙事诗与抒情诗,都以吟诵(recitation)去传达,剧诗就由朗读(declamation)去传达,读式诗则总是通过读解(reading)去传达,才得到读者的了解。小说这种文学作品,要纯粹于吟式诗,与此同时,着重意义一事,必将严格于其它形式的诗歌。(第285—286页)

像上一节一样,吕思勉抽取了太田善男的核心概念,然后增补了一些中国文学的观念作解释,还特别加入大量的中国艺术作品(昆曲、京调)以及中国文学作品(《阅微草堂笔记》、《水浒》等),来说明他所理解的文学作为艺术的观点。对于今天的读者而言,看到吕思勉(或太田善男)以吟诵(recitation)、朗读(declamation)、读解(reading)等去说明小说的特质,实在难免感到大惑不解。在这里,我们必须回看太田善男《文学概论》的结构。

《文学概论》是一本有关整体文学概念的论述,内文由各种文类组成,次序为:诗、戏剧、小说以及杂文学。当中,诗所占的部分是最多的,从第62页至第226页,共150页。讨论完诗后,太田善男进而讨论戏剧和小说,却把戏剧放在"剧诗"的架构之下,小说放在"读式诗"之下。这种看法,在今天看来是很特别的,但其实,这是以诗为文序核心观念的余痕。西方"小说"概念出现于现代社会后,而以小说为文学中的美文观念来看，则更待18世纪后。本来，在古典美学论中，我们很难找到哲学家会以小说为美文的模范、或以小说为立论来讨论艺术之美，比方说，康德、席勒等就从没有以小说作为论美学的对象。上文提过把"美学"(aesthetica)与哲学分家的鲍姆嘉通(Alexander Gottlieb Baumgarten,1714—1762)，他的论文《对诗的哲学沉思》就是以诗为论题，而绝无提及小说。小说在西方逐渐归到美学的文学的观念，在理论层面来看，黑格尔把"小说"置于"史诗"历史发展脉络中是为一个突破。① 其实，这种以诗作为小说发展源头的观念，到了19世纪的英国文学理论中还是很普遍的，David Masson(1822—1907)便曾明确地说小说（原文指：novel 及 prose fiction）是附属于诗的系统之内，小说是来自三种不同的诗，包括 lyric，the narrative or epic，and the dramatic，中间的分野基础，在于诗是有韵的文章，而小说是无韵的文体。② 他的理据是诗与小说一样，均属由"想象"并发而来的创作物。这点，可见他是希望把小说的地位抬高与诗一样，也倒过来反映了小说在西方19世纪的地位。虽然太田善男在他参考了众多英国文学理论中的书目内并标明详细参考了 David Masson 的书，③但他把小说一章放在"读式诗"的架构内之举，两者的理论基础是十分接近的。吕思勉强调小说是"近世的文学，而非古代的文学"、"近世文学者，近世人之美术思想"(438页)就可以看到，他不单了解小说在西方的新学术思想格局，更重要的，是他作为历史学家对小说是近代的发明的关注。

五、小说作为文学类型

在论及艺术观念后，吕思勉进一步讨论到小说作为"文学"的观念。这部分的确很有趣，因为我们从中可以看到中国小说蜕化传统的归类

---

① 黑格尔(Hegel)认为小说是"现代中产的史诗"(the modern bourgeois epic). G. W. F. Hegel, *Aesthetics: Lectures on Fine Art*. (Oxford: Clarendon Press, 1975) 15:414; A, 2:1109; 13:242; A,1:184.
② David Masson, *British Novelists and their Styles* (Cambridge: Chadwyck-Healey 1859-1999), pp.1-2, Lecture I.
③ 太田善男详列了六本日本文学理论，以及二十多本英文的文学理论书籍，当中大部分都是来自19世纪英国。见《文学概论》"例言"后参考书目，缺页数。

后,如何配合晚清社会环境,发展一套属于自己的理论出来。吕思勉在《小说丛话》中(442页)说:

> 小说自其所叙事实之繁简观察之,可分为:复杂小说、单独小说二者。复杂小说,即西文之 Novel。单独小说,即西文之 Romance 也。
>
> 单独小说,以描写一人一事为主;复杂小说则反之。单独小说,可用自叙式;复杂小说,多用他叙式。盖一则只须述一方面之感情理想,一则须兼包多方面之感情理想也。复杂小说,篇幅多长;单独小说,篇幅多短……

吕思勉清楚点出西方 novel 是复杂小说,romance 是单独小说,可以说是史无前例地把小说明显地置于西方 romance 以及 novel 的历史发展下。笔者曾撰文指出梁启超怎样隐而不彰地把中国小说嫁接于西方故事 romance 及 novel 的传统内,①可以说,吕思勉是循此路跟进,也比梁启超走得更远,在参考日本文学理论后直接引用太田善男的《文学概论》内解释有关 novel 以及 romance 的内容。② 在《文学概论》第 298 页的〈读式诗〉第三项的第四节的"小说の分類"中,太田善男指出:

> 小说者,根据描写对象之内心纠葛的不同,可以分为两种,如下:单稗(Romance),复稗(Novel)。
>
> 单稗是指故事的内心纠葛只有一个,复稗就指故事的内心纠葛有两处或以上。例如,故事只描写主角一个人的内心纠葛,就属于单稗;故事描写主角及其身边人,不止描写主角一个人的内心纠葛,还描写副角以及其身边人物的内心纠葛,就属于复稗。两者的分别,可以依照内心纠葛之单复而定夺。

吕思勉不单转述太田善男文内对 novel 的解释,甚至行文格式都是惊人地相似,令人相信,吕思勉是亲自看过,甚至是细阅《文学概论》,而不是经二手资料,或由他人转述的。事实是,他基于太田善男有关"内心纠葛"的分析出发,分别整理出 novel 以及 romance 的应用范围,包括:

---

① 关诗珮:《移植新小说:梁启超与坪内逍遥》,《中国文化研究所学报》总第 46 期,2006 年 12 月,第 339—365 页。
② 太田善男:《文学概论》,第 281、298 页。

格式、语言、描写手法、篇幅、内容、结构等等,现在归纳如下:

单独小说,以描写一人一事为主;

单独小说,可用自叙式;

只须述一方面之感情理想;

单独小说,篇幅多短;

单独小说,只述一人一事,偶有所触,便可振笔疾书。其措语,只一方面之情形须详,若他方面,则多以简括出之。即于实际之情形,不甚了了,亦不至不能成篇。

复杂小说,多用他叙式。一则须兼包多方面之感情理想也;

复杂小说,篇幅多长;

复杂小说,同时叙述多方面之情形,而又须设法,使此各个独立之事实,互相联结,成一人事,故材料须弘富,组织须精密,撰著较难。

二者撰述之难易,实有天渊之隔也。

不过,我们亦要指出,在吕思勉的论述内,除有参考自太田善男的理论外,也有吕思勉自己按他在晚清社会小说发展规律中得出的观察。他说:

单独小说,宜于文言。复杂小说,宜于俗语。盖文言之性质为简括的,俗语之性质为繁复的也。观复杂小说与单独小说撰述之难易,而文言与俗语,在小说中位置之高下可知矣。

然则复杂小说之不得不用俗语,单独小说之不得不用文言,其故可不烦言而解矣。盖复杂小说,同时须描写多方面之情形,其主义在详,详则非俗语不能达。单独小说,其主义只在描写一个人物,端绪既简,文体自易简洁。于文言较为相宜也。而复杂小说之多为长篇。单独小说之多为短篇,其故又可知矣。盖一则内容之繁简使然,一则文体之繁简使然也。

吕思勉认为单独小说,是 romance,应该用自叙式以及文言,并引用西方的《茶花女》、《鲁滨逊漂流记》[①]以及中国的《聊斋志异》作为例

[①] 我们大概能猜到吕思勉只是看到《茶花女遗事》、《鲁滨逊漂流记》翻译而非原文,倘若他看过原文,就会明白《茶花女》、《鲁滨逊漂流记》在西方并不属于 romance,特别是后者《鲁滨逊漂流记》,往往被认为是长篇小说 novel(特别是英国)发展的分水岭。

子说明。他又解释 novel(即是复杂小说),应该用他叙式以及俗话,应以白话书写,他并以《红楼梦》《儒林外史》等作例。

到底什么是自叙式以及他叙式呢?吕思勉指出,自叙式是 autobiographic,而他叙式则是 biographic。如果以今天的话去说,前者即是自传体,后者则是传记体裁。固然,这些术语以及名词都是通过太田善男而来,但太田善男(288 页)提出 4 种体裁(自叙式、他叙式、日记[Diary]、书简式[Letter writing]),说明小说体例的多种多样,并非像吕思勉一样,二元化地把不同的体例归入 novel 以及 romance 的观念之内。尤有甚者,基于这种二元化的分析,吕思勉得出"愈复杂则愈妙"、"愈复杂而愈见其美",而 novel(复杂小说)能展现"一事实之全体",因此在知与情之上,都能"感人之深"满足人类"求知之心""探究底蕴"的分析,因此 novel 绝对比 romance 更优胜。

无论我们是否认同吕思勉对复杂小说(novel)的评价,他经日本的文学理论,把"复杂小说之多为长篇"(443 页)(参考自太田善男《文学概论》中第 302 页),明确地把西方文类"novel＝长篇小说"的观念引入晚清,同时说明情节简单的为短篇小说("单独小说之多为短篇"),并明确地不用字数多寡作篇幅的分野,①这在当时不单是超时代的观念,而且是影响中国小说发展至巨的贡献。而由此,我们亦可推翻过去人们以为长篇小说作为 novel 的观念,是要待胡适在五四前写了《论短篇小说》一文才相继引发出来的讨论。②

行文到此,我们已经可以作出一个归纳,吕思勉在挪用太田善男的《文学概论》的过程中,先把他认为相对于晚清是最陌生的观点作直接吸收,当中鲜有改动,只是为了协助国人理解这个观念而附加少许例子说明;在一些相对地比较熟悉的观点上,他则加入大量的意见,甚至出现"创造性的转化",试图顺应晚清小说观念的发展而作出适当的调整。其实,只要再举一例,就可以完全明白吕思勉并不是被动地、无目的地抄袭太田善男的《文学概论》。

---

① 吕思勉:《小说丛话》,第 456 页。
② 胡适:《论短篇小说》,《新青年》第 4 卷第 5 号,1918 年。据郑树森的研究,胡适的观点,是取自两位美国学者 Bliss Perry 的 *A Study of Prose Fiction* 以及 Clayton Hamilton 的 *A Manual of the Art of Fiction* 而来,见郑树森《从现代到当代》,台北三民书局,1994 年,第 4 页。

在说到以小说分类去反映文学内部概念时,吕思勉在《小说丛话》(454—455 页)就列出 9 种类型。如果把这 9 种分类跟太田善男在《文学概论》的 11 种模拟比较,会发现,与之前照录太田善男的做法出现很大的不同:

吕思勉 454—455 页	太田善男 303 页
武事小说	恋爱小说 novel of love
写情小说	家庭小说 domestic novel
神怪小说	宗教小说 religious novel
传奇小说	教育小说 didactic or educational novel
社会小说	社会小说 socialistic novel
历史小说	寓意小说 allegorical novel
科学小说	滑稽小说 humorous, or comical novel
冒险小说	悲壮小说 tragic novel
侦探小说	历史小说 historical novel
	冒险小说 novel of adventure
	儿童小说 fairy tales

在上表,我们看到只有社会小说、历史小说与冒险小说三类是相同的。事实上,只要我们以《小说丛话》表中所列的类型与管达如在 1912 年发表于《小说月报》上《说小说》内的类型(见下表)比较,就看到两人在小说类型上拥有着相同的见解。

管达如	吕思勉
武力的、军事的	武事小说
写情的	写情小说
神怪的	神怪小说
	传奇小说
社会的	社会小说(与太田善男相同)
历史的	历史小说

续　表

管达如	吕思勉
科学的	科学小说
冒险的	冒险小说(与太田善男相同)
侦探的	侦探小说

我们看到,管达如与吕思勉两文,除了一项传奇小说不同外,两文在小说类型上实在有惊人的相似。管达如与吕思勉是情如手足的表兄弟,在吕思勉的传记内,多次提到与管达如莫逆的交情。① 但是,与其说吕思勉因为这个原因沿袭管达如《说小说》一文的观点,倒不如认为在太田善男与管达如之间,吕思勉选择了更能呈现中国小说发展轨迹的管达如。如果我们把管达如一文中所列的小说类型,置于晚清小说理论纵深发展的历史脉络,不难发现,他其实是顺应梁启超小说类型的发展而来的:

梁启超	管达如	吕思勉
军事小说	武力的、军事的	武事小说
写情小说	写情的	写情小说
语怪小说	神怪的	神怪小说
传奇体小说		传奇小说
	社会的	社会小说(与太田善男相同)
历史小说	历史的	历史小说
	科学的	科学小说
冒险小说	冒险的	冒险小说(与太田善男相同)
探侦小说	侦探的	侦探小说

梁启超在 1902 年的《论小说与群治之关系》以及"中国唯一的文学

---

① 吕思勉在传记文章以及日记内记下与管达如相交相知的事,由他年少时能师从史学老师谢钟英拜管达如所赐,到管达如离世时他的伤痛,都一一记取。李永圻:《吕思勉先生编年事辑》,第 19、228—229 页。

报"《新小说》内,曾经把西方十多种小说类型介绍给中国读者。① 中国读者面对这样新鲜的文类小说观念,一方面以中国小说附会,譬如以《红楼梦》说成是政治小说、家庭小说等等;另一方面,在大开眼界之余,纷纷以创作小说回应,如晚清四大小说家都喜欢把自己的创作套入在社会小说、探侦小说的脉络内。② 无论这些处理小说类型的手法在今天看来多么地不成熟,我们却应看出小说类型在晚清社会经历了十多年(1902—1912)的发展以及消化后,已渐渐摸索出自己的轨道。举例说,梁启超列出十多项小说类型后,晚清社会因为其政治背景产生出对侦探小说的偏爱,梁启超其后的人在论述小说类型时对此已有较好的适应,并且已成为不可忽视之势,这一点在管达如的《说小说》中亦有不同程度的表现。而吕思勉的《小说丛话》,即使在多个方面大量吸取太田善男的《文学概论》后,仍然是按中国小说的发展模式出发,选择一个更能贴近晚清社会发展的图像出来。

总　　结

在《小说丛话》的前部分中,我们看到吕思勉大量地摄取了太田善男的《文学概论》,一方面是要扭转晚清社会当下"小说有用论"的势力,另一方面是为了令国人有所借鉴,从而认识小说的本来面目。因此,吕思勉在这前半部分往往长篇累牍、不加修饰地援引太田善男的观点,而到了后半部分时便会在消化太田善男的理论后加入自己的观点,因应晚清当下的小说发展,一面结合小说有用论(如梁启超等人的观点),一面以小说美学观(小说无用论)补足时人的不足。譬如他借用 1904 年王国维的《〈红楼梦〉评论》为例,深化太田善男的观点,就是希望展现理论与实践配合,进一步探析外国小说理论与中国小说结合的可能。

小说势力在清末民初(1902—1914)的发展,一直是以钟摆的方式激荡于两个极端之上,吕思勉希望平衡两者的观点,因为小说的本质本

---

① 新小说报社(梁启超):《中国唯一之文学报〈新小说〉》,原刊于《新民丛报》14 号,1902 年,收于陈平原、夏晓虹《理论资料》,第 58—63 页。

② 有关中国小说类型的研究,参看陈平原《小说史:理论与实践》内"中国小说类型研究"一章,北京大学出版社,1993 年,第 137—219 页。

来就是这样——既能娱乐,亦能教化。的确,从这里可以看到,中国"小说"的观念,到了1914年所写的《小说丛话》内,中国传统的部分所剩无几。而讨论小说创作法则及词汇、长短篇幅、小说的写作类型以及手法(写实/理想或浪漫)、小说作为文学的论据,都已渐见完备,但一个整合完备的西方现代的小说(fiction)观念——"虚构想象"还没有完全成型。但以此来反映中国小说观念转变的阶段,从日本吸收小说理论,在晚清自梁启超开始,是一条最成功的快捷方式,甚至是建立论据的最有力依据。不过,自五四以后,随着中国进一步西化,留学西方的知识人越来越多,而即使是留学日本的知识人,亦慢慢通过日本文学理论直接看西方文学理论,晚清时对明治日本文学理论的依赖渐渐减少。到了1920年左右,中国小说理论的建立,已能摆脱只依赖明治日本作为文学理论转销站的一路,转而直接吸收西方文学理论,以此开创一条可以融化新知、中西并行的道路。

(《复旦学报》2008年第2期)

青年吕思勉与《中国女侦探》的创作

邬国义*

吕思勉先生以史学名家,与陈垣、陈寅恪、钱穆并称为中国现代四大史家,在国内外史学界享有盛誉。然在其早年,他对文学创作与理论表现了不同寻常的兴趣。如他在1914年以"成之"笔名发表的《小说丛话》,便是一篇长达3万余字的洋洋洒洒的小说专论,在清末民初的小说理论中占有重要地位。而鲜为人知的是,吕思勉早年还写过一部名为《中国女侦探》的小说。本文就此作一具体考察,并对近代小说史上的这一现象作些新的解读。

一

张耕华先生在1998年出版的《人类的祥瑞——吕思勉传》中最早谈到:"20岁左右,吕思勉对文学创作极有兴趣,曾写过一册《中国女侦探》,这一篇文字,恐怕没有给先生看,只是寄给姐姐吕颂宜一阅。1907年,母亲在整理颂宜遗物时(吕颂宜于1904年患病去世),才发现有这么一篇文字,这也是迄今为止发现的吕思勉最早的一篇文字,可惜原文现在已经找不到了。"[1]此后在所撰《吕思勉:史学大师》中又一次论及此事:"青年吕思勉还擅长作文,他最早写的一篇文字,名为《中国女侦探》,可惜原文现在已经找不到了。"[2]作为吕思勉研究的专家,张说提供了吕氏早年著述活动的重要线索,同时也因此稿寻觅无着,为之

---

* 作者简介:邬国义,华东师范大学历史学系教授。
[1] 张耕华:《人类的祥瑞——吕思勉传》,华东师范大学出版社,1998年,第33页。
[2] 张耕华:《吕思勉:史学大师》,上海教育出版社,2000年,第20页。

感到惋惜。

对于关切吕思勉研究的人来说，这自然是一篇不能轻易放过的著述文字。不过，吕氏青年时代的这篇创作并未佚失，经笔者追寻考查，实际上它就是1907年由商务印书馆出版的《中国女侦探》一书。令人颇感意外的是，它并非薄薄的一本小册子，而是一部长达123页的侦探小说。

该书彩版封面，上横标"新小说"三字，题名"中国女侦探"，商务印书馆印行。版权页署"著作者 阳湖吕侠"，"光绪三十三年七月初版"，每本定价大洋三角，发行者与印刷所等均为商务印书馆。这是一部文言短篇小说集，包括《血帕》、《白玉环》、《枯井石》三篇。全书用黎采芙女士自叙的第一人称写成，讲的是几个女子叙述案情及破案故事。据东海觉我（即徐念慈）《丁未年小说界书目调查表》，在此年商务发行的书籍中，便有"《中国女侦探》，著译者吕侠；出版月，七月；定价，三〇"的记载。①

查阅有关文献，该书作为中国第一部描写女子侦探的小说，在近代侦探小说史上有着相当地位。一些近代的大型文学资料集或丛刊汇编，便有不少收入了该小说或其部分。然而由于用的是"吕侠"的笔名，长期以来，小说研究界对其作者的真实身份一无所知。有代表性的，如吴祖缃、端木蕻良等主编的《中国近代文学大系1840—1919》《小说集》（七），百花文艺出版社1994年出版的《中国古典文学名著分类集成》《小说卷（五）—清》，均收入了其中《血帕》一篇。但前者称"作者生平不详"②。后者题解指出：《中国女侦探》"虽显稚嫩，但却标志着外国侦探小说大量输入的影响下，我国自创侦探小说的诞生，且以女子为主角亦属罕见，故有重要的文学史料价值"。而有关作者吕侠的情况，则谓"生平事迹不详"③。他如《中国近代短篇小说名著选评》等，也均称"吕侠，生平不详"④。

---

① 东海觉我：《丁未年小说界书目调查表》，《小说林》1908年第9期。
② 吴祖缃、端木蕻良等主编《中国近代文学大系1840—1919》第2集第9卷，上海书店，1992年，第589页。
③ 王筱云、韦风娟等《中国古典文学名著分类集成》《小说卷（五）—清》，百花文艺出版社，1994年，第627、645页。
④ 田欣欣选编《中国近代短篇小说名著选评》(1)，暨南大学出版社，1996年，第65页。

由于不清楚"吕侠"其人究竟是谁,还对此书的认识造成了某种误解和偏差,有的甚至把它归之于"鸳鸯蝴蝶派"小说。如近人魏绍昌所编《鸳鸯蝴蝶派研究资料》(上卷),在其附录《鸳鸯蝴蝶派小说分类书目》中,"侦探"类中便列入"吕侠 《中国女侦探》"①。也有论著称:此派小说基本上可分为八类,"侦探类有吕侠的《中国女侦探》、程小青的《原子大盗》等一百四十九种"②。这些说法,或许多是因不了解个中具体情况引起的,自然也是不无问题的。

清末民初很多小说的作者都用笔名,是一种惯常的现象。由此往往令人难识庐山真面,即使是一些实际上十分出名的人物,在研究中也常常因此之故而失之交臂。因此,搞清楚"吕侠"究竟是谁,既是探究《中国女侦探》实际作者学术上的需要,对近代小说史的研究不无意义,同时,对于研讨吕思勉早期起步阶段的著述活动,也是很有必要的。

二

据笔者考证,《中国女侦探》的作者"阳湖吕侠"实即吕思勉。其理由如次:

首先,据尚存的吕思勉母亲丁未(1907)日记,有如下一段记载:十月二十三日(11 月 29 日),"晴。发姊书并《中国女侦探》一册,芸儿所作,寄姊阅之"③。按吕思勉之母程梫,字仲芬,号静岩,是武进名士程兆缙的次女,知晓经史,能为诗文,著有《逸秋诗钞》、《读书随笔》各一卷。日记中的"芸儿",是吕思勉的小名,在吕母日记中多以"芸"或"芸儿"称之。④ 光绪二十五年(1899),吕思勉十六岁时曾赴江阴小试,成了一名秀才,其母为此还写了《芸儿小试记事》七律四首。"寄姊阅之",指的是寄给她的胞姊程绮。在吕思勉所撰《外王父程君传》中,其中说

---

① 魏绍昌:《鸳鸯蝴蝶派研究资料》(上卷),上海文艺出版社,1984 年,第 620 页。
② 谢桃坊:《中国市民文学史》,四川人民出版社,1997 年,第 350 页。
③ 此一材料由同事张耕华教授提供,特此致谢。
④ 如同年正月记载:"初三日,拜年者皆有兴而来,苦无兴以酬之,颇思走避于枯寂处。芸儿导余至太平寺,一尘不至,鸡犬无闻,寺僧持应周至,热兽碳煮佳茗,设素筵,值天雪,红炉白战,伴我愁人,解释烦躁,不能得伤感,静住至酉刻回城,酬寺僧以二洋。"

到程兆缙："无子,有两女,长讳绮,字少霞;次讳棪,字仲芬,吾母也。"①程氏长女程绮字少霞,是吕母程棪之姊,嫁与管元善为妻,也即吕思勉的表兄管达如之母。这里吕母称《中国女侦探》为"芸儿所作",如上所说,该书出版于此年七月,三个月后,吕母将它寄给其姊阅读,从时间上说也相吻合。据此,吕思勉著有《中国女侦探》一书应无疑问。

其次,从"阳湖吕侠"的署名来说。《中国女侦探》这部小说,其所描写故事的发生地点在常州。该书以黎采芙女士自叙的第一人称写成,开首就写到:"余世居毗陵郡中之局前街。是处名流荟萃,为合城之中心点。第宅宏敞,规模整洁。予故居而乐之。古人云:千万买邻。予之居宅,实不啻有此胜概也。"②常州古称毗陵,这里所说的"毗陵郡",正是常州府的古称。现一般均称吕思勉字诚之,江苏武进(今常州市)人。这固然不错,今吕氏故居即在常州市十子街六至十号,在吕氏所撰论著中,也多有署"武进吕思勉"的。如他最为出名的1923年由商务印书馆出版的最早的一本《白话本国史》,便署"武进吕思勉著"。但认真考究起来,这实在是民国以后的事。

实际上,吕思勉正是江苏阳湖人。据吕氏自述其祖先世系,在他为其父母所作的《行述》中称:"吕氏先世故居宜兴,自明永乐间有讳成者,始自宜兴徙居常州。及国朝,遂为阳湖人。"③阳湖系清雍正二年(1724)分武进县置,因县东有阳湖而得名。时常州为府城,统领武进、阳湖、无锡、金匮等八县。民国以后,废常州府,阳湖县于1912年并入武进县。1949年后析武进县城区设常州市。其沿革大体如此。故吕思勉在所撰《先考妣事述》中,称"先考阳湖吕氏,讳德骥,字誉千"云云。④在其《自述》中,也称自己"十五岁时,尝考入阳湖县学,名义上为旧式的县学生"⑤。而其遗存下来亲笔写录早年的习词之作,题名为《梦秋词》,也下署"阳湖吕思勉诚之学"⑥。因此,由署名"阳湖吕侠"而言,阳湖正是吕思勉的籍贯。

---

① 吕思勉:《外王父程君传》,《吕思勉遗文集》(下),华东师范大学出版社,1997年,第749页。
② 吕侠:《中国女侦探》,商务印书馆,1907年,第1页。
③ 吕思勉:《誉千府君行述》,李永圻:《吕思勉先生编年事辑》,上海书店,1992年,第34页。
④ 吕思勉:《先考妣事述》,《吕思勉遗文集》(下),第751页。
⑤ 吕思勉:《自述》,原名《三反及思想改造学习总结》,《吕思勉遗文集》(上),第435页。
⑥ 参见张耕华著《人类的祥瑞——吕思勉传》所附吕氏《梦秋词》手迹,第20页。

第三，当然，关键还在于"吕侠"的署名。如果《中国女侦探》为吕思勉所作，这里显然用了一个笔名。那么，它究竟是否是吕思勉的笔名呢？其依据又何在呢？

虽说现在尚未发现吕思勉以"吕侠"的笔名公开发表的文章，但值得注意的是，在 1907 年第 4、7 期《小说林》"文苑"栏中，刊载过以《蛮语撼残》为总题的一组诗文，署名"蛮"，其中有《常州吕侠出其姊氏〈春阴词〉见示，立和二阕近作》，调寄《高阳台》。这里仅录如下：

拾翠盟寒，绣鸳人懒，苔痕锁遍朱门。非雨非晴，琐窗长是黄昏。远山约略呈愁黛，试推帘、已隔重云。是年时、中酒心情，天亦微醺。　　黏天芳草无情碧，便不经离别，已毂消魂。柳眼惺忪，长条未惯牵人。杏花深处携尊去，任鸠声、啼遍前村。怕重来、绿到天涯，辜负寻春。高阳台

凤嘴愁凝，蝶衣凉裯，更无花影当门。妆罢薰香，消磨燕昼鹃昏。一丝帘额媻蟾影，背东风、偷梦梨云。镇无聊、未枕先眠，未酒先醺。　　城南咫尺香车路，问俊游旧迹，如梦如魂。小立回廊，烟鬟难认何人。闹红消息蕡腾过，剩垂杨、绿暗连村。是东皇、予借秋心，酝酿芳春。

此近日我国政府现象也。虽出以蕴藉，已令人凄然欲绝。①

按"蛮"即黄人（1868—1913），字慕韩，又字摩西，别号江左儒侠、野蛮、蛮等，江苏常熟人。博学多才，工于诗词。1901 年应东吴大学校长孙乐文（David Lanrence Anderson）之聘，任苏州东吴大学国学教习。后入南社。1907 年任《小说林》编辑，并为之撰《发刊辞》。他是近代著名的文学家，撰有中国最早的《中国文学史》，还与人合译过柯南道尔著的侦探小说《大复仇》，以及《银山女王》、《日本剑》、《哑旅行》等翻译小说。

这里说到"常州吕侠出其姊氏《春阴词》见示"，查吕思勉撰有《记吕颂宜女士》一文，记述了其姊吕颂宜的事迹，她名永薿，"自幼敏惠，工诗词，善书画"，在闺房中，手不释卷，博览群书，并称"其好学如此。惜年仅三十，所作诗词，大半散佚耳。兹觅得其遗词数首，清丽缠绵，急录于

---

① 蛮（即黄人）：《蛮语撼残》，《小说林》1907 年第 4、7 期。此词后来还见于 1912 年 12 月《南社》第 7 集，署"虞山黄人摩西"，以及《南社丛选》词选卷二。

下,以饷阅者"云云。其中记载了其姊的一首词作:

《春阴》调寄《高阳台》云:纸帐凝寒,熏篝梦冷,萧条静掩重门。一院迷离,描来淡月黄昏。东皇更是无情甚,又连宵、酿就阴云。最无聊,天自恹恹,人自醺醺。　　绿章不用通明奏,看梨酣棠醉,花正销魂。芳草芊绵,踏青绝少游人。何时携得东山屐,脱貂裘、换酒前村。乞天公,且放晴晖,且任嬉春。

此首题下注"代外子作"四字,盖为蒲臣大令作也。①

此词还见于徐乃昌宣统间辑《闺秀词钞续补遗》,后收入林葆恒辑、张璋整理的《词综补遗》卷七十五,个别文字略有不同。介绍中称:"吕永薿字颂宜,江苏武进人。同邑丁守铭室。"将其与黄人的词作相对照,无论是从写作的意境还是用韵等方面来说,可知黄人之词即是和吕颂宜之作,而吕颂宜恰恰正是吕思勉的姊姊。

就吕家来说,就一子一女,吕思勉在《先考妣事述》中说:"子男一人,即思勉;女一人,讳永萱,字颂宜,思勉姊也。"②据吕氏《自述》及相关资料,其姊长吕思勉九岁,同受学于武进薛念辛先生。吕思勉在早年读书时还得到过她的帮助和辅导,如其《自述》所说:后其家生活拮据,因此"未能延师,由予父自行教授。予母及姊,皆通文墨,亦相助为理"。又称:"予年九岁时,先母即为讲《纲鉴正史约编》,日数叶。先母无暇时,先姊代为讲解。"③其姊还是一位才华过人的才女,"能诵经史,工诗词"④,尤擅长于填词,著有《碧云词》若干卷。后她嫁给同邑的丁蒲臣为妻,上录《春阴》调寄《高阳台》词,即是其为丈夫丁蒲臣的代作。

吕氏姊弟两人关系很好,而吕思勉学习填词,更与其姊有着密切的关系。据吕氏自述,他十七岁那年开始学习填词,此后数年间,对诗词的创作一直兴致很高。这与其受家庭熏陶和影响,父母大姊都能作诗填词有着不解之缘。如吕氏《残存日记》记载说:"予学填词,始于庚子(1900)春间,所填第一阕,系《阮郎归》调,因先姊赐兰花而作,今已不复

---

① 吕思勉:《记吕颂宜女士》,《吕思勉遗集》(下),第723页。
② 吕思勉:《先考妣事述》,《吕思勉遗集》(下),第752页。
③ 吕思勉:《自述》,《吕思勉遗集》(上),第434、435页。
④ 吕思勉:《先考妣事述》,《吕思勉遗集》(下),第752页。

忆,惟记其中有'传来王者香'之句,姐病其粗犷,诫之。"①现今留存下来的吕氏《梦秋词》手稿,第一首便是上述《阮郎归》大姊惠兰花,赋此谢之"。其姊姊还指出其初作"粗犷"的毛病,予以指导。后吕思勉与家人、大姊多有唱和。在1903年吕氏《残存日记》中,癸卯闰五月二十九日,还录有其姊"颂宜《夏夜偶成示诚之》"词作一首。

至于他将其姊词作出示给黄人看,也有其因缘。据李永圻《吕思勉先生编年事辑》记载,1907年,年仅二十四岁的吕思勉因沈问梅介绍,一至六月在东吴大学任教。如其《自述》所说:"一九○七年,在苏州东吴大学教国文、历史,因气味不投,至暑假辞去。"②吕在该校任教虽仅半年,且这段经历对他本人来说,看来似乎并不愉快。但正是在这段时间中,他与时任东吴大学中国文学教授的黄人一度成为同事。虽说现在并不清楚两人之间交往的具体情况如何,但作为后辈同事,吕思勉把他姊姊的词作见示于黄人,原也是十分自然之事。而黄人遂唱和二首,并将其"近作"刊登在其编辑的《小说林》杂志上。由上所述,无论是就黄人和其姊的词作,还是就吕思勉与黄人的同事关系而言,在文本与时间方面,两者都均相符合。因此,这里的"吕侠"无疑就是吕思勉,且说明吕思勉在对外与他人的交往中,事实上也曾亮出过"吕侠"之名。③

综合以上论据,可以确定,《中国女侦探》的作者"吕侠"即是吕思勉。

至于这部小说的写作时间,也可以作一大略的估计。值得指出的是,在《中国女侦探》的开头,有一段叙事主人公的话说:

> 黎采芙女士曰:……予年才十八,予父母年皆五十矣。有一姊,他无兄弟,故父母皆奇爱予。……生长闺中十八年,常藉吾姊之教。姊性沉默,尤明慧多才,于学无所不窥,颇以学业名于时。

---

① 李永圻:《吕思勉先生编年事辑》,第20页。
② 后来他还说过:"沪江风气,远较从前之东吴为佳。但予在教会学校中,终觉气味不甚相投。"吕思勉:《自述》,《吕思勉遗文集》(上),第435、438页。
③ 孙楷第《中国通俗小说书目》卷七著录吕侠人编《惨女界》二卷三十回",光绪三十四年(1908)商务印书馆本。其中按语说:"商务印书馆出版之文言小说《中国女侦探》,乃阳湖吕侠著。《小说林》第四期《蛮语摭残》载黄摩西词,词序称'常州吕侠出其姊氏《春阴词》见示。'吕侠不知即吕侠人否?"(孙楷第:《中国通俗小说书目》,作家出版社,1957年,第210页。)也有论者称《惨女界》题"吕侠人著","或云作者为常州晚清民国间人"。关于《惨女界》作者吕侠人是否即吕侠,及其与吕思勉的关系,则尚待进一步研究。

予年虽少,亦追随吾姊,与郡中诸名流相角逐,于学多获裨益,下笔成文章,每为朋侪所叹赏。去年春,予姊婴肺疾以卒,此实予生平最不幸之悲运也。今春为予姊扫墓,有诗二句云:"覆载深恩知已感,不堪并到寸心时。"可以见其梗概矣。①

小说中"黎采芙女士"自然不能说就是作者,可以说是小说家的假托之言。但这里称其姊"尤明慧多才,于学无所不窥",自己"常藉吾姊之教"云云,其实是有吕思勉与其姊的影子在的。尤其是文中讲到"去年春,予姊婴肺疾以卒",据吕撰《先考妣事述》称:其姊于"光绪甲辰以瘵疾先先考妣卒,年三十"②。吕思勉之姊吕颂宜正是在光绪三十年(1904)三月十二日因患肺病而逝世的。③ 在其姊逝世后,据吕氏《残存日记》记载:"甲辰(1904)五月廿九日,检姊遗稿,有诗云:铁马簷前闹,寒蛩砌下鸣,愁人听不得,一片是秋声。遂成谶语邪?"④又曾说到"岁甲辰,先姊逝世,姊幼承庭训……工诗词,善绘事,尤熟精掌故……以遘瘵疾,中道徂谢"云云。⑤ 从中可看出姊弟两人的深挚之情。而小说中说到:"自姊徂谢后,予益复无聊,觉茫茫六合,此身遂孤。"⑥并谓"今春为予姊扫墓",结合这些情况来看,吕氏这部小说的写作,绝不会早于其姊逝世的1904年5月之前,而应已在"今春"即1905年春间为她的姊姊扫墓之后。文中又说到:"今岁八月十五夜,予与锄芰置酒,招李薇园、凌绛英、秦捷真、慧真四女士饮。而于此一卷新奇之侦探谭,遂不得不托始于中秋一杯酒,岂不异哉!"那么,其所作应当是在1905年8月中秋节之后了。

据李永圻《吕思勉先生编年事辑》记载,吕氏1907年上半年在苏州东吴大学任教,之前1905、1906年两年,则在常州溪山两级小学堂教书。该校设在城中局前街,为中小两级学校,吕在其中执教国文、历史两门课,也为他教书生涯的开始。如吕氏自己所说:"予之经历:一九

---

① 吕侠:《中国女侦探》,第1页。
② 吕思勉:《先考妣事述》,《吕思勉遗文集》(下),第752页。这里所谓"瘵疾",即指肺结核病,在当时可说是不治之症。
③ 吕思勉:《先考妣事述》,《吕思勉遗文集》(下),第752页。
④ 李永圻:《吕思勉先生编年事辑》,第32页。
⑤ 吕思勉:《誉千府君行述》,李永圻:《吕思勉先生编年事辑》,第36页。
⑥ 吕侠:《中国女侦探》,第1页。

○五、○六两年,始执教于常州私立溪山小学堂。"①综合以上所说,吕思勉写作《中国女侦探》,应是他在常州溪山小学堂与东吴大学任教之际,考虑到此书在1907年7月(8月)已在商务印书馆出版,而联系出版等也需要有一过程与时间,那么,他在之前溪山小学堂任教时写成的可能性或许更大一些。这一时期他有较多的空暇,这部小说实际上也可以说是他文学上的处女作。至于他是通过何种途径而与上海商务印书馆发生联系的,则目前尚不清楚,还有待于进一步发掘新的史料加以说明。

三

《中国女侦探》与吕思勉关系的发现,不仅揭载了一篇久觅无着的吕氏佚作,为我们提供了可资研讨其早年思想与活动的资料。从近代小说研究的角度来说,则解决了一项长久以来未获解答的疑难,使这部笔名"吕侠"的小说有了一个明确的作者归属。总之,在埋没逾一个世纪之后,这部小说就以上两方面来说,都可以说是一个重新发现。

吕思勉此书的写作动机,自然与其文学天赋有关。然而,由于他本人后来在《自述》及回忆中,均没有片言只字提到过他写作该书之事,故显然难以作出详明的阐释和判断,这里只能据其文本及相关背景作些分析。

侦探小说可以说是一种外来形态的小说。在20世纪之前,中国只有古代官员办案的公案小说,而没有近代意义上的侦探小说。追溯其来源,1896年8月开始,在上海汪康年主办的《时务报》上,先后刊载了张坤德翻译的《英国包探访喀迭医生案》,以及英国柯南道尔的《英包探勘盗密约案》、《记伛者复仇事》等四篇小说,题为《歇洛克呵尔晤斯笔记》,亦称《滑震笔记》,实即福尔摩斯探案。后于1899年由素隐书屋以《新译包探案》的题名印行出版。由此,西方侦探小说在福尔摩斯的引领下进入中国,并受到中国读者的普遍欢迎,在晚清几乎立即出现了一个翻译侦探小说的热潮。"侦探小说,为我国向所未有。故书一出,小

---

① 吕思勉:《自述》,《吕思勉遗文集》(上),第435页。

说界纷呈异彩,欢迎之者,甲于他种。"①就充分说明了其走红的程度。在20世纪初年,它已成为最令人瞩目的一个小说品种,受此影响,中国也陆续出现了自己创作的侦探小说。

正如俞明震《觚庵漫笔》所说:"侦探小说,自译籍风行,于是有拟中国事实,为中国侦探案者。"②这一时期出现的国人自撰的侦探小说,无疑直接受到西方侦探小说的影响与刺激。就吕氏个人而言,虽说受的还是旧式家塾的教育,但他自十三岁起,便开始接触各种新出的书籍和报刊杂志,最为喜欢读梁启超所办的《时务报》和《新民丛报》。1904年前后,常州士人于定一、庄俞等在常州铁市巷赁屋创设"读书阅报社",还经常邀请学者讲学,吕思勉也常去那儿。如其所说:中日甲午战争以后,国蹙师熸,创深痛巨,"海内士夫,始群起而谋改革",于是一时之间,新书新报,日增月盛。其后风会所播,旬报、月报、半月报等,纷然而起。庚子(1900)以后,"译出之书,以法制、经济为最多,以当时求学者趋重于此也。次则小说,亦颇风行;而林纾所译,尤负时誉"。并指出:"译小说最早者,当推《时务报》所译《华生包探案》及《长生术》等,皆附载报中。自后日报杂志,亦多附有小说,然出单行本者尚少。壬癸以后,译业既兴,小说亦随之而盛。仍以翻译者居多,自撰者不过十之二而已。虽名著寥寥,大都无关弘旨,尚多不失曲终奏雅之义也。"③

吕思勉当时读了不少西方的译著,包括翻译小说,新书新报的阅读,对他早期思想的形成影响颇大。如他后来所自述,当时"予兼读新旧之书",逐渐认识到"读旧书用处甚少",并称:"予于文学,未尝用功,然嗜好颇笃","予于文学,天分颇佳。生平并无师承,皆读书而自为之。"④或许多看了翻译的侦探小说,技痒难熬,而在当时"仍以翻译者居多"的情况下,因而他开始尝试着来写以中国社会为背景的侦探小说。如他后来在《小说丛话》中所说:"此种小说,亦中国所无,近年始出现于译界者也。中国人之著述,有一大病焉,曰:凡事皆凌虚,而不能

---

① 觉我(徐念慈):《第一百十三案》赘语,《小说林》1907年第1期。
② 觚庵(俞明震):《觚庵漫笔》,《小说林》1907年第10期。
③ 吕思勉:《三十年来之出版界(1894—1923)》,《吕思勉遗文集》(上),第373、374、377、378页。
④ 吕思勉:《自述》,《吕思勉遗文集》(上),第435、436页。

征实。……此真中国小说之大病也。欲药此病,莫若进之以侦探小说。"①这也可以说是他青年时代的一种创作冲动。

当然,他创作、出版这部小说,从直接利益方面来说,或许还有名利、经济上的一些考虑。这段时期,他家渐陷困境。其父自辞官以后,一直以坐馆教授为生,因家中食指繁多,入不敷出,不得已将城里的一所房屋卖掉。自 1905 年之后,更因其父患病卧床不起,一年后去世,"至是医药丧葬,所费甚巨,多出借贷"。为了还清医药丧葬费,他甚至不得不卖掉其父生平一些好的衣服,得 1300 元,"以了债务"。此时他在溪山小学堂教书,月薪仅 20 元。如他《自述》所说:"家况益坏,乃真不得不借劳力以自给。"②他作此侦探小说联系商务印书馆出版,在教书之余,以自己笔墨"劳力"的方式,能得一些稿酬来补贴家用,恐怕也是一个重要原因。

从文本的解读来看,他写作此书,还存有与西方侦探小说争胜的目的和意图。这点也应值得引起注意。在小说的开头部分,即有一段写道:

> 座间各纵谈诸种新小说以为快。予曰:"中国小说之美,不让西人,且有过之者。独侦探小说一种,殆让西人以独步。此何耶? 岂中国侦探之能力,固不西人若欤?"薇园曰:"否,否。以吾所闻睹,则中国人于侦探之能力,固有足与西人颉颃者。盍请为子述之。"③

一方面既不得不承认,侦探小说"殆让西人以独步",另一方面又不服气,因而作品通过书中人物之口,力图说明中国侦探的能力不弱于西方。书中第一个故事《血帕》,在叙写锄荽讲出一番推理之后,写李薇园举酒称道:"妹真侦探才也。其将为东方之女歇洛克欤,未可知也。"④在案破之后,书中又写道:"于是众咸拍案叫绝曰:'神奇哉此案,神奇哉此案! 贤能哉是官,贤能哉是官! 是直居堂皇而为侦探也,又岂

---

① 吕思勉:《小说丛话》,邬国平、黄霖编著《中国文论选·近代卷》(下),江苏文艺出版社,1996 年,第 824 页。
② 吕思勉:《自述》,《吕思勉遗文集》(上),第 435 页。
③ 吕侠:《中国女侦探》,第 70 页。
④ 吕侠:《中国女侦探》,第 21 页。

西方之歇洛克所可方哉。'"① 又如《白玉环》一案,在讲述新郎之姊卢姨娘化装侦破案情之后,书中写道:"予叹曰:'此等深奥曲折之案,虽使福尔摩斯遇之,亦当束手,顾乃以一侨居异地暂归故乡之女子探得之,谁谓华人之智力不西人若哉!'"②

从以上叙述的文字来看,吕氏撰写这部小说,显然有想与西方侦探小说相颉颃,欲与之试比高低以相抗衡的倾向。由此,就造成了作者在思想层面及文本上的某种复杂性:小说的创作既是在其启迪影响下的模仿学步之作,同时又有一种与之争胜的"竞争"意识。其实,这也不仅是吕思勉个人的想法,当时不少作者都有这样的蕴意。如当时著名的小说家吴趼人编《中国侦探案》,在《弁言》中便称:近日所译侦探案,不知凡几,充塞坊间,而他之所以"不得不急辑"此书,就是想"请公等暂假读译本侦探案之时、之目力,而一试读此《中国侦探案》,而一较量之",以与西方侦探小说一比高低,乃至发出"外人可崇拜耶?祖国可崇拜耶?"的呼声。③ 由此来看,这也是当时相当普遍的一种意识,反映出在新颖的外来小说的冲击之下,一些本土作者内在极为矛盾而复杂的文化心态。

四

青年吕思勉在20世纪初期的这一创作,在叙述形式、内容与思想方面,也颇有其自身的特色。

从叙事模式与内容来说,小说采用黎采芙女士自叙的第一人称写成,由几个女子在中秋之夜边饮酒边讲故事的形式,讲述了三个侦探故事。其大体情节,《血帕》叙述了这样一个案件:开封祥符县开烟馆的吴飞保有两个女儿,一日忽然同时自戕。祥符县县令前往验尸,见二女以一绳之两端同时自行勒毙,经过侦查分析,又经太太指点,得到启示,于死者夹衣中发现血书。手帕上有烟馆老板贩卖人口罪状,知二女并

---

① 吕侠:《中国女侦探》,第31页。
② 吕侠:《中国女侦探》,第70页。
③ 吴趼人:《中国侦探案弁言》,广智书局,1906年;陈平原、夏晓虹编《20世纪中国小说理论资料》第1卷(1897年—1916年),北京大学出版社,1989年,第194、195页。

非吴飞保亲生，因不甘被卖而自尽，于是案情乃得大白。《白玉环》叙述常州某布商黄某的养子长夫新婚三日，突然接到一封匿名信，谓新居系凶宅，不迁将有大祸。新郎已出嫁在外地的姊姊卢姨娘经过侦察，发现事涉其已逝世的父母。原来吴中大盗隐夫曾与其母路氏相好，赠以该党信物"白玉环"，为了夺回此信物，故设计谋害新郎而作案，最后阴谋败露，为卢姨娘所获。《枯井石》讲的是常州郭宅被窃，怀疑是隔壁的曹三所为，后经锄芟等人侦破，才水落石出。原来郭家有一女佣殷氏，与胜财有奸，二人勾结窃得郭家的信件、银二千两及小姐的首饰，藏于郭宅大院枯井之中。此事前后经过，有三人死于非命，后殷氏也欲上吊自尽，正好被锄芟等人侦查发现，乃救下送官处理。就单篇言，在结构上它们是三个不同的短篇，而又通过讲述者将其串联起来，从而形成了一个比较连贯的整体，故就全书来说，又有点儿类似系列短篇小说。

　　分析吕氏撰写的这部侦探小说，三篇小说都以曲折离奇的情节取胜，在叙述上均从案情的发生开始，而后在侦查过程中，都因案情的种种假象而使侦破者走入歧途，往往一波未平，一波又起，始终保留了引人入胜的悬念。最后经过综合分析，拨去层层迷雾，才使凶手落入法网。小说在叙述中，既有不少悬念的设置，作者提供了多个可疑案犯，引导读者产生多种猜测，而各篇都把情节的重点放在调查与推理上面。以《血帕》为例，作者先交待了案件的结果，烟馆老板吴飞保之二女同时自缢，李县令前往调查破案，接着按情节发展的需要，逐次提供案发的各种线索，使读者对案情的了解像剥笋一样层层深入，直至最后案情大白。在情节的展开之中，小说也比较注重推理的运用。如在《血帕》案中，写了县令几次重要的推理：第一次，据二女与邻居米有才之母有来往，李县令推测二女与米有才有奸情，因米母死，米有才回乡，二女系殉情而死。但随后李县令又发现二女手臂上有血点，推测其曾写下血书，故否定了原先的殉情之说。第三次，探得吴飞保曾与一青年因发生口角而斗殴，又知二女并非是他所亲生，便推测吴有卖女之嫌。继而在侦查过程中，由盗匪卜老狼杀死对手刘老三，推断吴飞保先拟卖女与刘老三，又转卖卜老狼，从而导致二女不愿辱身事盗而自杀。最终果然在二女临终所穿的衣服上找到血书，从而获得案件的真相，与推理基本相符合。另外两个案件的侦破,同样已经比较注意现场的调查、化装等侦探手段。虽说小说在叙事与推理方面尚有牵强而不够圆熟之处,但就以上悬念的设置、情节的展开、调查、推理的运用等方面来说,应该说已经掌握了西方侦探小说注重现场调查、运用推理的基本要领,故在叙事上已颇得西方侦探小说之奥秘。

当然,作为中国本土侦探小说初创阶段的产物,该小说也有不足之处。在另一方面,它与中国传统的公案小说仍有着难以割舍的联系。如《血帕》中担任侦查破案的还是晚清命官李县令及其手下的巡捕,他们实质上未脱公案小说中"清官"、"能吏"的角色,而非真正近代意义上的侦探;小说隐含了一个案中之案,并非侦探所得,而是在审讯案件时才由当事人供认出来,这也是传统公案小说靠审讯破案惯用的手法。从这意义上说,它还是一部在侦探小说中杂糅公案小说成分的作品,这正反映出其间新旧杂糅、尚处于过渡形态小说的特征。

在小说中最为引人注目的,还在于它第一次塑造了中国女子侦探的形象。如果说,第一篇《血帕》故事,实际上写的还是祥符县县令断案破案的故事,虽说其中也写到经其太太指点,李县令因此"恍然大悟",于死者衣中发现血帕的情节,算是与女性侦探挂上一点钩,那么,在此故事的结尾,书中有一段对话就预示了女性主角的正式登场:

> 捷真乃太息曰:"异哉是案!吾因此而弥忆西方大侦探家之言曰:凡奇案必与妇人有关系。"
>
> 慧真曰:"斯固然也。虽然,此案固犹妇人为构成之材料,而未尝以妇人为主动力也。吾请更述一案之以妇人为主动力者,则真可以当中国之女歇洛克之名矣。"①

这段叙述者的对话,既是此案的尾声,又预示着下一故事的转折,即作者不单是以女子"为构成之材料",而是进而企图创作出"以妇人为主动力"的小说。因此,其第二个侦探故事,即以卢姨娘为主,叙写了她侦查案情的经过。写她派遣长夫的亲兄妹暗中予以保护新郎,又如何化装成白发老妪侦查,终使真相大白。在破案之后,书中又通过叙事者

---

① 吕侠:《中国女侦探》,第 32 页。

之口赞叹道：此等深奥曲折的案件，"顾乃以一侨居异地暂归故乡之女子探得之，谁谓华人之智力不西人若哉！"①对其智慧与才能予以表彰。在第三篇《枯井石》中，更直接描写了以锄芟为首的几个女性的破案故事。其中的主角锄芟"虽亦读书而不甚好。惟好习武事，驰马试剑，无弗能"。②小说写到常州县学场郭宅被盗，她们雀跃曰："此岂非一侦探之好资料耶，予辈盍同往视之。"③于是一起前往现场勘探调查。在侦查过程中，庙里的僧人曾对锄芟说："小姐柔弱如花枝，能缉盗乎？"而锄芟等则以自己的行为做了最好的回答。经过她们赴现场调查，化装勘探，取得了证据，最终侦破了此案。破案之后，连当事人也叹息说："小姐之心思如此周密，我辈纵不自投罗网，亦终难逃法网矣。"④而书中所写的女子侦探，还受到过西方侦探小说的影响，如书中叙道：在侦破途中，"予谓锄芟曰：'颇忆拿破仑案乎？'锄芟曰：'如何勿忆？'予曰：'此案得毋类是。'"⑤

由于故事讲述者与侦破案件均以几个女子为主，正如当时广告所言："前二案彼所口述，后一案即彼数女子所破。"⑥即以几个女子讲述故事的形式而言，该小说也有独到之处。书中在场的几位女性讲述者，在前两个案件中，她们虽非案中之人，亲自参与破案，只是在听讲过程中参与种种分析与猜测，其中有猜测，也有议论，从中表现出她们的侦破才能与智慧。而故事自几个女子口中叙出，在一般多以男性为小说主要叙述者的状况下，自也别具风味。另小说在叙述手法上，既有正叙，也有倒叙，有插叙，有补叙，手法多样，摇曳生姿；转述他人语言，有时多至三四层，但却能做到娓娓道来，棼而不乱。这些均显示了作者有较高的驾驭文字的能力。总之，书中有关这些女性人物的叙写，如在黄家扮演老妪的卢姨娘、赴现场调查侦破枯井案的锄芟，以今日的眼光来看，虽说其所塑造的女性侦探形象尚失之单薄，人物个性刻画也不鲜明，但作为晚清最早写女性侦探的小说，它在中国侦探推理文学上却首

---

① 吕侠：《中国女侦探》，第70页。
② 吕侠：《中国女侦探》，第2页。
③ 吕侠：《中国女侦探》，第70页。
④ 吕侠：《中国女侦探》，第122页。
⑤ 吕侠：《中国女侦探》，第81页。
⑥ 商务印书馆"又新出小说九种"广告，《新闻报》1907年9月18日（光绪三十三年八月十一日）。

开先河。

如阿英在《晚清小说史》第九章《妇女解放问题》所说,就当时描写女性小说而言,产生得特多的,"是指摘当时所谓新女子的作品,对撷拾一二新名词即胡作非为的女子加以讽刺。间有一二宣扬之作。所见到的,有吕侠《中国女侦探》(商务印书馆版,1907),内含《血帕》、《白玉环》、《枯井石》三个故事,红叶《十年游学纪》二卷二十四回、亚东破佛《闺中剑》"等。① 就此而言,吕著作为中国第一部描写女子侦探的小说,它在某种程度上展现了新女性的形象,叙写了她们的聪明才智,其所表现出来的女性意识,也是值得肯定的。尤其是在晚清闭塞落后的旧中国,无疑给当时包括女性在内的读者,带来一股清新刚健的气息。而吕氏的这一创作,自然与20世纪初追求妇女解放、女权平等的思潮兴起密切相关,与吕思勉本人一贯尊重妇女的意识也相关联。

值得一提的是,《中国女侦探》初版于1907年7月,此后还曾多次再版。在该书出版不久,《神州日报》、《时报》、《新闻报》、《申报》上便刊出了有关其出版的信息。② 如《神州日报》光绪三十三年七月二十八日(1907年9月5日)刊载上海商务印书馆"又新出小说九种"广告,包括了林纾所译《大食故宫余载》、《双孝子噀血酬恩记》及《中国女侦探》等九种小说,其中云:

新小说 《中国女侦探》

是书共分三大案,合成一册。中叙一毗陵女子及女友数人俱习武事,而尤研究西国侦探之术。前二案彼所口述,后一案即彼数女子所破。其情事之奥奇,钩距之精深,及种种手段之灵妙,变化百出,诚为侦探界中生色也。每册三角。

这里当然不乏夸大之辞,带有广告性质,但也可见对其评价之一斑。又,宣统元年(1909)《商务印书馆书目提要》"新撰小说"类载:"侦探小说中国女侦探,三角 毗陵女子及其友数人俱习武事,而尤研究西

---

① 阿英:《晚清小说史》,人民文学出版社,1980年,第115页。
② 分别见《神州日报》光绪三十三年七月二十八日(1907年9月5日)、《时报》同年七月二十九日(1907年9月6日)、《新闻报》同年八月九日(1907年9月16日)、《申报》同年八月初七(1907年9月14日)等。

国侦探之术,所破三案,变化百出。"①据笔者所见及现有的资料,该书有光绪三十三年七月(1907年8月)商务印书馆版,此后又有宣统元年(1909)版、民国四年(1915)五月版(小本小说),至民国十七年(1928)七月,已出至第五版。② 说明出版发行后,销路相当不错,可见在当时也是一部相当畅销或常销的侦探小说。

当然,后来也有对这部小说的批评意见。如时任中华书局编辑的刘半农,这位后来五四新文学运动的健将,在1914年《中华小说界》第3期上发表了一篇侦探小说《匕首》,在小序中就说到:

> 侦探小说,来自西洋,类皆勾心斗角,奇巧惊人,惟中西社会之状态不同,故阅者每多隔阂。数年前,见某书局出版之《中国侦探谈》,搜集中国古今类于侦探之故实,以及父老之传闻,汇为一编……未足与言侦探也。后又见阳湖吕侠所著之《中国女侦探》,内容三案均怪诞离奇,得未曾有,顾吕本书生,于社会之真相,初不甚了了,故其书奇诚奇矣,而实与社会之实况左,用供文人学士之赏玩,未尝不可,若言侦探,则犹未也。故谓中国无侦探小说,不可谓过当语。

刘半农的批评不无严苛,自然也有其一定的道理,它反映出民国以后,当时的小说界已不再满足于侦探小说原有的创作状态,代表着新形势下一种新的需要和诉求。

在今日人们的印象中,吕思勉已俨然是纯粹的一代史家。吕氏以其众多的史著享誉学界,他曾通读二十四史数过,并因此成就史坛的一段佳话。至于他本人,在其《青年时代的回忆》及晚年所作《自述》中,则从未提及自己早年创作《中国女侦探》小说之事。在几篇有关的自述中,他称自己"和史学发生关系,还远在八岁的时候"③,"故于史部之书,少时颇亲"。后其父授以《日知录》、《廿二史札记》等书,亦觉甚有兴

---

① 《商务印书馆书目提要》,周振鹤编《晚清营业书目》,上海书店出版社,2005年,第362页。
② 据北京图书馆编《民国时期总书目(1911—1949)文学理论·世界文学·中国文学》(下册),书目文献出版社,1992年,第781页。
③ 吕思勉:《少时得益于父母师友》,原载1941年上海《中美日报·堡垒》副刊,俞振基编《蒿庐问学记》,三联书店,1996年,第228页。

味。① 十五六岁开始读正史与《通鉴》,二十以后,"好谈经世之学,考求历代典章制度"②。并称此后"予论政治利弊,好从发展上推求其所以然,亦且性好考证,故遂逐渐走入史学一路。自二十三岁以后,即专意治史矣"③。由此更加深、定型化了这方面的印象,似乎吕思勉自小就有趋向从事史学的倾向。而由上披露的他的小说创作来看,实际的情况恐怕并非如此。说明他在青年时代,也曾是一位热衷新潮的"文学青年",一度怀抱文学之梦,倾心于小说创作。如果吕思勉沿此之路继续从事小说创作的话,他也很可能成为一名小说家,而并非如今日人们所认知的历史学家。由此可见,一个人的人生道路,尤其是在青年时代,尚处于不确定和不断波动的状态,事实上充满了某种不确定性和变动性,也难于预期其确切的走向。这或许也是此文留给我们的一点启示。

(《华东师范大学学报》2009 年第 5 期;陈明、谢维扬主编《中国传统学术的近代转型》,上海人民出版社,2011 年)

---

① 吕思勉:《自述》,《吕思勉遗文集》(上),第 436 页。
② 吕思勉:《说文解字文乎序一》,《文字学四种》,上海教育出版社,1985 年,第 240 页。
③ 吕思勉:《自述》,《吕思勉遗文集》(上),第 436 页。

民初小说理论：管达如《说小说》与吕思勉《小说丛话》新探

邬国义*

1911年辛亥革命之后，在小说理论界出现了两篇十分重要的论文，一是管达如的《说小说》，一是"成之"即吕思勉的《小说丛话》。诚如研究者所指出，它们是"比较系统的理论著作，对小说的多方面问题作了研究和总结，在我国小说批评史上具有不可忽视的地位"①。因此，在一些相关论著中，往往列有专门的章节予以论述。不过，还有一些基本问题，如有关其作者的身份和事迹，以及两文之间的联系等，都还有值得重新探讨的余地。本文试图以新的材料，包括当时的报刊和有关日记、手稿等，来探解这方面的问题，并对两文之间的关联作出一些迥异于以往的阐释。

一、管达如其人行述

《说小说》一文连载于当时影响颇大的《小说月报》1912年第5、7—11号，署名"管达如"。全文共分为六章，探讨了小说之意义、小说之分类、小说之势力及其风行于社会理由、小说在文学上的位置、翻译小说及其与本土小说之比较、中国旧小说缺点及今日改良方针等问题。然而，关于作者管达如，学界一直并不清楚其人究竟是谁，长期以来还有一种误解，认为是原南社社员管际安。20世纪80年代初出版的黄霖、

---

* 作者简介：邬国义，华东师范大学历史系教授。此文承同事、华东师范大学历史系张耕华教授提供吕思勉先生之手稿及相关材料，特此致谢。

① 王运熙、顾易生主编《中国文学批评史》(下册)，上海古籍出版社，1985年，第699页。

韩同文选注的《中国历代小说论著选》最早注释说：管达如，"疑即管际安(1892—1975)，字义华，一字雾庵，江苏吴县(今苏州)人，南社社员，曾任《民权报》、《民国日报》编辑。他是小说家许指严的学生，与李定夷、赵苕狂等同学，喜评剧，能昆曲，著有《昆曲曲调》等"①。此后，王运熙、顾易生主编的《中国文学批评史》下册，和稍后出版的《中国文学批评通史》，在第七卷《近代文学批评史》(黄霖著)中，以及 2001 年新版的《中国文学批评史新编》下册，基本也是这一介绍。② 此说影响甚大，为不少论著所采纳。③

不过，近年来已有学者注意到这一说法不准确，管达如实有其人。辛小征、靳大成所著《中国 20 世纪文艺学学术史》第二部上卷，在其中《建立现代小说学知识体系的艰难尝试》一节中便指出："有趣的是，成之(吕思勉)与管氏之间还有着一层远亲的关系。吕诚之在十七岁时认识了从母兄管达如，而管氏当时师从谢钟英先生。谢氏治史，以考证闻名，亦喜谈纵横家言与法家言，成之与管氏却弃纵横而言法家。成之后来以史学为主业，但对南北朝文学亦颇有研究心得。"④其所据注出吕思勉的《自述》，虽说只是在论及吕思勉时顺带提到管氏，但对以往的说法却是一种纠正。

由于以往学界并不清楚管达如其人究竟是谁，因此，依据现在掌握的有关资料，对其人其事作进一步的探讨，以推进这方面的研究，显然还是很有必要的。

管达如与吕思勉之间的关系，据吕氏在其《自述》中说：

---

① 黄霖、韩同文选注《中国历代小说论著选》(下)，江西人民出版社，1985 年，第 349 页。
② 王运熙、顾易生主编《中国文学批评史》(下册)，第 699 页；黄霖：《近代文学批评史》，上海古籍出版社，1993 年，第 636 页；王运熙、顾易生主编《中国文学批评史新编》(下册)，复旦大学出版社，2001 年，第 561 页。
③ 如罗树华、陶继新等主编的《小说辞典》，刘良明等撰《近代小说理论批评流派研究》、王志彬《20 世纪中国写作理论史》，以及一些相关的重要论文，均采用了这一说法。汉学家、加拿大多伦多大学教授米列娜(Milena Doleželová-Velingerová)在《创造崭新的小说世界——中国短篇小说 1906—1916》中说，"1911 到 1916 年，新的美学思想达至发展的峰巅。鲁迅(1881—1936)、管达如(1892—1975)和成之(吕思勉，1884—1957)几乎是同时发表了三篇重要论文"云云，并称"管达如的文学专论《说小说》在《小说月报》上连载时，他还是一个 20 岁的年轻人。这位文学青年已然构思出一个理论上很前卫的'理想界'概念"。见陈平原、王德威等编《晚明与晚清：历史传承与文化创新》，湖北教育出版社，2002 年，第 486、487 页。
④ 辛小征、靳大成：《中国 20 世纪文艺学学术史》(第二部上卷)，上海文艺出版社，2001 年，第 137 页。注出俞振基编《蒿庐问学记》，三联书店，1996 年，第 222—223 页。

> 年十七，始识从母兄管达如君，管君为谢钟英先生之弟子。钟英先生者，利恒君之父，予识利恒君，亦在此时也。钟英先生亦治史学，以考证名，而实好谈旧日之经济。其言治道，信法家及纵横家之学。予自达如君获闻其说。惟予与达如，均不信从横家，只服膺法家耳。法家之说，细别之，又可分法术两派，而予所服膺者，尤为术家。①

吕氏在《从我学习历史的经过说到现在的学习方法》中又说：

> 十七岁，始与表兄管达如（联第）相见，达如为吾邑名宿谢钟英先生之弟子，因此得交先生之子利恒（观），间接得闻先生之绪论。先生以考证著名，尤长于地理，然间接得先生之益的，却不在其考证，而在其论事的深刻。我后来读史，颇能将当世之事，与历史上之事实互勘，而不为表面的记载所围，其根基实植于此时。②

据吕氏所述，他时"年十七"即光绪二十六年（1900）始与管达如相识，管氏是他的表兄，为同邑常州名宿谢钟英先生之弟子。谢氏好谈经世之学，在先秦诸子中相信法家及纵横家之说，而他则通过管达如"获闻其说"，然而他与管氏两人均不信纵横家之说，而只服膺法家之说。吕思勉又自述其治史的过程与经历，指出：当时的风气，是没有现在分门别类的科学的，一切政治上社会上的问题，读书的人都该晓得一个大概，这即是当时的所谓"经济之学"。我的性质也是喜欢走这一路的，时时翻阅《经世文编》一类的书，但苦于掌故源流不甚明白。"十八岁，我的姨丈管凌云（讳元善）先生，即达如君之父，和汤蛰仙（寿潜）先生同事，得其所著《三通考辑要》，劝我阅读。我读过一两卷，大喜，因又求得《通考》原本，和《辑要》对读，以《辑要》为未足，乃舍《辑要》而读原本。后来又把《通典》和《通考》对读，并读过《通志》的《二十略》。此于我的史学，亦极有关系。"③由此可知，管达如的父亲管元善在青年吕思勉问

---

① 吕思勉：《自述》（原名《三反及思想改造学习总结》），《吕思勉遗文集》（上），华东师范大学出版社，1997年，第439页。
② 吕思勉：《从我学习历史的经过说到现在的学习方法》，原载1941年《中美日报》堡垒副刊第160—163期，又见《吕思勉遗文集》（上），第408页。
③ 吕思勉：《从我学习历史的经过说到现在的学习方法》，《吕思勉遗文集》（上），第409、410页。

学过程中也有过不小的影响。

关于管达如《说小说》与吕思勉《小说丛话》两者之关系,我们且留待后面一节再加以讨论。这里先将搜集的相关材料,钩稽史实,对管达如的家世、行述及其与吕氏的关系作一考述,以首先确认这一基本事实,从而在此基础上再作进一步的论析。

按管达如(1882—1941),名联第,字达如,小字达官,江苏常州人。其祖上是满洲贵族。据张维骧《清代毗陵名人小传稿》记载,其父管元善,字凌云,常州府学附生,考充国史馆誊录。但科举考试,屡试不售。后纳赀捐布政司经历,分发福建省委用。1884年中法战争时,刘铭传调其赴台湾差遣,留置幕府,历保至台北府知府。中日甲午战争后,仍回福建省办事,历任兴化、邵武、泉州知府,延建邵兵备道、兴泉永兵备道。民国成立后归里,1916年去世。史称其"精于吏事,练达人情",从政数十年,所至有声,舆情融洽,"清正无私,故解组归来,仍如寒素"①。就其家庭而言,他生有二子二女,长子即管达如,次子管文如,名联玉。

管达如出身于仕宦之家,早年随父在官。他少时好学,聪明颖悟,年十岁,其亲戚洪述祖曾题扇面一柄赠之,诗曰:"订交老凤廿余年,小凤清声又眼前。却识松原生泰岳,早知玉自出蓝田。功名后日方无量,头角于今已崭然。聊以邺侯为尔祝,相期富贵更神仙。"②可见对其寄予厚望。后来他回到故乡常州,为谢钟英之弟子。谢钟英(1855—1901),江苏常州人,史称其"刻苦励学,尤好舆地家言","博涉经史百家言,深究古今治乱兴亡之故"。光绪十四年(1888)中举,旋被江苏布政使黄彭年邀至苏州论政讲学,次年张之洞延为幕僚,继应台湾巡抚邵友濂之聘,赴台帮助整理台南盐务。后以知县衔分发湖南。戊戌政变后,回乡里授徒讲学,"重理百家之言,兼综易老歧黄",并撰有《三国疆域志补注》等论著。③ 如吕思勉所说,谢氏"精舆地之学,工古文辞,为世名

---

① 张维骧编纂《清代毗陵名人小传稿》(下册),常州旅沪同乡会,1944年,第6、7页。
② 后有识语云:"达官世讲岐嶷好学,今岁为十龄初度,既馈佳眷,复赠汤饼,辄援古人之例,题扇为赠,即以为他年左券也可。"见吕思勉:《残存日记》,李永圻:《吕思勉先生编年事辑》,上海书店,1992年,第228页。
③ 张维骧编纂《清代毗陵名人小传稿》(下册),第23、24页。

儒"①，在其《日记》中又说："吾乡谢钟英先生，邃于史地之学，予从母之子管达如，先生之弟子也，于先生最服膺。"②管达如为其弟子，在这方面受到了很好的教育和训练。

在常州的一段时期中，吕思勉与管达如的关系相当密切。就吕氏与管氏两家关系而言，他们是十分亲近的姻戚。吕思勉的母亲程梫，字仲芬，号静岩，是武进名士程兆缙的次女。吕氏所撰《外王父程君传》，其中说到程兆缙："无子，有两女，长讳绮，字少霞；次讳梫，字仲芬，吾母也。"③程兆缙的长女程绮，字少霞，是吕思勉母亲程梫之姊，即嫁与管元善为妻，吕思勉称管元善为姨丈，他与管达如则为表兄关系。④ 管氏比吕思勉年长二岁，他们既是亲戚，彼此年龄相仿，又得以交结其师谢钟英之子谢观（字利恒），因此三人意气相投，关系十分熟稔，在青年时代结下了一段深厚的友谊。

据现存吕思勉1901年《残存日记》记载："辛丑三月初三，达如来，述阳湖三覆题曰：'露所队凡有血'，真可谓割截无理矣。"⑤说的是管达如来与吕氏谈起此年常州府科举考试所出之题，吕思勉认为题目出得宰截割裂，很没有道理。当时他们正在作应举文字，但已对八股文章表示了不满。如吕氏后来《日记》所说："时文有极谬者，已亥（1899）武进县试，正场次题教以人伦。一卷起讲，以父子聚麀作反笔起，真堪发一大噱。"⑥对科举考试及时文之荒谬，已有所讥刺，也反映出他们当时对科考制度的一些反叛精神。

当时管达如、吕思勉两人均对诗词创作很感兴趣。吕氏自十七岁起开始学习填词作诗，数年间对诗词的创作兴致很高，曾参与同邑庄通伯主持的"人隐诗社"活动。管氏也很喜好撰作诗词，共同的兴趣爱好，将他们结合在一起。在这段时间里，他们经常在一起，诗词唱和，十分

---

① 吕思勉：《谢利恒先生传》，谢观：《中国医学源流论》，上海澄斋医社，1936年，第1页。
② 吕思勉：《日记七·谢钟英》，李永圻：《吕思勉先生编年事辑》，第22页。
③ 吕思勉：《外王父程君传》，《吕思勉遗文集》（下），第749页。
④ 吕思勉《日记》载：其族祖吕馥庭客台湾而没，"岁甲申（1884），余从母之夫管凌云元善先生客福建，予母托其询访，不得确息。戊子（1888），凌云先生客台北，又托之，复书曰：台南并无法下寺，何来棺柩，疑惑而已"（《日记七·吕馥庭》）。也可见之前两家关系之近。见李永圻《吕思勉先生编年事辑》，第26页。
⑤ 吕思勉：《残存日记》，李永圻：《吕思勉先生编年事辑》，俞振基编：《蒿庐问学记》，第357页。
⑥ 吕思勉：《残存日记》，李永圻：《吕思勉先生编年事辑》，第15页。

相得。如吕氏1902年《日记》记载：壬寅三月二十二日，"是日和达如《木香词》云：清明过了，看亭亭架畔，素娥青女。为爱春寒偏耐冷，栽向檐前几树。娇额曾涂，檀心未谢，香雪闲飞舞……"①。在同年《日记》中，还记载着他与父亲以及学友管达如等同游丹阳，一路上作词唱和，以此为乐的情况：

> 去（丹阳）时在舟中，诗舲有《临江仙》一词，先君、少木兄、达如及予均次其韵，予所作至今尚能省记："雾净烟沉波似练，兰桡遥指空江。晚凉吟尽听寒螀。归鸦零落处，云树乱千行。……"此外惟记达如词，有"驿桥灯火影，零落不成行"之句，为同人所赏。达如又有《念奴娇》一词，有"人语驿桥天欲暝"句，亦为同人所赏。予戏谓达如，君可称管驿桥也。②

"诗舲"即武进书法家左诗舲（左权），吕思勉和作即《临江仙 壬寅舟泊丹阳次诗舲韵》，见吕著《诚之诗稿》油印本。③ 由上述记载来看，在吕思勉的那些诗友中，管达如的词作受到了同人的一致赞赏，吕氏很欣赏他有关驿桥描写之句，因而戏称他为"管驿桥"。

在现存吕思勉的遗稿中，还存录有当年管达如的几首词作。此年四月初五，管达如有词作《青玉案 廿一年初度》：

> 髫龄荏苒随春去，谁伴得，愁人住。溟海游尘江上路，怎生消遣，斜风细雨，廿一番春莫。　春心掩乱如飞絮，春事阑珊空自苦。烟柳迎风千万缕，许多幽恨，许多凄楚，向我偏闲舞。

由此倒推，可知管达如生于光绪八年四月初五，即1882年5月21日。④ 管氏又有《卜算子》词云：

> 残月下窗棂，有恨无从诉。一枕黄粱未熟时，好梦留人住。惊醒转□□（缺），却又无情绪。料定今朝不放晴，日影明庭树。

---

① 李永圻：《吕思勉先生编年事辑》，第29页。
② 李永圻：《吕思勉先生编年事辑》，第28、29页。
③ 吕思勉：《吕思勉遗文集》（下），第697页。
④ 吕思勉1942年11月14日《日记》称："达如生日似系旧历三月二十一日，犹记其二十一岁生日词"云云。两说略有不同，可能是吕思勉记忆有误。但大体应是在4、5月间。见李永圻《吕思勉先生编年事辑》，第229页。

虽说其所抒发的情感，还不脱传统文人写作之藩篱，但就这些词作来说，应当说还是反映出管达如具有相当出色的文学造诣，这对于他此后的写作是很有影响的。

除诗词唱和之外，如前吕氏所述，他们还一起讨论过先秦诸子之学。吕思勉自言一生的思想，经历了三次变化：从信奉儒家到信服法家，最后服膺马列主义。他少时最信儒家学说，向往社会大同和空想的大同主义，如他自己所说，"束发受诗书，颇闻大同义"，"此时所笃信而想望者，为大同之境及张三世之说"，认为世界愈变必愈善，"终必至于大同而后已"①。十七岁以后吕思勉进入了第二期——服膺法家学说，而这次思想经历的重要变化，即是通过管达如"获闻其说"的。当时他"但以改善政治，为走向大同之第一步耳"，而要改善社会政治，则非依靠法家学说不可。而法家之说，细别之又可分为法、术两派，而其所服膺者，尤为术家。此时循中国旧说，以为凡事皆当借政治之力改良之，然政治上的弊病，则皆由于在执者之自利，"故非有督责之术，一切政事，皆不能行；强行之，非徒无益，且又有害"②。因而在思想层面上，管达如对吕思勉也是有所帮助的，或者说通过探讨，互有启发助益之功。

1903年3月，管达如因父亲管元善在福建任职，也随至福建。当时吕思勉曾有送别之作。据吕氏《残存日记》记载："是岁二月初一为予二十初度，曾成绝句十首……是月达如之福建，送以五律四首，今尚记'似水一心白，飞蓬两鬓青'二语。"③在吕氏《日记》中，还另有一段关于鼠疫的记载，其中谈到"鼠疫福建久有之，皆腺鼠疫也。……予从母讳绮，字少霞，适管凌云先生，讳元善，官福建"云云，④可知其姨母程绮也曾随夫在福建任上。此后吕思勉与管达如两人仍保持有通信关系。⑤

---

① 吕思勉：《再示荣女》，《吕思勉遗文集》（下），第691页。
② 吕思勉：《自述》，《吕思勉遗文集》（上），第439页。
③ 吕思勉：《残存日记》，李永圻：《吕思勉先生编年事辑》，第31页；又见吕思勉：《二十初度》，《蒿庐诗稿》，"似水"作"似冰"，《吕思勉遗文集》（下），第656页。
④ 吕思勉：《日记七·鼠疫》，李永圻：《吕思勉先生编年事辑》，第31页。
⑤ 据吕思勉母亲程桉丁未年（1907）日记载：七月初八日（8月27日），"晴。联侄来，芸致达如书"。同年十月十一日（11月16日）载："得达如书。"手稿本，无页码。芸，芸儿，吕思勉的小名。又如光绪三十四年戊申（1908），吕思勉作有《风筝》诗，注云："此亦社作，颇为达如所赏。"

关于管氏在这段时间的具体情况,因史料缺乏,尚不十分清楚。仅知他为府县学的生员,经地方学政选拔,送入京师国子监而为贡生。宣统二年(1910),管氏以拔贡出身,经朝考复试后任为七品小京官。据《政治官报》1910年第九百八十号《拔贡复试名单》,他在江苏二等三十五名名单之中。①《政治官报》第九百九十四号《拔贡复试名单》,为江苏一等十五名。②第一千七号《政治官报》"谕旨"云:"七月十三日内阁奉上谕,此次考取八旗及各直省拔贡生绍志、世信……管联第……等一百四十九名,著以七品小京官分部学习。"③又,《政治官报》第一千二十四号"宫门钞"中《拔贡录用小京官分部制签单》,记录"管联第,吏部"④。可知他以七品小京官分在吏部任职。而据《宣统三年冬季职官录》"法部衙门"中有关"七品小京官"的记载:"管联第江苏阳湖县人,拔贡。"⑤可知他于宣统末在法部任职。

据《吕思勉先生编年事辑》记载,此时吕思勉一直在家乡常州、苏州、南通一带任教。至1911年辛亥革命爆发,吕氏往来苏、常、沪、宁半年。1912年起,即受聘在上海私立甲种商业学校教书。至1914年7月,转任上海中华书局编辑。这一时期管达如也在上海任职,于是两人又相聚沪上。

在上海期间,管、吕两人又有一段重要的因缘交往。1912年《诚之诗稿》有《偕诗舲、达如游某氏园》,诗云:"轩轩松柏千寻举,宛宛樱桃一树垂。……难得倾杯同写意,无妨骑马夜深归。"⑥也正是在这一年,管达如在《小说月报》上发表了《说小说》一文。次年,吕思勉又有《三十初度与达如、千顷、捷臣饮沪上酒家》、《后三日复集》两诗。此年正为吕氏三十岁生日,在此年春天,他与管达如、汪千顷、丁捷臣等人在一起,饮于上海的某一酒家,杯酒相接,共赋新诗。其中写道:"悲欢渐入中年境,忧患方知学道难。……偶抒狂论疑河汉,各有新诗共肺肝。"后一诗

---

① 《政治官报》1910年7月第980号。
② 《政治官报》1910年8月第994号。
③ 《政治官报》1910年8月第1007号。
④ 《政治官报》1910年9月第1024号。
⑤ 内阁印铸局编《宣统三年冬季职官录》(一、二),内阁印铸局宣统三年(1911)冬季发行,第13页。见沈云龙主编《近代中国史料丛刊》(290),台北文海出版社,1968年,第410页。
⑥ 吕思勉:《偕诗舲、达如游某氏园》,《吕思勉遗文集》(下),第661页。

中又称:"岂以知音少,而疑吾道非。相逢二三子,亦足解忧唏。"①从诗中所述"难得倾杯同写意,无妨骑马夜深归",以及他们二三子相逢,互称"知音"来看,也可见他们当年的交游情况及青壮年的豪气与情怀。值得一提的是,1914年春夏间,吕思勉和诗友管达如、汪千顷、赵敬谋、丁捷臣等都在上海,于是他们又一起共结诗社,取名"心社"。如吕思勉所说:"甲寅春夏间,达如、千顷、敬谋、捷臣俱客海上,共结诗社,亦半月一集。……凡二十七集而中辍。"②如此年诗社之作,吕氏撰有《春江花月曲》等,有"天涯沦落同为客,海角栖迟最断魂"之句。③ 当时他们已渐入中年,人生感悟已多,故而有此感叹。由上所述,他们诗酒唱酬,可见在这段时期他们投契相友,交往之密,在一起度过了一段难忘的时光。

1916年,管达如之父管元善逝世,吕思勉《日记》中有如下记载:"管凌云姨丈民国五年十一月十五日旧历十月二十卒。(《祭仪备件》)"④吕氏作为后辈,还送了祭仪。大约在管父逝世之后,管达如即到北京任职,为财政部职员,后任财政部赋税司第五科科长。在此后的二十余年间,他一直在北方的北平、天津等地居住任职。

据1918年5月"财政部令":"清查官产处第一股主任高桐调充第三股主任,管联第调充第一股主任,此令。(五月八日)"⑤1919年2月《政府公报》,有"本部清查官产处主任佥事上行走管联第、薛光钺……以上三十六员拟请给四等金质奖状"的记载。⑥ 1921年12月底,《政府公报》关于财政部厉行减政、裁汰冗员的文件中,又有"管联第仍派充赋税司科长"的指令。⑦ 1922年9月24日《政府公报》中载"大总统令":为财政部五等编纂佥事官事,"令署财政总长罗文干呈请叙本部编纂佥

---

① 吕思勉:《三十初度与达如、千顷、捷臣饮沪上酒家》,《后三日复集》,《吕思勉遗文集》(下),第661页。
② 吕思勉《咏史》诗后跋语,并可参张耕华《人类的祥瑞——吕思勉传》,华东师范大学出版社,1998年,第70页。
③ 吕思勉:《春江花月曲》,《吕思勉遗文集》(下),第665页。
④ 李永圻:《吕思勉先生编年事辑》,第60页。
⑤ 《财政月刊》1918年第5卷第54期。
⑥ 《政府公报》1919年2月第1097号。
⑦ 《政府公报》1921年12月第2103号。

事官等由,呈悉翁守谦、向维桢、徐行恭、任文灿、管联第均准叙五等,此令"①。1923年9月"大总统令"又云:"署财政总长张弧呈请任命任文灿、管联第为佥事,均照准,此令。"②由这些记载来看,这一时期管达如历任清查官产处主任佥事、财政部赋税司第五科科长、五等编纂佥事官等职。

在此期间,虽然两人南北睽隔,但相互间音问不绝。在吕思勉遗物中,还留存有1921年管达如致吕氏的两封信。其中一函言此年10月3日北京国立八校教职员代表赴总统府请愿之事,信云:"诚之吾弟:顷接二十手书,备详种切,收到《六书论》之复信,业已早到。京华现状颓唐无聊,却亦未有他故,惟昨闻津浦路断,尚未知是何缘因。财部本部俸给,现尚无欠,仅须衍期半月耳。教潮并未平息,现有代表赴沪,或在南有所经营"云云,以下具体叙述了代表赴总统府请愿之事。另一函写于12月1日,信云:"诚之吾弟赐览:奉十一月廿七手书,备悉种切。……中交事弟所知者为表面之原因,其实乃交系人物,因叶氏不容于靳阁,日思报复,乃乘大会开幕,借共管之说,散布流言。……今既在挤兑之时,势非块块有声不可。此事筹集非易,然又不敢公然说出。因一说出,则挤兑中交之事,势必牵及挤兑东交民巷各银行,北京市面固必大乱,而彼之权利根基将因之俱倾","照上所论,风潮发生,而官吏束手,实所当然"③。此信长达二千余言,颇可见当时北京政治内情和金融风潮,甚至于酝酿由太平洋会议共管之说。后一信中还讲到吕思勉治病之事,故还附有时为中医的其弟管文如所开的药方。由上述两信来看,两人虽然分居南北,晤面的机会很少,但他们依然保持着原有的关系,互通款曲,情谊之厚,不减当年。而吕思勉之所以保存着这两封信,则是他后来作为史家,因其中保存了有关政治、社会史有用的史料。

在任职财政部赋税司期间,还曾发生他因被人告发失职而被看押的事件。据1923年11月20日《申报》,有《财部科长盗发执照之败露》的报道,其中说到北平西单石虎胡同蒙藏学校原为明朝吴三桂旧宅,系财政部官产,后被廉价拍卖,牵涉到管理此案之赋税司第五科科长管联

---

① 《政府公报》1922年9月第2358号。
② 《政府公报》1923年9月第2710号。
③ 吕思勉遗物,两信收藏在其掌故札记内。

第颁发执照之事,故下令"将管联第发交该部巡警看管查办"。报道称"管大有受贿盗发执照嫌疑","应送交法庭严办"云云,并以"拍卖蒙藏学校黑幕"、"管联第交巡警看管"为副题,披露了这一事件。① 紧接着的 21、22、23 日《申报》,又以《管联第被押经过》、《财部盗发执照案之重大》、《财部科长盗发执照案昨讯》等标题,连续报道了这一事件的详情。此后《京报》则发表了《管联第紧要声明》,称此案"报传关于鄙人经手各节,诸多不实",故特此声明,以说明"本案经过之实在情形"。但后管氏仍以"有乖职掌"而被免职。②

经此事件,30 年代之后,管达如转任中央银行天津分行文书课主任。据《中华民国二十六年全国银行年鉴》,在"各地银行调查"之"河北省"下记载,中央银行天津分行设立于 1931 年 4 月,地址在英租界中街 9 号,当时重要职员有"经理卞肇新,副理兼会计课主任俞丹榴,文书课主任管联第"③。现存有 1935 年其弟管文如自北平致吕思勉先生的两封信,其中 3 月 15 日信云:"诚之大哥尊鉴:顷由家兄转到手示,读悉种种,承示企元病症,并经一大嫂属买龙虎丸"云云,又说到"家兄另有书已迳寄矣。专复敬请尊安"④。此年 7 月 3 日信中说:"诚之大哥尊鉴:久不奉手示,颇深企系。……家兄昨日以银行半年决算例假旋平,来书业已阅悉矣。舍下一一均安,足以告慰。专此敬请尊安。"信中称"家兄昨日以银行半年决算例假旋平",可知管达如此时曾因决算"例假"而返回北京之家。由此可知,这一时期吕思勉与管氏兄弟还保持着密切的书信往来。此后直至 1941 年 10 月逝世,管达如一直在天津中央银行分行任职。

在这段时期,管达如主要从事财经方面的工作,似乎没有关于文艺方面的撰述。现在我们所知道的,这一期间他与文字工作有关的,仅是他曾与人合作纂辑过《陆宣公集》。据董士恩撰《陆宣公全集序》说:唐人陆贽文集的注释鲜有善本,民国"十六年,士恩督榷烟酒,泾洪云奇、

---

① 《申报》1923 年 11 月 20 日。
② 分别见《申报》1923 年 11 月 21 日、1924 年 1 月 4 日。
③ 中国银行经济研究室编印《中华民国二十六年全国银行年鉴》第十章,1937 年,第 66 页。
④ 吕思勉遗物。管文如寄自北平,前一信末署"弟文敬上三月十五日",后一信末署"弟文敬上七月三日"。信封题"江苏常州城内十字街十号吕诚之先生台启,北平象来街管文如寄"。民国廿四年七月三日十八时寄出,邮戳北平(二十二)Peking(22),江苏武进七月六日。

武进管联第在幕中,属纂公集二家注,成书廿巨册。常熟胡文藻考查烟草专卖,归自日本,以所得宽政间石川安贞注《宣公集》为赠,视二家尤详。拟增入,管君忽没,洪君出宰邑。迁延至廿八年津水灾,所蓄图籍在巨浸中,水退,残败不可理,公集余数卷耳。卅年,洪君卸职归,属重编,随时付刊……为二十六卷"①。据查有关资料,董士恩字幼时、右岑,江苏铜山人。1927年3月署全国烟酒事务署督办,同年6月,任北京政府财政部次长。1928年兼全国烟酒事务署督办,同年去职。据文中所说,当1927年董士恩任全国烟酒事务署督办时,管达如曾为其幕属,在其手下任事。董氏曾嘱洪云奇和管达如两人纂辑《陆宣公集》,成稿二十册。后拟增入日本宽政间石川安贞注《宣公集》注本,但因管氏突然逝世,洪云奇出任县长,此事暂时搁置,直至1941年后才重编刊行。

关于管达如逝世的情况,据吕思勉《残存日记》载:"(管达如)民国三十年十月二十一日逝世(旧历九月初三)。"②即于1941年10月21日因病逝世。在管氏逝世之后,吕思勉一直感怀不已。1942年11月14日《日记》记载:馀之弟妇检旧物,得达如扇一柄,"乃其十岁时,洪荫之所赠诗,书画皆荫之所为也。诗曰:……(见前引,此处省略——笔者注)后有识语云:达官世讲岐嶷好学,今岁为十龄初度……辄援古人之例,题扇为赠……达官者,达如小字;辛卯,光绪十七年也。此诗昔与达如谈及荫之时,达如曾口诵之,予久忘之矣。今一观之,恍然能忆。诗书画俱不佳,然荫之以杀宋教仁事闻名,此扇亦可宝矣。"并讲到:"犹记其二十一岁生日词云:鬓龄荏苒随春去,谁伴得愁人住,闽海游尘江上路,怎生消遣?斜风细雨,廿一番春莫。其下半阕,则予忘之矣。词殊诀荡有致也。"③此后,直至1944年,吕思勉在为其日记《强为善记序》中,引孟子"君如彼何哉,强为善而已矣"之语,将此年日记名之为《强为善记》,他说:"予尝欲以强为善名斋,求达如作记,达如许之,未果,而达如化为异物矣,伤哉!"④称他本想以"强为善"来名其书斋,请求管达如为他作记,管氏也已答应,但却不幸因病早逝,故而吕氏写下

---

① 董士恩:《陆宣公全集序》,王素点校:《陆贽集》附录卷二,中华书局,2004年,第836页。
② 吕思勉:《残存日记》,李永圻:《吕思勉先生编年事辑》,第229页。
③ 吕思勉:《残存日记》,李永圻:《吕思勉先生编年事辑》,第228、229页。
④ 吕思勉:《日记二·强为善记序》,李永圻:《吕思勉先生编年事辑》,第257页。

了"而达如化为异物矣,伤哉"的悲恸之语。综计管、吕自1900年青年时代初识起,两人的关系持续了将近40余年,其间交谊之厚、感情之挚,数十年如一日,至死不衰,实在是极为难得的。

作为近代著名的小说理论批评的作者,虽说管达如只有一篇《说小说》这样的专论,却是一位无论如何也绕不过去的人物,以致各种近代文学史、小说史论著都不可避免地要提到他的名字。然而,有关他的生平事迹,过去却罕为人知。故这里爬梳文献,不厌其烦,多方引证,略考之于上。而通过以上考述,管达如的生平事迹已大体可见,相信能对研究当有所帮助。

二、《说小说》、《小说丛话》的因袭雷同问题

值得进一步探讨的是,管达如《说小说》与吕思勉《小说丛话》两者之间的关系问题。

管、吕两文被称为是辛亥时期最为系统的小说研究专论,需要指出的是,前人已注意到两者在思想、内容乃至文字论述上因袭雷同的问题。如上举王运熙、顾易生主编的《中国文学批评史》及后出的《中国文学批评史新编》均指出:商务印书馆印行《小说月报》后,与之相对垒的中华书局随之刊行了《中华小说界》月刊,1914年第3—8期连载了署名"成之"即吕思勉的《小说丛话》。吕著作为一气呵成的近代最长的一篇小说论文,它洋洋三万六千余字,"是明显针对管达如的《说小说》而发的。它论述的范围与《说小说》大致相同,个别段落的语言也有因袭的痕迹,但主要还是站在不同的角度上,运用不同的观点,作更为深入的分析。因此,它实际上是一篇与《说小说》争鸣的文章,在一些地方对《说小说》的观点有所发展"[①]。其他的一些专著与论文同样注意到这一问题,如刘良民等著《近代小说理论批评流派研究》即指出:"它明显

---

① 王运熙、顾易生主编《中国文学批评史》(下册),第709页;《中国文学批评史新编》(下册),第565页。邹国平、黄霖编著的《中国文论选·近代卷》(下)也认为,吕思勉的"这篇论文,明显地是针对管达如的《说小说》而发的,实际上是一篇与《说小说》争鸣的文章,在一些地方对《说小说》的观点有所发展","同时,《小说丛话》用了很多笔墨来修正和补充《说小说》的小说分类"。江苏文艺出版社,1996年,第858、859页。

是针对管达如的《说小说》而作的,两篇文章不仅论述的理论范围大致相同,个别段落和语言也颇为相似。"①

如果认真考核管达如《说小说》与吕氏《小说丛话》的文字,确可发现两者在论述方面的相似之处。不过,应当说明的是,事实上两文并非仅仅是"个别段落和语言"的"因袭"和"相似",而是有相当多的重叠,甚至其中文字也多有雷同沿用之处,或者在某种程度上简直可以说是一种改写。如管著《说小说》第三章开头在谈到小说之势力及风行的原因时说:

> 今试一游乎通都大邑之书肆,则所陈列者,十之六七,皆小说矣。又试入穷乡僻壤,则除小说外,他项书籍,殆不可得见焉。与村夫野老妇人孺子谈,彼其除小说以外无所知,无足怪也。即学士大夫,号为通知古今者,其于小说,亦复津津乐道。②

而吕思勉《小说丛话》一开头便说:

> 今试游五都之市、十室之邑,观其书肆,其所陈列者,十之六七,皆小说矣。又试接负耒之农、运斤之工、操奇计赢之商,聆其言论,观其行事,十之八九,皆小说思想所充塞矣。不独农工商也,即号为知识最高之人士,其思想,其行事,亦未尝不受小说之感化。③

又如两文均谈到小说的分类问题,这方面的例子就更为明显。管达如在《说小说》第二章中专门论述了"小说之分类"。首先,他根据语言形式的不同特点,将小说分为"文言体"、"白话体"和"韵文体"三种,而韵文体"复可分为两种:一传奇体,一弹词体是也"。称之为"(甲)文学上之分类"。其次是据文章结构和叙事方式,对小说进行"(乙)体制上之分类",分为"笔记体"和"章回体"两大类。最后据小说不同的故事题材,将小说从"性质上"分为九个种类:武力的(亦可名为英雄的)、写情的(亦可名为儿女的)、神怪的、社会的、历史的、科学的、侦探的、冒险的和军事的,并结合它们各自不同的特征,作了一番简要的评述。

---

① 刘良民等著《近代小说理论批评流派研究》,武汉大学出版社,2003年,第251页。
② 邬国平、黄霖编著《中国文论选·近代卷》(下),第789页。
③ 邬国平、黄霖编著《中国文论选·近代卷》(下),第805页。

对照吕著,其中称"小说之分类,可自种种方面观察之。第一,从文学上观察,可分为如左之区分"云云。它首先沿用管氏的做法,将小说分为"散文"和"韵文"两大类,散文下又分"文言"和"俗语"二门,而韵文又分为"传奇"和"弹词"。其二,在具体分类法上,吕著将小说也分为九类:"一、武事小说"("可称为英雄的"),"二、写情小说"("亦可谓之儿女的"),"三、神怪小说","四、传奇小说","五、社会小说","六、历史小说","七、科学小说","八、冒险小说","九、侦探小说"。两相对照,只是后者少了"军事小说",多了"传奇小说",其余八类基本一样,而且排列顺序也大致相同。故有不少论著认为,其论述范围大致相同,而吕著的"分类明显地借鉴了管达如的观点","事实上,其观点,与管达如也大致相同"①。或指出"在小说具体分类方面,吕思勉和管达如的观点是基本相同的,理论创见不多"②。

实际上,在具体论述方面,还可发现不少文字上的相似性。这里以列表的形式说明之,请看以下的一组对照文字:

管著《说小说》	吕著《小说丛话》
一、武力的　亦可名为英雄的,若《水浒传》其代表也。此派所长,在能描写武健侠烈之人物,以振作社会尚武之精神。	一、武事小说　此种小说,可称为英雄……其最著者为《水浒传》。……此种小说,可以振作起国人强健尚武之风。
一、写情的　亦可名为儿女的,若《红楼梦》其代表也。……但为之者多不知道德为何物,且亦绝无高尚之感情,非描写一佻达无行之人,号为才子,则提倡淫乐主义,描写富贵之家,一夫多妻之恶习,使社会风俗,日趋卑污,罪不可胜诛矣。	二、写情小说　此种小说,亦可谓之儿女的,与英雄的小说,同占小说中最大多数。……此种小说,其劣者足以伤风败俗,导人沉溺于肉欲,而无复高尚之感情,害莫大焉。……其卑劣之点云何?曰写男女之爱慕,往往与世俗富贵利达声色货利等卑陋之嗜好相联带也;曰一夫多妻也。……一夫多妻,富贵利禄,皆有害于纯洁之甚者也。

---

① 王运熙、顾易生主编《中国文学批评史》(下册),第713页;《中国文学批评史新编》下册,第567页。
② 刘良民等著《近代小说理论批评流派研究》,第251页。

续 表

管著《说小说》	吕著《小说丛话》
一、社会的　此派小说,以描写社会恶浊风俗,使人读之而知所警为主义,若《儒林外史》其代表也。最为有利无弊,但佳作不数觏。……故欲作此种小说者,道德心必不可缺。	五、社会小说　此种小说,以描写社会上腐败情形为主,使人读之而知所警戒……如《儒林外史》及近出之《官场现形记》等,其适例也。……此种小说,自主义上论之,诚为有利无弊,但其佳否,当以(一)作者道德心及观察力之高低;(二)有无文学上之价值为断。
一、历史的　此派小说,其所叙述事实之大体,以历史为根据……大抵真者一而伪者九,若《三国演义》其代表也。……苟得好读杂史之人,刺取一时代之逸闻轶事,经纬组织,著成一书,使览者读此一编,如毕读多种之野史,则于学问亦未始无益。	六、历史小说　如《东周历国志》、《三国演义》等,全部皆根据于历史者是也。……作历史小说者,若能广搜某时代之逸闻轶事,而以小说之体裁组织之,寓考订论议之意,于怡情适性之中,虽不能称为纯文学,在杂文学中,自不失为杰构也。
一、侦探的　此种小说,亦中国所无,近来译事盛行,始出见于社会者也。中国人之作小说也,有一大病焉,曰不合情理。其书中所叙之事,读之未尝不新奇可喜,而按之实际,则无一能合者。	九、侦探小说　此种小说,亦中国所无,近年始出现于译界者也。中国人之著述,有一大病焉,曰:凡事皆凌虚,而不能征实……诸如此类,不合情理之事,殆于无书不然,欲举之,亦不胜枚举也。

　　文字上如此类似,以今天严格的标准来说,甚至可以说不无"抄袭"的嫌疑。

　　至于两者在思想、论述乃至用语上的一致性,也不鲜见。这里也举数例说明。如管著此节指出:"英雄、儿女、鬼神,为中国小说三大原素。凡作小说者,其思想大抵不能外乎此。且有一篇之中,三者错见,不能判别其性质者;又有其宗旨虽注重于一端,而亦不能偏废其他之二种者。此由社会心理使然,不能以此衡作者之短长也。"①思勉《小说丛话》同样赞成此说:"昔有人谓小说可分为英雄、儿女、鬼神三大类,此说吾极赞成之。盖从心理上具体的分之,不过如此。英雄一类,所以描写

---

① 邹国平、黄霖编著《中国文论选・近代卷》(下),第 788 页。关于此种说法,最早有侠人初步的论说:"西洋小说分类甚精,中国则不然,仅可约举为英雄、儿女、鬼神三大派,然一书中仍相混杂,此中国之所短一。"参见侠人《小说丛话》,《新小说》1905 年第 13 号。

人之壮志;儿女一类,所以描写人之柔情,属于情的方面;鬼神一类,所以餍人好奇之性,属于智的方面。其余子目虽多,皆可隶属于此三类中也。"①

又如管著在第四章说:"小说者,事实的而非空言的也。凡事空谈玄理则难明,举例以示之则易晓,此读哲学书者所以难于读历史也。孔子曰:'我欲垂之空言,不如见之行事之深切著明。'亦谓此也。"又说:"且法语难从,巽言易入。为空言以发表意见者,侃侃直陈,排斥他人之所主张,以伸张我之所主张,法语之类也。借实事以动人者,初不必直陈其是非,但叙述事实,使读者之喜怒哀乐,自然随之为转移,巽语之类也。其在文学上占一特别位置,不亦宜乎。"②吕著文中同样也说:"孔子曰:'我欲托之空言,不如见之行事之深切著明也。'斯言也,可为小说作一佳赞。何也? 小说固不离乎事实者也。"在论述"纯文学的小说"与"不纯文学的小说"时,又说道:"子曰:'法语之言,能无入乎! 巽语之言,能无说乎!'法语之言,智的方面之事也,非文学的也;巽语之言,情的方面之事也,文学的也。"③两者所引述的孔子之语以及"法语"、"巽言"等词汇,也都是相同的。

那么,如何看待学术史上的这一现象呢? 又如何解释两者之间的这种关系呢? 按照一般的理解与认识,自然,我们只要看看文章发表的时间先后,即可判断后者对前者的承袭问题。如前所述,吕氏《小说丛话》发表于1914年《中华小说界》第3—8期,晚于前者两年,就时间先后来说,无疑是吕著因袭了管著的论说。这样的解释当然是顺理成章,也很讲得通,似乎应该是不成问题的。

然而,问题并不那么简单。认真地思考一下,便不难发现这里显然存在着一个内在的矛盾:既然如论者所说,吕文是"明显针对管达如的《说小说》而发的",实际上是一篇"与《说小说》争鸣的文章",那么,为什么他又要因袭争鸣对象文章的观点乃至文字呢? 那岂不会贻人以口实吗? 反之,其文中既袭用了前者,乃至有些段落和语言也"颇为相似",那么,它又是否真如论者所说的那样,明显是针对管氏

---

① 邬国平、黄霖编著《中国文论选·近代卷》(下),第824页。
② 邬国平、黄霖编著《中国文论选·近代卷》(下),第794页。
③ 邬国平、黄霖编著《中国文论选·近代卷》(下),第819、845页。

而发,实际上是一篇与之"争鸣"的文章呢?这总不免使人心存疑惑,颇为费解。

如果说,前此我们因不清楚管达如其人,从而张冠李戴,将其与管际安混为一谈,在没有其他资料可资佐证的情况下,故只能作出上述的解说。而如上节所论,我们既已发现吕、管之间有着极为密切的关系,那么,以两者关系的特殊性,是否其中还另有隐情呢?或者说,这一问题是否还有待于重新研究呢?这显然是一个值得深究的问题。

三、残稿的发现及两文之关系

吕思勉有关遗稿的发现,却出人意料地使我们对于这一问题有了一种全新的认识。

在现存吕氏遗稿中,有一篇与《说小说》直接相关的文字材料。此文最先是作为"资料"介绍,由魏绍昌先生披露于《古代文学理论研究丛刊》1982年第6辑。它以"小说丛话"为题,分为两个部分:其一即吕思勉《小说丛话》的部分内容,自原文"今试游五都之市、十室之邑,观其书肆,其所陈列者,十之六七,皆小说矣"开始,至"欧美小说较之中国小说,多为单独的,此其所以不如中国小说之受人欢迎也",亦即连载于《中华小说界》1914年第3期其文开头部分的文本内容;第二部分标作"(二)残稿",其内容包括"体制上之分类"、"性质上之分类",以及"小说者,事实的而非空言的也"、"小说者,理想的而非事实的也"、"小说者,抽象的而非具体的也"三节文字。

该文后有整理者魏绍昌所作的一段"附记":

> 吕思勉,号诚之(1884—1957),是我国著名历史学家,生前任华东师范大学历史系一级教授。本文写于清末民初之际,系吕先生早年之作。其(一)曾在当时之刊物上登载,然发表时署名仅署一"成"字,知者绝鲜;其(二)系未刊稿,几经战乱搬动,已残破不全,现将两者稍加整理发表于此,籍免湮没。吕先生不仅精通史学,对文学、医学、农学等均有相当造诣,本文论述小说之道,别具

见地,它出现在七十年之前,尤觉难能可贵也。

此文后又收入吕著《论学集林》中的《蒿庐论学丛稿》,1987年由上海教育出版社出版。①

经笔者比勘对照,将吕著"(二)残稿"部分的内容与管达如撰《说小说》相比,"体制上之分类"、"性质上之分类"的内容,见于管达如著《说小说》第二章《小说之分类》;"小说者,事实的而非空言的也"等三节,则见于管著第四章《小说在文学上之位置》。由此可见,吕氏手稿内容与管著《说小说》显然有着密切的关系。然而令人遗憾的是,整理者并没有发现其与管达如《说小说》内容上的相同之处,并对此加以必要的说明;而后来的研究者,似乎也都没有注意到两者之间的这种关联,因此长期以来均未对此作出相应的解释。

令人奇怪的是,管氏《说小说》的内容,怎么会出现在吕思勉的手稿中?是吕思勉抄录的呢,还是吕氏自己撰写的呢?这就犹如案中之案,峰回路转,进而引发了这样一个问题:《说小说》一文究竟是谁写的?

显而易见,如果是吕思勉抄录的话,那么,这一残稿就不应收入吕著之中;而如果是吕氏自撰的话,那么,原先我们关于管、吕两文关系的认知和解说,就势必重加衡估,重新考虑两者之间的相互关系。这不仅关涉到该文实际的作者问题,同时也提供了新的阐释空间,有助于回答前所提出的吕著《小说丛话》与之雷同因袭的问题。

笔者查核了吕思勉的这一手稿。按吕氏撰文,习惯用毛笔书写,此手稿书于很薄的连史纸上,虽说原稿已残缺不全,现仅存10页,但由字迹辨认,确系吕氏手迹。原稿纸16.7cm×28.8 cm,吕氏书写,每页10行,行约25字。需要说明的是,从现存吕著残稿来看,当时整理发表的内容与原手稿还是有所差距的。如前所述,管达如在《说小说》中曾从三个角度对小说进行分类:(1)"(甲)文学上之分类";(2)"(乙)体制上之分类";(3)"(丙)性质上之分类"。而现整理出的只有"体制上之分类"和"性质上之分类"二节,从吕氏手迹来看,手稿实

---

① 《古代文学理论研究丛刊》1982年第6辑,上海古籍出版社,1982年。吕思勉史学论著编辑组题作《小说丛话》,文末注明:"原刊《古代文学理论研究丛刊》第六辑,1982年出版。本文作于清朝末年或民国初年。"但已无"魏绍昌附记"。参见吕思勉《论学集林》,上海教育出版社,1987年,第176页。

作"(乙)体制上之分类","(丙)性质上之分类"。可能是为了保持残稿的相对完整性,故整理者删去了其中"(乙)"、"(丙)"的字样。另外,在"(乙)体制上之分类"之前,实际上还有"能如弹词之纯以七字成句,音调圆熟,便于吟诵。故此等戏剧,纵使日盛,而欲求此等剧本,以蔚小说界中一大国,则戛戛乎其难之矣。(传奇在诗歌中,最适于叙事之用。西人叙事诗,往往有长至数百千言者,在中国惟传奇可以当之。故传奇之体制,虽沿词而变,而其性质,实与词不同。昆剧虽衰,传奇不能废也)"一段文字。与管著相对照,此段文字即管著关于小说之分类"(甲)文学上之分类"有关"三、韵文体"最末一段的文字。由此可知,在此页吕著残稿前面,应该有关于"(甲)文学上之分类"论述文言体、白话体、韵文体的内容。换言之,原先吕氏手稿实际上包括了以上三项完整的内容,也即《说小说》第二章的全部文字。

再将吕著有关"小说者,事实的而非空言的也"等三节的文字,与管达如《说小说》相对照。管著此节认为,"小说与他种文学之异点"有五:(1)"小说者,通俗的而非文言的也";(2)"小说者,事实的而非空言的也";(3)"小说者,理想的而非事实的也";(4)"小说者,抽象的而非具体的也";(5)"小说者,复杂的而非简单的也"。查吕著手稿此节,在"一、小说者,事实的而非空言的也"之前,还有"文之所长也。叙述眼前事物,曲折详尽,纤悉不遗,此通俗文之所长也。文字之用,不外说理、叙事、表情三者。古文所说之理,所叙之事,所表之情,固非通俗文所能有。通俗文所叙之事,所说之理,所表之情,又岂古文所能有乎?惟如是也,故虽文人学士,深通古文者,而好读小说,亦与常人无异矣"一段文字。此段即管著中"小说者,通俗的而非文言的也"一节末尾的文字,故在此页吕著残稿前面,无疑应有关于此节的内容。而此页手稿,至"叙善人则愈觉其善,叙恶人则愈觉其恶,叙可爱之物,则愈觉其可爱,状可憎之态,则愈觉其可(下缺)"而止,下缺的文字为"憎,其使读者悲喜无端,涕流交集,宜矣"。故由此还可推知,以下应还有"小说者,复杂的而非简单的也"一节文字。如此,手稿实涵盖了《说小说》第四章的所有内容。

就以上而论,吕著残稿实际上包括了管达如著《说小说》第二章《小说之分类》和第四章《小说在文学上之位置》的基本内容。经比勘,除极个别文字外，吕著残稿与管达如发表在《小说月报》上的《说小说》的文本是完全相同的。如此惊人的一致，当然不是偶然的，那么，又该给出怎样一个合情合理的解释？

自然，我们不能因为看到这是吕思勉的手迹，就认定这即是吕撰文稿。对此有两种可能的解释，即：（1）吕著残稿是抄录管著《说小说》的有关内容，为其撰写《小说丛话》作资料准备；（2）此文本身就是吕思勉撰写的。从论证的严密性来说，自然不能排斥存在着前一种可能性。然而，从手稿本身来看，证以相关的材料，回答则是否定的。

首先，从吕著手稿来看，其中有不少修改之处。如关于历史小说，手稿在"以辅佐其趣味者也"之下，原有"小说之作，所以发表理想，叙述历史，本非正旨"几句，后用墨笔删去。而在稍后"若《三国演义》其代表也"句下，又重新写上了此数句。如果是吕氏抄录管著《说小说》的有关内容，那就不应该有涂抹修改的痕迹。个别文字的修改，如文中引"孔子曰：'我欲垂之空言，不如见之行事之深切著明。'亦谓此也"。吕氏手稿原作"不能如见之行事之深切著明"，又圈去"能"字；"水火阴阳，相生相灭，莫或措意"句，手稿中"阴阳"作"舍易"，"灭"作"戚"，末句原作"人莫或措意"，后又圈去"人"字；"此派小说，其所叙事实之大体"一句，"大体"手稿原作"大理"，后圈去"理"字，旁添"体"字。手稿中还有写了一半的字多处，如"而言描写之能否入微"句，其中"言"字写了半边，即圈去。这些改动也难以用吕氏抄错后再修正来加以解释。

其次，在吕氏手稿的字旁，还有许多圈圈点点的标记，以及用红笔书写的圈号及竖线等。如其论小说分类，分为"社会的"、"历史的"、"科学的"、"侦探的"、"冒险的"等，其旁均以红线标出，而最末"军事的"三字，则直接以红笔写就。又如文中论述"其极遂变为强盗主义"，"强盗主义"四字即用红笔竖线划出；"非描写一佻达无行之人，号为才子，则提倡淫乐主义"云云以下至"罪不可胜诛矣"句，在"佻达无行之人"以及"则提倡淫乐主义，描写富贵之家，一夫多妻之恶习"处，均旁加红线。至于字旁的圈圈点点，犹如以前文章的圈点，标出文中警拔之处，以示重要。如吕思勉《章句论》所说："圈点之用，所以抉出书中紧要之处，俾人一望而知。"①经与《小说月报》刊载的《说小说》相比勘,手稿与其是相同的。若手稿是吕氏抄稿的话,则只要抄录内容即可,而不必将其旁的圈点符号也一同录下。

再次,从注文的格式来说。如上引管氏《说小说》有"(传奇在诗歌中,最适于叙事之用"至"昆剧虽衰,传奇不能废也)"一段文字,以及"(如关羽有何价值,而举世奉为明神,非《三国演义》使之然否)",两处都是注释性文字。《小说月报》刊行时,其字号都与正文相同,但前后以括号"( )"注出,以示区别。查吕氏手稿中,以上两处均以双行小字夹注的形式出现。吕思勉在《白话本国史·序例》中曾称:"双行夹注,为吾国书中最善之款式,可使首尾完全,而眉目仍清醒。"并谓:"本书用双行夹注处,与用夹句号处不同,并请注意。"②此文在《小说月报》刊载时,显然是依据手稿而变通排印的,即将原双行小字的注释变为正文字体,而以括号"( )"注出。若手稿是据《小说月报》上《说小说》一文抄录的话,则当仍其旧,而不会作双行小字夹注的形式。从吕著发表在《中华小说界》上的《小说丛话》来看,其中注释性文字也均作双行小字夹注,与此残稿之注的格式是相一致的。③ 故就此而言,也可证此为吕氏所撰的手稿。

另外,从文字异同、用语习惯等来说。《说小说》文中讲到小说"故其意味,较之自然之事,常加一倍之浓深",吕氏手稿作"校之自然之事"。此处"校"字似误,但据吕著《小说丛话》中有"小说所描写之社会,校之实际之社会,其差有二"云云,④而查《说小说》中又有"矫正社会恶习之功力校小也",谈到译本小说,"然校之我国人所著,则其功用必不

---

① 吕思勉:《章句论》,上海商务印书馆,1926 年,第 67 页。
② 吕思勉:《白话本国史》,上海商务印书馆,1923 年,第 4 页。吕著《章句论》也说:"夹注之法:近人于两端加一直,或加括弧。或于有注之处,加注一注二等字,而注则并写于后。实不如旧式双行书写,即写在加注之处为得。以两直及括弧易夺,双行与大字难讹。夹注及正文相随,读时不劳翻检;另书于后者则不然。若欲先读正文,后读注语,双行大字,眉目亦极清晰;括弧两直及旁注小字,均较难寻觅也。"又说:"注语两端加括弧,不如双行夹注之善。然古书注语与正文相混者,却可以此别之。"吕思勉:《章句论》第 65、66、68 页。
③ 如吕著《小说丛话》文中论述"今文学则小说其代表也,且其位置之全部,几为小说所独占",其下有"吾国向以白话著书者,小说外,殆无之。即有之,亦非美术,性质不得称为文学"一段注释性的文字,即是采用双行小字夹注的形式。见《中华小说界》1914 年第 3 期。
④ 邹国平、黄霖编著《中国文论选·近代卷》(下),第 825 页。

可同日而语矣",吕氏手稿也皆作"校"字。① 可见"校"字是吕氏的一种习惯用语。又,在手稿中还有一些异体字,如"实与词不同"句,"实"字手稿中作"寔";而"实有无限之便利也"句,手稿与《小说月报》则又均作"实"字。如"笔记體",手稿中作"笔记骵",又有"章回体 此骵之所以异于笔记體者"句,三个"体"字写法不同;"于社会无丝毫之益"句,手稿中写作"丝豪"。以上"寔"、"骵"、"豪"三个异体字,显然是《小说月报》印行时改过来的。凡此,也可说明手稿并非照抄《小说月报》上《说小说》的文字,而是反过来应在刊登时作了更动。

另,"盖由吾国科学思想不发达故也"句,手稿作"盖由吾国人科学思想不发故也",其中有二字不同。再如手稿有"二、小说者,事实的而非空言的也",从此文来看,在此段上下均作"一、小说者,理想的而非事实的也"、"一、小说者,抽象的而非具体的也"。此几处"一"皆为标识符号,而非表示数目的"一"字,故此句亦当作"一、小说者,事实的而非空言的也"。此处手稿作"二",显然因承前之"一"而致笔误。而《小说月报》发表时,同样也误作"二、小说者,事实的而非空言的也"。

基于上述理由,故可排除吕氏手稿是抄录自管文其中内容的可能性。而通过以上的论述考辨,更可获资证明,吕氏手稿即为其自身所撰写。确认了这一点,对于进一步弄清《说小说》一文实际的写作情况,乃至研讨管、吕两文之间的相互关系是至关重要的。我们知道,管著《说小说》共六章,如此说来,至少其中的两章为吕思勉所撰。换言之,原先一直挂在"管达如"名下的管著《说小说》一文,实际上并非管氏一人所撰,吕思勉也参与了写作,是重要的合作者。也就是说,《说小说》一文是管达如、吕思勉两人合作撰写的产物。

而且,还必须充分考虑到如下情况,即现存吕思勉的手稿已是残稿,仅存10页。由此也给我们以新的启示,如果是首尾完整的稿子的话,那么,是不是可进而作这样的推测,或者说还存在着这样一种可能性,即《说小说》一文是由吕思勉所撰写,而以管达如的名义发表的。如果情况真是这样,那么也就是说,管达如只是名义上"署名"的作者,而此文真正的作者则是吕思勉。

---

① 邬国平、黄霖编著:《中国文论选·近代卷》(下),第796页。

这样的推论并非全然无所依据。以吕氏手稿为证，其中二章既然为吕思勉所撰，且不能排斥其余四章他也参与其中，由吕著《小说丛话》与之相校，即透露出这方面的蛛丝马迹。以手稿之外的第三、六章而论，如《说小说》第三章论及"小说之势力及其风行于社会理由"，除前引"今试一游乎通都大邑之书肆"一段文字两者相似之外，还讲到"此小说之所以能深入人心，使其人之行为性质，随之而生变化者也。如右所述，则小说之势力，殆如水银泻地，无孔不入。而其功用，则虽至严密之法律，至精微之宗教，殆不足以胜之，亦可谓伟大矣"①。而吕著《小说丛话》也称道："此其所以风行社会，其势力殆如水银泻地，无孔不入也。"②《说小说》又谓："彼士人之孜孜矻矻，穷年不倦者，何为乎？由有十年窗下，一举成名等状元宰相之小说，以为之诱导也。"③并说道："抑小说之作用，又有一焉，曰：坚人之自信力。"④而吕著也称，小说能"鼓励人之勇气，而坚其自信之力者，其功大矣。'十年寒窗无人问，一举成名天下知'。此穷儒之所以蹭蹬场屋，历数十年，而终不肯弃其青毡也"。⑤ 这里"水银泻地"及"十年寒窗"之喻，都是相同的。

又，《说小说》最后第六章谈到作小说者"文学宜求高尚也"，"道德心宜充足也。稽古说《诗》，曰'不得已'，作《易》曰'其有忧患'。凡著书立说者，未有不具悲天悯人之衷，而其书能有益于社会者也"。⑥ 吕著《小说丛话》中也提到，"第一理想要高尚。……凡人之道德心富者，理想亦必高；道德心缺乏者，理想亦必低。……稽古说《诗》，曰'不得已'，岂必雅颂，皆由穷愁。不得已者，有其悲天闵人之衷，自有其移易天下

---

① 邬国平、黄霖编著《中国文论选·近代卷》(下)，第792页。
② 邬国平、黄霖编著《中国文论选·近代卷》(下)，第806页。
③ 邬国平、黄霖编著《中国文论选·近代卷》(下)，第790页。
④ 邬国平、黄霖编著《中国文论选·近代卷》(下)，第791页。
⑤ 邬国平、黄霖编著《中国文论选·近代卷》(下)，第815页。这种重复运用比喻及词句的做法，在吕思勉的论著中不乏其例。如《小说丛话》谓："盖歌词实语言中之至美者也，如'欲乘秦风共翱翔，又恐巫山还是梦乡'，翻成白话只可云：'我很想同你结婚，不知能否如愿？'成何语言乎？又如京调，人孰不知其鄙俚，然如'走青山，望白云，家乡何在'，其意义亦岂能以表白代之乎？……吾人所怀高等之理想，往往有能以文言达之，而不能以俗语达之者，如右所举二例是也。"后来他在1920年撰写的《新旧文学之研究》中又讲到："偏执白话者，又谓文言之意，俗语无不可达，请问昆曲中之'欲乘秦风共翱翔，又恐巫山还是梦乡'，可翻作'我很想同你结婚，不知能否办到乎？'姑勿论其美不美，其意义对不对乎？即舞台中之'走青山，望白云，家乡何在？'又如何翻法乎？"见《吕思勉遗文集》(上)，第476页。
⑥ 邬国平、黄霖编著《中国文论选·近代卷》(下)，第799页。

之志","作小说亦犹是也"。并谓"无悲天悯人之衷,决不能作《红楼梦》",①"但作者须有道德心,且须有识力。……非如世之妄作社会小说者,绝无悲天悯人之衷,亦无忧深虑远之识"。②两者所引"稽古说《诗》,曰'不得已'",以及"悲天悯人之衷"等词汇,显然也是一脉相承的。

再者,《说小说》又谈到作小说者,"智识宜求完备也。有道德心矣,能自主张其所见矣,然智识或不完备,则其所主张者先已陷于误谬,其贻害于社会者亦必非浅鲜。……又小说之作,材料极为复杂,无论何种事实,殆无不与小说有关系者。当此等处,作者亦须有普通之智识,措语方不至谬误。否则一言之差,贻害社会者非细矣"。又称:"阅历宜求广博也。小说者所以描写社会之情状者也。以其文体主于详悉,故描写一现状,又必有种种之现状以辅佐之。……故作小说者……于他种社会之情形,亦不可不知者也。"③而吕著《小说丛话》同样谈道:"第二材料要丰富。理想高尚矣,然无材料以敷佐之,犹无益也。盖小说者,以其体例之特殊故,凡理想皆须以事实达之,故不能作一空语。……故作者于现社会之情形必不可以不知,而其知之又不可不极广。……此作者之阅历,所以不可不极广也。此亦作小说最要之条件也。"④

这些都说明两者有同一性,可知不止是其中第二、四章的内容与吕氏手稿直接相关,其余几章的写作也与其有着内在的千丝万缕的关联。这种情况固然可解释为是吕氏后来之作吸取了前文的观点或文字,但如果逆向思维的话,也可用以说明前文为吕思勉所撰,故在论述、文字方面有此延续性及重叠之处。据此进而言之,如古人所说,"角者吾知其为牛,鬣者吾知其为马"⑤,举一隅而反三,准理而推,也就不能排斥全文均是由吕氏写成的可能性。

就事实而论,也确实存在着此文是吕思勉所撰的可能性。从吕氏一生行事来看,在其著作生涯中,也多有代人作文,甚至将自己的著作

---

① 邬国平、黄霖编著《中国文论选·近代卷》(下),第 849 页。
② 邬国平、黄霖编著《中国文论选·近代卷》(下),第 814 页。
③ 邬国平、黄霖编著《中国文论选·近代卷》(下),第 799、800 页。
④ 邬国平、黄霖编著《中国文论选·近代卷》(下),第 849、850 页。
⑤ 韩愈:《获麟解》,钱仲联、马茂元校点:《韩愈全集》,上海古籍出版社,1997 年,第 130 页。

赠人之事。我们知道,吕氏后来以史学名家,而他在青年时代,曾有一段时间对文学极有兴趣。如他自己所说:"予于文学,天分颇佳","嗜好颇笃"①。他文思敏捷,擅长作文,在诗词、写作方面甚有天赋。在其《残存日记》中,便记载着1903年他二十岁时赴金陵参加乡试"代人作文"之事:

> 是年在场中,助人作文仍甚多,时同人多抱微恙也。计二场助文甫作二篇,叔源、调卿、诗舲、鲁青各一篇。又有史兹德者,文甫之族人也。以文甫之请,为作两篇,改削两篇。三场又为叔源、调卿、鲁青、兹德各作一篇。时文甫患恙最重,设非予允以相助,则二场即不敢入场矣。文甫谓予甚有豪气,因此定交。还里后,又介李君涤云与予定交云。此时予兴会甚佳,虽在场中代人作文甚多,而出场仍甚早。②

此次金陵乡试连续三场考试,他便代朋友作文14篇。后他曾回忆道:"予少时行文最捷,应乡举时,尝一日作文十四篇,为同辈所称道。"③自然,他在乡试中"代人作文"之事,与此并不能相提并论,不能就此说明《说小说》一文即为其代撰,但至少从一个侧面说明有这种可能性。

此后他还有将自己的著作予人之事。如前面提到的谢钟英之子谢利恒,是吕思勉青年时代的友人,吕氏后于1919年入商务印书馆,便是由他介绍的。其时,商务印书馆正筹划编写《中国医学词典》,谢家世代行医,是武进的名医,谢利恒即为该书的主编。据吕思勉《自述》说,他入商务后,曾"助谢利恒君编辑《中国医学词典》",因吕氏舅家也世业儒医,其外祖父母及几位舅氏,"皆治汉学而兼知医,故予于中国医书之源流派别,略有所知。谢君本旧友,此时此书亟欲观成,乃将此一部分属予襄理,至暑假中事讫"④。后来事有变化,吕撰的这部专考中国医书"源流派别"约五万字的文稿,未收录于《中国医学词典》。是书后题名

---

① 吕思勉:《自述》,《吕思勉遗文集》(上),第435页。
② 李永圻编《吕思勉先生编年事辑》,第30页。
③ 《吕思勉遗文集》(下),第688页。
④ 吕思勉:《自述》,《吕思勉遗文集》(上),第437页。

为《中国医学源流论》，由谢氏以其自己的名义刻印出版。该著署名"武进谢观利恒著"，实际上却为吕思勉所撰。在现存吕氏遗稿中，今尚完好地保存着这一手稿，便是明证。① 值得一提的是，该书卷首有吕思勉撰《谢利恒先生传》，文中说："君真振奇人哉。予识君时，年未弱冠，今逾三十年矣。"还谦称自己"于医学则一无所知，顾君不以为无所知，读古医书，或时下问，相与赏奇析疑"。文中称道谢氏"日为弟子讨论学术，而君弟子群谋辑君言论行事，以告当世。曰《中国医学源流论》、曰《中国医话》、曰《中国药话》、曰《澄斋医案》、曰《澄斋验方》……凡如干卷，将次第刊行"②，并未提到自己所著《医籍知津》予谢氏之事。故对吕氏来说，他将自己的书稿或文稿赠予好友，并非偶然。以此律彼，如前所论，他与管达如并非泛泛之交，作为青年时代起就结识的姻亲好友，两人意气相契，情深谊笃，不分彼此，关系非比寻常。此时吕思勉正在上海私立甲种商业学校教书，出于某种我们尚不清楚的原因，或者是出于友情之故，为了助人成名，或因他本人并不愿出面，故将文章以"管达如"的名义发表，也就不足为奇。在他们看来，这只是朋友间相互交往中的平常之事，并未虑及如今日很看重的"著作权"的问题。而就当时的风气来说，在文人间代人作文或赠文与人，实也是一种常见的社会现象。

通过以上的分析，我们就得到了与以往截然不同的认识与结论。虽说由于资料缺失，两位当事人也早已逝世，现在已很难搞清其间的具体真相，也无以断然证明全文均是由吕思勉一人写成，故还有待于深入研究，发掘这方面新的资料。但不管怎样，退一步说，有吕氏手稿为证，吕思勉至少撰写了其中的两章，此文由管、吕两人合撰而成，应当是确定无疑的事实。

厘清了这一事实，对于搞清前面所论管、吕两文间的因缘及为何雷同因袭的问题，也就因此迎刃而解，得到了合理的解释。正因为《说小说》一文由管、吕两人合作撰成，或原本就出自吕思勉一人之手，故后来

---

① 吕氏本人还保存着题为《医籍知津》的最初原稿，现收入《吕思勉文化思想史九种》，2009 年由上海古籍出版社出版，具体可参阅道静撰《吕著〈医籍知津〉序》。
② 吕思勉：《谢利恒先生传》，谢观：《中国医学源流论》，第 3、4 页。后吕思勉还有《代利恒挽颂孚文》。

他在写《小说丛话》时,袭用、改写自己前面所写的文字内容,也就是相当可以理解,乃至是十分自然的事了。也正因如此,所以他在撰文时,便无所顾忌地运用了原来管文中诸如小说分类及相关的语句、比喻等,从而在思想、论述上显示了某种一致性,乃至在行文方面都留下了不少明显的痕迹。总之,上述现象之所以产生,原因即在于此。因此,就两文的关系而言,吕氏此后发表的《小说丛话》,显然并非如原来论者所说的那样,是"明显针对管达如的《说小说》而发的",是一篇与之"争鸣的文章"。其撰作此文,更准确地说,实际上是在先前论述的基础上,经过两年的深入思考,感到意犹未尽,有必要再加以申说,故再次撰写了这一长达三万余字的宏篇大论。在文中作了更多的论证和阐发,或修正补充,或引申发挥,以补充前文的不足,深化与完善自己这方面的认识。这显然表明了其思想的演化与发展。

因此,我们在考察吕著论述时,不仅应注意到其承前延续性的一面,更应予以关注的,还是其推进、深化的一面。应当指出,后来吕氏的《小说丛话》之作,并非是前文观点与论述的简单重复,而是在各方面作了诸多的推进。此文最重要的特征,便是将西方理论引入了中国小说传统的分析中,而赋其予新的内涵与意蕴。如文中特色之一,便是用了大量的篇幅来补充修正前此《说小说》的小说分类,包括"抽象的分类"和"具体的分类"两个方面。他从理论上进行"抽象的分类",除沿用管氏之外,又着力从叙事学的角度,从小说"所叙事实之繁简"(复杂小说与单独小说),叙事"有主、客观之殊"(自叙式或他叙式),"所载事迹之虚实"(写实主义与理想主义)等方面加以分析,并将西方悲喜剧的理论运用到小说分类之中,把小说分为"悲情小说"与"喜情小说"两大类,悲情小说又分为"绝对的悲情小说"与"相对的悲情小说"。又将小说分为"有主义与无主义之殊"(不纯文学的小说与纯文学的小说),从诸多角度与层面进行了深入的探讨。上述这些重要论述,无疑大大增强了小说分类的理论色彩和论析深度。文中不仅对晚清以来主要的小说批评观点作了比较系统的梳理与总结,而且对以往小说理论研究中的主要问题,包括自己的原先之论,都作了进一步较前更为深入的阐发,从而拓展了其有关小说理论的视域宽度与理论深度。可以说,此文和之前的管氏《说小说》都代表了当时我国近代小说理论批评发展的水平,并成为近代小说理论研究的典范之作。

四、余 论

最后,附带谈一下吕著与其所受日本影响及其关联的问题。学界一般公认,《说小说》与《小说丛话》两文的写作受到了西方文艺理论的影响,如陈平原说:"到了管达如的《说小说》、吕思勉(成之)的《小说丛话》,已经明显借鉴西方小说理论,试图系统阐明小说的基本性质和具体特征,建立完整的'小说学'了。"①一些论著也称管文"明显地受到了西方哲学和美学思想的影响",而吕著《小说丛话》的"显著特点是注重运用西方美学的观点来分析小说的性质"②。这自然是不错的。其文中便多处提到"西人"说云云,如谓"西人论戏剧,分喜剧与悲剧二种,吾谓小说亦可作此分类",乃至有直接引用外文的,如称"复杂小说,即西文之 Novel。单独小说,即西文之 Romance",论及"主客观之殊"时,又说到"故亦可谓之自叙式(Auto-biographic)及他叙式(Biographic)也",③等等,均是明显的例证。然而,从其接受西方美学、文艺理论的来源及途径来说,他与日本的关系似乎尚未引起人们的充分注意,因而揭出此点并非无关宏旨,而是同样值得引起重视的。

如吕思勉在《小说丛话》中写道:"美术之性质既明,则小说之性质,亦于焉可识已。小说者,第二人间之创造也。第二人间之创造者,人类能离乎现社会之外而为想象,因能以想化之力,造出第二之社会之谓也。明乎此,而小说与社会之关系,亦从可知矣。"④认为小说作为"美术"的一种,是人类美的性质在实际中的表现,其本质绝不是简单地"摹拟"社会生活,也不是仅用"社会现象之反映"、"人间生活状态之描写"就能概括的。任何一种"美的制作",都要经过"模仿"、"选择"、"想化"、

---

① 陈平原:《小说史:理论与实践》,北京大学出版社,1993年,第230页。
② 刘良明等著:《近代小说理论批评流派研究》,第241页;王运熙、顾易生主编:《中国文学批评史》(下册),第709页;又,《中国文学批评史新编》(下册),第565页。
③ 邬国平、黄霖编著:《中国文论选·近代卷》(下),第810、812、814页。
④ 邬国平、黄霖编著:《中国文论选·近代卷》(下),第807页。

"创造"四个阶段才能最终完成。因此,小说是对客观对象进行想象改造和艺术加工,"第二人间之创造也"。在另一处又说:"戏剧者,不惟能以角本造出第二之人间,而同时又能以歌、舞二技,刺激人之感官,以发挥其感情,而消耗其有余势力者也。"①其论述中多次谈到"第二人间之创造"云云,便是典型的从日语转化过来的。文中又谈道:"凡文,必别有律以歌之而后能见其美者,在西文谓之 Declamation,日本人译曰朗读。但如其文字之音诵之,而即可见其美者,在西文曰 Recitation,日本人译为吟诵。其不需歌诵,但目识而心会之,即可知其美者,在西文曰 Reading,日本人译曰读解。"②又一处说:相对的悲情小说,虽也有多少之缺憾,而其结果则大抵以圆满终结,"此等戏剧,西人谓之 Reconciliation(译言和解)"③。这里将西文与日语对举,屡次谈到日人"译曰朗读"、"吟诵"、"读解"、"译言和解"等,从这些译文术语的翻译,同样透露出其间的某种消息。这种复杂的关联现象,正揭示出其与日本文艺理论的某种联络及影响之所在。

吕氏称自己"生平未入学校。于外文,仅能和文汉读;于新科学,则仅数学、形学",略有所知而已。④ 可知他在外语方面仅知日文。自青年时代起,他便热衷于阅读新书报,汲纳新思想,连诗文都喜欢用新名词。他曾自言:"予是时思想极驳杂,为文喜学龚定庵,又读梁任公先生之文,慕效之。诗文皆喜用新名,史朗人姑丈尝谓予曰:'君之诗文,非龚即东。'(龚,即龚自珍;东,指东洋的维新思想)相与一笑而已。"⑤于此可见他很关注日本的新思想。而据其《自述》,当时他在上海私立甲种商业学校教书,"所教者,除应用文字外,商业经济,商业地理,因无人教,亦无教本,皆由予参考日文书教授"。并称这种做法,"由今思之,甚为可笑,然在当时,固各校多数如此"⑥。由此而言,他撰写有关小说理论方面的文章,也当如他教商业经济、商业地理那样,"参考"了"日文书"方面的一些论著。尤其是在当时汉译西文美学、文艺理论译本十分

---

① 邬国平、黄霖编著《中国文论选·近代卷》(下),第848页。
② 邬国平、黄霖编著《中国文论选·近代卷》(下),第809页。
③ 邬国平、黄霖编著《中国文论选·近代卷》(下),第815页。
④ 吕思勉:《自述》,《吕思勉遗文集》(上),第435页。
⑤ 吕思勉:《残存日记》,李永圻:《吕思勉先生编年事辑》,第31页。
⑥ 吕思勉:《自述》,《吕思勉遗文集》(上),第435、437页。

稀缺的状况下,他的一些西方美学、文艺思想的重要来源之一,显然是通过日本的途径,经此中介得来的。虽说现已很难确认其具体取自于日本人的哪些著作,尚有待于实证性的比较研究。① 但他曾受到日本文艺思想理论的影响,应当说是可以肯定的。如果注意及此,而对此作进一步的抉发与研究,对于探讨这一时期小说理论的多重来源和其不同渠道,当时国人外来思想的摄取与其具体路径,显然是很有帮助的;而寻觅考索其间的错综关联,则对因此而引起的变化及其复杂性等,也可能会有更深入的认识和把握。

2008 年 2 月稿

(《文史哲》2015 年第 4 期)

---

① 近日见关诗珮《吕思勉〈小说丛话〉对太田善男〈文学概论〉的吸入——兼论西方小说艺术论在晚清的移植》一文,已对此作了较为详细的论证,具体可参《复旦学报》2008 年第 2 期。——作者补记。

晚清民初"小说界革命"与吕思勉文学活动考论

王　刚[*]

引言:"小说界革命"影响下的吕思勉小说创作与研究

　　1902年,梁启超在《新小说》创刊号上发表《论小说与群治之关系》一文,正式拉开了"小说界革命"的序幕,自此,"新小说"的创作及小说研究成为一时之风气。作为晚清民初的重要文学思潮,"小说界革命"的意义早已超乎文学之外,并影响着"五四"以后文学的走向。它狂飙突进般地震撼了士林,成为那个时代的文化强音,近代知识分子鲜有不受其影响者。作为史学大师的吕思勉早年亦被此风,在新小说的创作和研究中作出了不可忽视的贡献,然而在学界,近代小说研究虽然成果颇丰,对于吕氏的探讨却相对不足。[①] 近年来,随着对吕思勉研究的深

---

[*] 作者简介:王刚,江西师范大学历史文化与旅游学院副教授。

[①] 对吕思勉的小说及文学研究,基本集中于对吕氏《小说丛话》的研讨,自1980年代中期开始,在黄霖、韩同文选注《中国历代小说论著选》(下)(江西人民出版社,1985年,第403页)中,曾论及吕思勉的《小说丛话》,从人物与结构、虚与实、情与知、美与善四方面加以归纳。此后,黄霖在所著《中国文学批评史》(近代卷)(上海古籍出版社,1996年)中有专门论述,后收载在王运熙、顾易生主编的《中国文学批评史新编》(下册)(复旦大学出版社,2001年)。然而,万学的《近代小说理论研究的丰碑:评吕思勉的〈小说丛话〉》(《临沂师专学报》1992年第1期)与黄氏所论几乎一字不差,其中必有剽说者。此外,论及《小说丛话》的成果主要有关汪珮《吕思勉〈小说丛话〉对太田善男〈文学概论〉的吸入》(《复旦学报》2008年第2期)及韩进廉《中国小说美学史》(河北大学出版社,2004年);罗书华《中国小说学主流》(上海书店,2007年);张为刚《〈中华小界〉研究》(华东师范大学2010年硕士论文)中的相关部分。近年来,邬国义师的《青年吕思勉与〈中国女侦探〉的创作》(上海大学历史系、上海大学古代文明中心主办"中国传统学术的近代转型"国际学术研讨会,2009年10月,后载于陈勇、谢维扬主编的《中国传统学术的近代转型》,上海人民出版社,2011年),则是对吕氏小说创作进行个案分析,具有开创性贡献;张耕华师的《〈中国女侦探〉的作者吕侠就是吕思勉》(《博览群书》2009年第1期)则进一步坐实了吕思勉的小说创作者的身份。然而,就笔者所知,系统全面地论述吕氏文学及小说活动的成果,目前在学界尚付之阙如。

入,尤其是上海古籍出版社"吕思勉文集"及《吕思勉先生年谱长编》的逐次推出,研究材料日渐丰富,为更细致的考察准备了条件。

对于史家吕思勉的文学活动进行研究,其意义何在呢? 长期以来,在学术研究中由于学科界域之影响,除了一些明显横跨文史的大家,如王国维、梁启超等,文史两界皆有讨论。在一般的研究工作中,一些明显"定性"的学者身份化后,仅被关注于一端。具体说来,就本论题所及,史学研究者不关注史家的文学历程;反之,文学研究中缺乏对史家的文学活动考察,文学史成为了对文学家或文学工作者的研究。然而,仅就近代学术史来看,无论偏史还是偏文,文史大家往往难分轩轾,后世的学术研究在精密化的同时,也造成了文史之间的横隔。吕思勉就是一典型个案,由于吕氏在后世已被视为"纯粹的一代史家"①,加之本人对于早年文学创作尤其是小说研究绝口不提,所以,作为"文学人"的吕思勉长期被漠视,至少此方形象不丰满立体,在研究上留有很大空地。有鉴于此,对吕思勉在晚清民初的小说创研进行考察,不仅可以丰富吕思勉研究的深度和广度,更可由此管窥近代学者在世风之下的文史互动及转换,从而加深对晚清民国以来的学风及学术之理解。

论及吕思勉的小说创作及研究,最基础性的工作是考订其作品。据目前最权威的本子《吕思勉诗文丛稿》②之《前言》,收入吕氏小说方面的著述共四部,其中署名悔学子的《未来教育史》刊于1905年的《绣像小说》;署名侠的《女侠客》刊于1905、1906年的《新新小说》;署名阳湖吕侠的《中国女侦探》1907年由商务印书馆初版;署名成之的《小说丛话》刊于1914年的《中华小说界》。

这四部作品中,《小说丛话》一直被学界公认为吕思勉小说理论的代表作,相关研究成果也最多;《中国女侦探》则在2009年后由邬国义师、张耕华师考订为吕氏之作,阳湖吕侠乃其笔名;③《未来教育史》所署笔名为吕氏早年所用,④且所叙述的江浦背景,与其早年生活相吻

---

① 邬国义:《青年吕思勉与〈中国女侦探〉的创作》,《中国传统学术的近代转型》,第499页。
② 《吕思勉诗文丛稿》,上海古籍出版社,2011年。
③ 可参看邬国义《青年吕思勉与〈中国女侦探〉的创作》;张耕华《〈中国女侦探〉的作者吕侠就是吕思勉》。
④ 关于悔学子的笔名,可参见李永圻、张耕华编撰《吕思勉先生年谱长编》,上海古籍出版社,2012年,第45、81、104页。

合,故而是吕氏之作应无疑问。① 然而,《女侠客》被认定为吕氏作品,乃由"侠"之笔名推断而出,或许文集整理者以为,阳湖吕侠既已坐实为吕思勉之笔名,则"侠"可定为吕思勉矣。笔者以为此论不妥,理由在于:1.晚清以来以"侠"为笔名者颇多,非专属吕氏所有。2.《女侠客》一文以青楼女子为歌颂对象,主角之行事风格颇有痞气,而且鼓吹"侠之狭意,即报复是也"②,吕氏一生难脱士大夫气,讲求温良敦厚,无论是处世意识还是文风都与之不符。3.在《女侠客》短短的四回文字中,两次出现了"侠民曰"这样的评论文字,则此处之"侠"即是"侠民"矣。作为晚清小说界一名活跃分子,"侠民"的身份一直有所讨论,现在学界已基本确定为龚子英。③ 很显然,《女侠客》的作者不是吕思勉,而应该是"侠民"龚子英。

这样,四部作品中其实只有三部才是吕氏之作。误识的出现很大程度在于,在当时的小说创研中,用笔名为一时之风,而成名后的吕氏对于早年的文学活动又不愿提及,这就为我们锁定作者和作品增加了难度。然而,可断言的是,随着研究的深入,吕氏早年文学尤其是小说方面的著述会不断被发现,而绝不限于以上三部著述。

就笔者的视野所及,在吕氏的作品中,现在至少还可增加署名"侠人"的文字。"侠人"为"小说界革命"初期的文学研究者,其最为著名的成果是1904年左右发表在《新小说》之《小说丛话》栏目中的理论文字,尤其是对《红楼梦》的研究影响深远。而研治小说史者皆知,《小说丛话》为梁启超所主持,是近代第一个小说理论专栏,在中国小说研究史中占重要的地位。有学者说:"在《小说丛话》中,最引人注目的是侠人对《红楼梦》的评价。"④更有学者进一步指出:

> 侠人对《红楼梦》的观点在近一个世纪来实际上伴随着红学研究的过程。只要翻检一下从那以后至五六十年代以来的评红论著,不难发现,其中不少从方法到某些观点都有着它影响的痕迹,

---

① 以上由张耕华师告知。另,张师透露,他曾有意对此文作详尽考订,因无暇而未竟。
② 《吕思勉诗文丛稿》,第136页。
③ 参见郭浩帆《〈新新小说〉主编者新探》,《出版史料》2004年第2期;杜慧敏:《"侠名"小议》,《现代中文学刊》2010年第4期。
④ 韩进廉:《中国小说美学史》,第423页。

有的专家甚至原封不动地引用其中的话语(却未注明出处)。①

总之,作为晚清民初第一批新小说研究者,侠人在中国小说史上具有重要的地位。现经过仔细考察,我们认定,侠人其实就是吕思勉,关于此点,将在下节详尽考订。

至此,我们可以断定的是,在现有的材料和研究基础上,在小说领域,吕思勉的作品除了以上三部之外,至少还有一部署名侠人的著述,依旧维系着四部的原规模。这四部作品的创作时间从1904年至1914年,横跨十年,与晚清民初的"小说界革命"在时间上相始终,而且我们可以看到,侠人(也即吕思勉)作为近代第一批小说理论研究者,文字发表于梁启超所主持的《新小说》,其时距1902年"小说界革命"仅仅两年,他绝对可算是"小说界革命"的最早响应者和实践者,加之吕氏其他作品所透现的梁启超气息。从某种程度上来说,吕氏作品就是"小说界革命"影响下的产物。

然而,从一定意义上来看,吕氏作品既被"小说界革命"所催生,更由时代风尚所引致。如果我们将吕氏的个人经历与"小说界革命"重叠至近代的历史环境下,可以发现如下的事实:无论是"小说界革命"还是吕氏个人的文学观念及思想意识,其生发起点应推至甲午战争时代。对于"小说界革命"的起点问题,国外汉学家有过这样的评述:

> 对中国现代小说诞生更具决定意义的,与其说是在梁氏宣言发表的那一年,更不如说是1895年,也就是恰值奇耻大辱的《马关条约》之后,随之出现的第一波创作浪潮可视作"小说界革命"的前奏。②

而对生于1884年的吕思勉来说,甲午也是具有决定性的时代。正是从那时起,年仅十余岁的吕思勉开始了对于新学的了解,也即所谓讲求经世致用的"经济之学",此时可以说是其思想意识及知识结构的分水岭时期。一般学界所了解的吕思勉为史学大师,对传统文学亦有较深造

---

① 章继光:《一项不应淡忘的红学研究成果:谈20世纪初侠人对〈红楼梦〉的评论》,《中国文学研究》2001年第4期,第38页。
② 韩南(Patrick Hanan)著,许侠译《中国近代小说的兴起》,上海教育出版社,2004年,第9页。

诣，然而，他在早年一度最孜孜以求的却是这种"经济之学"，吕氏曾回忆说："甲午战时，予始知读报，其后则甚好《时务报》，故予此时之所向往者，实为昔日所谓经济之学"，"我的性质是喜欢走这一路的"①。

质言之，这一路的知识学问，其目标乃在于启蒙与救亡，虽然从后世的眼光看来，其中不乏粗率甚至幼稚之处，但在那时，却是士风所向。所谓经世致用也好，"经济之学"也罢，其实质是吸纳新知识、新理念，作出切合时代的知识拯救。而"小说界革命"正与这一路数相契合，作为文学改良的一部分，与梁氏所提出的"诗界革命"、"文界革命"相互鼓荡，承担起了开发"民智"的任务。尤为重要的是，在时势推引之下，"小说革命"俨然成为了中心地带，根本原因在于，其内在的通俗性满足了启蒙的基本需要，夏晓虹指出：

> 虽然梁氏并列地提出了"诗界革命"、"文界革命"与"小说界革命"三大主张，但与诗文相比，小说的"浅而易解"、"乐而多趣"、"易入人"、"易感人"、"有不可思议之力支配人道"，并且接受面最广，优势明显，这使得小说最有资格充当启蒙与救亡的最佳利器。在此意义上，梁启超才肯定小说为最高等级的文学，或曰："小说为国民之魂。""小说界革命"于是也成为晚清文学改良的中心。

由此，随着甲午以来国势日蹙，"小说界革命"日渐成为了"文学救国"的核心。故而，"在《论小说与群治之关系》一文中，梁启超对'文学救国'的思想作了最集中、充分的论述"②。要之，小说已不再是消遣之物，而一跃成为了承载时代使命的文体。在这样的风潮之下，甲午以来报刊风行，而这些报刊又多载小说，晚清小说之兴盛由此开启。

在此风影响下，早年的吕思勉广泛阅读各种报刊，小说革命及新小说的影响日渐进入思想意识的深处。据吕思勉的女儿回忆，吕氏曾"广读新书"③，而这些新书中多为报刊，尤其在青年时代，它们成为吕氏重要的知识来源。在1920年代，吕氏曾作《三十年来之出版界（一八九四——一九二三）》，对于旧报刊可谓了然于胸，他还说："甲午战时，予

---

① 《吕思勉论学丛稿》，上海古籍出版社，2006年，第742、570页。
② 夏晓虹：《阅读梁启超》，三联书店，2006年，第132—133、164页。
③ 吕翼仁：《回忆我的父亲吕思勉先生》，《历史教学问题》1998年第2期，第44页。

始知读报,其后则甚好《时务报》","粗知问学,实由梁(启超)先生《时务报》牖之"①。尤其是《时务报》可说深刻影响了少年时代的吕思勉,就本论题而言,值得我们注意的一个现象是,吕氏对新小说的了解应从此开始。② 在晚清时代吕氏所作的《中国女侦探》中,有一个细节描写:"座间各纵谈诸种新小说以为快。"③与其是小说人物的生活情景,莫若说是吕氏当时生活的投影。质言之,在"小说界革命"影响下,喜好新小说,并进行创研成为了早年吕思勉精神生活的重要组成部分。

吕侠与侠人:吕思勉笔名问题

吕思勉在进行小说创作时,曾用过与"侠"有关的笔名,由于一直隐而不言,这一情况在近年才被发现。笔者以此为突破口,钩稽出一些新的事实,并希望由此探寻出其背后的意义,以求得对吕氏文学活动及"小说界革命"的深入理解。

前已言及,吕思勉在1907年出版的《中国女侦探》中,署名为阳湖吕侠,此点经考订后已为定谳。阳湖乃吕氏籍贯,在此可略去不谈,吕氏所突出者乃是"吕侠"或"侠",由此,笔者通过进一步考察,发现晚清时代在《小说丛话》上发表评论的"侠人"其实就是吕思勉。

关于《小说丛话》,前面已经有所讨论,它是梁启超主持下的小说理论专栏,阿英说:"当时有《小说丛话》,亦始自《新小说》,是应用当时的理论,以评述旧小说之作,时有新颖理解。"④而丛话,顾名思义,由各种言论连缀而成,长短、主题不必一律,与有系统、成逻辑的单篇论述有所不同。它在1903—1904年的《新小说》上连载,后集为一帙,于1906年由"新小说社"刊行单行本。《小说丛话》的基本资料,现收载于阿英编《晚清文学丛钞·小说戏曲研究卷》(中华书局,1960年),黄霖、陈同文编《中国历代小说论著选》(下册);陈平原、夏晓虹编《二十世纪中国小

---

① 《吕思勉论学丛稿》,第742、201页。
② 吕思勉在《三十年来之出版界(一八九四——一九二三)》(《吕思勉论学丛稿》,第286页)中说:"译小说最早者,当推《时务报》,所译《华生包探案》及《长生术》等,皆附载报中。自后日报杂志,亦多附有小说。"
③ 《吕思勉诗文丛稿》,第147页。
④ 阿英:《晚清小说史》,人民文学出版社,1980年,第3页。

说理论资料》第1卷亦大部分收载,但侠人文字稍有删节。据梁启超的识语,《小说丛话》为"谈话体之文学",由不同作者"东鳞西爪"拼合而来,质言之,是多人的小说笔谈汇集。①

《小说丛话》的作者分为两类:一是梁启超身边的朋友,即梁氏所提到的"平子、蜕庵、璱斋、慧庵、均历、曼殊",他们与梁氏"相与纵论小说,各述其所心得之微言大义";二是外界投稿者,也即梁氏所称的"海内有同嗜者,东鳞西爪,时以相贻",他们来历不清,侠人显然属于后者。② 也正因为如此,长期以来,侠人到底为谁,学界难有定论,阿英曾说:

> 侠人不知为谁,为《红楼梦》作一长辩,辩其非淫书,实为一极有价值之社会小说、政治小说、伦理小说、哲学小说、道德小说,并作事实之引伸,其结论是:《红楼梦》一书,实系"以大哲学家之眼识,摧陷廓清旧道德",攻击"旧社会"及黑暗政治之作,以曹雪芹与龚定庵并论,称为"近百年来两大思想家"③。

以上材料虽还未能揭示侠人的真实身份,但有两点却很清楚:一、他不是梁启超身边的朋友,很可能在当时只是初出茅庐的人物;二、崇拜龚自珍。这两点皆符合当时吕思勉的状态。"小说界革命"初起时,吕思勉还是个二十来岁的年轻人,在那个时候一度酷爱文学,诗文方面受两人影响最深,一为龚自珍,一为梁启超。据他本人的《日记》:

> 予是时(二十岁左右)思想极驳杂,为文喜学龚定庵(自珍),又读梁任公先生之文,慕效之。诗文皆喜用新名,史朗人姑丈尝谓予曰:"君之诗文,非龚则东。"④

梁启超和龚自珍对吕氏的影响不仅在文学上,更在思想上。晚清时代,吕氏笃信康梁理论,曾表示:"影响实最深,虽父师不逮也";⑤而对于龚

---

① 陈平原、夏晓虹编《二十世纪中国小说理论资料》第1卷,北京大学出版社,1989年,第65页。
② 陈平原、夏晓虹编《二十世纪中国小说理论资料》第1卷,第65页。
③ 阿英:《小说闲谈四种》,上海古籍出版社,1985年,第40页。
④ 李永圻:《吕思勉先生编年事辑》,上海书店,1992年,第31页。
⑤ 吕思勉:《自述》,《吕思勉论学丛稿》,第745页。

氏,则誉之为晚清时代"最大的思想家"①。当然,在晚清时代崇拜或者深受龚、梁思想影响的年轻人不在少数,我们不能由此推断侠人就是吕思勉,只可说由此缩小考订范围而已。

而在此基础上,再进一步缩小范围,则可关注以侠为笔名者,这其中最值得辨析的是侠民。侠人与侠民皆为晚清小说的创研者,一字相差,且语义相通,他们会是一人吗? 答案是否定的。由前可知,侠民实为龚子英,龚氏为秀才出身,同时又身处买办家庭,所以他通晓外语,并且翻译过《法兰西革命歌琴谱》。②然而,《小说丛话》中的侠人却自陈:"余不通西文,未能读西人所著小说,仅据一二译出之本读之。"③由此,则侠民绝非侠人矣。而反观吕氏,"于外文,仅能和文汉读",④尤为重要的是,孙楷第《中国通俗小说书目》卷7著录有吕侠人编"《惨女界》二卷三十回",为光绪三十四年(1908)商务印书馆本,孙氏提出:"吕侠不知是否吕侠人?"此外,还有论者指出:"作者为常州晚清民国间人。"则吕侠之"侠"与侠人或可相通。在学界,对于吕侠人是否为吕侠或吕思勉,颇有争议。邬国义师审慎地表示:"尚待进一步研究";而张耕华师则说:"孙楷第《中国通俗小说书目》所记《惨女界》一书作者的吕侠人似乎不像是吕思勉,目前也没有发现吕先生曾用过吕侠人的笔名。"⑤笔者未曾查到《惨女界》原书,不敢妄下定论,但吕侠人既是晚清民初常州人,此点又一次吻合吕思勉的身份,加以侠之笔名与吕氏相通,吕侠人是吕侠,也即是吕思勉的可能性是很大的。

当然,以上种种还不足以坐实这一猜想。但如果结合十年后吕氏发表的《小说丛话》,再旁及其他证据,侠人就是吕思勉的说法,则应该可以成立了。

吕思勉是一位文史大家,但笔者注意到一个奇怪的问题,他在1914年发表的《小说丛话》与梁氏所主持的理论栏目重名。这一栏目

---

① 吕思勉:《中国政治思想史十讲》,氏著《吕思勉遗文集》(下),华东师范大学出版社,1997年,第85页。
② 参见杜慧敏《"侠民"小议》,《现代中文学刊》2010年第4期。
③ 陈平原、夏晓虹编:《二十世纪中国小说理论资料》第1卷,第75—76页。
④ 吕思勉:《自述》,《吕思勉论学丛稿》,第741—742页。
⑤ 邬国义:《青年吕思勉与〈中国女侦探〉的创作》,《中国传统学术的近代转型》,第492页;张耕华、李永圻:《〈中国女侦探〉的作者吕侠就是吕思勉》,《博览群书》2009年第1期。

在小说界早已深入人心,如此命名,难道没有其他深意吗? 更何况,吕氏之《小说丛话》为长篇论文,中间有着连贯的逻辑系统,根本就不是一种"东鳞西爪"式的言论辑要,这种写法与丛话体例毫不相符,作为学养深厚的吕思勉,不会不知道这一点,这种有意的"误用"可谓颇不寻常。① 更有意思的是,他在文中还以三分之一多的篇幅来讨论《红楼梦》问题,对于文字洗练的吕思勉来说,这是少有的特例,此外,耐人寻味之处是,吕氏在文中宣称:

> 以前评《红楼梦》者甚多,予认为无一能解《红楼梦》者,而又自信为深知《红楼梦》之人,故借论小说所撰之人物为代表主义,一诠释之。②

吕思勉为世人所了解的是他在历史学方面的贡献,文学成就长期以来为人所忽视,而红学方面的论述,大概除了此篇长文,似乎找不到其他成果,在此前提下,能豪迈地说出:学界"无一能解《红楼梦》者,而又自信为深知《红楼梦》之人",岂不大有曲折? 须知,吕氏是一位严谨的史家,为人笃实,欺世与自吹不符合其个性。

然而,这些疑窦如果结合侠人问题则能迎刃而解。易言之,只要吕思勉是侠人,则一切疑点不仅不成问题,而且合情合理。用丛话之体例,看似不合规范,然而吕氏的小说研究正是从梁氏的《小说丛话》开始起步,当他在创作一部颇有总结性的论述,甚至可说是小说研究的收山之作时,用自己初入小说研究之门时的篇名,则不仅颇具纪念意义,实质上更是一种提示性的暗喻。大讲红楼,"自信为深知《红楼梦》之人"亦是如此,当年的侠人对于红楼早已论述在先,得到学界推重,此时吕氏的任何红学"大言"皆不为过,算不得大言不惭。

此外,当我们翻检侠人的言论时,发现它们与吕思勉在晚清以来的活动及语言习惯有许多相应处。下面分别说明之:

一、从个人活动及独特性上来看。侠人在《小说丛话》中对中国小

---

① 在梁启超之后、吕思勉之前,也有作《小说丛话》者,如伺生、梦生(参见陈平原、夏晓虹编《二十世纪中国小说理论资料》第1卷),但他们也是零散为文,符合丛话之体例,非为有逻辑、一以贯之的长篇大论。

② 《吕思勉诗文丛稿》,第245页。

说大加赞美，认为不输于西洋小说，然而，其不足处在于侦探小说方面，他说："唯侦探一门，为西洋小说家专长。"①而在几年后吕氏的《中国女侦探》中有这样的句子："中国小说之美，不让西人，且有过之者。独侦探小说一种，殆让西人以独步。"②二者之间在意旨上一脉相承。从一定意义上来说，《中国女侦探》就是侠人理论的实践。又如，侠人认为"文学之性，宜于凌虚"，而"科学小说"以"征实"为特点，他接着阐释道："如《镜花缘》、《荡寇志》之备载异闻，《西游记》之暗证医理，亦不可为非科学小说。"到了1914年的《小说丛话》中，观点已有所变化，将上述小说归入了"杂文学"与"纯文学"的讨论，而不是所谓的"科学小说"，但在例证中依然延续着当年的知识结构，吕氏这样说道："如《镜花缘》之广搜异闻，如《西游记》之暗谭医理，似可谓之杂文学的小说矣。"③所谓《镜花缘》，尤其是《西游记》的评价，实乃一人之语气，十年间观点虽有变化，然措辞及细部知识结构间却透现出内在的高度契合。尤为重要的是，言及"《西游记》暗证医理"，在当时实为吕氏之创见。此前，言《西游记》为丹道一类之书，与五行相符等等，时或有之，然而，所谓医理之论的得出，颇为少见。而且得此论者必既精文史，又通医学。在当时的文史界中，此种人极少，吕思勉即预此选。少为人知的是，晚清民初以来，吕思勉与国医名家谢利恒等过从甚密，经常询以医事，他虽谦虚地表示："读古医书，或时下问。"④但他却协助编纂过《中国医学词典》，并撰写过《医籍知津》一书，胡道静为此评价道："先生读过的古典医籍之多，钻研之深，是罕有伦比的。"⑤既然通医且精文史者，除了吕氏而外难有二选，则不正说明侠人与吕思勉为一人吗？

二、侠人的很多观点在1914年的《小说丛话》中得以继承和引申。如侠人说：

> 今观《红楼梦》开宗明义第一折曲，曰："开辟鸿濛，谁为情种？

---

① 陈平原、夏晓虹编《二十世纪中国小说理论资料》第1卷，第76页。
② 《吕思勉诗文丛稿》，第147页。
③ 陈平原、夏晓虹编《二十世纪中国小说理论资料》第1卷，第77页；《吕思勉诗文丛稿》，第222页。
④ 吕思勉：《谢利恒先生传》，《吕思勉诗文丛稿》，第27页。
⑤ 胡道静：《吕诚之先生〈医籍知津〉稿本题记》，载于吕思勉《中国文化思想史九种》，上海古籍出版社，2009年，第69页。

都只为风月情浓。"其后又曰:"擅风情,秉月貌,便是败家的根本。"曰"情种",曰"败家的根本",凡道德学一切锁禁事之代表也。曰"风月情浓",曰"擅风情,秉月貌",人性之代表也。①

以情性、人性来解读《红楼》,此点在吕氏的《小说丛话》中得到继承,而且对第一折曲进行解说之后,不仅阐释道:"曰'风月情浓'之'情'字,人心之代表也。"而且对"人之性"与小说之关系深为致意。② 比较两篇文章的思想及文字,颇疑为一人手笔。又如,侠人说:"不知资著者大智大慧,大悲大慈之眼观之,直无一人而不可怜,无一事而不可叹,悲天悯人而已,何褒贬之有焉。"这种"同情"的态度在吕氏《小说丛话》中也很强烈,且风格极为一致,而且吕氏强调说:"无悲天悯人之衷,决不能作《红楼梦》。"③论点、语调如出一辙。

三、侠人文中的一些习惯用语与吕思勉的行文习惯相合。如侠人说:"孔子曰:'我欲托之空言,不如见之行事之深切著明也。'吾谓此言实为小说道破其特别优胜之处也。"而在吕氏的《小说丛话》中,则这么说:"孔子曰:'我欲托之空言,不如见之行事之深切著明也。'斯言也,可为小说作一佳赞。"④二者的说话语气、用词习惯基本一致。又如,侠人说:

呜呼!戴绿眼镜者,所见物一切皆绿,戴黄眼镜者,所见物一切皆黄,一切物果绿乎哉?果黄乎哉?《红楼梦》非淫书,读者适自成其为淫人而已。⑤

所谓黄眼镜、绿眼镜之喻本来自于梁启超,⑥而作为深受梁氏影响之人,吕思勉特别喜欢套用这句话,如在《三国史话》中,吕氏这样说道:

历史上的事实,所传的,总不过一个外形,有时连外形都靠不

---

① 陈平原、夏晓虹编《二十世纪中国小说理论资料》第1卷,第75页。
② 吕思勉:《小说丛话》,《吕思勉诗文丛稿》,第230—231,222页。
③ 陈平原、夏晓虹编《二十世纪中国小说理论资料》第1卷,第74页;《吕思勉诗文丛稿》,第251页。
④ 陈平原、夏晓虹编《二十世纪中国小说理论资料》第1卷,第77页;《吕思勉诗文丛稿》,第247页。
⑤ 陈平原、夏晓虹编《二十世纪中国小说理论资料》第1卷,第75页。
⑥ 参见梁启超《惟心》,《饮冰室合集》专集之二,中华书局,1988年,第45页。

住,全靠我们根据事理去推测他、考证他、解释他。观点一误,就如戴黄眼镜的,看一切物皆黄,戴绿眼镜的,看一切物皆绿了。①

总之,侠人的观点、文字风格与吕思勉颇为一致,且能与其作侦探小说、通医理等活动相印证,须知侠人在《小说丛话》中所留下的文字总共才三千字不到,在如此短的篇幅内,竟能有如此多的相类处,实令人惊诧。加之前面所论及的各种因素,综合考量,我们完全有理由相信,侠人就是吕思勉。

吕思勉以侠为笔名,乃晚清民初的风尚所在,在当时的知识分子阶层中,作侠士、讲侠风蔚为潮流。龚鹏程说:"(好侠)应视为一种剧烈变迁社会中,知识分子常见的性格。"②可以说晚清以来剧烈的社会转型,造就了知识人在精神寻觅中的苦痛与迷茫,同时也促使他们常以"侠"来破世风,发忧愤。然而对于"侠"的理解各个不同,吕氏所谓的"侠"非鼓吹单纯暴力,作为一介书生,儒雅和温良是他的底线,作为向往大同之世的年轻人,好儒更是他那一时期的思想特征。③他虽推崇强健尚武,但更反感"蛮横不讲理,而专恃武力"④,对于当时的社会风气及暴力,更是痛斥道:"其时之社会,混乱已极。粗猛者为暴民间,几同肆掠。"⑤所以,吕氏之"侠"从一定意义上说,是非暴力的,乃在于对社会的责任及豪杰之气,它建构在传统儒家意识之上,即所谓"儒侠"。这在当时非吕氏一人之选,乃是知识界的重要风尚,章太炎曾作《儒侠》,鼓吹道:"世有大儒,固举侠士而并包之。"⑥在晚清民初,吕氏是很在意这种儒侠之气的。在他眼中,尤其在存亡继绝时代,传承文化之真儒就是这样的侠士,他曾在一篇文章中这样说道:

> 每当蜩螗沸羹,学绝道丧之际,而命世之真儒出焉。此亦不必证诸远,观于顾、王、黄、李诸大儒,笃生于明季而可知也。英雄造时势,时势亦造英雄,吾不禁于今日之学术界有厚望焉矣。⑦

---

① 《吕著史地通俗读物四种》,上海古籍出版社,2010年,第100页。
② 龚鹏程:《侠的精神文化史论》,山东画报出版社,2008年,第183页。
③ 关于此点可参看吕氏的《自述》,载于《吕思勉论学丛稿》。
④ 吕思勉:《小说丛话》,《吕思勉诗文丛稿》,第224页。
⑤ 吕思勉:《三十年来之出版界(一八九四——一九二三)》,《吕思勉论学丛稿》,第286页。
⑥ 陈平原编校《中国现代学术经典·章太炎卷》,河北教育出版社,1996年,第223页。
⑦ 吕思勉:《论国人读书力减退之原因》,《吕思勉诗文丛稿》,第527页。

而这一风尚,如要再追其晚清的直接源头,则可溯于龚自珍,他的任侠作风,他的侠气与柔情之合体,直接影响了晚清士人,龚鹏程说:

> 龚氏影响当时知识分子最大的,并不在字句方面,而是他那种合儒、侠、佛、艳为一的生命态度,英雄美人之思,侠骨柔情之感,才是令这些儒侠们神销骨醉、低回不已的所在。①

总之,晚清时代直接源自于龚自珍的侠风意识在知识层中得以鼓荡,也在小说创作者中得以风行。作为龚氏崇拜者,在小说创作之际以"侠"为笔名,不仅是那个时代的风尚所致,也与吕氏内在的知识认同、年轻激情相关联,它们成为了吕氏所推崇的文化符号。

跨越梁启超与小说本体之确立
——晚清民初小说"深入期"中的吕思勉

按照一般通识,"五四"是中国现代文学史的开端。然而,随着研究的深入,越来越多的学者认识到,如果没有晚清以来的积累,就不会有"五四"的跃进,这一点在小说发展中尤为突出。王德威为此写下了《被压抑的现代性:没有晚清,何来五四?》一文,提示大家注意此一时段的"现代"意义,并且正确地指出:"重审现代中国文学的来龙去脉,我们应重识晚清时期的重要,及其先于甚或超过五四的开创性。"②可以说,在近现代文学研究中,关注和审视晚清民初以来的文学发展,尤其是小说的创研进程,已成为关键性的课题。

晚清民初小说之兴衰,反映的是整个时代的脉动,从一定意义上来说,其成也时代,败也时代,而身处其间的作者或学人,或被时代所局限和裹挟;或左冲右突,谋求跨越之途。就论题所及,吕思勉属于后者,也正因为如此,虽然吕氏所从事的文学活动并不算多,但其成就和路径,理所当然地应该得到后人的尊重和珍视。更为重要的是,通过此一个案的考察,有助于我们在具体的历史情境中,更深入地体认当时的时代和文学。

---

① 龚鹏程:《侠的精神文化史论》,第198页。
② 王德威:《想象中国的方法:历史·小说·叙事》,三联书店,1998年,第3页。

针对晚清民初以来的文学及小说发展,杨义曾这样评述道:

> 我国近代自甲午海战、戊戌维新到五四运动的二十余年中,小说理论和文学思潮遽涨急变,开历史上前所未有的局面。近代小说观的崛起、深入、蜕变和逆转,为时代发展所决定,又与近代启蒙主义的盛衰沉浮息息相关。

在上述分析的基础上,他将五四前二十年的小说发展分为三期,梁启超、严复代表"崛起期","以启蒙主义给小说理论带来新的气象,较为强调'善'与'俗'";林纾、黄人等代表"深入期",在纠正梁启超偏失之中,转为强调"真"与"美";鸳鸯蝴蝶派等则代表了"蜕变和逆转期","真、善、美在他们的手中变质,成为苍白和卑庸的东西,他们强调'趣'和'利'"①。

吕思勉的小说创研无疑属于"深入期"的风格。如果再进一步突破时间顺序,可以发现,当梁启超在"崛起期"引领风尚之时,吕氏一方面受其影响进行创研,另一方面,已开始对其纠偏,其中最典型的就是其以侠人之名参与的小说讨论,在这场讨论中,回应与纠偏共存。杨义指出:"对于梁启超小说理论上的偏颇,其友朋之辈在《新小说》的《小说丛话》栏,作了枝枝节节补充和修正。"侠人等"皆对'水浒'、'红楼'时有好评,这是与梁启超相抵牾的"②。不仅如此,侠人之论已经涉及小说本质问题,诚如有学者所指出的:"阐明了小说与社会何者为本的根本问题,从理论上纠正了梁启超的错误观点。"③而这为以后小说学的理论建构奠定了基石。可以说,正是这一工作的展开,拉开了吕氏既受惠于梁启超,更超越梁启超的小说创研过程。而随着时间的推移,到了民国初年,小说发展进入了杨氏所言的"蜕变和逆转期",吕思勉依旧坚持着"深入期"的风格。他曾批评当时的小说界"至民国二、三年以后,乃鄙陋一无足观,且恶劣无所不至"④。厌恶可谓深矣,然而,恰恰是在民国三年(1904),他最重要的小说理论著述《小说丛话》发表,在文中殷殷期盼道:"知小说为文学上最高等之制作,且为辅世长民之利器。文人学

---

① 杨义:《中国现代小说史》第1卷,人民文学出版社,1986年,第17—18页。
② 杨义:《中国现代小说史》第1卷,第6页。
③ 方正耀:《中国古典小说理论史》(修订版),华东师范大学出版社,2005年,第269页。
④ 吕思勉:《三十年来之出版界(一八九四——一九二三)》,《吕思勉论学丛稿》,第286页。

士皆将殚精竭虑而为之,自兹以往,良小说或日出不穷,恶小说将居于天然淘汰之列乎?予日望之已。"①在这一时段发出此论,从一定意义上可以说,吕氏是在面临小说的美与善变质的状态下,力图坚持"深入期"的价值理念,具体说来,对于小说之"蜕变和逆转"感到忧虑,希望恶小说终归淘汰,而良小说能大行其道,而所谓的"良小说",正是在跨越梁启超基础上,体现真和美的制作。

总之,吕思勉进入晚清民初的小说界深受梁启超的影响,然而,他成就的获得又恰恰是跨越梁启超的结果。质言之,吕氏的这种跨越及在"深入期"中的贡献,最重要的乃是对小说本体的重视和确立,并在此基础上,力图实现小说功用与本质的结合;本土与域外理念的融汇,以及启蒙与"纯文学的小说"的协调。而这些问题及理念的提出,无疑深化了小说"深入期"的理论,在中国小说史上拥有不可忽视的价值。下面具体论之:

(1)小说本体问题

历史地来看,跨越梁启超,应该是晚清以来小说创研的必然路径。梁氏的"小说界革命"虽贡献卓著,但缺陷也是巨大的,其中最主要的,就是对于小说的认识多从功用论着眼,小说最本质的问题——小说之本体及性质略而不谈,李欧梵指出:"在《论小说与群治之关系》等重要文章中,他(梁启超)提出的观点都与小说本身的形式问题无关,而直接关注小说的影响力,所谓'熏'、'浸'、'提'、'刺'等。"②这样的取向使得小说的创研仅有工具理性,缺乏深入的本质性思考,小说的定位在学理上暧昧不清,独立价值难以得到伸张,久而久之,小说的异化在所难免。从一定意义上来说,梁启超之"小说"可能具备了政治、社会、历史及时代等各要素,它是政治,是其他的一切,却唯独可能不是"小说"。所以,在"深入期"中,淡化小说之功用,深入挖掘小说的内在本性成为一个重要任务。1907年黄人的《小说林》发刊词成为了先驱的声音,诚如有学者所指出的,黄人"一针见血地指出了小说界革命夸大了小说的社会功能。可见,无论是《小说林》,还是本篇发刊词,它们的一个初衷便是要

---

① 《吕思勉诗文丛稿》,第252—253页。
② 李欧梵:《晚清文化、文学与现代性》,《李欧梵自选集》,上海教育出版社,2002年,第273页。

让小说回到小说"①。

然而,"让小说回到小说"不能仅停留于一种姿态或浅层实践,如何从学理上加以系统的证明,成为了势所必然。1914年吕思勉的《小说丛话》初步完成了这一任务,成为系统思考小说本体或本质的奠基之作。在此文中,吕氏首先论及"小说之势力"及基本特点,当然,如果仅停留于此,还是梁氏遗风,但吕氏由效果论入手,笔锋一转,立刻进入了小说本体性的讨论中。他说:

> 小说势力之盛大,既如此矣。其与社会之关系果若何?近今论之者多,吾以为亦皆枝叶之谈,而非根本之论也。欲知小说与社会之关系,必先审小说之性质,明于小说之性质,然后其所谓与社会之关系,乃真为小说之所独,而非小说与他种文学之所同。②

此段阐述,核心问题在于探求小说的"根本之论",而这种根本之论不在于"小说与社会之关系"具体若何,而在于小说的独特本性是什么。只有将这一问题澄清,才不至于混淆小说与其他文学体裁之界限。也只有将这一问题解决,才可能纲举目张,由内而外地把握小说与社会的关系,否则一切都是枝蔓。吕氏这一认识无疑是对梁启超小说"功用论"的推进和跨越,呈现出向内切入的路径走向。事实上,吕氏在后面的论述中,就是围绕着这一根本问题而层层展开,当然关于这一问题的阐释,在稍早于吕氏的管达如《说小说》中已有论及,但远不及吕氏深入系统。考虑到管氏是吕思勉的至交,二人在晚清时代更是唱和不断,我们甚至有理由相信,管氏的著述中应该有吕思勉参与及讨论的成分,但不管怎么说,到吕思勉时,对小说本体性已接近完整和初步成熟,故而陈平原指出:"到了管达如的《说小说》、吕思勉(成之)的《小说丛话》,已经明显借鉴西方小说理论,试图系统阐明小说的基本性质和具体特征,建立完整的'小说学'了。"③

(2) 本土与域外理念的融汇

从一定意义上来说,近代以来学术理论的创获,都是西潮冲击之下

---

① 罗书华:《中国小说学主流》,第316页。
② 《吕思勉诗文丛稿》,第211页。
③ 陈平原:《小说史:理论与实践》,北京大学出版社,1993年,第230页。

的产物。"新小说"以至于小说学的成立,也是如此。由于传统小说"现代性"严重不足,时至晚清,已无法适应时代的要求,这也成为梁启超"小说界革命"的内在缘由。质言之,因为不足,才有革命的必要。从这个角度来说,"小说界革命"的理论动力来自于域外,它的到来与吸纳,又势必形成对传统的冲击及回应。故而有学者指出:"'小说界革命'的主要动力是域外小说的输入,以及由此引发的中西小说的融合和小说观念的变革。"①于是,从晚清以来,西方小说理念如何与传统相结合,成为了中国小说发展的重要主题,小说学的创立更是直接建立在这两大理念结合与融汇的基础之上。我们或许可以这么说,从特定意义上来看,小说学的建立,其成功与否就在于传统与新理的契合度,二者不可偏废。如果没有西方理论方法的介入,小说园地就没有新的种子,结不出现代性的果实;反之,如果只有西方因素,没有传统的积淀与之结合,则是自弃土壤,再好的种子也无法生根发芽。

就此点来说,作为小说理论先驱的梁启超是颇有缺陷的,其掀起的"小说界革命"在理论上最大的问题,就是将新旧对立,甚至完全否定了整个旧小说的价值,从而过于决绝和武断。罗书华说:"小说界革命,不仅是指以小说来进行革命,同时也是指以新小说革旧小说的命。"②毫无疑问,以这种"革命"的态度来看待和发展小说,不仅毫无积累可言,甚至是自去根基,要在这样的理念下建立小说学势无可能。所以梁氏的主张在当时没有被知识层完全接受,甚至在他所主持的《小说丛话》中,他的友朋们在这方面都有着许多不同的声音。杨义说:

> 传统文学发展到晚清,梁启超提倡政治小说,骂《红楼梦》、《水浒》是"诲淫诲盗",这实际上就是要制造一次中国小说的断裂,但这一断裂在当时并没有完成。③

这种断裂之所以没有完成,在很大程度上就在于梁氏的决绝态度不为世人所完全认可。易言之,在新小说的创研中,很多人皆主张从传统中挖掘资源。吕思勉不仅为其中一分子,更重要的是,在吸纳西方理论方

---

① 韩进廉:《中国小说美学史》,第402页。
② 罗书华:《中国小说学主流》,第288页。
③ 杨义:《中国现代文学流派》,人民出版社,1998年,第16页。

法中,吕氏一直立足于从本土阐发现代意义。他曾经说:"中国小说之美,不让西人,且有过之。"①所以,我们可以注意到的是,吕思勉虽然深受梁氏"小说界革命"的影响,但他似乎从没有用过"革命"这个词,甚至"新小说"一词也只在早期有限使用,这种取向,毫无疑问与他尊重和挖掘传统大有关系。

然而,从一定意义上来说,现代学科的建构要得以成立,不能光凭传统,而必须依托西方的学术体系,从这个角度来看,吕氏在小说学的建构中就不能没有西学的深度参与。如对《小说丛话》进行细致考察,可以发现,里面的西学成分可谓比比皆是。我们完全可以说,吕氏在西学的吸纳和运用上,较之同时代的学人更为突出,已经具备了现代理论的自觉意识。而最突出的表现乃在于,吕氏对当时最新的域外理论加以融汇吸纳,据关诗珮的研究,吕思勉的《小说丛话》深受日本学者太田善男的《文学概论》影响,而太田氏的这本著作1906年才在日本出版,在当时可谓学界新著。当然,作为外语水平有限的吕氏要快捷准确地吸纳域外的最新理论素养,必然要付出更多的艰辛。除了译本要大量涉猎,更需通过友朋随时了解新的外来理论。如,关诗珮在研究中一直不解的一个问题是,吕思勉何以接触到《文学概论》。她说:

> 吕思勉从来没有在自己的日记和自传提到《小说丛话》,对于他曾经参考太田善男的《文学概论》,文学史上就更讳莫如深。的确,直到今天,我们没法确定吕思勉通过什么渠道接触到《文学概论》。据现时的材料看来,太田善男的《文学概论》并没有被翻译成汉语。②

我们的答案是通过友朋得以接触,而这师友就是黄人。据有关研究,通日文的黄人在文学研究中深受太田善男的影响,③黄人长期担任东吴大学国学教习,而吕氏曾在1907年赴东吴任教,其间二人多有诗

---

① 《吕思勉诗文丛稿》,第147页。
② 关诗珮:《吕思勉〈小说丛话〉对太田善男〈文学概论〉的吸纳》,《复旦学报》2008年第2期,第21页。
③ 见汤哲声、涂晓马编著《黄人评传·作品选》,中国文史出版社,1998年,第17页。

文相酬,①同为小说研究者,吕氏从黄人处获得对太田理论的了解和吸纳乃是顺理成章之事。总之,既注意并吸纳西方理论是吕氏的一大优点,同时将这些理论方法化入中国的小说传统及实践中,更是其小说学得以成立的关键,故而,有学者在分析《小说丛话》的成功及特点时,特别指出:"(吕文)以大量的古代小说作品为参照系,将西方理论引入了中国小说的分析中。"②

(3) 启蒙与"纯文学的小说"问题

前已论及,吕思勉重视对小说本体的研究,从文学本质论出发,他指出,小说是"美的制作",拥有"美术之性质"③。在超越梁启超的同时,开始进入了"纯文学"领域的探研。具体说来,吕氏将"除了美的方面而外,又有特殊之目的"的小说,称之为"杂文学的小说";反之,除了美的要求,"别无目的者"的小说,则称之为"纯文学的小说"。二者的分水岭在于,"纯文学的小说,专感人以情;杂文学的小说,则兼诉之知一方面。"他还指出,"中国旧时之小说,大抵为纯文学之小说"。值得注意的是,吕氏这样的判断,事实上宣告了梁氏所鼓吹的"新小说"虽"知"有余,但在"美的方面"则有着重大的缺陷,不具有"纯文学之小说"的资格,而梁氏所抨击的"旧小说"反倒因为其"供人娱乐为目的",具有了纯文学的地位。④

众所周知,梁氏的"新小说"乃为"新民"而来,即所谓启蒙,其目标正在于"知"。此种路径所具有的正面意义毋庸置疑,但一个很大的问题是,它一旦走向深入,很容易将文学本有的"美"给摒弃,这样的作品久而久之就会失去美感,成为鼓噪的说教。吕思勉评价道:"支离灭裂,干燥无味,毫无文学上之价值,非唯不美,恶又甚焉。"最终会让人提不起兴趣,"为睡魔所缠扰也"。而没有美感,不吸引人的原因在哪呢? 吕思勉认为,在于没有顾及人性的基本要求,所谓"好恶拂人之性而已

---

① 参看邹国义《青年吕思勉与〈中国女侦探〉的创作》,《中国传统学术的近代转型》,第 490—492 页。
② 许建平:《〈小说丛话〉之〈论文简介〉》,氏编《二十世纪中国文学史论文精粹·小说戏曲卷》,河北教育出版社,2000 年,第 9 页。
③ 吕思勉:《小说丛话》,《吕思勉诗文丛稿》,第 212 页。
④ 吕思勉:《小说丛话》,《吕思勉诗文丛稿》,第 222 页。

矣"①。很显然,吕思勉的立场是,文学是建立在人性之上的主"情"之作,如果不顾及人类情感要求,任何"知"或者启蒙的功效不仅荡然无存,甚至将适得其反。换言之,小说创作必须以情为主,不能先存说教之心。

但是,这是不是表示小说要放弃一切启蒙及社会功能呢? 不是的。吕思勉认为,文学要顺应自身特性,遵循本有规律,启蒙或者说教必须服从于此。所以,他主张,"必于情的方面之中,行智的方面之教育",如此,才能达其目标。所以,纯文学的小说看似没有目标,其效果反胜不是纯文学的说教之言。在具体的实践中,创作者务必要排除一切干扰,不必有意去鼓吹价值取向,而应以纯小说为旨归,但是,作者本身的意识势必会带入小说创作中,只要作小说者"理想高尚"就能达到"善与美的相一致"。换言之,"善"人作"美"文,就一定会成功,高尚作品一定出自于高尚之人,所谓"无悲天悯人之衷,决不能作《红楼梦》;无愤世嫉俗之心,决不能作《水浒传》",这是"作小说的根本条件"②。这一论述,对作者、作品之分际及性质,分析得极为深入,呈现出圆熟、辩证的特点。质言之,吕氏所论,其要义在于,小说是一种美的结晶,此种创作必须符合植根于人性之上的美学原则。就小说或文学本性来说,启蒙或者善的原则,为第二要义,必须附之于情感之上,否则必产生反效果。而一个作者只要具备高尚理想,作品一定会反映出善的追求,而不必也不能事先设定教辞。

吕氏在"纯文学"方面的论述并非自造,作为"二十世纪以降中国文学研究的基础性概念"③,在晚清民初,吕氏之前已有学者在讨论与运用这一概念,其中最为著名的是王国维。所以,在这一讨论中,我们也可以看到一些王氏的影子,故而有学者说:"作者受到王国维的人生哲学及所宣扬的《红楼梦》旨在'描写人生之苦痛与其解脱之道'等影响,……代表了近代资产阶级小说理论的发展水平。"④然而,事实的另

---

① 吕思勉:《小说丛话》,《吕思勉诗文丛稿》,第 222 页。
② 吕思勉:《小说丛话》,《吕思勉诗文丛稿》,第 223、251 页。
③ 李贵生:《纯驳互见:王国维与中国纯文学观的开展》,《中国文哲研究集刊》第 34 期,2009 年 3 月,第 169 页。
④ 王运熙、顾易生:《中国文学批评史新编》下册,第 560—566 页。

一面是，王国维固然有功于纯文学，但当下学界的论述中也有着过度阐释之嫌，其文学观念实际上在当时还"未够纯粹"①，纯文学的最先讨论者并非只此一家。就本论题来看，吕思勉的纯文学观念在当时博采众家，固然化入王氏之论，但他最主要的影响者应是黄人。杨义指出，黄人"把真和美的原则引进小说领域，是和梁启超持异，而和王国维相呼应的"②。而王氏一则其研究重点不在小说；二则其学术追求总的来说是所谓的纯粹学术，对启蒙是不以措意的。与王氏不同，黄人不仅是晚清小说界的重要人物，与吕氏亦有私交，加之他既追求文学及小说的美学品质，鼓吹"文学而不美，犹无灵魂之肉体"。同时也承认小说的启蒙功能，认为"小说之影响于社会固矣"③。很显然，黄、吕立场是一致的，所以，就吕思勉纯文学的接受来看，与其说来自于王氏，不如说来自于黄人。当然，吕氏对这一概念亦有自己的创造与发挥，其最大贡献在于，在小说学的视野下，第一次系统全面地论述了"纯文学的小说"其性质及价值，对纯文学界域下的小说真、善、美问题进行了深入的讨论，这些都是中国小说史上具有开创性的成果。

结　　论

本课题的研究建立在两大认识基础之上：一是学术与时代密不可分；二是学者的多面性。毫无疑问，学者与学术不可能外在于时代，所谓"知人论世"是学术史研究的关键所在。基于此点，考察"小说界革命"时代的吕思勉如何受着时代思潮的拉动，通过个案研究展现出微观个体与宏观社会之间的互动，将有助于我们深刻地体察时代特性与学术性格；而探研史学大师的"文学人"一面，既有助于从学者的非主流侧面窥其全貌，更可突破文史界域的横隔及"定性"。有鉴于此，笔者以吕思勉青年时代的文学及小说活动为突破口，将其放置晚清民初"小说界革命"的学术背景下，作一全面的专题性考察。此一研究不仅意在提升吕思勉研究的深度和广度，更希望由此管窥近代学者在世风之下的

---

① 李贵生：《纯驳互见：王国维与中国纯文学观的开展》，《中国文哲研究集刊》第34期，第199页。
② 杨义：《中国现代小说史》第1卷，第8—9页。
③ 黄人：《小说小话》，汤哲声、涂晓马编著《黄人评传·作品选》，第72、83页。

文史互动及转换,从而加深对晚清民国以来的学风及学术之理解。

笔者以为,"甲午"之后,吕思勉从少年时代始,直至青年时期,受时势之引领,关注经世之学,与鼓吹启蒙和"文学救国"的"小说界革命"日益合辙,从而迈开了小说创研之路。作为"小说界革命"的最早实践与响应者,吕思勉在中国小说史上占据了独特的地位。为了厘清吕氏的小说活动,笔者为此进行了若干专题考订,发现现今留存的吕氏小说著述至少有四部,其中可刨去一部误植为吕氏的"侠民"龚子英的作品,而增添一部侠人的作品。笔者还考订出,侠人乃是吕思勉早期笔名,并且认为,吕氏在小说创作之际以"侠"为笔名,不仅是那个时代的风尚所致,也与吕氏内在的知识认同、年轻激情相关联,它们是吕氏所推崇的文化符号。在此基础上,笔者进一步论述和阐发了吕思勉在中国小说史上的贡献,认为其地位之不可忽视,不仅在于晚清时代的小说创作,更在于他在民国初年以来日渐成熟的小说理论阐发,从而使得完整的"小说学"得以成立。吕氏的研究既反映了晚清民初小说研究的最高水平,也使其成为小说"深入期"的重要人物,而这种贡献中最重要的,乃是对小说本体的重视和确立,并在此基础上,力图实现小说功用与本质的结合;本土与域外理念的融汇,以及启蒙与"纯文学的小说"的协调。这些问题及理念的提出,都是在跨越梁启超的基础上所取得,它们深化了小说"深入期"的理论,在中国小说史上拥有不可忽视的价值。

值得指出的是,笔者的研究不单纯在于通过文史界域的突破,勾勒出一代史家在文学思潮中的活动,从而展现出一个不一样的吕思勉,更希望在这样的具体研究中,将学者从"单面性"的考察中拉升出来,延展到为人所忽视的界域,从而在立体、丰富的审视中,连接起断裂的历史碎片,在新的学术思考中获得更全面的认识。

(此文在修订过程中,得到张耕华师的悉心指导与资料馈赠,谨致谢忱。)

(《问学——思勉青年学术集刊》第1辑,三联书店,2015年)

《高等小学新修身教授书》导读

陈卫平*

  吕思勉(1884—1957)是众所周知的中国现代著名史学家,其实他也是教育家,而这往往未被人们充分注意。翻阅《吕思勉全集》,其中有八卷近二十种左右的教科书,科目涉及历史、地理、国文、文选、修身。《高等小学新修身教授书》(以下简称《教授书》)正是其中之一。称吕思勉为教育家,不仅是因为他编写了这么多教材,也不仅是因为他的受业弟子中产生了钱穆、唐长孺、杨宽等史学名家,还因为他有中小学基础教育的实践和研究。《教授书》从某个侧面表明了这一点。

  此书出版于1914年6月,由吕思勉与杨晟、臧劢成合编。当时教育部的审定批词给予很好的评价:"此书于道德教育、国民教育,俱能揭其要领,选材亦俱切当。按之高等小学程度,颇为适宜。"获得如此评价,并非偶然。因为那时吕思勉已经有了多年在中小学以及职业学校、大学的任教经验。从1905年到1911年,吕思勉先后在常州溪山小学、东吴大学、常州府中学堂、南通国文专修馆教书,1912年又到上海私立甲种商业学校任教,直至1914年暑假前。在编写本书时,吕思勉不仅有着多年的教学经历,而且用心研究教学方法。国文课是他教授最多的课程,这是中小学最基础的课程。在吕思勉留下的论著中,可以看到在1909年至1910年期间,他曾三次撰文讨论国文的教学问题,批评当时流行的教学方法,提出改进建议。这些经历无疑为《教授书》的编写打下了重要基础。

  《教授书》出版于100多年前,对于今天的读者还有意义吗?"修

---

* 作者简介:陈卫平,华东师范大学哲学系教授。

身"是儒学思想的重要范畴，也是儒学的道德实践，是两千多年传统社会里立德树人的根基，教书育人的必修课。党的十八大以来，以习近平为核心的党中央把接续中华修身传统作为传承发展优秀传统文化的重要方面。2017年新春伊始，中共中央办公厅、国务院办公厅印发《关于实施中华优秀传统文化传承发展工程的意见》，其中把优秀传统文化贯穿国民教育始终作为重要任务之一，要求以幼儿、小学、中学教材为重点，构建中华文化课程和教材体系。《教授书》在"修身"之前加上"新"字，表明其追求的是将传统的修身与新时代的需求相适应，与现代学校教育相协调。可以说，吕思勉是探索传统文化如何贯穿国民教育的先行者。今天当我们继续先行者事业的时候，回顾其留下的足迹，不仅是为了礼敬先行者，更是为了从先行者那里获取借鉴。

本书名为"教授书"，意谓高等小学教师讲授修身课的参考用书，共有9册，与3个学年9个学期相匹配。辛亥革命后建立的中华民国，在1912年至1913年间，建立了学校教育的新学制即"壬子、癸丑学制"：小学校分为初等和高等。初等小学校招收6足岁的儿童，学习4年，作为义务教育；高等小学校招收初等小学毕业生及同等学力者，学习3年；中等学校招收高等小学毕业生及同等学力者，学习4年。可见，本书用以教授的对象相当于现在的小学高年级和初中一年级。它对于今天构建中华文化课程和教材体系颇有值得借鉴的地方。

值得借鉴之一，是如何处理新与旧的关系。清末兴起了以废科举、办学堂为诉求的教育改革。在科举废除后的1906年，清政府提出的《教育宗旨》是："忠君"、"尊孔"、"尚公"、"尚武"、"尚实"，试图在旧的封建价值观的基础上建立新的学校教育体系，而其设置的修身课程是培育"忠君"、"尊孔"价值观的核心课程。1912年蔡元培担任中华民国教育总长，认为"忠君"、"尊孔"违背现代社会平等、自由的价值观，因而民国政府规定教育宗旨为"注重道德教育，以实利教育、军国民教育辅之，更以美感教育完成其道德"。对于道德教育的注重，表现为依旧设置了修身课程。同年民国政府颁令以"孝悌忠信仁义廉耻"八德为立国之本，这自然也是学校道德教育的主要内容。倡导这八德是儒学传统。可见，在蔡元培主持下，民国初年的学校教育，试图把现代社会的价值观与传统道德融合起来,以培养"健全国民"。

《教授书》比较充分地体现了这样的精神,"新修身"可谓名至实归。儒学修身传统的结构,即是修身、齐家、治国、平天下。以个人道德修养作为出发点,从自己做起,由近及远。这是合乎少儿认知规律和教育教学规律的。《教授书》借鉴了这样的结构:在每个学年的3册教材,都是由个人修身讲起,然后推及家庭、社会、民族、国家。就是说,9册教材形成了三个修齐治平的循环,每个循环体现了由浅入深的梯度。传统的修齐治平包含了理想人格、理想家庭、理想社会、理想国家等,对于这些方面,《教授书》大量地吸取了与现代价值观念相契合的内容,反映这些内容的不少新名词就是课文的标题,如"卫生"、"公益"、"合群""爱国"、"储蓄"、"竞争"、"自由"、"自治"、"社会"、"国家"、"宪法"、"国会""政府"、"司法"、"警察"、"选举"、"军国民"、"商业道德"、"工业道德"、"我国民族"、"国民之义务"、"国民之权利"、"法律与道德的关系"等等。不过,在讲解这些新内容时,《教授书》也不时借用中国传统典籍的话语,以体现传统文化新的时代生命力。如在第8册第1课"社会"的课文中,就以孟子"一人之身,而百工之为备",说明个人的衣食住行离不开其他人们的劳作,由此阐述个人与社会相维相系之道。这些新内容大体上均是在戊戌维新前后得以传扬的。吕思勉曾自述戊戌维新思想家康有为、梁启超、严复等人对其影响很大,这从上述的新名词中可见一斑。但《教授书》并不是简单地求新弃旧。梁启超的《新民说》把道德区分为私德和公德,批评传统的修身是偏重私德的"束身寡过主义",强调发扬合群之公德。《教授书》第1册第1课"道德"指出:"德有公私之别。"这显然是来自梁启超的话语,但不同于梁启超的强调公德,认为公德虽然重要,但是,"德,譬则树也。私德,树之根本也。公德,树之枝叶也。根本不固,枝叶未有能茂者。故修德之程序,当从私德始。"即私德是公德的基础。这体现了在吸取新理念中传承发展注重个人德性修养的旧传统。这样的传承发展贯穿整套教材。第一册第一课和第九册最后一课都是"道德",即始于"道德",终于"道德",这是人想起了《论语》的第一章和最后一章都是言君子即道德人格的修养。可见,《教授书》继承了以个人德性为出发点和落脚点的修身传统,而从这出发点到落脚点的修身内容则被赋予了很多时代的新内容。

值得借鉴之二,是如何处理教与学的关系。《教授书》"编辑概言"说明了每课的内容是:"首列本课要旨,以概括之语,提示全课要领。次列教科书本文,为教授时讲授字句所用。次列教授要义,综括本课意义,旁征博引,逐段说明。次列备考,于本课名物训诂,分别详疏,以便教员教授时之参考。"这样的设计意味着将教材体系转化为了教学体系。不仅如此,"编辑概言"还提出"教授时宜处处注重道德,并随时随地实地指示,以养成学生优良之品性,而引起其实践之心。"这样的要求意味着将教学体系转化为学生认知认同体系。如此的两个转化,使得《教授书》真正具有了指导教学的性质。严谨的逻辑是形成教学体系和学生认知认同体系的必要条件。《教授书》正体现了这一点。

前面已经指出,整个《教授书》的结构是修齐治平的三个循环。因此,三个学年的教学上,有着相同主题的内容,而把这些相同主题的内容安排在不同学年,是有其内在逻辑的。以三个学年同以"孝亲"为题的课文及其教授要义为例:第一学年的"孝亲"课,从父母对儿女的养育和石匠夏昒的孝亲事例说明为何孝亲,即孝亲是出自报答父母养育之恩的初心;第二学年的"孝亲"课,由范仲淹、范纯仁父子的孝亲行为说明如何孝亲,即大孝终身慕父母,而非一事一时之举;第三学年的"孝亲"课,以子路、皋鱼、乐正子春对孝亲的认识说明孝亲何为,即孝亲的作用是使得天下之人举手投足皆不敢忘善,由此可谓"以孝治天下"。从为何孝亲到如何孝亲再到孝亲何为,正是这样的逻辑形成了"孝亲"的教学体系和学生认知认同体系。

《教授书》有不少同题课文分为"一"、"二",即同一个问题分为两课来讲授,这同样体现了教学体系和学生认知认同体系的逻辑。如第6册的第10、11两课是"法律与道德之关系一"、"法律与道德之关系二",两课之间的逻辑关系十分清楚。第10课是讲解法律与道德的同异,同在均用以规范人们行为,异在前者有强制性,后者出于主体自愿;第11课是讲解"法律当与道德并行,始获美果",而这显然是建立在明白两者同异之上的。如果说这里的逻辑是以学理来贯穿,那么,第1册讲授"爱国"的两课则用从历史到现实的逻辑来链接。"爱国一"从历史上苏武牧羊阐述什么是爱国,而"爱国二"从辛亥革命建立中华民国指出什么是今天应爱之国。即使不是同题的课文,《教授书》也揭示出其中的逻辑联系。如第4册的"储蓄"和"济众",表面上看,储蓄和济众是相反的,前者积存财富,后者布施财富,而"济众"的"教授要义"却说:"前课言储蓄之道,曾言不可鄙吝矣。"但是"若善于储蓄者,有时亦以其有余助人之不足,即所谓济众是也。"这就以两者的相反相成提示了两课之间的逻辑关系。《教授书》的"教授要义"也有很强的逻辑性。如第4册"自由"课的"教授要义"的五点,第一点指出"任意而行"不是自由;第二点指出什么是自由,即"法律赋予之自由";第三点指出不遵守法律,会遭受法律惩戒,"则欲自由而仍不自由",这是从反面论证第二点;第四点讲解群己自由的关系,这是对前面要义的深化;因法律赋予每个人自由,于是就产生我之自由和人之自由的问题,第五点以这一课的格言"不自由,毋宁死"和"自由,自由,天下几多之罪恶,借汝之名以行"进行总结,即自由是我们的价值理想,但也须警惕借自由之名而煽动人们胡作非为。这些"教授要义"的逻辑性为教学内容的逻辑性和学生认知认同的逻辑性提供了指引。

值得借鉴之三,是如何处理事与理的关系。《教授书》几乎每一课文和对课文的讲解,都是通过事例来阐发义理。这样的教学方式无疑是遵循了小学生的认知认同规律,即由具体事例来知晓和接受其中的道理。《教授书》形成如此风格,和吕思勉受传统史学浸润有关。中国传统史学寓道德褒贬于史实叙述中,《孟子·滕文公下》就有"孔子成《春秋》而乱臣贼子惧"之说。《四库全书》集传统典籍之大成,其中"经"与"史"的关系,就是"理"与"事"的关系,理从事出,事以证理,此即《四库全书提要》所云:"征事于史,可以明古今之成败"。吕思勉把这样的史学传统运用于《教授书》,既让修身义理在故事的叙述中活起来,又让这些故事由义理的提升而亮起来。更值得注意的是,《教授书》的事理交融贯穿了不忘本来的精神,把优秀传统文化作为培植小学生修身新家园的丰厚沃土。这主要表现在以下三个方面:

首先,将传统美德故事与传统名言名句之义理相互印证,体现了对于传统美德的继承性。《教授书》中关于个人德性养成的教授,如立志、慎言、克己、守信、孝亲、报德、行恕等等，都是选取中国传统美德故事，以传统典籍中相关的名言名句为导引，伸发其中的义理。这里举第3册"守信"课为例。该课文讲了两个故事，一是三国时期吴国的卓恕从建康回会稽，与诸葛恪约定某日复归。他人以为会稽建康相去千里，约定归期是虚文应对。然而，卓恕竟如期而归；二是唐朝罗道琮流放岭南，与其同行的朋友死于途中，罗道琮答应过他，如果自己一旦能从岭南返回，一定不让其遗体弃置异乡，后来罗道琮遇赦，实践了许诺。课文点明，这两则故事从不同角度体现了守信：一则不爽约于千里，一则不失信于死友。"教授要义"进一步以《论语》中孔子的"人而无信，不知其可"和子夏的"与朋友交，言而有信"来阐发义理，强调应当继承这样的美德，做到"对于社会，不可失信。对于一己，不可自欺"。

其次，用中国传统义理阐释外国故事，体现了传统义理具有适合中外的普遍性。不忘本来并非拒绝外来，然而借鉴外来是为了更好地认知认同本来。比如，第8册的"总统"课，指出美国总统林肯、约翰逊、杰克逊均为平民出身，因其才与德而被民众选举推戴；对此"教授要义"引用《礼记·礼运》作了阐释："《礼》云：'大道之行也，天下为公。选贤与能，讲信修睦。'此实大同太平之极则也，民选总统，实寓此意。"日本在治维新后迅速崛起，这对当时中国有很大影响，《教授书》第4册"自尊"课，叙述明治维新思想家福泽谕吉和吉田松阴对于自尊的提倡，而以孟子"自暴者，不可与有言也；自弃者，不可与有为也"。概括他们的义理，"不自暴不自弃，则自尊矣"。上述两例外国之事与中国之理相交融，使得学生领悟传统哲理蕴含着贯通中外的智慧。

再次，以传统事理回应现实，体现了它们具有改善社会人生的时代性。《教授书》以传统事理讲修身，不是要学生沉溺于古人心性敬诚的精微讲论中，而是充满着匡正现实的时代性。以第1册"俭约"课为例，讲了宋代贫寒出身的司马光和"官二代"身份的范正平的故事：司马光"不喜华靡"，以后虽为名相，但平生布衣蔬食；范正平徒步往返于距城二十里之地，用破旧扇子遮挡烈日，"人不知其为宰相子"。选取两位分别出身于贫寒和富贵家庭却都有俭约之德的故事，说明"由俭入奢易，由奢入俭难"的道理。讲这样的事理，《教授书》是针对时弊的。其"教授要义"指出:"今日社会之情状,较之古时奢靡极矣。国贫民困,良有以也。吾愿诸生师司马光、范正平俭约之风,以之自励,更愿诸生以改良社会奢侈之习惯为己任"。这般用传统事理警示今人,以推动社会崇德向善,在《教授书》中不胜枚举。学生由此认识传统文化在现实社会中的正能量。

值得借鉴之四,是如何处理知与行的关系。修身之"修"有"行"的意涵,因而儒学也会把修身称作修行。这意味着修身不仅要人们认知道德的性质、意义、德目,此即《大学》的"明明德",而且要人们以礼仪来规范自身行为,此即孔子的"道之以德,齐之以礼"(《论语·为政》)。对于儿童修身来讲,要他们"明明德"不很容易,所以儒学将其列入"大学之道",而以"齐之以礼"为儿童修身的入手处,孔子对儿子的教育就从"不知礼,无以立"(《论语·季氏》)开始。懂礼数是传统家教的重心。儿童如能持久按照礼仪规范自己,就能养成了良好的习惯,这些习惯似乎成了他们第二天性,礼仪蕴涵的道德义理就自然而然地内化于心了。这样的德性培养过程符合儿童的认知认同规律,《教授书》对此加以继承和发扬。第1册"敦品"课里,认为有的人品性卑劣,就在于"幼时不知敦品,习与性成,致日趋于卑下耳"。因此,"教授要义"进而指出:"欲握敦品之原,一言以蔽之曰:守礼而已"。第4册"守规律"课的"教授要义"强调:随处随时遵守行为准则,"久久如此,便成习惯","言习惯即成自然",就不会有受准则束缚之苦的感觉。《教授书》的"守礼"主要有两大方面:一是怎样的行为是违礼的;一是怎样的行为是合礼的。

对于怎样的行为是违礼的,《教授书》遵循了孔子的说法,其第1册"敦品"课的"教授要义"指出:"目有视,非礼勿视也;耳有听,非礼勿听也;口有言,非礼勿道也;身有所举动,非礼勿动也。能若是,品行未有不端者。"根据高小学生的特点,《教授书》的重点在非礼勿言和非礼勿动。对于非礼勿言尤重不说谎。《教授书》在第1册和第4册的两篇课文里,各以司马光和华盛顿幼年时的故事,凸显无论中外说谎都是非礼之言。司马光幼时谎称自己做成了其兄未能做成的事——脱去青胡桃的皮,实际上这是由女婢设法完成的。他因而被其父严厉呵责,从此再也不敢说谎。后来有人问司马光什么是可以作为终身的尽心行己之要,他答道:"'其诚乎?'问行之何先?曰:自不妄语始。"对此"教授要义"指出:"人当幼时,最喜炫己之长",于是不免掠人之美而作伪,"习之既久,诚意灭矣"。就是说,由于说谎是儿童易犯的毛病,因而要把不说谎作为儿童非礼勿言的首要,扣好诚信的第一粒纽扣。对于非礼勿动,《教授书》主要是针对高小学生容易沾染的不良嗜好,提出了"戒吸烟"、"戒嗜酒"、"戒赌博"等。

对于怎样的行为是合礼的,《教授书》主要集中于高小学生基本活动场所即家庭、学校。对此《教授书》往往通过设置问题情境,使学生在遇到类似情形时,能够效仿书中提倡的行为。比如学生日常居家的孝亲行为应当是怎样的,《教授书》以孝亲模范石匠夏旸的故事,告诉学生"冬月,侍父同寝,必先温衾褥。母病,侍汤药,不离左右,衣不解带者三年"。对于如何礼敬家族中的长辈,如何与邻里以礼相处等等,《教授书》亦有类似的指示。再比如,学生在校的敬师行为应当是怎样的,《教授书》也有具体指示:"弟子之于师,坐则隅,行则随,请业则起,请业则起,奉命承教,必诚必恪,尊师之礼然也。""侍坐于师,不敢与师抗。从师而行,不敢出于师之前。他若有所闻,必起立。相见必行礼,相遇必旁立。皆敬师之礼也。"其它的对于同学间如何以礼相待,与同学结伴出游时如何对待公园或野外的花木等等,《教授书》都提供了实际的行为指南。

要做到行为不违礼而合礼,必须经常自我反省。《教授书》将这传统修身手段具体化为适合高小学生的一系列问题:"诸生平日无过失乎?亦曾有犯学校之规则乎?欲不犯学校之规则,必思当日之所犯者何事,欲无丝毫之缺失,必思当日之有过者何故。"这样的反省,既是对修身之知的深化,也是对修身之行的落实。《教授书》出版在新文化运动白话文兴起之前,用的是文言。这对于小学生不免有点艰深。《教授书》注意到这个问题,因而在课文之后,大都设有简短易记而有思想内涵的"格言",与置于课文之前的本课"要旨"相互呼应,如第7册"持满"课的格言是"满招损,谦受益"。第1册"惜阴"课的格言是"人生最系恋者过去,最希望者未来,最悠忽者现在"。吕思勉曾在常州、南通搜集过民谣。《教授书》的格言吸取了民谣朗朗上口、明白晓畅、一语中的优点,弥补了文言带来的艰深问题,表现了让修身的知与行便于小学生易记易行的用心。

"导读"犹如旅行团的导游。跟着导游,旅行团的众多旅游者走同样的路线,看同样的名胜,住同样的宾馆,拍下同样背景的照片。这就可能遮蔽了某些美丽的风景。于是,兴起了自助游,人们策划了不同于导游的旅游方案,因而对同一个旅游地点,可以感受到导游视野外的其他方面。这里很希望读者在这篇导读之外,能够"自助游",从而领悟导读没有提供的东西。在此还需要告诉读者,《教授书》并非完美无缺,存在着某些历史局限性。比如以范纯仁因要在父母身边侍奉而拒绝出仕作为大孝的范例,恐怕是不适合现代社会的;再如在讲解"竞争"一课时,称"美洲之红种"(印第安人)和"非洲之黑种"为"世界最劣之人种者",这无疑与今日的认知和价值观念不合。"自助游"时对此也应予以注意,这样才能看到真正的美丽风景。

在2017年写下这篇导读时,吕思勉去世已整整60年。吕思勉生前,我无缘亲聆其教诲。然而,在中学里,我却有幸受业于吕思勉亲炙弟子中至今唯一健在者李永圻老师。李老师从中学开始,就师从吕思勉及其女儿吕翼仁,抗战胜利后随吕氏父女至上海共同生活。他从复旦大学毕业后,一直在中学(华东师大一附中及其前身光华大学附中)任教。李老师始终问学于吕思勉,先生去世后,几十年间为整理吕思勉的论著而不遗余力。我1964年进入中学,李老师讲授历史课。悠久的中国历史由他娓娓道来,就像说故事那样生动形象,抑扬顿挫的语调带着常州话的糯软韵味。我们上课犹如听苏州评话般的享受。50多年过去了,中学校友聚会时,大家都仍记得李老师讲课的某些片段乃至神态、语气。这是否传承了吕思勉课堂上的风采?我不得而知。不过,有一点可以肯定:这凝聚了吕思勉教书育人的心血。吕思勉作为教育家,对于基础教育师资的精心培植,由此可见一斑。李老师对我有特别的关爱。他知道我后来在华东师大从事中国哲学的教学和研究,曾亲自将吕思勉的《先秦学术概论》送我家中,并在扉页上手书题写"陈卫平老弟 惠存 李永圻赠 一九九五年十月十五日",并盖上了自己的印章。勉励之情,跃然纸上,我很受感动。以后,虽然几经搬家,但这本赠书珍藏至今。撰写这篇导读,亦是对师恩的一点回报。但我非史学界学人,对于吕思勉的著作和思想缺乏深入研究,因此,这篇导读也许没能揭示此书的要领精义。对此敬请李老师和读者批评指教。

《新式高等小学国文教科书》导读

程　怡*

2016年,距离吕思勉先生编写《新式高等小学国文教科书》已整整100年了。

从1916年2月至1924年5月,这套国文教科书各册的重版次数最少的也有49版,而第一册居然有70版之多,足见其影响力之大,使用面之广了。

这套教科书共六册,每一学年两册。从课文的选编、组织上,我们可以看到编者对国文教育的深刻理解。六册国文教材共166课,吕先生自己编写的课文,竟然有123篇之多。他为什么要亲自编写并且用简净、流畅的文言文来写呢?这当然与他对"国文"的定义有关。首先,国文是所谓"在纸上说话"的书面语,这种书面语可分为:古文、普通文与通俗文三类,古文指的是"先秦两汉之书、唐宋八家之文";普通文"介于古与今之间,"是"承古代之语言而渐变者","如近今通行之公牍书札及报章纪事之文";通俗文指的是"向来通行之白话小说及近人所刊之白话书报"等等。其中最早的古文书籍,有三千年以上的历史;要理解它们,不是三五年有限的国文教育所能完成的任务。吕先生认为,中国人的书面语习惯于用古文做标准,因此要了解古人的精神、古代的思想和古训,不通文言则绝无可能。当时白话文运动的倡导者们其实也都是通文言的人,他们所主张的"名词成语采用文言,句法、篇法全用语体"实在是很难实行的。因为上述习惯,数千年来已经使得我们的文言书面语与白话口语之间有了很大的距离,即使是智识之人,也难免"藉

---

* 作者简介:程怡,华东师范大学中文系副教授。

文言以济口语之穷"。这就好像我们今天看到的街头采访，上海人只要一谈到国家大事，就不免上海话与普通话混搭一样。正因为古文难通，又不能全然不通，所以吕先生主张初小的儿童"均宜改用通俗文"做教材，同时统一用"国语"来教，而高小以上程度的国文课则应该肄习"普通文"，上古文的学习，就有待于高等学堂及大学堂了。

吕先生的旧学功底无与伦比，却并不赞成旧时私塾的国文教育，因为那种教育"不切实用"，"其所授，不必求合与天然，而但须取材于纸上"，"其教授，不必求学生之有得，而但恃教师之讲演"；且私塾教育"舍弃各种科学，以日夕从事于呫哔"，"发蒙之初，所以日受四书五经，了无益于知识道德，而转以窒酷其性灵也"。先生说他十一岁的时候甲午中日战争爆发，但"有些人根本不知道日本在哪里，只约略知道在东方罢了"。后来知道德国很强大，便找到家里所藏的中国人写的地理书数种，"还找不出德意志的名字，于是有人凭空揣测，说德意志一定就是荷兰"，因为他们知道荷兰一度很强大。私塾教育的不健全闹出的笑话我小时候也听父亲说过：有人拿到了一个作文题"项羽与拿破仑"，一上来便破题曰："项王力能举鼎，况拿一破轮乎！"我们听了大笑，父亲更是不知笑过多少回了！这大概是他们那一代人都听到过的笑话吧？如此看来，先生用浅近、平实的文言文来编写当时中国孩童需要了解的各方面的常识，正是他"授以切实实用之文字，养成发表思想之能力"的编撰宗旨的体现。

吕先生编教材的时候是33岁，那一年我父亲刚刚出生。后来父亲有没有读到过吕先生编写的这套教科书，已无从知晓。只记得父亲说过他5岁多一点儿就入私塾发蒙，读的全是当时私塾都要读的经典，他说自己半年便能背诵《左传》。为了不挨打，他总是努力背书，由于记性好，他常常被先生夸奖。但放假的日子总比上学的日子开心，玩疯了就会闯祸，闯了祸就会捱母亲的打。父亲12岁到南昌补习了半年新式小学的数学课程，才考入了当时江西省最好的中学。乡塾与新式学校教育的强烈反差令父亲又惊又喜，他说，生理卫生和植物学等课程所教的常识，都是他闻所未闻的。上新式学校，简直就是从此走进了一个新世界。

吕先生同一时期还编有新式学校初高中的历史、地理、修身等教科书，为了不与其他各科的内容重复，新眼光、新思路对于国文教科书的选材，是必不可少的。吕先生的这套高小国文教科书，从进入高小的第一篇强调教育在"今日文明世界"的意义，到第六册最后一篇讲"国性"与国文的重要关系，真可以说是一个颇具当时中国特色的语文教育新体系。先生把国文的基础修习放在了一个很高、却又贴近中国人日常生活的位置上。

日常生活对于人的童年和成长来说，其影响力远甚于书本知识。我们对家庭、邻里、社会、世界的各种事物、各种关系的认识无不源于我们最初的日常生活。吕先生认为阻碍人类社会进步的"最大的毛病，就在于无所用其心，而凡事只会照老样做"。这就不可能有我们今天所谓的创新思维。在第一册的"察理"上下篇中，吕先生以烟草的发明与哥伦布让鸡蛋竖立在桌子上的故事为例，告诉学童，不要因为少见多怪而做出可笑的事情；也不要因为已司空见惯，就把别人的大发现、大发明看得稀松平常，转而认为自己无所不能。在第一册教科书里，他还以"盲鱼"为例，说人的头脑是用来思考的，懒得思考的人，就像那种在暗无天日的巨壑中视觉完全退化了的鱼，被强者吞噬是早晚的事情！吕先生认为，对于日常生活中发生的点点滴滴，只有留心观察了、思考了，才能获得真知识。很多年以后，他还常常告诫学生们："学问在空间，不在纸上，须将经验与书本，汇合为一，知书上之言，即为今日目击之何等事。"他把自己几十年读书、教书的经验，化入了对日常生活的理解，通过简雅洁净的书面语，呈现在他所编写的教材中。例如第一册教科书共三十五课，每篇课文的字数最多不过300，少的仅130多字。讲的都是日常生活、格物致知的普通道理，文字却既平实，又活泼。如第二课"喻学"用的是寓言手法，通过木与铁的对话，形象有趣地用密集的动词与夸张的动作组合表现了铁成为工具的过程以及铁被锻炼成器的痛苦，文字风格像极了《齐物论》中子游与子綦关于风的那段对话。文字的节奏生动地再现了木与铁的表情，而作者却无一字落在拟人化的表情描写上。第四课"圣迹"一篇其实就是今天所说的"说明文"，作者对孔林空间准确、明晰的描述，使人如临其境，而寥寥几笔对孔林草树的描写,竟透着强烈的文化纵深感。

先生22岁到23岁时曾任教于溪山小学,对十来岁的男孩子的天性是非常了解的。"寓教于乐"、让儿童在游戏中强健体魄、发展天性的教育主张,也体现在国文教科书第一册的编写中。"纸鸢"、"钓鱼"读来颇亲切,儿时自己糊风筝、放风筝,自己"敲针作钓钩"、挖蚯蚓作鱼饵的情景犹在眼前。我父亲只会唱屈指可数的几首歌,其中就有放纸鹞的,"口口(怎么也想不起这个词儿了)三月天气好,功课完毕放学早,春风和暖放纸鹞,长线问我爹娘要。爹娘对我微微笑,夸我功课做得好……"如今的孩子也放风筝,但却不是自己制作的了。"运动"那一篇也让我想起父亲会唱的另一首歌,叫《跑、跑、跑》,"跑跑跑,跑跑跑! 努力向上跑! 暖风吹,太阳照,空气新鲜景致好! 你也跑,我也跑! 大家一起向上跑!"小时候觉得那调子真难听,歌词也笨,现在却觉得很温馨。"运动"篇的最后一句说:"平野广阔,空气清洁,徜徉其间,心神泰然,实人生至佳之境也"。读着这样的句子,你的呼吸是否也很舒畅呢?

民国以后的新式小学分为两级,前四年为初小,后三年为高小。进入高小的学生年龄一般在10岁左右,正是好奇心、求知欲最旺盛的年龄段,影响孩童一生的选择也在此时开始成型。陈平原谈语文教育的时候说过:"对于很多老学生来说,语文老师比数学、英语或政治课老师更容易被追怀。不仅是课时安排、教师才华,更与学生本人的成长记忆有关。在这个意义上,说中小学语文课很重要,影响学生一辈子,一点都不夸张。"因为"'母语教育'不仅仅是读书识字,还牵涉知识、思维、审美、文化立场等"。语言学家赵元任先生的早年自传中就说自己十四岁时进常州的溪山小学校求学,当时在溪山小学校教国文和历史的吕思勉先生是他最爱戴的老师。有幸亲聆吕先生授课的好几位当代文史大家的回忆,也让我们极为亲切地感受到先生的人格魅力,而我们却只能在先生编写的教科书中,想象先生在国文讲台上的音容笑貌,通过先生的文字表达,感受中国语文之美。

我刚在中文系任教的时候,父亲常常会跟我谈到吕生先,说当年同在光华教书时,读书有疑问便会在课间休息室求教于先生,而吕先生往往会告诉他可去查何书、甚至连第几卷、哪个章节都准确无误。父亲说起这些往事的时候,对先生的钦佩之情溢于言表,而在我心目中,这样的大学者一般都很孤傲、冷静、博学而严谨、深思熟虑且难以亲近。然而,读先生所编的这套教科书时,我常常会因为先生生动、有趣的表达笑出声来。比如第二册的第三课"蝴蝶",描写一只蝴蝶从幼虫到作茧自缚最终破茧而出的变化过程,把弱小生命从自卑到愤世嫉俗而后又自得、自媚的心态刻画得惟妙惟肖、颇为滑稽。特别是结尾的那段歌曰:"昔何辱兮,今何荣。昔为同类所贱兮,今为所敬。今日之乐兮,由于昔日之能忍。"真令人忍俊不禁!中国文人多悲怆而少幽默,称得上幽默的文字,实在是屈指可数!

小孩就是小孩,他们愿意记且记得住的东西总是有趣的。我小时候每到开学领到新发的教科书,最先翻阅的必是语文课本,结果却是对语文课兴趣不大,毫无期待。还记得给我们讲《西门豹》的老师是启东人,当他念"这个姑娘不漂亮"时,我们全班都笑翻了,他把"姑娘"念成了"狗娘",漂亮的"漂"读成了上声!如今我们这些已年逾花甲的发小聚会,大家居然还都记得这一课!还记得五年级时一篇课文中的若干句:"树老根多,人老话多,莫嫌我老汉说话啰嗦。……手拍胸膛想一想,难道人心喂了狼。……你爹你妈来逃荒,一条扁担两只筐,你那时饿得像瘦猴,三根筋挑着一个头……他说是灯你就添油,他说是庙你就磕头……"平心而论,这些句子就是今天想起来也还是觉得有趣。

编语文教材的人,除了书读得多,还必须能写出好文字。也就是本教材的编辑大意所说的明晰、势力与流畅的文字。势力,即"与读者之刺激力",也就是我们今天所说的"感人的力度"。在吕先生看来,这是"文字佳否及适用与否"的判别标准。先生认为,就这三点而言,当时的白话不如文言。至于和今天小学教材中同样内容的课文相比,其"势力"高下,我相信,对文字有起码感悟力的人,都不难分辨。

第三册第十课"勃罗斯":

勃罗斯者,苏格兰君也。六百余年前,屡与英吉利搆兵。众寡不敌,辄为所败。迨第六次,良将尽亡,疆土亦失。不得已,伏匿茅屋中以避兵。

时勃罗斯子焉如寄,末路兴叹,乃席地偃卧。瞥见梁上蜘蛛,吐丝作网。勃既无聊,姑觇之以遣闷。梁有二椽,其一较低。蛛系丝高椽,引其一端,欲下垂于低者。垂未及半,丝断而坠,前功尽弃。然蛛虽蹉跌,攀援力作,仍不少衰。坠而复起者六,迄未就绪。勃孤影自怜,喟然叹息,而蛛复援丝下矣。

至第七次,竟无波折,微丝一缕,直达低椽。两端既系,其余易易。瞬息间已成方罫形。勃大感动,奋然曰:"吾敢不如蛛乎!"跃而起。号召旧部,蒐集散亡。再与英战,复有苏格兰。

苏教版小学语文三年级上册"第八次":

> 古时候,欧洲的苏格兰遭到了别国的侵略。王子布鲁斯带领军队,英勇地抗击外国侵略军。可是,一连打了七次仗,苏格兰军队都失败了,布鲁斯王子也受了伤。他躺在山上的一间磨坊里,不断地唉声叹气。对这场战争,他几乎失去了信心。
>
> 布鲁斯躺在木板上望着屋顶,无意中看到一只蜘蛛正在结网。忽然,一阵大风吹来,丝断了,网破了。蜘蛛重新扯起细丝再次结网,又被风吹断了。就这样结了断,断了结,一连结了七次,都没有结成。可蜘蛛并不灰心,照样从头干起,这一次它终于结成了一张网。
>
> 布鲁斯感动极了。他猛地跳起来,喊道:"我也要干第八次!"他四处奔走,招集被打散的军队,动员人民起来抵抗。经过激烈的战斗,苏格兰军队赶跑了外国侵略军。布鲁斯的第八次抵抗成功了。

下面这篇比先生写的那篇多了30个字,却少了很多东西:蜘蛛结网的细节没有了,勃罗斯王的姿态和神态没有了,文章的"势力"完全谈不上了,至于行文的内在节奏,更是大不如前。这应该是好的语文教师不能不关注的授课要点。我见过若干现在的语文教材,像这样"削足适履"式的改编以至改写比比皆是,而忽略的恰恰是作为教材最需要的好文字!

我当教师以后,父亲常常对我说,要讲好课,"深入浅出"是最重要的。只有真正深入了,才能做到浅出,很多问题,你自己尚未全面掌握,怎么能给学生讲得清楚明白呢？对此，我是深有体会的。凡我自己意识到的讲得失败的课，根本原因都在于我读过的书不多，对自己所讲的东西思考不够深入。读吕先生编写的"俾斯麦"，对先生能将"高深之学理，以浅显之言出之"的叙事能力，真是佩服得五体投地。先生只用了不到900字，就把俾斯麦在德意志帝国的统一大业中与奥、法、意、俄、英的连横外交谋略，把当时欧洲各国为本国利益而与他国的离合、征战交代得清清楚楚。这课文在第六册，其后一篇选薛福成的《巴黎观油画记》，很明显是对"俾斯麦"上下篇的补充。在普、法战争中败北的法国人把这场战争的血腥场面画成了油画，令薛福成"几自疑置身战场"。那些读了"俾斯麦"的学生，再读薛福成此文，对法国人败于俾斯麦的谋略而"必图报复"之心，肯定会有更深切的理解。这种趁热打铁的连续性，在这套教材的课文选编上，总会适时显现。例子太多，恕不一一枚举。这样的选编思路，不仅有益于学生获得相对完整的某一方面的知识，对教师备课所需的系统性阅读，也大有裨益。

吕先生很重视国文课对学生"发表思想之能力"的训练。"首求明晰，次务势力，终贵流畅"，不仅是教材选文的标准，也是培养学生作文的标准。他批评科举时代的八股文，说那些文章总是"要从没话可说处硬找话说"，"说空话、发空论"；他说《史记》之所以写得好，"实缘其与当时之语言甚为接近"。先生一生都反对抱残守缺、无所用心的文化，在评价五四新文学运动时，他说五四运动的价值就"在于推翻旧来的权威，教人以一切重行估计"。谈到白话文的风行时他说："此事于教育亦是很有利的。但其功用还不止此。因为文学思想，本是人人所同具。但是向来民众所怀抱的感想，因限于工具，无从发表，而埋没掉的很多。从白话文风行以来，此弊亦可渐渐革除了。所以最近的文学，确亦另饶一种生趣，这都是不可否认的事实。"作为中国近世的大学问家，先生不仅能写一手才气横溢、意境孤峭、笔锋犀利的古文，还能写自然流畅的白话文，如他的《狗吠》一文："从前，我们联床情话时，夜深人静，抑或听得狗吠的声音，开门出视，只见一条深巷，月明如水，行人绝迹而已。"寥寥几笔，战前江南僻静小镇的夜色如在眼前。而日寇占领先生的老家之后，"在深夜，他们得了慰安回来的时候，就要逢彼（指狗）之怒了。或者拔出刀来刺,或者以现代的武器相对付。以现代的武器相对付倒也罢了。被刺刀所刺的,伤而不死,真惨痛啊!我曾见一只狗,肠拖腹外,还惨切叫号了两三天。然而狗见了他们还是叫,不但没有受过伤的,就是受过伤的,甚而至于还带着伤的,也是如此。态度决不改变。狗真是有气节啊!"这是对历史细节的记录,也是对战乱中故乡民众充满恐惧与痛苦的生活的描述。先生用白话来写,为的是更能传达亿万抗战民众的心声!

　　行文至此,也该结束了,但觉得还有两件事非说一下不可。一是关于近年来高考得满分的文言文作文问题。这些文言文作文,言之无物、辞藻堆砌,一副老气横秋的样子,都有吕先生所说的"意少辞多"的八股通病。这非但不能表明语文教育的进步,反倒是一个大退步。读了吕先生关于国文教育的几篇重要文章之后,我更觉得此风不可长;二是我自己的一大遗憾:过去总认为吕先生是史家,从未关注过吕先生的国文教育思想以及他对古典文学作品的讲评。退休四年后,读黄永年先生当年听吕先生讲评《古文观止》的笔记,读先生遗文集中关于文学与语言诸多问题的精彩讨论,真有振聋发聩之感。如果我早十年就好好读先生的书,我的学生必能因此而受益。

《新式高等小学历史教授书》导读

程念祺[*]

1916年，吕思勉先生为中华书局出版、教育部审定的《新式高等小学历史教科书》（以下称《教科书》），专门撰写了《新式高等小学历史教授书》（以下称《教授书》）。《教授书》的合作者庄启传先生，也是《教科书》的作者之一。他们的合作，应是为了使《教授书》的编写更切合教学要求。至于《教授书》的编撰旨趣与行文风格，则与吕先生后来所著作的各类中、小学中国历史教科书及复习、参考书颇为合拍。

时至今日，因为课程安排不同，这本民国时期的高小本国史《教授书》，已不适用于今日的小学。但是，对于今日初中本国史教学，它却是一本不可多得的参考书。这是因为，当时的学校难以配备诸多古籍，为便于教师备课，《教授书》除了精选正史材料之外，于诸子百家、儒学经典，以及其他稗官野史、名人笔记、杂录之类亦多所征引，于近代史料更是博考群籍辑而录其可靠者。今日的中学历史教师，如认真读过这本《教授书》，他的本国史教学水平一定会有极大的提高，他的本国史修养也会有一个飞跃。

该《教科书》共分六册。前四册主要是根据中国历史各阶段的特点和朝代变化，讲重要的历史人物及相关的历史事件；五、六两册讲解中国历史的基本进程和文化特点。而相应的六册《教授书》，为教师讲解和辅导学生学习《教科书》，不仅提供了丰富、完整，而来龙去脉清楚的历史知识，也为培养学生的学习和概括能力，以及联系和发现问题的能力，提供了一系列有效的方法和步骤。《教授书》最根本的目标，是指导

---

[*] 作者简介：程念祺，上海社会科学院历史研究所副研究员。

教师怎样培养学生学习和思考的主动性。故其每一课程,除了录入简短的课文,更多的是对该课的讲授要旨、准备、预习、讲课次序、整理知识,作合理的安排,要言不烦地讲解重要的知识点。

如《教授书》讲《唐尧》,首先点出此课之要旨,在于使学生知道"古帝施仁政,及不私有天下之盛治(禅让)";并指示教师先将黄帝至尧的世系作一整理。接下来,教师安排学生课堂预习:一是根据教师要求,作从黄帝到尧的世系表;二是将尧时历法的出现,与黄帝时算学的产生加以联系。做世系表,显然有助于学生的听课与记忆,使之能将所学内容条理化,并抓得住课文的重点。而让学生联系之前已教过的内容,则有助于培养学生认识历史进程中各种相关性的能力。

至于教师的讲课次序,首先是预备。其步骤,一是检查学生对课文的预习情况,二是将讲课要旨进一步具体化。如在检查学生预习《唐尧》一课的情况后,教师首先板书:"黄帝以来,帝位相承,其不私有天下,而付托于有德之人者,自何人始。"然后,针对这一问题,对教师该如何讲解作具体的提示,并以相关事例进行说明。凡此类具体提示,其征引文献和所作解释,均为各课重点,《教授书》无不讲解得允明得当。

每一课讲完,都有课后整理。其步骤是将课堂上所讲解的知识,更加条理化,也更加概括。这种整理,做得非常切实,使学生能够通过预设的种种具体提问,加深对基本史实的记忆;并通过勾连和比较,历史人物的所作所为及其特点,有一个清晰的认识。随着教程的不断进展,学生掌握的历史知识越来越丰富,《教授书》在课程整理时所能提出的问题,也就越来越广泛、深入和有趣。

如《教授书》讲完《于谦》这一课,在整理过程中,就设计了这样两个问题:一是明英宗何以能复辟?一是明英宗能南归,宋之徽、钦二宗终于北狩,其故安在?《教授书》在讲授《岳飞》时,曾讲过岳飞因为坚持恢复故土,反对与金人议和,必然受到主和派的迫害;宋金只有议和成功,金人才不会归还徽、钦二宗,宋高宗的帝位才能够稳固。而于谦坚决抗击蒙古瓦剌,拒绝与之议和,导致瓦剌将英宗送回,造成日后徐有贞、石亨趁景帝病重,发动政变,奉英宗复辟,杀害于谦,此中所埋伏着的因果关系,尤其值得深长思之。岳飞、于谦,皆因反对议和而死。无论他们反对得无效,还是有效,都是一样的结果,其原因何在?这难道不又是一个值得探讨的历史大问题吗!

吕先生是提问的高手,也是比较的高手。在《教授书》中,各种各样的提问和比较,不仅有助于学生整理、记忆所学的历史知识,也有助于学生历史认识的不断深化,提高他们的思想水平。

我国史学,素有摆事实、讲道理的特点。事实和道理,是两个不同层面的东西。史学最重要的特点,首先要摆事实。事实摆不清楚,或摆得不大对,甚至完全摆错了,道理就不好讲,讲不通,以至于没有道理可讲;哪怕表面上能把道理讲得头头是道,讲得很玄妙,却经不起摆事实的检验,这样的道理又有什么用处呢!而《教授书》在摆事实和讲道理这两个方面,都做得非常妥帖、明白,言必有据。如《教授书》讲西汉张骞、苏武和东汉班超的出使,除了讲解相关史实,还突出了当时出使诸人的个性特点。

《张骞、苏武》一课,《教授书》以"授张骞、苏武概略,俾知出使外国,贵有冒险之才能与忠义之气节"为要旨。

张骞出使西域,中途被匈奴扣留,十年后借机逃出,仍坚持履行使命,遍历西域诸国,记其道里山川及物产,宣达汉威,前后十三年才回到汉朝。而更了不起的,是他不惧艰险,再次出使西域,终于说服西域诸国与匈奴绝交,内附汉朝,为汉朝立下大功。而苏武受命出使匈奴,却没有建立什么功劳。在匈奴单于那里,苏武的副使与投降匈奴的汉人暗中勾结,要将匈奴单于的母亲挟持到汉朝,苏武却全然不知。及事泄之后,苏武又毫无应对的办法,只是以自杀向皇帝尽忠。而他的可歌可泣和了不起,是在自杀未遂之后,拒绝投降,在匈奴十九年,历尽艰难困苦,始终不失汉节。

而《教授书》讲《班超》,谓鄯善王对班超"敬礼甚备,后忽疏解",引起班超的怀疑;在侦知鄯善王因匈奴使者到来而另有异图时,班超即对所率三十六吏士讲明势处危险,以饮酒激怒其敢斗之心,趁夜"夹门而伏"匈奴使者,"顺风纵火","斩其使,及从士三十余级,余皆烧死",使鄯善王振恐服伏,遂而次第降服西域五十余国。

按照《教授书》的"指示目的"(即完成教学要旨所必须做到者),《班超》这一课要提示学生："张骞使西域,以才能称。苏武使匈奴,以气节称。然身在虏廷,敌情狡诈,有时才能不足以济变,气节徒足以亡身,则非有勇略不足为功。"以此来分析班超、张骞和苏武各自的不同。以班超所展现出来的机敏警觉,沉稳强劲,足智多谋,以及果敢决绝的品质,的确也只有以"勇略"来形容了!

根据《教授书》对张骞、苏武和班超的具体讲述,学生对才能、气节和勇略这三个词各自的含义,自能有所领会。若只是笼统地讲张骞、苏武、班超是如何忠义、爱国和勇敢,就难以使学生根据有关史实来理解和把握这三个人的个性特点,至多是泛泛而谈他们的共性。而通过摆事实和讲道理,就能讲出这三个历史人物各自的个性特点,深入而具体地展现从他们身上所折射出来的时代精神和意义。《教授书》在这方面,做得尤其成功。每讲一个历史人物,都有其独特的视角,都能讲出一番令人心悦诚服的道理来。读者在阅读时,若能对此细加注意,随时都会有令人欣喜的获得。

《教授书》的另一个突出的长处,就是选择和叙述史事非常精粹,因能充分地说明问题。

如关于清代雍正朝的年羹尧案,《教授书》一方面强调世宗猜忌心重,臣下无功者也被猜疑,即闾阎细故亦派人查探,尤以侦察、暴露臣下的阴私为能事,以至大小官吏无不提心吊胆,惟恐灾祸及身;一方面强调青海地域广大、交通不便,天时地利皆不宜于清朝用兵,而反叛的罗布藏丹津兵势又极浩大,年羹尧却在这种极为不利的环境和形势下,十余日即获得大捷,乃自古用兵塞外未有如此神速者。这样,既讲清了世宗的猜忌和狭隘,同时也就把年羹尧功劳卓著,手握重兵,而不能为世宗所容的基本性质揭示出来了。

史料上的这种取精用宏,固由于对史料的大量占有,但最根本的还是来自于敏锐的历史眼光,以及对于所要讲解的历史问题的深刻理解与把握。在这一方面,《教授书》的作者亦极擅长。如在讲清年案的基本性质之后,《教授书》就提出清代,乃至中国古代政治史上,专制君主对臣民"不以诚意相孚,而挟智数以御其下"的问题。

诚意,是儒学所提倡的基本道德和修为方法。儒学向来认为,凡做一事，而无诚意，没有能做得好的。待人接物，莫非如此。统治者无诚意，则政治上的一切都无能为也。故所谓"诚意"，乃"修身、齐家、治国、平天下"的基本要义。也正因为如此，《教授书》对"诚意"二字在政治上的作用，尤为看重。其讲清末预备立宪的失败，也同样抓住统治者没有诚意的问题。

清末《预备立宪》这一课，教学要旨："授以清廷预备立宪之事，使知变法而无诚意之害。"《教授书》指出，西太后推翻新政，继而又造成庚子之乱，大失天下人心；惟迫于人民立宪之要求，以及怵于外国势力之逼迫，才不情愿地宣布预备立宪；其预备期长达九年；所谓预备者又多为立宪之后应改良之庶政，并非立宪所必须的准备，足见其不过就是在敷衍人民。因此得出清廷之亡，亡于变法而无诚意（而非亡于变法）的结论。清末预备立宪与清朝倒台的关系，固可有很多问题可以细说。但最根本的问题，确实在于口头上要进行根本性的变法，心里想的却是维护一己专制。这又如何能使天下人，在这个政权本已摇摇欲坠的情况下，不失去耐性！这样的政权，谁还会认为它还有机会！这样举重若轻的分析与解释，固基于史料证据的精粹，却也是因为抓住了统治者缺乏诚意这一要害。真好比是万马军中取上将之首级。

《教授书》第五、六册，根据《教科书》揭示中国历史的基本进程和文化特点的要求，"重在联络贯穿，知史事因果关系，以明社会进化之顺序及国势变迁之大要"。如讲明朝之灭亡，谓："明之亡，可谓直接亡于流寇，而间接亡于满州。"讲明朝对满洲"兵威之不振"，谓：种种失误皆由于党争，"意气之争太甚，必致为小人所乘"。讲明朝的流寇，谓："中叶以后朝政浊乱。居州郡者，皆贪黩之臣，争剥民以行贿。可知政治之不善，实酿成内乱之大原因。凡流寇必不能以兵平之。盖因民穷财尽，思乱者众。剿不胜剿，抚无可抚也。"讲南明之败，谓："明末握兵之臣非叛逆，即骄蹇，公忠体国者绝少。其忠义自矢者，则皆本无兵柄，仓促起义之人也，故卒无救于亡。凡异族入主中国，必非徒恃其本族兵力，而必藉汉人为之驱除。辽、金、元三朝皆如此，而清之于三藩为尤著。"并举以具体的史实：后晋将燕云十六州献给契丹；契丹灭后晋，赵延寿为先驱；金人攻陷汴京后，所用多河北人，兼收用北方群盗；蒙古攻宋，刘整以泸州十五郡投降，并为之出谋画策，以说明清朝之有三藩，亦非古来稀有之事。像这样取材既精，而能阐发宏旨的讲解，对于学过前四册，于相关史事既已熟悉的学生来说，只须老师略为提点，自能联系前后，使所学有所贯通，在更广阔的背景下和更高的程度上，理解和把握所学到的本国史知识。

《教科书》的编撰，难免有不足。而《教授书》对此，亦每每加以弥补。如课文《中国历史结论》，对于"中国之历史，至有荣誉之历史"这一中心内容，《教授书》一方面以具体的史实予以充分说明。另一方面，对于《教科书》所谓"近数十年间，外侮荐至，稽诸纪载，国耻较多。然前事不忘，后事之师"之轻描淡写，亦予以有力纠正："近世所遇外敌，与前古异。前此所遇，非小国，即游牧部落，兵力虽强，文化固远逊于我。现今所遇，则皆组织完美，文化发达之国家。故近数十年，外侮荐至，亦为前所未有。惟多难兴邦，古有明训。我国家在历史上，根柢至为深厚。苟能人人宝爱其历史，以发扬其爱国之心，而又能臧往知来，以增益其智慧。则今后历史之荣誉，又将开前古未有之局。"短短数语，即将不同时代的"先进就要挨打"或"落后就要挨打"的问题所在，讲得清清楚楚。

而这一课所设之提问："使中国之文化，不能随世运进步，能至今存否？""爱敬固有之历史，力求不坠荣誉，其道当如何？"皆非一时一事之问。中国近代以来的志士仁人，又何尝不因这样的问题而忧思、而发愤！陈寅恪先生"吸收外来之文化，坚持本民族之地位"的论断，实际上也是中国近代社会中卓有见识者的普遍见解。《教授书》对于中国近代"外侮"皆来自于"组织完美，文化发达之国家"的讲论，其中也包含着这一层意思。在讲《三国至隋唐之政教学术下》一课时，《教授书》就指出："唐时国威远播，东西之交通极盛。故火教、景教、回教等皆乘机流入中国。当时于各种宗教，均许宣传。颇有合于近世信教自由之义。"此亦提示：在中国历史的演进中，当国家强盛之时，对外来文化也采取着一种开放的态度，而本国文化亦随之演进，乃成为一"至有荣誉之历史"。所以，"爱敬固有之历史，力求不坠荣誉"，则必须吸收外来之文化，而"随世运之进步"。

作为一个中国人，在一定的年龄段上，并达到一定的文化程度时，对本国的历史文化,是需要有一个相当的广度和深度的了解的。正因为如此,将这样一本《教授书》重新出版,不仅适合今日初中本国史教学参考的需要,即今日的高中生,以及非文史专业的大学生,要了解本国历史和文化,以此《教授书》为读本,亦不失为极好的途径。《教授书》在其"编辑大意"中指出:此书"务养成儿童自力研究之习惯","力求简明精要,一洗空泛无谓之弊"。在这两个方面,《教授书》都是做得极好的。惟时过境迁,当日所谓"儿童",在传统的中国文史方面所受的教育,较今日的青少年恐怕要高出大大的一截。可以肯定地说,这样一本《教授书》,仍能活跃今日青年的思想,使他们在阅读中感受到学习本国史的魅力。

此《教授书》在出版之后,短短数年间,再版十数次。今年,是此书初版100周年。上海交通大学出版社决定对此书加以注释,重新出版,是极有眼光的。《教授书》共128课,读者若能耐下心来,按书上所要求的去读。平均每天用45至60分钟的时间,每三天修完一课。则一年零一个月不到,即能具备在今日看来已相当完备而贯通的中国历史知识,又何乐而不为呢!

吕思勉与《白话本国史》

李　波[*]

20世纪初期的中国史学界,传统与现代的冲突与传承,中学与西学的碰撞与融合交织在一起。生逢此时的前贤们,既接受了传统学术的系统训练,又在思想观念与治学路径上具有了新时代的风貌,成为学贯新旧的一代学人。在另一方面,随着学术转型以及新的学科体制建立,专家之业逐渐取代了以前的通人之学,先是经史分途,史学完全成为一门独立学科,随之各种专史研究兴起,从史者各据一域,从事仄而专的研究,分析愈密,钻研愈精。然而综观过去一个世纪的通史编写,影响持久且流布广泛的,更多的是吕思勉的《白话本国史》、钱穆的《国史大纲》等"成一家之言"的通人之作,这一现象颇值得今人反思。在这些史著中,吕思勉的《白话本国史》成书较早,于1922年完稿,曾经是20世纪"二十年代、三十年代发行量最大的一部中国通史,长期以来被用做大学的教本,并作为青年'自修适用'的读物"[①]。近年来更是先后出现了多个新版本。研究这部自民国迄今极具影响的史著,不仅有助于更好地了解20世纪早期新史学发展的一些具体情形,而且对当下中国通史的编撰与研究,也具有启示与借鉴作用。学界专论吕思勉《白话本国史》的文章有两篇,2003年康桂英女士在《淮阴师范学院学报(哲社版)》第1期上发表《吕思勉与〈白话本国史〉》一文,对这部史著作了评介,但稍显简略。[②]

---

[*]　作者简介:李波,山东农业大学马克思主义学院副教授。
[①]　杨宽:《吕思勉先生的史学研究》,俞振基编:《蒿庐问学记》,三联书店,1996年,第11页。
[②]　该文亦有一些观点值得商榷,如把宣扬进化史观作为《白话本国史》的独特风格,实际上20世纪初期进化观念已成了相当普遍的思潮,在当时的多部通史中皆有反映,算不得独特;再如认为该书出版以前,当时的中国并没有一部真正的新式通史,这种看法大概还要通过进一步的论证才能确立。

2005年9月22日《南方周末》第1128期登载的张耕华教授《一部不可遗忘的中国通史》一文，侧重于对这部史著的成就与价值做扼要的阐述。综括而言，目前关于吕思勉《白话本国史》的研究尚不够深入系统。有鉴于此，本文冀图把这部史著置于当时的社会与学术发展潮流之中，从作者作史的学术背景、宗旨与方法三方面予以探讨，以展现作者独具的著述风格，并衡量这部史著在20世纪通史编撰发展历程中的地位和价值。

一、20世纪初期的新式通史编撰

在中国史学史上，通史编撰向来为史家所重视，并形成了一种会通和合的学术思想和卓有成效的治学方法，出现了一大批通史家和通史佳作。到20世纪之初，中国的社会经济、政治体制发生了根本性的变革，作为反映社会面貌的史学，也处于从传统史学到现代史学转型的关键时期。以梁启超为代表的一批学人发动"史界革命"，掀起了新史学的高潮，猛烈批判传统史学的帝王中心观和历史循环论，积极宣扬国民中心观和历史进化论，主张革新史料观念并吸取各种现代科学的成果。这一时期，运用新史观、新方法去编著一部完整的中国通史，成为许多史学家所追求的名山事业。

1901年梁启超在《清议报》上发表《中国史叙论》，以作为计划中的通史叙论部分。1902年梁启超又在《新民丛报》上发表《新史学》一文，批判旧史学，阐述新史学理论，同一年他在《三十自述》中称："顾自审我之才力，及我今日之地位，舍此更无术可以尽国民责任于万一。兹事虽小，亦安得已。一年以来，颇竭绵薄，欲草一《中国通史》以助爱国思想之发达，然荏苒日月，至今犹未能成十之二。"[1]后来，他又拟定了《中国通史》及《中国文化史》目录，这些都可见其准备撰写《中国通史》的意愿及写作旨趣。与此同时，早就抱有"驰骋百家，掎摭子史，旁及西史，近在百年，引古鉴今，推见至隐"[2]观念的章太炎，在1901年所校《訄书》

---

[1] 梁启超：《三十自述》，《饮冰室合集》文集之十一，中华书局，1989年，第9页。
[2] 章太炎：《致汪康年书》，汤志钧编《章太炎政论选集》，中华书局，1977年，第3页。

中,附《中国通史略例》,阐发宗旨,拟成详目,并在第二年将其函告梁启超。他讲道:"酷暑无事,日读各种社会学书,平日有修《中国通志》之志,至此新旧材料,融合无间,兴会勃发。""鄙人虽驽下,取举世不为之事,而以一身任之,或亦大雅所不弃乎!"①然而,遗憾的是,梁启超、章太炎两人虽有写作规划,最后并没有真正地贯彻实践,梁启超在1922年的《中国历史研究法·自序》中,不无遗憾地讲道:"新史之作,可谓今日学界最迫切之要求……启超窃不自揆,蓄志此业,逾二十年,所积丛残之稿,亦极盈尺,顾不敢自信,迁延不以问诸世。"②若以史家所应备的才、学、识而言,在当时的史学界,编著新式通史,梁、章二氏最能堪当此任,但仍然难以卒业,可见编写新式通史的难度。

在吕思勉的《白话本国史》问世以前,除梁启超、章太炎之外,还有不少学者积极参与了新式通史的规划和编写,并陆续出现了一些通史著作。最早出现的是日本学者的史作,然而"东人为支那作史,简略无义,惟文明史尚有种界异闻,其余悉无关闳旨,要之彼国为此,略备教科,固不容以著述言也"。③ 至于稍后出现的柳诒徵的《历代史略》、陈庆年的《中国历史》等,直接移植于这些日本学人的著作,就更不足论了。在这些通史著作中,为后人所最为称道的有两部,即夏曾佑的《最新中学中国历史教科书》和刘师培的《中国历史教科书》,这两部书不仅观念较为新颖,而且都借鉴了当时刚刚传入的外国史书按章节叙事的体例,线索清楚,内容充实。可惜的是,夏书不过写到隋朝,刘书更是仅写至周代而止,这两部书最终都成了未完待续而未能成绩的通史之作。进入民国以后,复古思潮弥漫,无论史学观念还是史著体例,民国初年的史作与清末相比,不进反退,都未能超过夏曾佑和刘师培两部书的成就。如陈黻宸早在1902年就发表《独史》一文,拟定撰写通史的计划:"自五帝始,下迄于今,条其纲目,为之次第,作表八、录十、传十二。"其中"十录、十二列传,皆先详中国,而以邻国附之,与八表并行,盖庶乎亘古今统内外而无愧于史界中一作者言矣。"④到1913年,他最后写成了

---

① 章太炎:《致梁启超书》,汤志钧编:《章太炎政论选集》,第167页。
② 梁启超:《中国历史研究法》,上海古籍出版社,1998年,第1—2页。
③ 章太炎:《致梁启超书》,汤志钧编:《章太炎政论选集》,第168页。
④ 陈黻宸:《独史》,陈德溥编《陈黻宸集》上册,中华书局,1995年,第569、574页。

20卷本的《中国通史》。通观这部书的内容,只不过按照时代的次序略述史事而已,根本无法与当初的计划相比。

论及清末民初二三十年间的学术思想界情形,梁启超自认为"其破坏力确不小,而建设则未有闻"①。说"建设则未有闻"有点言过其实,转型时代的中国史学界,伴随着对旧史学的激烈批判,学者们积极开展了对新史学的筹建,探讨了新式通史撰述的观念、方法与体例,并且写出了一些新式史书,为以后的通史编著奠定了一定的理论和实践基础,这些尝试、努力及其获得的成果,值得后人重视。不过平心而论,梁启超的看法大体上还是反映当时的一些实情的,转型时代的史学,建设远远不及破坏大,最后取得的成果与当初的规划相比,差距很大。这些成果,在思想与内容上,也存在着明显的不足和缺憾,主要表现在:

其一,强烈的现实功利色彩。1895年甲午战争后,中国的民族危机空前加强,救亡图存、彻底变革成为时代思潮的主流。社会剧变和现实需要成为促进史学转型的主要推动力,所以,当时提出"史界革命"、建设新史学的初衷主要是为了社会革新,而非学术革新。梁启超说:"史学者,学问之最博大而最切要者也,国民之明镜也,爱国心之源泉也。今日欧洲民族主义所以发达,列国所以日进文明,史学之功居其半焉。"②梁启超把史学作为激励民众爱国心、促进社会进步的工具,并大声疾呼:"史界革命不起,则吾国遂不可救。悠悠万事,惟此为大。"③曾鲲化在其编写的《中国历史》中也指出:"历史学者,为学界最宏富最远大最切要之学科,社会上之龟鉴,文明开化之原理,国民爱国心之主动力也。"④当时学者们积极地改造史学,促其由传统向现代转型,即是为了利用史学的经世致用功能。学者们个人政治见解不同,对史实往往各取所需,借以论证、宣传自己的政治观点,遂使"学术之争,延为政争",史学又变为了党派之争的工具。这种强烈的现实功利色彩,反映在这一时期的通史创作中,使这些史作明显地缺乏学术的严肃性和科

---

① 梁启超:《清代学术概论》,中国人民大学出版社,2004年,第209页。
② 梁启超:《新史学》,《饮冰室合集》文集之九,第1页。
③ 梁启超:《新史学》,《饮冰室合集》文集之九,第7页。
④ 曾鲲化:《中国历史·历史之要质》,东新译社,1903年。转自邬国义《新史学思潮经世功能的再考察》,《华东师范大学学报》2003年第3期。

学的理性精神。梁启超曾经说,"晚清思想界之粗率浅薄,启超与有罪焉"①;又说,"一切所谓'新学家'者,其所以失败,更有一总根源,曰:不以学问为目的而以为手段"②,可谓一种较深刻的自我批判。纵观20世纪的通史编撰发展历程,在转型时期始存在的这一明显缺憾,后来在不同历史阶段的著作中依然或隐或显地呈现出来。

其二,经学思想的束缚。在转型时代,多位史家对传统持激烈的批判立场,如梁启超《新史学》中说:"二十四史非史也,二十四姓之家谱而已。其言似稍过当,然按之作史者之精神,其实际固不诬也。"③曾鲲化《中国历史》中说:"飞将军、大元帅之相斫书,汗牛充栋;而中国历代国民进步史,在乌有子之数。"④何以会出现这种现象?梁启超后来解释道:"以二十年前思想界之闭塞萎靡,非用此种卤莽疏阔手段,不能烈山泽以辟新局。"⑤采用这种"卤莽疏阔手段",自然不能对传统史学予以客观公允的评价,注意不到传统史学保留下来的丰富史料,忽略其包涵的人文精神以及擅长叙述的特征。然而,如果仔细阅读这个时期的史学著作,会发现即使那些对传统表现出深恶痛绝态度的学者,其实本人也并未能真正完全地摆脱传统的羁縻,特别是长期以来一直占据中国学术主流地位的经学思想的束缚。章太炎在拟定的《中国通史略例》中认为,"要其素知经术者,则作史为犹愈",宣讲治史"必以古经说为客体,新思想为主观,庶几无愧于作者"⑥。章太炎的新史观即是把经学与西方现代思想相杂糅的产物。夏曾佑《最新中学中国历史教科书》中说:"好学深思之士,大都皆信今文学。本编亦尊今文学者,惟其命意与清朝诸经师稍异。凡经义之变迁,皆以历史因果之理解之,不专在讲经也。"⑦可见,夏曾佑的史观与章太炎相差无几,所不同的只是章太炎所谓经术是指古文经,到了夏曾佑这里变成了今文经而已。由于尊奉今

---

① 梁启超:《清代学术概论》,第209页。
② 梁启超:《清代学术概论》,第218页。
③ 梁启超:《新史学》,《饮冰室合集》文集之九,第1页。
④ 曾鲲化:《历史出世辞》,张岱年等主编《回读百年:20世纪中国社会人文论争》第1卷,大象出版社,1999年,第640页。
⑤ 梁启超:《清代学术概论》,第210页。
⑥ 章太炎:《中国通史略例》,《回读百年:20世纪中国社会人文论争》第1卷,第618页。
⑦ 夏曾佑:《中国古代史》,河北教育出版社,2000年,第362页。

文经学,以孔子为经学始祖,夏曾佑在他的这部通史中,前后用六大节的内容讲述有关孔子的事迹,以凸显今文经学的重要地位。同时,夏曾佑还站在门户立场上,攻击古文经学,指斥"向歆之大蔽,在以经为史",认为这样的做法,"即以孔子之宗教,改为周公之政法,一以便篡窃之渐,一以塞符命之源"①。可见夏曾佑治史,尚未完全摆脱经师立场。夏曾佑之外,梁启超亦尊奉今文经学,他所提倡的新史学,进化论则以公羊三世说为据,新纪元则从孔子生年算起,论书法则"本《春秋》之义"。而刘师培的《中国历史教科书》则偏重古文经学的传统内容,重视典制与礼法,在书中用大量篇幅讲解"周礼",以发扬国学,保存国粹。客观地讲,清末民初"史界革命"的源起,一方面是借鉴外来学说,另一方面也汲取了传统经学的素材。然而要实现中国史学从传统到现代的转型,促进学术事业的进一步发展,则必须更为彻底地摆脱经学的束缚和羁绊。对于转型时代的大多数学者来说,无论是尊奉古文经学的章太炎、刘师培,还是信奉今文经学的梁启超、夏曾佑等人,在当时都未能迈出这一步。

　　清末民初的史学及新式通史编撰的实际情形,正是吕思勉《白话本国史》的写作背景。当时学者的新史学理念和编写通史的理想规划对早年吕思勉的影响是深刻而长久的,吕思勉曾讲:"予年十三,适读梁(启超)先生所著之《时务报》。嗣后除《清议报》以当时禁递甚严,未得全读外,梁先生之著述殆无不寓目者。粗知学问,实由梁先生牖之,虽亲炙之师友不逮也。"②但在吕思勉这里,关于新式通史的理想与规划不是空论,而是具体的实践。20世纪中期,顾颉刚回顾总结中国新式通史的编撰情况说:"中国通史的写作,到今日为止,出版的书虽已不少,但很少能够达到理想的地步。本来以一个人的力量来写通史,是最困难的事业,而中国史上须待考证研究的地方又太多,故所有的通史,多属千篇一律,彼此抄袭。"③当然,其中亦有"较近理想的",他讲道:

　　　　编著中国通史的人,最易犯的毛病是条列史实,缺乏见解,其

---

① 夏曾佑:《中国古代史》,第363页。
② 吕思勉:《辩梁任公〈阴阳五行说之来历〉》,《论学集林》,上海教育出版社,1987年,第33页。
③ 顾颉刚:《当代中国史学》,上海古籍出版社,2002年,第81页。

书无异为变相的《纲鉴辑览》或《纲鉴易知录》之类,极为枯燥。及吕思勉先生出,有鉴于此,乃以丰富的史识与流畅的笔调来写通史,方为通史写作开了一个新的纪元。①

顾颉刚所谓"为通史写作开了一个新的纪元"的这部书,即是贯彻梁启超、章太炎拟定的作史宗旨与理念,借鉴夏曾佑、刘师培编撰通史的体例与规则,通贯古今,网罗全局,较早的一部完整而有价值的新式中国通史——吕思勉的《白话本国史》。

二、《白话本国史》的写作宗旨

章学诚《文史通义·答客问》一文,论及通史的定义:

> 史之大原本乎《春秋》,《春秋》之义昭乎笔削。笔削之义不仅事具始末文成规矩已也。以夫子"义则窃取"之旨观之,固将纲纪天人,推明大道,所以通古今之变而成一家之言者,必有详人之所略,异人之所同,重人之所轻,而忽人之所谨;绳墨之所不可得而拘,类例之所不可得而泥;而后微茫杪忽之际,有以独断于一心。及其书之成也,自然可以参天地而质鬼神,契前修而俟后圣。此家学之所以可贵也。②

章学诚指出了写作通史首先会遇到的第一个大问题:面对中国史上浩繁的史事,采用什么样的"笔削"做标准。通史之作就是为了供常人平时阅读使用,如果把历史上的全部史事包揽尽有,不仅以一人之力很难完成,即使写成,也不过是一种史料的汇总,违背了让人便览的写作初衷。所以在编写通史之前,作者先要对史料钩元提要,按照史事的重要程度,进行轻重详略的取舍,然后方可运笔成文。章学诚表彰《春秋》家学,认为"《春秋》之义昭乎笔削",用现代人的眼光观察,很有时代的局限性。金毓黻就指出:"章氏论史,以《春秋》为极则,以古人之守于王官者为百世不易之成法,其称史义,称家法,皆含有崇古之见,斯则尚有商

---

① 顾颉刚:《当代中国史学》,上海古籍出版社,2002年,第81页。
② 章学诚:《文史通义·答客问上》,仓修良编《文史通义新编》,上海古籍出版社,1993年,第169—170页。

量余地耳。"他站在新的时代立场上,对章学诚总结的通史定义进行了一番损益,提出:

> 夫通史之可贵,不仅详人所略,异人所同,重人所轻,忽人所谨而已。又当略人所详,同人所异,轻人所重,谨人所忽,不在事迹之详备,而在脉络之贯通,不在事事求其分析,而在大体之求其综合,所谓成一家之言,固非必要,而通古今之变,则为必具之要义。与其谓为通史,不如径称为普通史,普通亦义同普遍,即含有概括叙述之意,其造端虽大,其措辞则简,不必高语《史记》《通志》,以马、郑诸氏为师,一人闭户而可殚,假以数年之岁月而可成,此即现代之所谓通史也。①

金毓黻所总结的通史之义,基本上符合史学转型以来中国通史编撰的情况。现代史书不再像传统史书那样,对每个历史事件的起始本末进行详细叙述、具体分析,而是追求整体上的内容概括、线索梳理。这是时代发展对史学所提出的新的要求,而直接的则是受到近代西方史学观念的影响。黑格尔在《历史哲学》中说:"一部历史如果要想涉历久长的时期,或者包罗整个的世界,那末,著史的人必须真正地放弃对于事实的个别描写,他必须用抽象的观念来缩短他的叙述。这不但要删除多数事变和行为,而且还要有'思想'来概括一切,借收言简意赅的效果。"②对于新式通史的写作,金毓黻要求"在大体之求其综合",黑格尔则认为"用抽象的观念来缩短他的叙述",二者的表述各有侧重,但在本质上却并无二致,一样强调写作的"概括叙述",黑格尔还明确地指出"要有'思想'来概括一切"。从"《春秋》之义昭乎笔削"到"用抽象的观念来缩短他的叙述",对编写通史的要求产生了新的变化,这也更能考验通史作者运用史识,处理史料,删繁就简使之成文的学识能力。

吕思勉无疑对此有着清楚的认识,他在《白话本国史·序例》中说:"中国历史是很繁的。要想博览,很不容易。专看其一部分,则知识偏而不全。"有鉴于此,吕思勉计划写的这部中国通史,是"把中国的历史,就个人眼光所及,认认真真的,将他紧要之处摘出来;而又用极谨严的

---

① 金毓黻:《中国史学史》,河北教育出版社,2003年,第324—325页。
② 黑格尔著、王造时译《历史哲学》,上海书店,2006年,第5页。

法子,都把原文钞录(有删节而无改易),自己的意见,只注明于后"①。吕思勉在这里讲的"个人眼光",实际上反映出的就是黑格尔所说的那种可以用来概括一切的"思想",也即是吕思勉写作《白话本国史》的宗旨。在《绪论》第一章,吕思勉开宗明义地讲道:"历史者,研究人类社会之沿革,而认识其变迁进化之因果关系者也。"②吕思勉编写这部通史,就是凭借着这种眼光来摘选史事、条理脉络、统领全文的,即如章学诚所谓:"此则史氏之宗旨也。苟足取其义而明其志,而事次文篇。"③综观《白话本国史》全书,吕思勉的"史氏之宗旨",既受到了史学转型时代学术思潮的影响,又融入了他个人的见解和主张。他的作史之旨在书中通过对历史变迁大势的把握、社会变革的重视、社会情形的关注等几个方面得以具体体现。现分别就这几个方面稍做讨论。

第一,把握历史变迁的大势。在《白话本国史》中,吕思勉通过对历史时期的划分,来体现中国历史变迁及其大势。新式通史的编写,提倡对历史的综合概括叙述,历史分期的方法则有利于对历史变迁的总体把握。因此自新史学兴起后,历史时期的划分便为众多史家所借用,而最早将其运用于史学著述中的则是早先信奉公羊三世说的一批学者,如梁启超、夏曾佑等人。梁启超在《中国史叙论》中说:"叙述数千年之陈迹,汗漫邈散,而无一纲领以贯之,此著者读者之所苦也。故时代之区分起焉。"④采用分期的方法能够让学者以此作为研究历史的坐标,也能够向读者提供较为清晰的历史脉络,但是也容易导致一些作史者削足适履地拿中国的历史去套用某些理论公式,这种做法虽然能够建立起一套严密的历史体系,却与历史的实际并不完全相符。吕思勉显然已认识到了这个问题,在他看来,历史的演进"往者过,来者读,无一息之停。过去现在未来,原不过强立之名目"⑤,强行划分历史,即如"抽刀断流,不可得断"。《白话本国史·绪论》中明白指出:"其中一切事实,并不能截然分清。总而言之,是为研究上的便利。"⑥因为有了这

---

① 吕思勉:《白话本国史·序例》,上海古籍出版社,2005年,第1页。
② 吕思勉:《白话本国史·绪论》,第3页。
③ 章学诚:《文史通义·言公上》,仓修良编:《文史通义新编》,第135页。
④ 梁启超:《中国史叙论》,《饮冰室合集》文集之六,第11页。
⑤ 吕思勉:《史籍与史学》,《吕著史学与史籍》,华东师范大学出版社,2002年,第38页。
⑥ 吕思勉:《白话本国史·绪论》,第11页。

种清醒的认识,所以吕思勉能够摆脱各种理论与教条的束缚,力求从史实出发划分中国历史的分期。

在《白话本国史》中,吕思勉将中国史划分为五个阶段:(一)先秦时期为上古史。(二)自秦统一起开始进入中古史。(三)以盛唐结束为中古与近古之分界的划分。(四)以明清两朝为近世史,结束古代历史并开启未来新局。(五)民国以后则为现代史。《白话本国史》的历史分期,突破了朝代起讫的限制,不依时间长短为划分的标准,而是立足于社会全体的古今变迁。这样的划分除了考虑到政治兴衰之外,还有社会递嬗、经济发展、制度演化以及民族、外交关系的变化。这样的眼光与视野,在作者编写这部通史时的年代来说,很是难能可贵。

第二,重视社会的变革。早年的吕思勉,生活在清末民初社会急剧转型的时代。转型时代的中国,从戊戌变法到立宪运动,从辛亥革命到五四运动,变革社会的潮流可谓一日千里。在这部通史中,吕思勉以纵贯历史的视野审视最近以来的社会变革,提出中国历史上共有两次社会大变迁。第一次发生在春秋战国时代,"是三代以前和秦汉以后社会的一个大界限"。第二次发生在最近以来,对于这一次的社会变革,吕思勉指出,"来源是很远的,蓄势是很久的"①。那是由于:

> 从秦朝统一以后,直到西力东渐以前,二千多年,中国社会的状况,没什么根本的变更。而从中古以来,屡次受外族的征服……而治化的不进,民生的憔悴,还是一言难尽。物穷则变,到这时候,中国思想界,便要起一个根本上的变动了——便是对于向来社会的组织,根本怀疑。②

社会的大变与革新,在明清时期已经渐次萌生,这是历史发展的大趋势,"有了这一种趋势,就是没有西力东渐的事实,中国的社会,慢慢也要生根本上的变动的;不过变得慢些,又不是现在这种变法罢了"。"恰好这时候,西力东渐",中国人接触认识到西方的社会情状,"于是改革之事,就起了轩然大波"③。很显然,吕思勉把近代的社会变革,放在了

---

① 吕思勉:《白话本国史》,第613页。
② 吕思勉:《白话本国史》,第612页。
③ 吕思勉:《白话本国史》,第613页。

数千年国史的变迁之中予以考察,认识到中国要摆脱自中古以来面临的"外族的征服"、"治化的不进"、"民生的憔悴",就需要完成社会的转型,实行彻底的社会改革。在吕思勉这里,历史是维新的佐证,并非守旧的护符,在动笔写《白话本国史》的前一年,吕思勉曾发表《论社会之根本改革》一文,表达对改革事业的支持,文中宣称:"故凡社会上一切组织,无有不可改变者。故吾人今日知其不善,即当为彻底之大改革,无所怖异,无所瞻顾。"①美国现代史学家鲁滨孙曾强调指出:"研究历史的人,应该知道人类是很古的,人类是进步的。历史的目的,在于明白现在的状况。改良现在的社会,当以将来为球门,不当以过去为标准。古今一辙的观念,同盲从古人的习惯,统应该打破的。因为古今的状况,断不是相同的。"②吕思勉在《白话本国史》中,以极大的篇幅讲述历史上的社会变革内容,与鲁滨孙的这几句话意义上完全相通。

第三,关注社会的情形。在吕思勉的史著中,特别注重对历史上各个时期社会情形的考察研究。吕思勉认为现代史学不仅要研究"特殊事实",更要研究"一般状况";要研究明白"一般状况",就要注重历史上那些平常的人和平常的事,因为"常人、常事是风化,特殊的人所做的特殊的事是山崩。不知道风化,决不能知道山崩的所以然,如其知道了风化,则山崩只是当然的结果"③。要关注社会情形,就要注重常人常事,但以前历史上的常人常事记载很少,因为对当时的著者和读者而言,这些已是人人所知,没有叙述的必要,"常事不书"是秉笔者的公例,这就要求现代史家注意搜集这方面的材料。马端临的《文献通考·序》把史书上记载的事实,分为治乱兴亡与典章制度两大类。吕思勉在《白话本国史》中认为马端临用来区分史实的"这两个名词,不甚妥当",因为无论治乱兴亡还是典章制度,都还局限在政治史的范围之内,过于狭隘,所以,他"以为前一类可称为'动的史实',后一类可称为'静的史实'"④,把史实的范围扩大到整个社会,这样才能充分反映历史上的

---

① 吕思勉:《论社会之根本改革》,武进《商报》1919年第23、25、29期。李永圻、张耕华编《吕思勉先生年谱长编》卷二,未刊稿。
② 何炳松:《新史学·译者导言》,鲁滨孙著、何炳松译《新史学》,广西师范大学出版社,2005年,第13—14页。
③ 吕思勉:《历史研究法》,《吕著史学与史籍》,第23页。
④ 吕思勉:《白话本国史·绪论》,第7、5页。

"社会之沿革"。

三、《白话本国史》的写作方法

吕思勉对作史的方法有过总结:"历史该怎样作法呢?那在理论上是无疑义的。第一,当先搜集资料。第二,当就所搜集的材料,加以考订,使其正确。然后第三,可以着手编纂。"①以下将按照吕思勉这一总结的理路,对《白话本国史》一书的作史方法试做探析,其中亦可以看出在20世纪初期史学转型时代新旧方法之间的碰撞与交融。

第一,史料的搜集取材。新旧史学转型以来,学者们的史料观念发生了很大变化,严耕望认为,"近代史学研究,特别重视新史料,包括不常被人引用的旧史料,史学工作者向这方面追求,务欲以新材料取胜,有的人也以是否用新材料作为衡量史学著作之一重要尺度"②。他本人就曾经因为只是勤读正史而为人所轻,③足见这个时代学界对于史料取材的倾向。吕思勉写作《白话本国史》之时,明显受到了这种新的史料观念的影响,他在《绪论》中讲道:"考究人类社会以往的事实的东西很多,譬如(一)人类之遗骸。(二)古物,无论工艺品,美术品,建筑物。(三)典章制度、风俗习惯等都是。记载往事的书籍,不过是其中的一种。然而最完全最正确的,究竟要推书籍。所以研究历史,仍得以'史籍'为中心。"④由这段话可知,一方面,吕思勉所认为应该注意的史料范围是很广泛的,包括了遗骸、古物、古代的法俗等,考虑到吕思勉说这段话的时间,应当讲他的史料观念还是非常趋新的;另一方面,他又认为"最完全最正确的"史料,"究竟要推书籍"。从本书的写作以及吕思勉以后的治学道路来看,他始终最瞩目的史料,还是传统的史籍。他的学术研究,仍以史籍为中心。1921年吕思勉在一次讲演中提到:"近人每訾中国史部止是'帝王之家谱'及'相斫书',此乃不知学问者之妄言。前人之材料,视乎吾辈之如何研究取用而已。以吾观之,中国史部

---

① 吕思勉:《历史研究法》,《吕著史学与史籍》,第23页。
② 严耕望:《通贯的断代史家——吕思勉》,俞振基编:《蒿庐问学记》,第85页。
③ 严耕望:《怎样学历史——严耕望的治史三书》,辽宁教育出版社,2006年,第26页。
④ 吕思勉:《白话本国史·绪论》,第5页。

所存,可宝之材料实甚多。正如丰富之矿山,数世采之,尚不能尽。"①在他看来,新史学兴起后,一些学者对传统史学的批评太过简单片面,不能客观公允地评价旧史籍的价值,传统史籍能否发挥价值,是废料一堆还是富矿一座,关键要看史家如何运用,史家的可贵之处,并不在发现多少新异的史料,而在于对史料的把握和理解。吕思勉的多部极有价值的史著,就是在传统史籍中钩稽、整理、抽绎而成的,这些平凡的材料,到了他的手中,可谓真正地变为了丰富的矿山、可宝的材料。其实,如果冷静地审视20世纪史学研究的实际成果,会发现除吕思勉、严耕望外,陈寅恪、陈垣、钱穆等人的代表性史著,其材料来源主要也还是常见书籍,他们的成就,都可说是建立在阅读传统史籍的基础之上的,就连一向较注重发掘新史料的傅斯年也强调"必于旧史史料有工夫,然后可以运用新史料"②。客观地讲,新史料的发现极大地拓展了新史学研究的范围,但是史学研究的中心和基础,还在史籍资料上。

吕思勉治史主要根据传统史籍资料,但研治先秦史,则必要借助于经学。那么,吕思勉编写史书时,是否还像夏曾佑、刘师培那般尊经?答案明显是否定的。他在1921年明确指出:"窃谓以经学为一种学问,自此以后,必当就衰,且或并此学之名目,而亦可不立。然经为最古之书,求学问之材料于书籍上,其书自仍不能废,则治经一事,仍为今后学者所不能免,特其治之之目的,与前人不同耳。"又说:"故居今日而言分别今古文,亦只以为治学之一种手段,与问者斤斤争其孰为孔门真传者,主意又自不同。"③由此可见,吕思勉此时治经,已非经师立场,而是史家眼光,治经是为了择取治史的材料,用以考见古代的事实,是手段不是目的。《白话本国史》的先秦史部分,叙述史事征引书目非常繁多,史籍之外有经书有子书,其中最多的还是经传及其注疏考证。从书中引用的经籍来看,则既有《礼记·王制》、《白虎通义》、《尚书大传》等今文经典,又有《周礼》、《左传》等古文经籍。今文经与古文经异同的最重要地方在于古代的典制,今文经学讲典制首推《礼记·王制》,古文经学

---

① 吕思勉:《整理旧籍之方法》,《吕思勉遗文集》上,第261页。
② 傅斯年:《史学方法导论》,雷颐编校《中国现代学术经典·傅斯年卷》,河北教育出版社,1996年,第270页。
③ 吕思勉:《答程鹭于书》,《吕思勉遗文集》上,第243页。

关于这方面的内容则主要汇总在《周礼》中,《白话本国史》中引用这两部书的内容尤多。

第二,史料的整理。史料的取材与搜集,须有作者史学观念、文化理念的指引,史料的别择、鉴定和判断,则取决于作者的学养与学识。关于史料的整理,《白话本国史·绪论》中讲"有两件事情,最应当注意":"其(一),是要有科学的眼光";"其(二),是要懂得考据之学。"①

吕思勉在1922年的《乙部举要》一文中讲道:"我们现在的学术界,是处在什么样的时代呢?是处在无论哪一件事情,都要重新估定其价值的时代。所以我们研究历史,不论(A)种(B)种,都可以拿它当做史材。不管它是古代曾经重视的而现在不重视的,或者是古代轻视的而现在重视的,都该一律平等看待。待搜集齐全了,再经过我们的整理,然后重新去估定其价值。"②因此,《白话本国史·绪论》所谓"科学的眼光",亦即现代史家"重估价值"的治史眼光,书中讲:

> 现存的材料,都要用科学方法,去整理他。其中最紧要的有两层:(一)是把不关于历史之学的析出,以待专门家的研究;譬如天文、律历。(二)是把所存的材料,用种种科学的眼光去研究他,以便说明社会进化的现象。譬如用经济学的眼光去研究食货一类的史实,就可以知道社会的生活状况,就知道社会物质方面,物质方面,就是社会进化的一种原因。③

其中第一层意思,是顺应近代学术发展的趋势而言的,中国的传统史学,天人之际、古今之变、宇宙间的各种现象皆罗而列之,近代学术由综合混一转向分门别科,原来由史学所涵盖的一些内容,逐渐分离开来,成为独立的学问,这部分材料,就需要从现存史料中析出,以供专门的学者做研究。第二层意思,是指现在研究历史,又须要引入现代的各种科学知识,如社会学、经济学等,如此才能明了以前的社会现象。这一出一入,实则表明近代学术在日益细化分科的同时,已衍生出各学科间交叉互跨的趋向。

---

① 吕思勉:《白话本国史·绪论》,第9页。
② 吕思勉:《乙部举要(二)》,《吕思勉遗文集》上,第269页。
③ 吕思勉:《白话本国史·绪论》,第9页。

关于史料的整理,除"要有科学的眼光"之外,《白话本国史》中强调的第二个方面,"是要懂得考据之学"。科学眼光发现历史的意义,考据之学求得历史的真实,这两个方面的有机结合,正乃现代史学得以成立的基础。关于考据之学,书中认为其中最紧要的"是要懂得汉学家的考据方法"[1]。汉学家的考据学,也即是清代的"朴学",梁启超称其为清代学术的正统派,并认为"清儒之治学,纯用归纳法,纯用科学精神"[2]。吕思勉《白话本国史·绪论》则称:"这一派学问,是我们中国最新而又最精密的学问。必须懂得这一种方法,一切书才都可以读,一切材料才都可以使用。"[3]吕思勉治史,受清代考据学影响颇深,自谓"少时读史,最爱《日知录》、《廿二史札记》。稍长,亦服膺《十七史商榷》、《癸巳类稿》,今自检点,于顾先生殊愧望尘,于余家差可肩随耳"。[4] 吕思勉自幼熟读顾、赵、王、俞等诸前贤的史著,于书中治学方法早已分明,他讲:"考据并不甚难,当你相当的看过前人之作,而自己读史又要去推求某一事件的真相时,只要你肯下功夫去搜集材料,材料搜集齐全时,排比起来,自然可得一结论。"[5]话虽如此,但在众多的从史者中,真正能把考据做好的,并没有几个人,因为考据成绩的好坏,并不仅在考据本身,历史上的哪些事件存有问题、值得考据、需要考据,则要凭史家的学识做决定,这等学识一方面得自于史家的天资、学养,另一方面要看史家能否具备前述的那种时代的眼光。

梁启超总结清代考证学者的治学方法,称"大抵当时好学之士,每人必置一'札记册子',每读书有心得则记焉"。梁启超对这种做读书札记的方法,评价甚高:"各家札记,粗细之程度不同……而原料与粗制品,皆足为后人精制所取资,此其所以可贵也。要之当时学者喜用札记,实一种困知勉行工夫,其所以能绵密深入而有创获者,颇恃此;而今亡矣。"[6]用读书札记的方法求学问,确实能够做到绵密深入而有创获,梁启超感叹此种方法"而今亡矣",却不知这种困知勉行工夫的后起者

---

[1] 吕思勉:《白话本国史·绪论》,第9页。
[2] 梁启超:《清代学术概论》,第186页。
[3] 吕思勉:《白话本国史·绪论》,第9页。
[4] 吕思勉:《自述》,《吕思勉遗文集》上,第451页。
[5] 吕思勉:《从我学习历史的经过到现在的学习方法》,《吕思勉遗文集》上,第411页。
[6] 梁启超:《清代学术概论》,第185—187页。

尚有吕思勉。吕思勉读书，每有所得，辄即记下，并不断增删修正使之完善，积聚了大量的札记文稿。他的读史札记，与前贤相比，论题要更加广阔，并不仅限于史实考证和文献改订，还注意探讨许多史事的经过及其前因后果，分析历史上典章制度的沿革与风俗人心的陵替。吕思勉的史学著作就是以读史札记为基础写成的，严耕望即以为其史著"直以札记体裁出之，每节就如一篇札记"①。杨宽对此总结道："吕先生之所以能够不断写出大量有系统、有份量、有见解的著作，不是偶然的，首先得力于他这样刻苦勤奋、坚持不懈地有计划地阅读史书和写作札记。"②

第三，关于编写体制。史料考订、整理完毕，即可开始史书的编写。昔时章学诚谈及史书的编写："及其纷然杂陈，则贵抉择去取，人徒见著于书者之粹然善也，而不知刊而去者中有苦心而不能显也。既经裁取，则贵陶熔变化。人第见诵其辞者之浑然一也，而不知化而裁者中有调剂而人不知也。"③按照章学诚的说法，在史书编写之时，首先要对纷然杂陈的史事做出"抉择去取"。对此，《白话本国史·序例》讲："全书区区三十余万言，于历史上的重要事实，自然不能完具。但其详略之间，颇有斟酌。大抵众所共知之事从略，不甚经见之事较详，有关特别考证之处最详。"④然后，则要对全书的文辞做"陶熔变化"。《白话本国史》的文辞表达，是涉及史学著作语言的一次重大变革，在此应予稍加说明。

《白话本国史》顾名思义，即用白话文所写的通史，当时采用这种文体写史，可谓史学编撰体制上的创举。19世纪末20世纪初，史学由传统向现代转型，史学的价值观念发生了变更，新的史学理念需要新的史书编写形式作承载。转型时代的学者，"据我中国古书，旁及东西邻各史籍，荟萃群言，折衷贵当"⑤，积极探索符合时代要求的史书体制。吕思勉的《白话本国史》在编写体制上也进行了新的尝试，其中最具特色

---

① 严耕望：《通贯的断代史家——吕思勉》，《蒿庐问学记》，第86页。
② 杨宽：《吕思勉先生的史学研究》，《蒿庐问学记》，第5页。
③ 章学诚著，仓修良编《文史通义新编》，第294页。
④ 吕思勉：《白话本国史·序例》，第2页。
⑤ 陈黻宸：《独史》，《陈黻宸集》上册，第569页。

的,就是采用了白话文体写史,因而,这部书被称为第一部影响较大的白话文中国通史。一般论者以为,吕思勉采用白话文写史,是因为受了五四新文化运动时期"文学革命"思潮的影响。这一种观点,当然并非没有道理,不过吕思勉之所以在新文化运动方兴未艾之际,就着手写作一部白话文的通史,主要得益于他很早以来就对语言文字改革问题所给予的关注。吕思勉从清末开始,先后发表了多篇文章讨论这一问题,在这些文章中,吕思勉赞成文学改革,提倡使用白话文,并提出了切实可行的改革方案和措施。总体而言,他所提倡的文学改革是一种渐进式的改革,主张"进步必求循序"①。他认为把旧文学称为雕琢阿谀、陈腐铺张、妖孽谬种的说法值得商榷,应该提倡白话文写作,但不能因此而完全否认旧文言之所长,文言文的长处在于文字简省、句法确定、表述有力,并且"能略通文言,于白话文之了解上,亦非常有益"②。因而,应该"两者同时并进,并可参用外国语以附益之……如是者,磅礴郁积,万流齐汇,及其结果,而新文学出焉"③。吕思勉写作《白话本国史》,对书中文辞的"陶熔变化",即以此新文学观作为指引。

吕思勉的《白话本国史》成书较早,在当时影响甚大,唐长孺、严耕望等人都自承深受这部书的影响,作者自己也因为此书而被卷入一场诉讼案。④ 然而吕思勉却称自己不过是做了一部"新史抄","把中国历史上重要的事情,抄出来给大家看看"⑤。实际上,真正能够把中国历史上重要的事情抄出来,并非易事,"有几个人能像他那样抄书,何况他实有许多创见,只是融铸在大部头书中,反不显豁耳"⑥。顾炎武曾说"著书不如抄书",吕思勉以前贤为榜样,颇下过一番抄书的苦功,早在1915年的一篇文章中就提及自己的抄书经历,"往者吾尝昼夜孜孜,以从事于抄书矣。祁寒盛暑,罔敢或辍,即有小病,亦尝不肯自休也。自乙巳迄于今,所手抄者盖亦百数十册。谓为无用,是诚无用。然以言乎

---

① 李永圻编:《吕思勉先生编年事辑》,上海书店,1992年,第79页。
② 吕思勉:《答程鹭于书》,《吕思勉遗文集》上,第227页。
③ 吕思勉:《新旧文学之研究》,《吕思勉论学丛稿》,第481页。
④ 20世纪上半期,中国史学界发生了两场因学术争议而引发的诉讼案,卷入讼案的著名史家,一位是顾颉刚,另一位就是吕思勉。关于这场讼案的详情可参阅张耕华《人类的祥瑞——吕思勉传》,华东师范大学出版社,1998年。
⑤ 吕思勉:《白话本国史·序例》,第1页。
⑥ 严耕望:《通贯的断代史家——吕思勉》,《蒿庐问学记》,第86页。

蠹鱼之业,亦未必遂一无足取,且亦十年来辛苦所存也"①。没有这十数年"昼夜孜孜"、"祁寒盛暑"的辛苦,写出百数十册的书抄,大概就不会有《白话本国史》这部"为通史写作开了一个新的纪元"的作品。吕思勉能够较早地会通并实践新史学理念,其著述几十年来能够不断地被翻版重印,绝非侥幸所至!

(《史学月刊》2010 年第 12 期)

---

① 吕思勉:《国体问题学理上之研究》,《吕思勉论学丛稿》,第 270 页。

吕思勉《白话本国史》查禁风波探析

王 萌[*]

吕思勉与陈寅恪、陈垣、钱穆一起,被海外史家严耕望称为"现代史学四大家",其《白话本国史》一书,是我国第一部以白话文写成的中国通史,在中国史学史和教育史上具有重要地位。但此书出版十二年后,竟遭到国民政府的查禁,并引发了一场学术讼案,随后围绕此案的话题又风波不断。有关于此,前人尚无专文研讨,部分著作虽有相关内容提及,但多是概要性的介绍,不仅在具体史实的论述上仍较为粗略,而且缺乏对这场学术官司(以下称吕案)的完整性考察及认识。[①] 有鉴于此,笔者通过挖掘新的文献资料,希望对吕案的经过及其后续事件进行详细梳理,并对其中的关键问题展开分析,进而尝试做出较为深入的解读,以就教于方家。

一 《白话本国史》的查禁及相关背景

《白话本国史》于1923年9月由商务印书馆出版,共分为4册,约60万字,上起远古时代,下至1922年。此书为吕思勉任教于当时的沈阳高师期间写成,出版时书名上方题有"自修适用"字样,说明了该书的

---

[*] 作者简介:王萌,上海虹口区委党校讲师。
[①] 在已有的研究成果中,对吕案已作相关介绍的专著,有张耕华:《人类的祥瑞——吕思勉传》(华东师范大学出版社,1998年)和《史学大师吕思勉》(上海教育出版社,2000年)、赵则玲:《报界宗师——赵超构评传》等,论文有魏绍昌《吕思勉的两种通俗历史读物》(《文汇读书周报》1998年9月5日)、胡嘉《吕思勉和商务印书馆》(载《商务印书馆九十五年:我和商务印书馆1987—1992》,商务印书馆,1992年)等。此外,拙文所用相关档案文献由华东师范大学历史学系张耕华教授提供,特此致谢。

出版意图和使用对象。该书出版后长期被用作大学教本和青年自修读物,并不断再版重印,成为上世纪二三十年代发行量最大的一部中国通史。①

然而就是这样一部书,在其出版十二年后的1935年3月,忽然遭到南京市政府的查禁,原因是该书第三编之《南宋和金朝的和战》一节认为:"宋金和议"在当时本是不可避免之事,岳飞等"将骄卒惰",南宋朝廷的权力有限,难以节制,而秦桧始终坚持和议,是"有识力肯负责任之处",将岳飞与韩世忠的兵柄解除,则是"手段过人之处",而"后世的人,却把他唾骂到如此,中国的学术界,真堪浩叹了"②。另外,对于岳飞的战绩,作者也持怀疑态度,以为:"岳飞只郾城打了一个胜战,郾城以外的战绩,都是莫须有的。"③对此,南京市政府在禁令公告中认为:

> 按武穆之精忠,与秦桧之奸邪,早为千秋定论。该书上述各节,撫拾浮词,妄陈瞽说,于武穆极丑诋之能,于秦桧尽推崇之致,是何居心,殊可不解。际此国势衰弱,外侮凭陵,凡所以鼓励精忠报国之精神,激扬不屈不挠之意志者,学术界方当交相劝勉,一致努力。乃该书持论,竟大反常理,影响所及,何堪设想。④

此外,南京市政府在发布公告的同时,还函请国民党中央宣传委员会,要求严饬该书著作人,令商务印书馆迅即改正,在未删改以前,严禁该书在本市销售,并通饬各级学校,禁止学生阅读,以正视听。⑤ 中宣委随即向上海特别市执行委员会和教育部转发了该项禁令。不久,上海执委会即发布训令,谓该书"持论确有悖谬之处,应予取缔",并要求著作人及商务印书馆立即删改该书,未改正前严禁该书发售。⑥

---

① 张耕华:《人类的祥瑞——吕思勉传》,华东师范大学出版社,1998年,第92页。
② 吕思勉:《白话本国史》第三篇近古史(下),商务印书馆,1923年,第2、7页。吕思勉"贬岳称秦"的观点,最早出现在1914年他写的《本论十二》之四《砭宋》中,但《本论》十二篇此前并没有公开发表(参见张耕华《人类的祥瑞——吕思勉传》,第144页)。现收入吕思勉《吕思勉诗文丛稿》,上海古籍出版社,2011年。
③ 吕思勉:《白话本国史》第三篇近古史(下),第9页。
④ 《禁止吕思勉著白话本国史于在未删正以前在本市销售案》,《南京市政府公告》第151期,1935年3月,第50—51页。
⑤ 参见《公函中央宣传委员会:为商务印书馆发行之吕思勉著自修适用白话本国史,于宋金和战,持论反常,函请严饬删改修正,在未删改前,禁止发售由》,《南京市政府公告》第151期,1935年3月,第50—51页。
⑥ 《中国国民党上海特别市执行委员会训令(执字第1584号)》(吕思勉私藏档案)。

从教育部后来对外公布的通令中,可知商务印书馆已将《白话本国史》第三编"被指之持论悖谬之处"完全改正重印,教育部鉴定后认为:"当以各处既经改正,是原来查禁之标的已不存在,自可免予置议。"同时,原本和改正本亦被呈送中宣委复审,中宣委遂批饬商务印书馆:"如各地分馆仍有未改正本,务须即日一律收回,不得销售。"至此,教育部给出了两方面指示:一方面,出版社既然已遵令将该书"持论悖谬之处"改正,自应准予发售;另一方面,为杜绝"流弊",该书旧本仍须禁止学生阅读。①

《白话本国史》从出版至其遭到查禁时隔十二年之久,从当时的审查制度来看,该书正式出版前已接受图书审查部门的层层审核,之后作为教科书使用时,也已经过教育部备案。另外,该书被查禁之前,特别是"九·一八"后,社会上曾有言论对吕著"宋金和战"的内容表示不满,商务印书馆对这部分文字做出了修改和删节,并作为国难后的修订版继续发行。② 然而为何此时仍会遭到国民政府的查禁呢? 原因之一是与其部分内容被指不合时宜有关。由于该书最早出版时国民党尚未北伐,还处于北洋政府的统治下,当时中国政局四分五裂,军阀割据严重,各种势力互相争斗,但尚未发生外敌侵犯,故当时中国所遇到的问题主要集中在国内。而吕思勉在写作《白话本国史》时,对于历史上"宋金和战"或"秦岳功过"问题的看法,不能不说会受到现实的影响,在行文中暗示了清季民初以来军阀危害,但这毕竟还只是本着学术研究的看法,尚不至于触动当时中国社会的政治神经。然而,到了 1930 年代初以后,国民党南京政府在形式上建立了全国性政权,日本军国势力亦加紧侵略中国的步伐。特别是 1931 年"九·一八"事变后东北沦陷,更是让中国所面临的危机由对内转向了对外。1935 年时,日本又逐步侵入华北地区,民族存亡便成了中国各种政治势力共同面对的问题。从南京市政府对《白话本国史》的查禁来看,也正是以涉及民族危亡为理由,即公告中所指"际此国势衰弱,外侮凭陵"的时局背景。显然《白话本国史》有关"宋金和战"及"贬岳称秦"的观点,无疑是一个天大的"罪名"了。

---

① 《国民党政府教育部关于取缔吕思勉著〈白话本国史〉的训令(抄件)》,中国社会科学院近代史研究所中华民国史组编《胡适来往书信选》(下),中华书局,1980 年,第 604 页。
② 张耕华:《人类的祥瑞——吕思勉传》,第 144—145 页。

事实上，在"九·一八"事变之后，有不少知识分子喜欢借历史上南宋抗金的故事，来表达对时局的担忧和对国民党消极御侮的不满。例如1932年又发生了日军进攻上海的"一·二八"事变，当时思想学术界的许多著名人物，都借南宋抗金事例来批评国民党中央政府的消极抵抗政策。陈寅恪、吴宓等公开致电国民政府，称今日之事，"不用岳飞，即用秦桧。若用秦桧，则请斩蔡廷锴以谢日本，万勿阳战阴和，以欺国人"①。王造时甚至将国民政府比作通敌卖国的秦桧，指其只知对内，不知对外。② 与此同时，《清华周刊》发表了一篇署名"西杰"的文章，将吕思勉"贬岳称秦"的观点称为"新秦桧论"，借此讽刺国民政府的消极抵抗态度。③ 受当时思想界的影响，一些青年学子还将南宋抗金人物作为研究方向，例如当时考入北大史学系的邓广铭，就由此开始了自己的学术事业。

除上述民族情绪的影响外，国民政府的党化政策也是吕著被查禁的一大因素。1927年，南京国民政府成立后，便积极推行"党化教育"，同年教育行政委员会通过了《国民政府教育方针草案》，该草案规定："应赶促审查和编著教科用的图书，使与党义及教育宗旨适合。"④后更明确教科书应："以不背本党的主义、党纲及精神，并适合教育目的、学科程度及教科体裁者为合格。"⑤以当时的中学历史教育为例，初中的历史课程标准要求历史教科书应"研求中国民族之演进；特别说明其历史上之光荣，及近代所受列强侵略之经过与其原因，以激发学生民族复兴之思想，且培养其自信自觉发扬光大之精神"⑥。高中的历史课标还特别强调，历史教学要"阐发三民主义之历史的根源"⑦。按照这样的标准，吕氏"贬岳称秦"的观点自然是不能激发学生的民族自强精神，甚至与党化教育的宗旨相忤逆。作为教科书，传播广泛，发行量巨大，带来的影响更非普通学术书籍可及，故国民政府对吕书的审查自然也就

---

① 杨国荣编《思想与文化》第六辑，华东师范大学出版社，2006年，第296页。
② 造：《岳飞与秦桧》，《主张与批评》1932年第4期，第2页。
③ 西杰：《新秦桧评》，《清华周刊》1932年第37卷3期，第68—69页。
④ 《教育界消息》，《教育杂志》1927年19卷第8期，第1页。
⑤ 《教课图书审查条例》，刘哲民编《近现代出版新闻法规汇编》，学林出版社，1992年，第357页。
⑥ 《初级中学历史课程标准》，《安徽教育行政周刊》1932年第5卷47期，第11页。
⑦ 《高级中学历史课程标准》，《安徽教育行政周刊》1932年第5卷第49期，第10页。

更加严格了。

此外,还有一个不可忽视的原因,那就是"九·一八"事变后,"岳飞"在官方语言中具有特殊的含义。蒋介石曾以岳飞自况,借以批评国内的异己力量,认为"岳飞之厄于金人,并非岳飞战斗能力薄弱,实在是见忌于当时在后方的奸人秦桧,以致功败垂成","我们要以无数的无名岳武穆,来造成一个中华民国的岳武穆"①。显然,蒋介石是要众人以他为中心,来成就他这个"岳武穆",而吕思勉对岳飞"将骄卒惰"的批评,无疑是有所犯忌。1934 年,国民政府号召开展"新生活运动",岳飞以其忠君爱国的形象,成为政府宣传的典型。1935 年 3 月至 4 月间,河南等地举行了由官方主导的盛大的纪念岳飞活动,《中央日报》对此进行了详细跟踪报道,并表彰岳飞忠君爱国,有平民精神,是"新生活"运动的典型代表,甚至将岳飞称为"中华民族的伟人"及"革命军人的模范"②。在这种政治话语的主导下,吕思勉的《白话本国史》也就很难逃脱被查禁的命运了。

二 《白话本国史》讼案始末

在查禁《白话本国史》的训令发出后,1935 年 3 月 12 日,南京《朝报》主笔赵超构发表了《从秦桧说起》一文,为吕思勉鸣不平。他从学术研究的独立性出发,强调不当以学术联系政治,称南京市政府所谓"贬岳称秦"危害国民思想的言论,失之于"过分的崇信精忠说岳传",而现在国势不能与南宋相提并论,"岳飞之主战论当然易于哗众媚俗,秦桧之有勇气主张宋金提携,打开宋金间之僵局,其忍辱负重的精神,即在目前看来,也未可厚非。作史者不说岳飞唱高调,偏说秦桧是汉奸,难怪吕思勉不服气"③。

---

① 蒋介石:《团结内部,抵御外侮——二十年十一月二十三日在四全大会闭会式讲演》,国民政府军事委员会政治部编《领袖十年来抗战言论集》,青年书店,1939 年,第 36 页。
② 《豫汤阴县纪念岳武穆诞辰》,《中央日报》1935 年 3 月 22 日。此次活动从 3 月 20 日开始,一直持续到 5 月初。参见 1935 年 3 月 20 日、28 日、4 月 12 日、17 日《中央日报》相关报道。此外,同一时期的《新闻报》、《大公报》、《大美晚报》、《时事新报》等报纸,对国民政府高调纪念岳飞之事亦多有报道。
③ 赵超构:《从秦桧说起》,《朝报》1935 年 3 月 12 日。

文章发表后不久,南京《救国日报》主编龚德柏即兴师问罪,发表社论《汉奸世界》,称当局近来对日委曲求全,吕著《白话本国史》乃"希图迎合意旨",赵超构主笔的《朝报》也与之同流合污。① 随后,3月20日和21日,赵超构在《朝报》发表连载文章《辟某报之汉奸论》以作回应。赵文在批评龚文有污蔑意图的同时,还阐述了学术自由和社会责任的关系。他说:

> 一个治学者(尤其是史学家)应有的自由,和他的责任,社会上是把他分析得非常清楚的,为秦桧作曲解者,在吕思勉以前,早已有之,虽不能免于责难,然其应负的责任,也自有相当的分际,从来没有人拿汉奸一类的太苛刻的恶名硬加在一名纯粹著书人的身上的。②

实际上,龚文认为吕思勉是汉奸,是误以为其著作在1923年初版时,是大骂秦桧的,而到了1934年再版时,于"岳飞与秦桧功罪一段,完全篡改,大反前说",是谄媚当局,支持不抵抗政策。③ 显然,龚氏是未察原著的,这一点也正被赵超构指出。赵氏以该书1926年和1934年两版为据,就此澄清道:"民国十五年出版的,即已骂岳飞为军阀,为秦桧呼冤,称许秦桧之主和了,而民国二十三年八月这一版,却正反是把以上各点删去。"而龚文"凡引证'初版'处,恰正是民国二十三年'改版'后的原文,而所谓'改版'各条,反而是'初版'的原文"④。赵氏还对两版相关内容做了详细比对,指出龚氏的批评实为张冠李戴。

然而,龚德柏并不相信赵氏所引这两版书的真实性,不惜在《救国日报》上重金求购国难后《白话本国史》的第一次修订版。⑤ 3月24日,

---

① 赵超构:《辟某报之汉奸论》,《朝报》1935年3月21日。龚德柏在《救国日报》上发表的这篇文章今天已难查到,但从《朝报》发表的赵超构这篇回应文章中,可大致了解其内容主旨,发表时间也当在3月12日至20日之间。
② 赵超构:《辟某报之汉奸论》,《朝报》1935年3月20日。
③ 赵超构:《用真凭实据证明龚德柏诬陷吕思勉!——奇蠢极恶之栽赃手段!民国二十四年言论界之大笑话!》,《朝报》1935年3月23日。
④ 赵超构:《用真凭实据证明龚德柏诬陷吕思勉!——奇蠢极恶之栽赃手段!民国二十四年言论界之大笑话!》,《朝报》1935年3月23日。
⑤ 广告内容如下:"本报现需用吕思勉著二十二年版《白话本国史》,(其他版本不要)有愿出让者,酬世界书局六大名著预约券一纸(实价十五元)或现金十五元。"《重价征求吕著本国史》,《救国日报》社启。参见李永圻、张耕华编撰《吕思勉先生年谱长编》,上海古籍出版社,2012年,第461页。

他拿出吕书1933年版,特别指出其中诋岳称秦的语句,以此作为"九·一八"事变后吕思勉谄媚当局的"铁证",并认为赵氏"所以确认二十三年版吕书无诋岳称秦处",大概因为其"所有之吕书系以二十三年版之第三册与二十二年版之第四册所拼凑而成"①。

赵超构随即对龚氏自述的求书经过提出质疑。龚氏自称:"首得方涉蟾君送来'二十二年版'之吕书,彼当时为之骇异,以其中并未诋岳称秦,而反系大骂秦桧也。"但赵氏对此指出,方书在送来时,"所附函件,反有'吕某此著太无伦类请君驳斥'之语,岂大骂秦桧,反激起方君之怒气乎? 龚德柏举证之前言不对后语,其用心更昭然若揭也"②。显然在赵超构看来,龚氏自述的求书经过是刻意作伪的。但龚氏并没有就此罢休,1935年5月,他以吕著中"宋金和议"的观点为由,以犯外患罪和出版法,将出版方商务印书馆、著作人吕思勉,以及《朝报》经理王公弢、主笔赵超构等,告上江苏高等法院。

根据当时的审案程序的规定,此案需分庭审理。1935年4月13日,江苏高等法院首先对"外患罪"方面做出判决,判决结果指出吕著"不过一种史评就古代人之臧否加以论列,其以现代事实推想古代事实之说,系与研究历史之结果与见解而发,既无通谋外国,危害民国独立与领土完整之事实,既不构成刑法第一百零八条之罪"③。决定对吕思勉、王公弢、赵超构等人不予起诉。其后是对是否违犯"出版法"的判决。一个月后,吕思勉赴南京听候宣判,商务印书馆也作为被告出庭。5月13日,判决结果出来,吕思勉、赵超构等人再次被判无罪。在这份判决书中,清楚写明了《白话本国史》1935年的发行经过,指出因国内情势的变化,商务印书馆遂于1935年2、3月间,将从前版本收回,将原书"宋金和议"一节抽出,复插入修改后的文字,重新装订出售,是为"本年"第一次修改。南京政府禁令发出后,商务印书馆又于本年4月作了第二次修改。但由于市面上的流通量很大,不可能将所有书全部召回,因此,市场上也同时存在着许多从前未修改的版本。而龚德柏拿到的两本书恰是1923年修订后的版本和1933年的未修订版,由此他认定

---

① 赵超构:《龚德柏之真凭实据:原来只有天晓得》,《朝报》1935年3月26日。
② 赵超构:《龚德柏之真凭实据:原来只有天晓得》,《朝报》1935年3月26日。
③ 《判决书》(吕思勉私藏档案)。

吕思勉在1933年"一·二八"事变后趋时卖国。该判决书还特别说明吕书持论"虽未适当,要皆在我国东北之地未失以前,与现在情形不同,自非别有作用,既系个人研究历史之评论与见解,以法律言,即非破坏我国三民主义,损害国家利益,妨害善良风俗,不构成出版法第十九条、第三十五条之罪"①。随后,龚氏对判决结果不服,再次告到江苏高等法院,不久江苏高院即做出终审判决,以龚氏作为告发人无再议权力为由,驳回了其请求,维持原判。②

在此有必要指出,在《白话本国史》的修改版删去了原版有关"将骄卒惰"的批评,并将有关郾城大捷的评价,由原来归于金兵的"轻敌"和岳军的"侥幸",转而改为肯定宋朝的胜利,且对秦桧坚持议和及杀岳飞之事提出了批评。③还删去了原版个人色彩浓厚的评论性语言,而只是罗列正史中所载的一些史实。但在1944年出版的吕著《中国通史》中,作者仍然坚持了原来的观点。④由此看来,此次《白话本国史》的修改很可能只是商务印书馆的行为,吕思勉本人并不认同。

从当时的社会舆情来说,龚德柏诋吕思勉观点妨害民风流俗的言论,很能代表当时许多人的看法。例如,在南京市政府禁令发出不久,上海的《新闻报》就专门发表文章支持,称:"精忠报国的岳武穆,遗臭万年的秦桧,一为举世所敬仰崇拜,一为万古所唾弃诟骂。"而吕著"颇有矫奇立异之说","持论大反常理","实属匪夷所思,这不能不说是有害于民族性的一回事"⑤。

三 由《白话本国史》讼案引发的学界讨论

实际上,从20世纪30年代初至40年代中期抗战结束,岳飞的

---

① 《吕思勉、李伯嘉、王公弢、赵超构(二十三号,八七一九,违反出版法)》(吕思勉私藏档案)。
② 《再议处分书》(吕思勉私藏档案)。
③ 吕思勉:《白话本国史》第三篇近古史(下),商务印书馆1935年国难后修订第4版,第515页。
④ 参见吕思勉《中国通史》(下),开明书店,1944年,第486页。
⑤ 《白话本国史之怪论:岳飞是军阀秦桧乃爱国,学术界莫堪浩叹》,《新闻报》1935年3月13日。按,两天以后《新闻报》即刊载《关于白话本国史之误传》的声明,称:"前日纪《白话本国史》之事,闻此书系民国十二年出版之旧作,内有讥讽宗泽、韩、岳、张、刘等军纪字句,盖出于当时厌恶军阀之心理而成。今经市政府发现,认为不妥,并请党部促出版者注意,现已完全修改,外传查禁之说,非事实云。"《新闻报》1935年3月15日。

形象始终出现在民众救国的口号中,萦绕在艺术家的舞台上,活跃在小说家的笔下,以及学者们的著述里。虽然《白话本国史》讼案早已结案多年,但社会舆论却每每因现实问题,不时会借岳飞与秦桧的故事来表达某种情绪,吕著中的观点也就少不了会成为话题的焦点,可见,学术研究难以摆脱现实的影响,而吕案最终带来的问题是:学术研究可以表达不同的观点,但若与现实需要相悖时,是否允许这样的观点存在?显然,从吕著的查禁和删改来看,当时的政府部门是更习惯用行政手段加以否定的,但在思想学术界就是一个尚未辨明清楚的话题,故在面对历史与现实的关系时,人们表达观点的立场就显得较为复杂。

首先,对吕思勉观点持批评意见的人,其理由和目的主要集中在两个方面:

一是强调塑造民族意识的重要性和培养青年爱国的现实需要。如1935年,时任北平师范大学教授的熊梦飞,便认为历史教学应以"陶铸民族精神,训练公民道德为任务",而吕著对民族英雄的事迹"或略而不述,或述而不详,或详而不加宣扬,反加曲解",不但"于教育政策上所赋予的使命既未能负荷",于历史学科所具有的本分,"也不能做到好处"①。熊氏后来又曾再次发文,批评吕氏未能发挥民族观念,甚至认为,青年判断力缺乏,"读了这种史书,不知不觉会发生媚外心理"②。同年,《大学新闻周报》上还发表了一篇《邓之诚也非难"岳飞"》的文章,作者将对吕氏的批评,更延及与吕氏观点相近的另一位史学家邓之诚,认为岳飞不该被非难,而应该被信仰,"至少可以使国人的脑中有理想的人格,足资楷模,若果我们一定要说一般所公认的英雄都是坏蛋,这对于历史上并没有什么了不起的贡献,反之,只证明了他民族意识的薄弱"③。

换言之,岳飞是否真的"忠君爱国"已并不重要,重要的是将其视为理想人格的化身,以增强民族意识和寄托自身信仰。1940年时任教育

---

① 熊梦飞:《评吕著高中本国史》,《教与学》1935年第1卷第1期,第239—240页。
② 熊梦飞:《对于吕思勉著高中本国史的批评》,《文化与教育旬刊》1935年第61期,第21页。
③ 怨生:《邓之诚也非难"岳飞"》,《大学新闻周报》1935年第3卷第6期。此则材料由华东师范大学历史系李孝迁教授提供,谨此致谢。

部长的陈立夫就曾强调:"历史方法,故应求真,但教史之时,应时重民族光荣与模范人物。"①显然,熊氏此类观点更符合国民政府教育部门的需要,而在历史研究与现实需要之间,吕著的有关内容自然就被认为达不到这种教育目标。在此需特别指出的是,在吕著遭到批评和被查禁之后,邓著《中华二千年史》于1935年6月再版时,也被删去了相关内容。②

二是认为在国家生死存亡之时,厌战主和有悖国民反击侵略和保家卫国的诉求。如1935年《现代出版界》发表了署名"亚狐"的文章,将吕氏的观点称为"中国学术界的奇特言论",他在谈到吕氏对秦桧的评价时,认为吕氏出于同情宋高宗与秦桧等为保住统治地位而议和,所以才拥护秦桧卖国的,坚称岳飞"虽不是为何了不起的民族英雄,但他那抗金的主张总是不错的"③。

其次,赞成吕氏观点或持与吕氏相同观点的人,其理由及目的也体现了两方面的诉求:

一是基于对学术独立性及思想自由的理解与尊重。当时胡适也持与吕思勉相近的观点。他在《南宋初年的军费》一文中论道:"宋高宗与秦桧主张和议,确有不得已的苦衷。……秦桧有大功而世人唾骂他至于今日,真是冤枉。"④郑振铎也认为民国以后,历史上的沉冤,颇为之昭雪不少,以秦桧为例,"近人偶有一种言论,以为桧的主和,实不得已,不能说是他的罪,也许反是他的功。这个议论,新奇可喜,足雪千年来的一个大冤狱"⑤。后来赵超构对吕思勉的声援及其对龚德柏的批评,也是基于坚持学术独立的立场,他更强调尊重史实证据和纯粹的学术精神,并呼吁应宽容地对待学者的学术观点。⑥除赵氏外,历史学者牟润孙的看法,或许在相反立场上也能体现这种精神,牟氏虽不赞同吕氏的观点,但并未对其著作提出更多的批评,仅在技术层面上认为该书

---

① 《社评:史地教育的歧途》,重庆《中华日报》1940年5月18日。
② 参见邓之诚《中华二千年史》(四卷),商务印书馆,1934年,第246—252页。
③ 亚狐:《秦桧和岳飞的新估价:白话本国史批评》,《现代出版界》1935年第1期,第27页。
④ 胡适:《南宋初年的军费》,《胡适文集》(10),北京大学出版社,1998年,第199、120页。原载《现代评论》1925年第1卷第4期。
⑤ 西谛:《秦桧之功》,《小说月报》1929年第20卷第1—6期,第466页。西谛即郑振铎(1897—1958),时为《小说月报》主编。
⑥ 参见赵超构《龚德柏之真凭实据:原来只有天晓得》,《朝报》1935年3月26日。

"伪误有为常人所不应有者"①。而事实上,即便在吕案的判决中,法官也一再强调吕著的观点仅系个人研究历史的评论与见解,并无妨害善良风俗之处。

二是基于历史教育及某种现实立场的另一种考量。例如1940年5月《中华日报》针对前述教育部长陈立夫的讲话,发表社论说:

> 前几年吕思勉先生就南宋与金国战争期中的史实,加以探讨,发而为岳飞是军阀,秦桧是政治家的新论,本是任何一个研讨过南宋全部史料的历史学者都深为赞同的见解。但是,吕先生受到攻击,因为精忠说岳,是另一种说法。

该社论还进而针对当时不尊重史实的历史教育提出批评,认为"历史是人民对于民族已过去的全部正确认识",而抗战以来,历史更经过曲解,过于强调光荣而忽略失败,其结果只会"使国民建树起一种不正确的夸大狂",不仅对过去不能正确理解,即便"对于中国民族现在以及将来在世界中的地位,亦不能有确当的估价",因此"这根本不是建设国家的正确历史教育"②。

另外,在一些为吕思勉公开辩护的学者中,成本俊与周作人的文章是颇耐人寻味的,也体现了自身现实的主张。成氏在1934年发表《秦桧对金主和与南宋大局的关系》一文,认为秦桧"在历史上是一个冤沉海底的人物",文中内容大段抄袭吕书《南宋和金朝的和战》一章。他评价秦桧"是深知敌我虚实的人",对金主和是"攘外必先安内"之策,"是很稳健的立国大计,而且也是南宋此时唯一的出路"③。文章末尾他言明此文创作的主旨"不仅在表彰秦桧个人的功绩,纠正历史上的错误,而且是认识一个有意义的教训。甚望读者注意及之"! 不难看出此处"有意义的教训"实际上是为国民政府"攘外必先安内"的消极抗战政策做辩护。周作人在南京市政府发布禁令不久,即发表了《岳飞与秦桧》一文,认为吕思勉"贬岳称秦"的观点确有些"矫奇立异",但"意思却并

---

① 云孙:《吕著白话本国史订伪》,天津《大公报图书副刊》1935年5月30日。
② 《社评:史地教育的歧途》,重庆《中华日报》1940年5月18日。
③ 成本俊:《秦桧对金主和与南宋大局的关系》,《珞珈月刊》1934年第1卷第6期,第498、511页。

不全错"①。不久,他又再次撰文表达了对时势的感慨,认为以南宋当时的国势而言,虽战无益,然而等议和成了,避难的人也回来了,人们却又转而崇拜主战者,于是"称岳飞而痛骂秦桧,称翁同龢、刘永福而痛骂李鸿章,皆是也"②。此后,周氏更是认为秦桧的主和能保得南宋半壁江山,总比刘豫和张邦昌做金人的傀儡皇帝为佳,而"吕思勉之徒的言论,虽然未必就能救命,也总可放出一点毒气,不为无益",又说"和比战难,战败仍不失为民族英雄,和成则是万世罪人,故主和实在更需要有政治的定见与道德的毅力也"③。从周氏后来的亲日取向和政途选择来看,这番表达不免让人感到此公有直述衷肠的意味,或可反映其在全面抗战到来之前的心路。

四 余 论

  事实上,在 20 世纪上半期,因历史著作引发的讼案,吕案并非孤例,另一位史学大师顾颉刚亦曾遭遇类似的经历。顾氏在 1920 年代曾编写过一部《现代初中本国史教科书》,从当时疑古的角度,把代表上古历史的"三皇五帝"列入传说时代。这对今天稍具历史常识的人来说,都不再会认为是一件奇怪的事,但当时却让很多人难以接受,尤其引起了一些政府官员的不满。1929 年,担任过山东教育厅长的一位官员对该书提出了弹劾,终使国民政府以"动摇国本"为名将此书查禁。以至于出版该书的商务印书馆总经理张元济亲赴南京,通过与国民党元老吴稚晖的接洽,最终以免去罚款,禁止该书发售了事。④

  如果将吕案与顾案稍作比较,即可发现一个重要问题,即吕书和顾书皆出版于 1920 年代,为何同样作为教科书,也同样因为历史问题,顾书很快遭人告发,而声名更大的吕书,会到 1930 年代中期才被人告发呢?这显然还要从两案所涉的历史问题上才能得以理解。顾案所涉及

---

① 周作人:《岳飞与秦桧》,《华北日报·每日文艺》第 108 期,1935 年 3 月 21 日。收入周著《苦茶随笔》,河北教育出版社,2002 年,第 174—176 页。
② 周作人:《关于英雄崇拜》,《苦茶随笔》,第 182 页。
③ 周作人:《再谈油炸鬼》,《论语半月刊》1936 年第 95 期,第 9—10 页。
④ 顾颉刚:《我是怎样写古史辨的?》,《文史哲学者治学谈》,岳麓书院,1984 年,第 101 页。

的中心问题是有关"三皇五帝"是否存在的问题,这在当时人们的历史观念中,将牵涉到对中华民族源流的认同问题,这对于肇建不久的民国政府来说,质疑这个问题显然不符合其现实的政治需要。而吕案所涉及的中心话题,即对岳飞和秦桧的认识问题,其牵涉的问题是如何面对外敌的侵犯问题,正如笔者在前文所作的分析,1930年代后由于时局的变化,中国社会所面对的主要问题已经由对内而转向对外,故吕案发生便由此可以得到进一步理解。

此外,吕案这类事件中所指向的历史认识是很值得思考的。以吕案的中心问题,即对岳飞的认识来说,其归根结底既属于历史事实的判定问题,亦属于对历史的评论问题。首先,岳飞作为一个历史人物,其生前的所作所为,是可以通过许多史料的考证而确知的,这基本上属于对史实的判断,故此需要充分的历史证据才能说得清楚。而吕思勉对岳飞的批评,其史实依据是否充分,本可以在学术范围内进一步讨论,然而在当时民族主义高涨的中国,无论党政部门宣导的政治话语环境,还是知识精英主导的思想学术界,人们在史实判断和历史评论之间,更习惯的做法则是对历史的评论并非本着尊重史实的态度,而更多是借助历史,来表达对现实的各种情绪和某种主张。吕案引发的诸多讨论基本上属于这种现象。其实,对于岳飞的评价,历史上也有不少持批评意见的学者,如朱熹、王夫之等人,就批评其不能权衡时势,甚至个人修养方面也欠佳,只是鲜有人否定其抗金功绩。但在官方的政治话语及普通民众的信仰中,"精忠报国"则始终是对岳飞的经典描述。国难当头之际,吕著中批评岳飞而同情秦桧的内容,无异于"冒天下之大不韪"了。人们借吕案话题所发表的诸多讨论,其实早已超出了学术研究的范畴,然而无论是吕著观点的批评者还是支持者,抑或此书的作者吕思勉,在这当中所表现的不同心态及立场是最值得深入思考的。吕思勉作为这场讼案的当事人,终至整个民国时期,几乎没有就针对自己的各种批评做过任何直接回应,直到新中国成立初期,他在一份思想学习的自述总结里,才对这场讼案做了一个简短的回应,他说:"此书在当时,有一部分有参考之价值,今则予说亦多改变矣。此书曾为龚德柏君所讼,谓予诋毁岳飞,乃系危害民国,其实书中仅引《文献通考·兵考》耳。"① 由此可见,吕氏作为一位学养深厚的专业史学家,其当时的沉默和后来的这种回应,始终体现着对现实问题的谨慎,以及对学术问题的严肃态度。

(《华东师范大学学报》2015 年第 2 期)

---

① 吕思勉:《自述——三反及思想改造学习总结》,《史学理论研究》1996 年第 4 期,第 59 页。

百余年来吕思勉著述的出版、整理重印情况的综述

——写于《吕思勉全集》出版之际

张耕华[*]

  2015年10月,二十六册、总计一千四百余万字的《吕思勉全集》(下文简称《全集》),由上海古籍出版社出版发行。《全集》的出版,标志着近三十多年吕思勉著述(以下简称"吕著")的出版整理工作暂可告一段落。如从吕先生最早发表的小说《未来教育史》算起,吕著的出版已历一百余年,而近年来达到出版重印的高潮(近十年来,七十余家出版社出版和重印的吕著总计约有二百十余种)。[①] 作为整理工作的参与者之一,笔者深感有必要将吕著的整理出版和重印的情况,做一个完整而系统的小结,尤其是需要向读者说明各种吕著版本的异同及删改等情况。为此,笔者撰写本文,除了叙述吕著的撰写缘起、初版与重印的修订、删改、《全集》收录的情况,以及尚未找到的部分吕著外;还录入吕先生对其著述的自评;以便为学界同人或青年学生的阅读、研究提供一点参考。

一

  吕先生最早刊出的著述是二部小说:一部是1905年刊登在《绣像

---

[*] 作者简介:张耕华,华东师范大学历史学系教授。
[①] 据笔者之不完整的统计:2005年各种出版社出版了吕著六种,2006年为三种,2007年为二种,2008年为二十二种,2009年为二十六种,2010年为十四种,2011年为十三种,2012年为二十九种,2013年为二十七种,2014年为四十八种,2015年为三十二种。详情参见《吕思勉全集》第二十六册《吕思勉先生编年事辑》附录二《吕思勉先生著述系年》。

小说》上的《未来教育史》，这是一部章回小说，目前仅找到刊印稿四回，恐怕未写完，我们也未找到先生的手稿。另一部小说是1907年7月由商务印书馆出版的《中国女侦探》，是书分《血帕》、《白玉环》和《枯井石》三篇，约六万余字。撰写这两部小说的时候，吕先生正在常州溪山小学及苏州东吴大学任教，年龄约在二十来岁。先生的这二部小说，长期来未为学界所知，其原因有二：其一，这二部小说刊印时，都使用了笔名：《未来教育史》署名"悔学子"，《中国女侦探》署名"吕侠"。"悔学子"是先生年轻时练习史札、笔记时使用的笔名，刊印稿上署名"悔学子"的，仅此一见。"吕侠"也是先生早年使用的笔名，1905至1915年间，先生曾以"吕侠"（或"吕侠人"）的笔名行世。不过，刊印稿上署名"吕侠"的也仅此一见，后来已不再使用。由于这二个笔名都仅在早年使用，学者对此毫无所悉。[①] 其二，成年之后，先生从不提及自己早年的这些写作（先生的女儿吕翼仁、先生最亲近的学生杨宽、李永圻早先也都不知道先生的这些著述）；先生留存的书稿资料中，也未有这二部小说的手稿和刊印本。我们也是在先生母亲程夫人日记中，发现有"发姊书并《中国女侦探》一册，芸儿所作，寄姊阅之"一条记录（芸儿，是吕先生的小名），才知道并去寻找这部小说的。[②]《中国女侦探》有1918、1923年的重印本。2011年，这两部小说都收入了"吕思勉文集"（下文简称"文集"）的《吕思勉诗文丛稿》，[③] 现都收入《全集》的第二十五册。

1914至1919年，吕先生先后任职于上海中华书局和商务印书馆，在此前后编撰出版的著述主要是中小学教科书和通俗读物。教科书涉及国文、修身、历史、地理诸科，共有十种：（一）《新编中华民国国文教科书》、（二）《新编共和国修身教授书》（以上二种均为上海民国南洋图书沪局一九一三年版）、（三）《高等小学新修身教授书》（上海中国图书

[①] 如《中国女侦探》中的《血帕》一篇，曾收入吴组缃等主编《中国近代文学大系·小说集七》（上海书店，1992年）和于润琦主编的《清末民初小说书系·侦探卷》（中国文联出版公司，1997年），关于作者的生平事迹，前者只注"生平不详"，后者则未作介绍，显然，但编者们都不知道作者吕侠就是吕思勉。

[②] 有关此书的考证，可见拙撰《〈中国女侦探〉的作者吕侠就是吕思勉》，刊于《博览群书》2009年第11期。

[③] 《吕思勉诗文丛稿》误收了一篇《女侠客》，其实，此篇系龚子英所作。见王刚《晚清民初"小说界革命"与吕思勉文学活动考论》，刊于《问学——思勉青年学术集刊》，生活·读书·新知三联书店，2015年。

公司和记一九一四年版）、（四）《新式最新国文教科书》、（五）《高等小学校用新式国文教科书》、（六）《高等小学校用新式地理教科书》、（七）《高等小学校用新式地理教授书》、（八）《高等小学校用新式历史教授书》（以上五种均为中华书局 1916 年版）、（九）《新法国语教科书》、（十）《高等小学校用新法历史参考书》（以上二种均为商务印书馆 1920 年版）。史地通俗读物有《苏秦张仪》（中华书局 1915 年版）、《关岳合传》（中华书局 1916 年版）、《国耻小史》（中华书局 1917 年版）和《中国地理大势》（中华书局 1917 年版）等。上述教科书，有些是与人合撰的，如第（三）、（八）、（九）、（十）四种；其中（一）、（二）、（四）、（九）数种，仅见于《民国时期总书目（中小学教材卷）》和《中国近代中小学教科书总目》的目录，至今还未找到原书；其他各种现分别收录《全集》第二十二至二十四册。通俗读物则收入《全集》的第二十五册。需要说明的是，《全集》中的《高等小学校用新式地理教科书》和《高等小学校用新式地理教授书》，都按一九一六年的初版整理刊印的，但这两种教科书在稍后的重印再版时，因时局的变化都有较大的增补修改。如 1922 年 4 月的第十版，"阿剌伯、阿曼、亚丁"一节改写为"美索不达米亚、叙利亚、新犹太"，"奥斯马加"一节改写为"波兰"，又增加了亚美尼亚、汉志、奥地利、匈牙利、捷克斯洛佛克等内容，许多章节也依据一战后的世界新版图做了改写。

在 1919 年，吕先生还撰写了这一部《医籍知津》，这原是他在上海商务印书馆为协助谢利恒（观）先生编纂《中国医学词典》而撰写，但后来没有收入商务印书馆 1921 年初版的《中国医学词典》。上世纪八十年代中期，吕翼仁先生整理乃父的遗稿，发现吕先生留有《医籍知津》手稿一册，即约请杨宽先生一起对该手稿进行整理，主要的工作是校订、补正、①分节，并加小标题（原稿不分节）；又请胡道静先生审阅，胡先生写有《吕诚之先生〈医籍知津〉稿本题记》一篇。当《医籍知津》整理完毕之时，翼仁先生获知《医籍知津》已改名为《中国医学源流论》由谢利恒先生署名刻书印行，便取消了原先的出版计划。原来，《医籍知津》既为

---

① 原手稿的书写格式尚未统一，如涉及人名处，有注名号、籍贯的，也有未有注的。吕翼仁、杨宽先生所做的补正，只限于在人名之后，加括号注明其所属朝代、所用之名号及籍贯等内容，以求统一体例。此外，便是分节和加小节之标题。

《中国医学词典》而撰,成稿之后便交予了谢先生。1934年,《医籍知津》改题为《中国医学源流论》,在《国医公报》上连续刊出。① 1935年,吕先生为谢先生作传,也将《中国医学源流论》列入谢氏著述之一。但吕先生在1952年撰写的《三反及思想改造学习总结》中,仍详细地记述了撰写这部著述的经过,只是未提书名。他说:"一九一九年,入商务印书馆,助谢利恒君编辑中国医学辞典。予于医学,本无所知,而先外王父程柚谷先生、先舅氏均甫先生、先从舅少农先生,皆治汉学而兼知医,故予于中国医书之源流派别,略有所知。谢君本旧友,此时此书亟欲观成,乃将此一部分属予襄理。至暑假中事讫。"由此可见,先生对自己的医籍研究及这部著述,是很珍视的。既然先生自己很珍视,又有《医籍知津》的底稿留存,似应该让这部著述重印流传。② 2009年,上海古籍出版社出版《中国文化思想史九种》("文集"之一),我们考虑再三,决定将《医籍知津》及胡先生的《题记》收入其内;现也全部收入《全集》的第十六册。

二

吕先生自二十岁起便专意治史,至四十岁时,完成了他第一部通史著作《自修适用白话本国史》(下文简称《白话本国史》)。先生在《自述》③中对此书有这样的评述:"此书系将予在中学时之讲义及所参考之材料,加以增补而成。印行于一九二一或一九二二年,今已不省记矣。此书在当时,有一部分有参考价值,今则予说亦多改变矣。此书曾

---

① 《中国医学源流论》于1935年由上海澄斋医社铅印成书(澄斋,系谢利恒先生书斋名号,谢先生晚年号澄斋老人)不过,在此之前,《中国医学源流论》已于1934年出版《医学公报》上分篇连载。更早的,在1927年出版的《医界春秋》第15期上,《中国医学源流论》似已有刊登(笔者至今还未找到此本杂志,只是在1927年9月20日第11版《申报》之《医药讯》上,看到《医界春秋》出版及刊载此内容的报道。

② 与《医籍知津》底稿相勘,《中国医学源流论》的分节也不同,又增设了"民国医学"、"时代病"和"地方病"诸节;文字上,尤其是评述、议论的文字也稍有改写。如《医籍知津》"医史医案医话与医书"一节末尾,原文云:"而日本则医有专官,能世其业,既能收新说之妙,又不失固有之长,故其卓越如是也,然而中国之医家可以知所愧矣。"《中国医学源流论》改为"而日本则医有专官,能世其业,既能收新说之妙,又不失固有之长,故其卓越如是也,中国之医家所当借镜者也。"

③ 《自述》即先生1952年在参加思想改造学习后所写的《三反及思想改造学习总结》,现收录《吕思勉全集》第十二册《论学丛稿》下。先生对其著述的自评,均见于此份《总结》,下文不再加注。

为龚德柏君所讼,谓予诋毁岳飞,乃系危害民国,其实书中仅引《文献通考·兵考》耳。龚君之意,亦以与商务印书馆不快,借此与商务为难耳。然至今,尚有以此事诋予者。其实欲言民族主义,欲言反抗侵略,不当重在崇拜战将,即欲表扬战将,亦当详考史事,求其真相,不当禁遏考证也。"大约《白话本国史》的底本是吕先生在常州府中、东吴大学任教之讲义编撰而成。① 对照他后来的一些著述,《白话本国史》中的一些看法(如汉族西来说、对禅让说的质疑等),后来确实多有改变。《白话本国史》于1920年12月拟定写作序例,1922年完成书稿,1923年9月由上海商务印书馆初版发行。此书曾有两次大段的修订:第一次修改的是第四篇近世史(下)第四章第三节"戊戌政变和庚子之乱"内有关义和团的一段叙述(1926年11月第四版已改)。第二次是修改近古史(下)第一章"南宋和金朝的和战"第二节"和议的成就"(1933年10月国难后第二版已改)。期间,也有一些版本,有文字和段落上的删改。② 1935年3月,《白话本国史》遭南京市政府的查禁。五月,《救国日报》主编龚德柏以《白话本国史》"宋金和议"之评述犯"外患罪"和"出版法",对出版方商务印书馆及著作人吕思勉、《朝报》经理王公弢、主笔赵超构诸先生的诉讼案。稍后,江苏高等法院判决吕、赵等无罪而不予起诉。③ 民国年间,《白话本国史》曾一再重印再版;50年代后,台湾、香港也曾有几种翻印本。在大陆的出版界,《白话本国史》最早于1990年收入"民国丛书",系照初版本影印;2005年上海古籍出版社收入"文集"新版重印,此版参照了吕先生生前自做的修改和翼仁先生的校订,

---

① 《白话本国史》不是吕先生在沈阳高等师范学院时用的讲义,先生在沈阳高等师范学校讲授历史,另编有一种讲义,今已亡佚,只留有部分的油印残稿(即《沈阳高师中国历史讲义绪论》),现已收录《全集》的第十一册。
② 笔者手头有一部《白话本国史》,是友人在台湾购来赠送的。该书是影印版,既不署作者名,也无出版单位和出版年月。比照初版,其"义和团"一段的文字已改过,而"和议的成就"大致未改,由此推测,它的影印底本当是1926年11月至1933年10月间的重印版。但与初版比较,此版的"和议的成就"一节,也有不少删节。如第二节第三个自然段(自"然而主持会议的秦桧"至"中国的学术界,真堪浩叹了")和最后一个自然段(自"看了这一段,也可以知道当时的措置,实在有不得已的苦衷了"到"历史可以不必研究了")中,都全删去。
③ 有关《白话本国史》的修订及龚德柏诉讼案的来龙去脉,可参见拙撰《〈白话本国史〉的修订及相关问题的思考》与王萌的《吕思勉〈白话本国史〉查禁风波探析》,两文均刊于《华东师范大学学报》2015年第2期。

主要是订正了勘误,但文字上也有不少改动。① 其后,各出版社或按初版本翻印,或按古籍的"文集"版重印。至今,新版重印的《白话本国史》约有二十余种。《白话本国史》现已收入《全集》的第一册,系按初版本整理刊印,改动的地方均恢复原文。吕先生生前曾做过一些眉批,现以编者按的方式注于页下。《白话本国史》原用民国纪元法(即以1912年民国元年为基准,民国纪元之前是倒向逆推,称民国前某某年,简称前某某年;民国纪元之后是顺向增加,称民国某某年等)。为适应今日的阅读习惯,在原民国纪年之后,加括号注明公元年代;而二种修订版的部分章节,都附于书后,以供读者参考对照。

吕先生的四部文字学著述,即《中国文字变迁考》、《章句论》、《字例略说》和《说文解字文考》,都成稿于1923年至1925年间,它们原是吕先生任教苏州江苏省立第一师范学校、上海沪江大学讲授文字学课程的讲义而经修订成书的。先生对这几部著述颇有自信,他自评:《章句论》"论章句二字之本义,即今之标点符号。中国古时亦有标点符号,而后钞写、印刷时,逐渐失之。今钩求得若干条,于读古书时补上,可使意义较为明显,此事前人虽略引端倪,从未畅论。拙作出版后,亦未见有续论者;至少值得一览也"。《字例略说》:"论六书之说,为汉代研究文字之学者所创。字例实当别立。六书中惟象形为文,指事为字;及整理旧说,辅以新得材料,以论文字之增减变迁,自问亦足观览。"《中国文字变迁考》:"论篆隶真行草之变迁,其中论汉代所谓古文一段,自谓颇有价值。"《说文解字文考》论"文为单体,其一部分成为中国之字母,既非说文之部首,亦非普通所谓偏旁。当从现存之字中句求得之,然后用为识未识文字之基础。予就《说文解字》一书试为之"。这几部著述,除了《说文解字文考》因印刷上的困难,成书后一直未能刊印外,其他三种都在1926、1927年由商务印书馆出版,民国年间也多次再版重印。

吕先生大部分的专史,也是在这一时段里完稿出版。如先生的《中

---

① 如《白话本国史》第四篇第四章第三节"郑氏和三藩",原文云:(郑成功)"克台湾而据之,务农,练兵,定法律,建学校,筑馆以招明之遗臣。渡海附之者如织。天南片土,俨然一个独立国的规模了。""文集"版改为:"克台湾而据之,务农,练兵,定法律,建学校,筑馆以招明之遗臣。渡海附之者如织。天南片土,依然保存着汉族的衣冠。"其他如"川楚教匪",改为"川楚教民";"捻匪"改为"捻军"等。(见《白话本国史》,上海古籍出版社,2005年,第531、592、595页)

国国体制度小史》、《中国政体制度小史》、《中国宗族制度小史》、《中国婚姻制度小史》和《中国阶级制度小史》，均在1929年由上海中山书局出初版，1936年改名为《史学丛书》由上海龙虎书局合刊重印。《中国民族史》和《中国民族演进史》也分别于1934、1935年由上海世界书局和上海亚细亚书局初版发行。还有《经子解题》（商务印书馆1926年版）、《新唐书选注》（商务印书馆1928年版）、《日俄战争》（商务印书馆1928年版）、《理学纲要》（商务印书馆1931年版）、《宋代文学》（商务印书馆1931年版）、《先秦学术概论》（上海世界书局1933年版）、《史通评》（商务印书馆1934年版）、《古史家传纪文选》（长沙商务印书馆1938年版）等。上述著述，吕先生也有简略的评述。他说：《中国民族史》"考古处有可取，近代材料不完全，论汉族一篇，后来见解已改变"。《经子解题》"论读古书方法，及考证古籍，推论古代学术派别源流处，可供参考"。《先秦学术概论》"近来论先秦学术者，多侧重哲学方面，此书独注重社会政治方面，此点可取"。《理学纲要》"近人论理学之作，语多隔膜，此书自谓能得其真。惟只及哲学，未及理学之政治社会方面为阙点"。《史通评》"以现代史学观点，平议、推论，亦附考据辩证"。

这一时期，吕先生撰写的中学教科书共有七种，分别是（一）《本国史》（署名：吕诚之，商务印书馆1924年版）、（二）《新学制高级中学教科书本国史》（商务印书馆1924年版）、（三）《复兴高级中学教科书本国史》（上、下，商务印书馆1934年版）、（四）《高中复习丛书本国史》（商务印书馆1935年版）、（五）《初中标准教本本国史》（一至四册，上海中学生书局1935年版）、（六）《初级中学适用 本国史补充读本》（上海中学生书店1946年版）、（七）《更新初级中学教科书本国史》（一至四册，商务印书馆1937年版）。上述七种，《本国史》一册（即第一种），仅见于北京图书馆等编的《民国时期总书目（中小学教材卷）》目录。① 虽然按《总书目》题解上的标明，其藏于北京图书馆，但我们至今

---

① 《民国时期总书目（历史 传纪 考古 地理卷）》，书目出版社，1995年，第七六页上有该书之题解，云："《本国史》，吕诚之著，上海商务印书馆，一九二四年二月初版，二一〇页，三二开，共十篇，分上古史、中古史（上、中、下）、近古史（上、下）、近世史（上、下），为作者所著的一部较通俗的通史。"题解的末尾标有"B"字。按此书体例，"B"表示该书为北京图书馆所藏，然我们在今国家图书馆（原北京图书馆）里未能找到此书。《本国史》是教科书抑或是一般的通俗读物，因未见到原书，无从判断，暂且编于教科书一类。

还未找到此书。其余各种在民国年间都曾多次重印再版,有些也有增补、修订和改写。如1934年初版的《复兴高级中学教科书本国史》,在1948年出版了修正本,修正本的第五编增加了六章,补写了抗战建国的历史内容。1935年初版的《初中标准教本本国史》,到1946年增补了一册《初级中学适用 本国史补充读本》,以叙述自"九一八"到抗战胜利的十年历史。1927年第四版的《新学制高中教科书本国史》附有几页《新学制高中教科书本国史改正表》,但该《订正表》并非订正刊误或错字,而是因时局变化而修改了初版时的措词用语、概念术语。① 这便可见得,《订正表》本身已有了史料的价值,故《全集》整理时我们将这份《订正表》编为附录,以供读者参考。上述七种教科书,除《本国史》未找到外,其余几种现都收入《全集》的第二十至二十三册。

  吕先生的《燕石札记》也在这一时期出版。吕先生幼年即在读史书、写札记等方面受到过良好的训练,在先生留存的遗稿中,有幼时所撰的《读〈通鉴〉论》、《读〈四库全书总目提要〉》、《读〈昭明文选〉》等札记十数本(我们曾节选了幼时史札《蔺相如完璧归赵》、《望之之死》、《匈奴朝仪》、《蜀事杂论》、《明帝佛法之入》五则,收录《吕思勉先生年谱长编》)。成年以后,先生以读史籍、写札记为日课,部分札记,因杂志编辑之索稿,曾在报刊杂志上刊出。1937年,吕先生将部分已刊未刊的札记共四十七篇,整理成书,取名为《燕石札记》,由商务印书馆出版。先生自评此书"考证尚可取,论晋人清谈数篇,今日观之,不尽洽意"。《燕石札记》的四十七篇,1982年曾收入上海古籍出版社出版的《吕思勉读史札记》,但文字上也有删改。现都恢复原貌,收入《全集》的第九、十册。

---

① 《订正表》所列十四条,大都涉及称谓用词,如原写"白莲教匪"的,改为"白莲教党";原写"川楚教匪"的,改为"川楚教党";写"白莲教余孽"的,改为"白莲教余党";原写"洪杨回捻之乱"的,改为"洪杨回捻之变"等等。又有一条初版云"日人遂要求我合办胶济路,……迨俄国革命,与德言和。德人在俄势力大张。于是中国有与日本共同防敌之议"。改正表改为"日人遂要求我合办胶济路,……迨俄国革命,与德言和。德人在俄势力大张。于是中国一班帝国主义之走狗乃有与日本共同防敌之议"。依笔者的推断,此《改正表》系出版社所编,因为稍后出版的吕著中小学教科书,仍使用了这些术语,而此书以后的各种再版,并没有在正文里依《改正表》所列各条订正,也没有在书末附上这份《改正表》。

三

　　20世纪40年代初，吕先生出版了他的第二部通史《吕著中国通史》。此书原名《中国通史》，为避免与周谷城先生的《中国通史》同名，由开明书店的王伯祥先生提议，改为《吕著中国通史》。① 此书原是光华大学的授课讲义。自1926年在光华大学任教后，吕先生一直在文学院讲授中国通史，后因通史讲授易与中学的历史课重复，光华文学院长钱子泉先生建议先生改讲文化史。1938年，教育部颁行大学课程，初以中国文化史为各院系一年级的必修课，后改为通史，但注明须注重文化史。大约因政治方面，亦不可缺，怕定名为文化史，则政治方面太被忽视。故由此种讲义整理编撰成书的《吕著中国通史》，取径于马端临《文献通考》的做法，将历史的内容分为"典章经制"和"理乱兴亡"两部分，分上、下两册，上册叙典章经制，以文化现象为题史，内容包括婚姻、族制、政体、阶级、财产、官制、选举、赋税、兵制、刑法、实业、货币、衣食、住行、教育、语文、学术、宗教等十八类；下册以时代加以联结，叙历朝之理乱兴亡。《吕著中国通史》上册写成于1939年，1940年由上海开明书店初版；下册1941年完稿，1944年出版。先生自谓此书是"予在大学所讲，历年增损，最后大致如是。此书下册仅资联结，上册农工商、衣食住两章，自问材料尚嫌贫薄，官制一章，措词太简，学生不易明瞭，余尚足供参考"。

　　大约在30年代中期，吕先生便着手他的断代史系列的撰写计划。② 其第一部《先秦史》，在30年代后期已完成。此书初拟商务印书馆出版，后转交上海开明书店，列为齐鲁大学国学研究所的专著汇编之一，于1941年出版。初版《先秦史》附有人名、地名索引、引用书名及篇名索引，但后来的各种翻印、影印及《全集》版，都未收录这几种附录。

---

① 《王伯祥日记》，第十六卷，第七八页。周先生的著述，改为《周著中国通史》。
② 此项写作计划，钱穆称"国史长编"（见严耕望：《怎样学历史——严耕望的治史三书》，辽宁教育出版社，2006版，第203页），王伯祥称"中国通史长编"（《王伯祥日记》第十六卷，国家图书馆出版社，2011年，第139页），顾颉刚则直接称"中国通史"。（《顾颉刚全集》第三十四卷，中华书局，2010年，第256页）

此项工作的第二部《秦汉史》约在1940年前后完成，1947年也由上海开明书店出版。《两晋南北朝史》动笔于四十年初，太平洋战争爆发后，日寇侵入上海租界，光华大学停办，吕先生回到常州故里，在郊外游击区的中学任教，同时凭借开明书店预支的稿费，撰写《两晋南北朝史》。此书至1947年下半年完稿，1948年由上海开明书店出版。这三部著述，吕先生在《自述》中都有简要的评述，他说《先秦史》在"论古史材料，古史年代，中国民族起源及西迁，古代疆域，宦学制度，自谓甚佳"。《秦汉史》"叙西汉人主张改革，直至新莽；及汉武帝之尊崇儒术，为不改革社会制度而转入观念论之开端；儒术之兴之真相，秦汉时物价及其时富人及工资之数；选举、刑法、宗教各章节，均有特色"。说《两晋南北朝史》的"总论可看。此外发见魏史之伪造及讳饰；表章抗魏义民；表章陈武帝；钩考物价工资资产；及论选举制度皆佳。论五胡时，意在激扬民族主义，稍失其平，因作于日寇入犯时，不自觉也，异日有机会当改正。"

在撰写《秦汉史》的同时，吕先生与童书业先生一同合编了《古史辨》的第七册。《古史辨》论丛共有七册，其中第一、二、三、五册由顾颉刚先生编著，第四、六册由罗根泽先生编著，第七册分上、中、下三编，六十余万字，由吕思勉、童书业合编，上海开明书店1941年6月初版。据童书业之"序言"所记，此书有"三分之一以上是吕先生独力校阅的，其他三分之二，是我（即童书业）和吕、杨（杨宽）二先生合校的"①。吕先生撰写的《古史年代考》、《盘古考》、《三皇五帝考》、《唐虞夏史考》等也收录其中。

40年代前后，几位光华学生创办了一种以普及科学与史地知识为宗旨的杂志《知识与趣味》，约请吕先生为杂志撰稿。于是，吕先生便以三国史事为素材，写了一组通俗体的《三国史话》（其时《秦汉史》刚完稿，《三国史话》可说是《秦汉史》的副产品），分期连刊在《知识与趣味》上。② 1940年初，黄素封、杨宽在苏北游击区江苏文化社编辑出版图书

---

① 《古史辨》第七册，童书业《自序》二。
② 自1939年12月的创刊号起，至1940年2月出版的第3卷第3期，分期连续刊出六篇，分别是：《楔子》、《外戚》、《黄巾》、《历史和文学》、《董卓的扰乱》、《曹操是怎样强起来的》、《曹孟德移驾幸许都》。

刊物，约请吕先生将已刊未刊的《三国史话》十六篇结集成书，①1943年由开明书店初版。1987年，由吕思勉史学论著编辑组整理，上海教育出版社出版的吕先生《论学集林》，将吕先生写于1946、1947年的《司马懿如何人》、《司马氏之兴亡》、《晋代豪门斗富》三篇②及《孙吴为什么要建都南京》合编为《三国史话之余》附于《三国史话》十六篇之后。故现今翻印的各种新版《三国史话》，有些仅是《三国史话》十六篇，有些是《三国史话》、《三国史话之余》合刊，有些则《三国史话》、《三国史话之余》及先生部分的三国札记的合刊。只是《论学集林》的《三国史话之余》略有删改，而照此翻印的各种《三国史话》，也都有同样的删改。

吕先生的《历史研究法》，是应上海永祥印书馆范泉先生之约而撰写，1945年5月由永祥印书馆编入"青年知识文库"出版，1946、1948年又重印再版。此书在台湾也有好几种翻印本，但翻印时也有删节。如台北翰芦图书出版有限公司1995年新版的《史学研究方法要籍三种》，③收录这本《历史研究法》，将第七节"研究历史的方法"中"马克思以经济为社会的基础之说，不可以不知道"以下一段共十余行字，全删去。

断代史系列的第四部是《隋唐五代史》，此书的撰写始于1947年8月之后，先生自言这是他写得最慢的一部书。在1951年初，先生获知《隋唐五代史》即使写完也不能出版，曾一度犹豫是否该继续写作。④后坚持撰写，至1953年下半年完稿。《隋唐五代史》原定由开明书店出版，故撰写期间，也由开明书店预支了部分稿酬。1957年10月，先生去世。两年以后（即1959年9月）《隋唐五代史》由中华书局上海编辑所初版发行。初版《隋唐五代史》加有"出版前言"一篇，删去了原稿第一章"总论"部分，共计十四章，部分章节标题做了调整改写，内容也有较多的删改。这是先生去世后出版的第一部著述。

先生去世后出版的另一部著述是《燕石续札》。五十年代初，为协

---

① 即自《楔子》至《姜维和钟会》十六篇。
② 此三篇当年刊印时，即以"三国史话之余"为题头。
③ 此书是陆懋德《史学方法大纲》、何炳松《历史研究法》、吕思勉《历史研究法》（包括《历史研究法》、《白话本国史·绪论·历史的定义》、《怎样读中国历史》）的合刊。
④ 王伯祥1951年7月16日日记云：复诚之劝一意完成此断代诸史，送续稿报酬二百七十万又七十元汇去。（见《王伯祥日记》第二十五卷，第298至299页）

助华东师范大学校长孟宪承编写《中国教育史》，吕先生特地对中国教育史的史料作了部分的整理考订，写了许多教育史方面的札记，遂将部分教育史、经济史的札记，整理成书，取名为《燕石续札》，于1958年由上海人民出版社出版。《燕石续札》系先生生前选编定稿的，原选札记共八十五篇，刊印时删去《高丽遣人来学中国为置博士》、《琉球来学》、《禁僧道买田以其田赡学》三篇，部分札记的题目有改动，文字上也有不少删节。这部分札记，现都按原稿增补改正，收入《全集》的第九、十册。

自1960至1981年的二十余年间，大陆出版界没有出版或重印过吕先生的著述。不过在港台方面，尤其在台湾，吕先生的著述还是有多种翻印本，是大陆学者中被翻印得最多的一位。① 据笔者所不完全的统计，在港台的商务、开明等出版公司翻印的吕著有：《三国史话》（翻印四次）、《吕著中国通史》（三次）、《先秦史》（一次）、《秦汉史》（二次）、《两晋南北朝史》（一次）、《隋唐五代史》（二次）、《古史辨》（一次）、《经子解题》（八次）、《燕石札记》（二次）、《燕石续札》（一次）、《宋代文学》（一次）、《史通评》（三次）、《新唐书选注》（二次）、《字例略说》（四次）、《章句论》（二次）、《中国文字变迁考》（一次）、《历史研究法》（三次）、《白话本国史》（一次）、《理学纲要》（一次）、《苏秦张仪》（一次）等二十余种，总计翻印了四十四次。此外，也有几种不署作者（或改用假名）、不刊出版单位和刊印年月的翻印本。② 港台方面翻印的各种吕先生去世后出版的新著，大都是按照吕著原书影印的，其版本都与大陆的初版本同。

四

自上世纪五十年代起，上海古籍出版社（即当时的中华书局上海编

---

① 林庆彰先生认为：吕思勉和高亨、张舜徽三位先生的著作，在台湾可说是被翻印得最多的前三名。（见林庆彰《吕思勉先生著作在台湾的翻印及流传》，刊于《伪书与禁书》，台北华艺学术出版社，2012年，第109页）

② 如上文提及的《白话本国史》既不署作者、不刊出版单位和出版年月。另外又有台北华联出版社的《经子解题》，改名为《经子研读指引》，署名"甘志清"；台北商务印书馆的《经子解题》，署名"本馆编审部"；台北商务印书馆出版的《先秦史》、《秦汉史》等，均不署作者名；台北兰灯文化事业公司出版的《古史辨》第七册，也不署作者名。以上所列，参见林庆彰《吕思勉先生著作在台湾的翻印及流传》，刊于《伪书与禁书》，第109—124页。

辑所)一直致力于整理出版吕先生的旧著遗稿。①1958年,古籍社即向上级部门请示有关吕思勉著作的出版工作。次年便出版了上文提及的吕思勉的《隋唐五代史》。60年代初,由顾颉刚先生提议,中华书局上海编辑所发起整理出版吕思勉遗稿的工作,社长李俊民邀请杨宽、唐长孺、汤志均、李永圻、吕翼仁、陈向平、胡道静、杨友仁等先生开会商议,决定成立吕思勉遗著整理小组,由杨宽先生负责,整理费用由家属承担。因工作量巨大,吕翼仁先生又邀请吕先生学生陈楚祥、陈祖厓两先生参加协助,先后整理完成的先生遗稿有《文字学四种》、《史学四种》、《吕思勉读书札记》等。但因"文革"的发生,已整理完成的这几部遗著都未出版。直到七十年代末,古籍社重新组织人员班子,再次着手吕著的整理出版工作。于1982年出版《吕思勉读书札记》,此书约九十万字,共五百二十六篇,其中一百二十四篇录自《燕石札记》和《燕石续札》,部分札记曾在民国年代刊登于报刊杂志,大部分则来自未刊的遗稿。同年9月,《先秦史》作为"吕思勉史学论著"之一种重新影印推出,稍后,《秦汉史》、《两晋南北朝史》和《隋唐五代史》也作为"吕思勉史学论著"影印出版。"吕思勉史学论著"共出版了四种,都系影印出版,其中《隋唐五代史》增补了"总论"一章。除了四部断代史外,吕先生的两种通史当时亦考虑列入,文字学和有关史学的几种书稿,也已经完成审稿。但由于历史的原因,有关部门指示出版社需"慎重考虑",认为"不宜出版"、"无需出版"②。于是,"吕思勉史学论著"的整理出版工作只得暂告停顿。

有关史学的几种书稿,题名为《史学四种》于1981年由上海人民出版社收入"现代史学家丛书"出版发行。此书是《历史研究法》、《中国史籍读法》、《史通评》和《文史通义评》合刊,其中《中国史籍读法》是1954年先生任教华东师范大学为历史系毕业班所写的讲稿;《文史通义评》系先生未刊的手稿,成书于三十年代;这两种都是初次刊印。文字学的几种书稿,题名为《文字学四种》于1985年由上海教育出版社出

---

① 关于上海古籍出版社整理出版吕思勉先生的旧稿遗著的始末,可参见吕健《上海古籍出版社吕思勉著作出版始末》,《古籍新书报》第163期,2016年3月28日。

② 吕健:《上海古籍出版社吕思勉著作出版始末》。

版。《文字学四种》收录先生的《章句论》、《中国文字变迁考》、《字例略说》和《说文解字文考》。其中，《说文解字文考》成稿于1923年至1925年间，原是先生在苏州江苏省立第一师范学校、上海沪江大学任教讲授文字学课程的讲义。吕先生自谓："文为单体，其一部分成为中国之字母，既非说文之部首，亦非普通所谓偏旁。当从现存之字中句求得之，然后用为识未识文字之基础。予就《说文解字》一书试为之。"此书因印刷上的困难，完稿后一直未能刊印，此时才由吕翼仁先生按父亲的原稿手写影印。1957年9月，吕先生将初版《字例略说》的最后一章《中国文字之优劣》重新做了大幅度的改写，标题改为《论文字之改革》，现已刊于《全集》第十七册，原《中国文字之优劣》一章，则用作附录。

《中国制度史》也是1985年新印的初版书。此书的初稿写于二十年代，原是为沪江大学、光华大学的历史教学而准备的讲稿，初时取名为《国故纲要》或《国故新义》，一度改名为《政治经济掌故讲义》，先生最后定名为《中国社会史》(《全集》即改名为《中国社会史》)。此书设有十八个专题，分别为农工商业、财产、钱币、饮食、衣服、宫室、婚姻、宗族、国体、政体、阶级、户籍、赋役、征榷、官制、选举、兵制、刑法等。其中，国体、政体、宗族、阶级、婚姻五个专题，曾经以《中国国体制度小史》、《中国政体制度小史》、《中国宗族制度小史》、《中国阶级制度小史》和《中国婚姻制度小史》为书名，于1929年由上海中山书局初版发行。1985年，沿袭已出版的"制度小史"的名称，题名为《中国制度史》，由上海教育出版社初版发行。

上海教育出版社在1987年还新版了吕先生的《论学集林》，此书包括《蒿庐论学丛稿》、《经子解题》、《史籍与史学》、《宋代文学》、《三国史话》、《三国史话之余》、《蒿庐札记》共七个部分。除《经子解题》、《宋代文学》、《三国史话》和《三国史话之余》是旧稿重刊，《蒿庐论学丛稿》收录已刊的论学文章、序跋等二十六篇外，新刊出的有《史籍与史学》和《蒿庐札记》。《史籍与史学》写于抗战之前，原名《史学研究法》，是吕先生任教光华大学时的讲义，全篇十一章，此书删去第一、五、六、十章，改题为《史籍与史学》。《蒿庐札记》则收入以前未收的札记一百一十四篇，大部分都来自先生的未刊遗稿。

1997年后，华东师范大学出版社新出了《吕思勉遗文集》、《吕著中国近代史》(均1997年版)和《吕著史学与史籍》(2002年版)。《吕思勉遗文集》分上、下册，包括《蒿庐论学丛稿》、《中国政治思想史十讲》、《中国文化史六讲》、《大同释义》、《中国阶级制度小史》、《本国史答问》、《蒿庐札记》、《蒿庐诗稿》、《蒿庐文稿》九种。《蒿庐论学丛稿》收录长短文章共七十三篇，约一半是旧稿重刊，另一半(如《古代人性论十家五派》、《西汉哲学思想》、《魏晋玄谈》、《全国初等小学均宜改用通俗文以统一国语议》、《〈史籍与史学〉补编》(即《史籍与史学》删余的四章)、《自述》(即《三反及思想改造学习总结》)、《论文字改革》，五种中国通史的教学提纲，以及《中国文学史》、《基本国文》和《史籍选文》的文评部分等)是未刊稿。《中国政治思想史十讲》原刊1935、1936年的《光华大学半月刊》。《中国文化史六讲》和《大同释义》都是未刊稿，前者是1929至1930年间任教于江苏省立常州中学之讲义，后者原名《中国社会变迁史》，是1933、1934年间在光华大学的演讲稿。《蒿庐札记》收录札记八十八篇，大部分都是未刊稿。《蒿庐诗稿》包括先生所作诗九十首、词八首、联语五十则，都是未刊稿。《蒿庐文稿》收录先生所撰的传记、寿序、墓志、事述等旧文十九篇，大都也是未刊稿。

《吕著中国近代史》收入《中国近代史讲义》、《中国近世史前编》、《中国近百年史概说》、《中国近世文化史补编》、《日俄战争》五种。除了《日俄战争》是旧著重刊外，其他四种都是初刊稿。《中国近代史讲义》和《中国近世史前篇》都是先生任教上海光华大学时所写的二种讲义，《中国近百年史概论》是抗战年先生在常州乡下辅华中学(今常州市第三中学)任教用的讲稿。《中国近世文化史补编》书名系编者所加，原是《中国制度史》中商业、财产、征榷、官制、选举、刑法各章删余的近代部分，学校一节原系单篇油印稿。

《吕著史学与史籍》收录先生关于史学与史籍的著述六种，包括《历史研究法》、《史籍与史学》、《中国史籍读法》、《史籍选文述评》、《史通评》和《文史通义评》。此书大都是旧书重印，其中，《史籍与史学》原分散收录于《论学集林》和《吕思勉遗文集》，现照原稿全文刊录。

从《史学四种》到《吕著史学与史籍》，上述八十年以来新版的几种吕著,都有程度不同的删节。《吕思勉读史札记》无论是初刊的札记,还是原先刊于《燕石札记》、《燕石续札》的札记,收入时都有较多的删节,部分篇名也有改写。《文字学四种》中的《说文解字文考》原有序文三篇,此版删去序二,序一也有删改。《中国制度史》删改最多,删去的部分有:阶级一章,商业、财产、征榷、官制、选举、刑法诸章中近代以后的叙述,以及各专题内的一些分析、评论的段落,删节部分约有十万余字。《论学集林》、《吕思勉遗文集》、《吕著中国近代史》和《吕著史籍与史学》中的各篇,也都有不少删节。以上几种著述,出版后都曾有重印再版,也有其他出版社的翻印本。如《中国制度史》有 1998 年的再版、2002 年校对版;《吕著中国近代史》有华东师大出版社 2007 年的重印,有长沙岳麓书社 2011 年新版、华东师大出版社 2012 年新版、北京金城出版社 2013 年新版、江苏人民出版社 2014 年新版等;《史学四种》也有安徽师范大学出版社 2014 年的新版;但所有重印或新版书,都是照初版本翻印的,故初版删改的部分,也都照样刊印。这几种吕著,台湾方面也较快地有了翻印本,如《吕思勉读史札记》有 1983 年台湾木铎图书出版社的影印版,《中国制度史》有 1986 年台湾丹青图书公司的影印版,《文字学四种》及《说文解字文考》则有台北华正书局、台中文听阁图书公司的影印版等,这几种版本也都是照初版本翻印的,删改的问题依然存在。

自八十年代起,吕先生的许多著述或新版排印,或按旧版影印,先后出版的著述有:《先秦史》、《秦汉史》、《两晋南北朝史》、《隋唐五代史》(增刊了总论部分,其他删节未恢复)、《中国民族史》、《先秦学术概论》、《理学纲要》、《吕著中国通史》等。其中,《隋唐五代史》增刊了总论部分(但删改的地方没有恢复),新版的《中国民族史》、《吕著中国通史》则也有删改。① 惟收入"民国丛书"的《历史研究法》、《中国民族史》、《白话本国史》、《燕石札记》、《先秦学术概论》等都是按初版本影印。

除了新版和旧著重印外,近年来,也有对吕著译成白话或选编的。将吕著译成白话文的有北京九州出版社 2011 年出版的《民国国文课

---

① 华东师范大学出版社 1992 年 8 月第一版的《吕著中国通史》,稍有改动;到 2005 年 12 月重印第二版时,即将改动的地方都照原文恢复。

本》（即《新式高等小学国文教科书》）白话翻译版；沈阳出版社在2013年的4月和12月，先后出版两种吕先生的断代史《先秦史》和《秦汉史》的文白对照版。选编的如北京长征出版社2008年出版的"领导干部读经典"《中国文化十六讲》和《国史十六讲》，前者是柳诒徵的《中国文化史》与吕先生《吕著中国通史》上册的选编合刊；后者是张荫麟的《中国史纲》与吕先生《高级中学教科书本国史》的选编合刊。如中国友谊出版社在2009年出版的《中国历代动乱十六讲》、《中国历代兴衰得失十六讲》、《文化十六讲》和《国史十六讲》，都是《白话本国史》、《吕著中国通史》与张荫麟《中国史纲》、柳诒徵《中国文化史》部分章节节录合编。又有《大家小集·吕思勉》（广东花城出版社2011年版）和《吕思勉自述》（安徽文艺出版社"二十世纪名人自述系列"2013年版）都是选辑吕先生的论文、时论及传纪资料编撰而成。此外，以吕先生传记资料为主体来编撰的有《吕先生先生编年事辑》（上海书店1992年版）和《吕思勉先生年谱长编》（上海古籍出版社2011年版）。

五

上海古籍出版社自2005年起开始出版"吕思勉文集"，到2011年，共整理出版"吕思勉文集"十八种，收入各种吕著五十余部，是当时最好的吕著合集。但是，"吕思勉文集"的整理出版，仍有不少缺点：一、部分新找到的著述、教科书、教学参考书等，没有及时收入，如《小学地理教授书》、《小学历史教授书》、《更新初级中学本国史》等。有些吕著，一时还未搜寻完整，如《更新初级中学教科书本国史》当时未能找全四册，故也没有收录。二、部分旧文、笔记、札记、日记及大量的传纪资料，因无法合集也没有收录。三、一些删节、删改的部分，未能按原稿补正恢复，如《吕思勉读史札记》等。四、"文集"的整理出版，初时因未有整体的规划，存在着选编、编排不当和个别文章重复收录等问题。

2012年，上海古籍出版社出版了《吕思勉先生年谱长编》，是书收录了先生的传记资料，包括日记、书信、著作、论文、时论、诗文、札记、随笔等，均按年月编排。著述部分，凡未刊文字如日记、书信、诗文、札记、随笔等,按原稿或手稿全文录入。已刊的书稿等,除介绍主要内容、写作经过和学术影响等,还节录部分重要的段落或章节编目等,以明其大致概要。时论文章曾刊于当时的各种报章杂志,因与时代社会之关系密切,都按原稿(或刊印稿)摘录(或节录)于写作或刊印之年月。是了解和研究先生之生平、学术的重要著作。

同年,上海古籍出版社决定出版《吕思勉全集》,并开始了全盘规划和整理工作。《吕思勉全集》收录了现今已找到的吕先生的全部已刊、未刊的学术著述和论文,共二十六册,约一千四百余万字。与"文集"相比,新增加了《高等小学新修身教授书》、《高等小学校用新式历史教授书》、《高等小学校用新法历史参考书》、《高等小学校用新式地理教科书》、《高等小学校用新式地理教授书》、《更新初级中学本国史》、《〈古文观止〉评讲录》、《本国史(自元以后)》、《中国文化史》、《国学概论》等十余种旧著,以及先生全部的时论文章、诗词、联语、笔记等。先生的日记、信函以及各种传纪资料,则编入《全集》第二十六册《吕思勉先生编年事辑》。《全集》收录的著述,都按原稿、初版本重新校过,删节、遗漏处恢复补正。如《隋唐五代史》因留有手稿(上册),可以补正大量的删节和改动;《中国社会史》按留有的油印稿校订,恢复、补正了删节和改动。《读史札记》按手稿校定,补正了删节和漏刊。《全集》收录先生的各类著述七十种,大致按类编排,分为通史、断代史、专史、读史札记、论文、文学与文学史、文字学、史地教科书、历史通俗读物、小说、诗文、联语,以及日记、信函等传纪资料等。为便于读者的阅读,我们在每种著述之前,拟写了一篇前言,交代该著述的写作缘由、写作或出版的年代,以及各种版本和整理校订的情况。兹录《吕思勉全集》各册目录如下:

第一册:《白话本国史》

第二册:《吕著中国通史》、《中国通史提纲五种》

第三册:《先秦史》、《先秦学术概论》

第四册:《秦汉史》

第五册、第六册:《两晋南北朝史》

第七册、第八册:《隋唐五代史》

第九册、第十册:《读史札记》

第十一册、第十二册：《论学丛稿》

第十三册：《中国近代史讲义》、《中国近世史前编》、《中国近百年史概论》、《日俄战争》、《中国近世文化史补编》、《近代史表解》、《大同释义》、《中国社会变迁史》

第十四册：《中国社会史》

第十五册：《中国民族史》、《中国民族演进史》、《中国文化史六讲》、《中国文化史》

第十六册：《医籍知津》、《群经概要》、《经子解题》、《国学概论》、《理学纲要》、《中国政治思想史十讲》

第十七册：《章句论》、《中国文字变迁考》、《字例略说》、《说文解字文考》、《〈史通〉评》、《〈文史通义〉评》

第十八册：《史籍与史学》、《历史研究法》、《〈新唐书〉选注》、《史籍选文评述》、《古史家传记文选》、《中国史籍读法》

第十九册：《论诗》、《宋代文学》、《中国文学史选文》、《国文选文》、《〈古文观止〉评讲录》

第二十册：《新学制高级中学本国史》、《复兴高级中学教科书本国史》、《本国史（元之民国）》、《本国史复习大略》

第二十一册：《高中复习丛书本国史》、《初中标准教本本国史》、《初级中学适用本国史补充读本》、《更新初级中学教科书本国史》

第二十二册：《高等小学新修身教授书》、《高等小学校用新式历史教授书》

第二十三册：《高等小学校用新式国文教科书》、《高等小学校用新法历史参考书》

第二十四册：《高等小学校用新式地理教科书》、《高等小学校用新式地理教授书》

第二十五册：《未来教育史》、《中国女侦探》、《苏秦张仪》、《关岳合传》、《国耻小史》、《中国地理大势》、《三国史话》

第二十六册：《蒿庐诗稿、联语》、《蒿庐文稿、笔记》、《吕思勉编年事辑》

《吕思勉全集》于2015年10月出版，历时十年的整理与出版，暂可告一段落。但此项工作仍将继续,《全集》的整理出版也留下了一些遗憾：一、《复兴高级中学教科书本国史》修正本的修改部分,未能来得及收录。《复兴高级中学教科书本国史》(下册)有 1948 年的修正版,主要是增补、改写了该书第五编中抗战与建国部分的内容,增补了六章二十七页。① 按《全集》的体例,增改的六章,应用作附录附于该书之后。但等我们找到此修正版时,《全集》已付印,来不及增补了。二、《隋唐五代史》下册未能按手稿校对恢复。《隋唐五代史》初版时(1959 年),编辑是按当年的要求做了很多的删改,部分涉及议论或评述,部分涉及用词和术语。② 此后的各种翻印本(包括"文集"版的《隋唐五代史》),一直沿袭而未能恢复。此次收录《全集》,上册按先生留存的手稿恢复补正,下册手稿于八十年代由吕翼仁先生捐赠给常州博物馆收藏,但博物馆至今尚未能找到此手稿,故我们未能按手稿校对、补全,除数处明显为编辑改笔而恢复外,其他只订正了误植和错字。三、《初级中学适用本国史补充读本》和《读史札记》中《复仇》,仍有几处删节,惟删节处以省略号或方框号注明。四、先生早年编写的《新编中华民国国文教科书》、《新编共和国修身教授书》、《新式最新国文教科书》、《新法国语教科书》和《本国史》,仅见之书目,至今还未能见到原书,有待继续努力搜寻。也望学界同人提供帮助或寻找的线索。此外,限于我们的能力,《全集》的整理校对工作,虽力求慎重,但错误疏漏之处,在所难免,敬请读者不吝指正。

---

① 吕先生的《初级中学适用 本国史补充读本》(上海中学生书店 1946 年 5 月版)是我国最早记叙"南京大屠杀"的教科书之一,并在习题栏中设有"何谓南京暴行?"一题。《复兴高级中学教科书本国史》(下册)1948 年 10 月的修正版,也记载了"南京大屠杀"及军民死亡人数三十余万。(第 244、245 页)

② 前者如第十一章第一节"昭宗征河东"第四个自然段,删去"其所为,全与黄巢初起及其将败时无异。盖皆巢余党之所为也。糜烂乡村以困城市,诚为革命军初起时之良策。然初起时如此可也,终始如此,则敌虽丧其所资,己亦无所根据,安能成事? 此黄巢渡淮之后,所以欲大变其所为欤? 而惜乎其终不能建立纲纪以至于败亡也。""第十二章第三节"后唐庄宗乱政"第六个自然段,删去"《诗》云：殷鉴不远,在夏后之世。今则惟亡国之法,是循李存勖。夷狄不足责,辅相之者之知识则可知矣。故曰：亡国之大夫不可与图存。尝见民国初年亡清之士大夫日诵清代陋习,自以为知治法,实则为清代故事,亦无所知也。更无论扬榷古今矣。此等人可谓无心肝无廉耻也"等。后者如"回纥乱亡"改为"回纥之亡"、"作乱"改为"起事"、"黄巢何尝不横行千里"改为"黄巾何尝不轰轰烈烈"、"巢袭陷沂、濮"改为"巢袭破沂、濮"等等。

后　记

今年恰值史学家吕思勉先生逝世六十周年,华东师范大学历史系将举办纪念先生的学术研讨会。同时,华东师范大学思勉人文高等研究院以先生名字命名,创办已十年,亦会组织纪念活动。在此特别年份,吕思勉研究中心择要汇集出版研究先生的学术论文,反映海内外学术界探讨先生学行的代表性成果,可谓对先辈学术遗产的最好继承,于推动先生与中国现代学术研究当有裨益。

近三十年,吕思勉先生的学术价值日益得到彰显,相关研究论文颇为丰富充实,其中不乏力作。纪念文集所收诸文,大体分为四类:首先,总论先生史学思想及其在 20 世纪新史学中的地位和意义。王家范和虞云国两位先生大文,所论侧重略有不同,可比较研读,对先生史学当有一个整体认识;其次,专论先生史学某一专题者,收 11 篇。先生治史,上自古史,下迄近世,范围极广,且多精彩论述,所收诸文,希望能尽可能展示先生在史学领域各方面的耕耘及其影响。再次,专论先生在小说理论与实践方面的创获,收 5 篇。世人一般以史家定位先生,实则他治学兴趣颇广,博涉文史,早年对小说用力不少,在近代小说理论方面甚有独到的见解;再次,专论先生所编纂的修身、国文、历史诸教科书,收 5 篇。先生既为史学家,又为教育家,一生致力于教学,花大量心血编纂各种教科书,尤以历史教科书为多,对近代中国教育作出杰出的贡献。纪念文集以张耕华教授《百余年来吕思勉著述的出版、整理重印情况的综述》一文殿后。张耕华教授长年从事先生著作的整理与研究,对推动吕氏研究居功至伟。

纪念文集选文的原则,一方面兼顾先生在各个方面的学术实践,另一方面论文需属专题研究性质，有相当的学术价值。有些研究成果，虽不乏真知灼见，惟因篇幅所限，纪念文集遗珠难免，尚祈研究者理解。为保持整体风格一致，所收诸文注释格式作统一处理，订正原文明显的文字错误。纪念文集的出版，得到思勉人文高等研究院的支持，在前期联系作者授权事宜时，更是得到了大家的理解和支持，在此一并表示感谢。

先生的学术遗产犹如一富矿，有待开采空间甚大，本中心希望纪念文集的出版，能积极推动产生更多的优秀力作，繁荣中华学术。

吕思勉研究中心
2017年8月26日